PSICANÁLISE DAS ADICÇÕES

GÉRARD PIRLOT

PSICANÁLISE DAS ADICÇÕES

EDITORA
IDEIAS&
LETRAS

DIREÇÃO EDITORIAL:
Marcelo C. Araújo

COMISSÃO EDITORIAL:
Avelino Grassi
Edvaldo Araújo
Márcio Fabri

TRADUÇÃO:
Saulo Krieger

COPIDESQUE:
Thiago Figueiredo Tacconi

REVISÃO:
Ana Aline Guedes da Fonseca de Brito Batista

DIAGRAMAÇÃO:
Érico Leon Amorina

CAPA:
Raphael Patapovas

Título original: *Psychanalyse des Addictions*.
©Armand Colin, Paris, 2009.
ISBN: 978-2-200-34552-5

Todos os direitos em língua portuguesa, para o Brasil,
reservados à Editora Ideias & Letras, 2023.
3ª impressão

EDITORA
IDEIAS &
LETRAS

Avenida São Gabriel, 495
Conjunto 42 - 4º andar
Jardim Paulista – São Paulo/SP
Cep: 01435-001
Editorial: (11) 3862-4831
Televendas: 0800 777 6004
vendas@ideiaseletras.com.br
www.ideiaseletras.com.br

Dados Internacionais de Catalogação na Publicação (CIP)
(Câmara Brasileira do Livro, SP, Brasil)

Pirlot, Gérard
Psicanálise das adicções / Gérard Pirlot;
[tradução Saulo Krieger]. — São Paulo : Ideias & Letras, 2014.

Título original: *Psychanalise des Addictions*.
ISBN 978-85-65893-26-8

1. Adictologia 2. Dependência (Fisiologia)
3. Dependência (Psicologia) 4. Psicanálise 5. Vícios
I. Título.

13-03884   CDD-155.232

Índices para catálogo sistemático:
1. Dependência : Aspectos psicológicos
155.232

SUMÁRIO

PREFÁCIO - 11

INTRODUÇÃO - GENERALIDADES SOBRE AS ADICÇÕES

DEFINIÇÃO E HISTÓRICO 14
OBSERVAÇÕES SOBRE
O CONTEXTO SOCIAL E PSÍQUICO 19
A AMPLIDÃO DO "FENÔMENO ADICTIVO" 24
A ADICÇÃO VISTA PELOS PSIQUIATRAS DE HOJE 30
UMA QUESTÃO EPISTEMOLÓGICA:
A CIENTIFICIDADE DA ABORDAGEM PSICANALÍTICA 39
A ADICÇÃO: NEONECESSIDADE E
DÉFICIT HOMEOSTÁTICO DO ÓRGÃO PSÍQUICO 53
UMA BUSCA DE EXCITAÇÃO PARA
EVITAR A DEPRESSÃO E O VAZIO AFETIVO 54
MENTALIZAÇÃO DIFÍCIL DAS
EMOÇÕES E FERIDAS NARCÍSICAS 56
CONCLUSÃO 58

CAPÍTULO 1 - PREMISSAS CONCEITUAIS DA ADICÇÃO: A PSICANÁLISE FREUDIANA

OS PRIMEIROS TRABALHOS
DE FREUD E SUA ATUALIDADE PARA AS ADICÇÕES 60
Os termos de Freud: arqueologia das ideias 60
A adicção na hipnose das histéricas 61

ADICÇÃO, MASTURBAÇÃO,
COMPULSÃO E GOZO: UMA EXPLICAÇÃO PSICANALÍTICA 63

NEUROSES ATUAIS, MASTURBAÇÃO E TOXICOLOGIA FREUDIANA 67
A CONDUTA ADICTIVA COMO SOLUÇÃO PARA UM AFETO. 67
ETIOLOGIA NEURÓTICA E SUBSTITUIÇÃO DE MASTURBAÇÃO. 72

CONSTÂNCIA PSÍQUICA E HOMEOSTASIA PSICOSSOMÁTICA. 76
O PAPEL HOMEOSTÁTICO DO APARELHO PSÍQUICO 76
OS PODERES DA COCA SEGUNDO FREUD. 85
ALÉM DO PRINCÍPIO DO PRAZER: *CRAVING*, O GOZO DO TRAUMÁTICO 88
ADICÇÃO: O "DESEJO ARDENTE" E A PAIXÃO DA "NÃO SEPARAÇÃO" 89

METAPSICOLOGIA FREUDIANA E TRABALHOS PSICANALÍTICOS POSTERIORES 93
PRIMEIRO MODELO FREUDIANO: MASTURBAÇÃO E NEUROSES ATUAIS 93
SEGUNDO MODELO: A PRÉ-FORMA ORGÂNICA DA PULSÃO 103
DESCARGA PELA PERCEPÇÃO NO *ESBOÇO* DE FREUD. 105
PERCEPÇÃO, IMAGEM MOTRIZ E ADICÇÕES. 107

DA EXCITAÇÃO À PULSÃO 115

UM OLHAR PSICANALÍTICO À LUZ DOS CONCEITOS DE INCORPORAÇÃO, DE DEPENDÊNCIA DO BEBÊ E DA ORALIDADE 119
AS PRÁTICAS DE INCORPORAÇÃO: UM FUNDAMENTO DA ADICÇÃO 119
IMPORTÂNCIA DESENVOLVIMENTAL
DA NECESSIDADE DE PRAZER NA ADICÇÃO 123
A ADICÇÃO SOB O CONCEITO DE DEPENDÊNCIA 127
FALHA DE SIMBOLIZAÇÃO:
"A CRIANÇA COM O CARRETEL" DE WINNICOTT. 134

CAPÍTULO 2 - MODELOS METAPSICOLÓGICOS DA ADICÇÃO: FALÊNCIA DOS AUTOEROTISMOS, DO NARCISISMO E DA REPRESENTAÇÃO PULSIONAL

A ADICÇÃO E OS *BORDERLINES* 138
O QUE É UM *BORDERLINE*? 142
DEPRESSÃO, PATOLOGIA DA ALTERIDADE
E BUSCA DE SENSAÇÕES NO SUJEITO *BORDERLINE* 147
COMPONENTES ETIOLÓGICOS COMUNS DAS ADICÇÕES E *BORDERLINES*. . 152

O AUTOEROTISMO EM QUESTÃO NAS ADICÇÕES 157
AS ESPECIFICIDADES DO AUTOEROTISMO IMPLICADAS 157
PROBLEMAS AUTOERÓTICOS
E CONFLITOS NARCÍSICOS: DELIMITAR O SI/NÃO SI 160

FALTA DE NARCISISMO E DE ESPELHO 165
O ESPELHO E A NATUREZA DE SEU AZOUGUE 165
UM ESPELHO SEM AZOUGUE:
UMA SENSIBILIDADE SEM REFLEXIVO SUBJETIVADO 170

FALTA DE *HOLDING,* ALEXITIMIA E AUTOINFLUÊNCIA. . . 173
INSUFICIÊNCIA DE *HOLDING* NOS ADICTOS. 173
A ALEXITIMIA:
UMA CARACTERÍSTICA FREQUENTE NA ADICÇÃO 174
O OBJETO PERDIDO: EGO. 186

OUTROS MODELOS METAPSICOLÓGICOS DA ADICÇÃO 188
MODELO DE PESADELO E DA FALÊNCIA DO SONHO 191
PERCEPÇÃO-SENSAÇÃO DA ADICÇÃO PARA FUGIR À ALUCINAÇÃO. 197
OS ALUCINÓGENOS, O ALUCINATÓRIO O PSIQUESSOMA 201
A ALUCINAÇÃO NEGATIVA E A DOR 205
COMPREENSÃO DA INFLUÊNCIA E PERCEPÇÃO CLIVADA DO EGO. 208

CAPÍTULO 3 –
A CONTRIBUIÇÃO DA PSICOSSOMÁTICA PSICANALÍTICA

A RELAÇÃO PSIQUE/*SOMA* NAS ADICÇÕES 211
PARADOXOS ADICÇÕES/SOMATIZAÇÕES 211
OS PROCEDIMENTOS AUTOCALMANTES NAS ADICÇÕES 224

EXEMPLOS DOS TRANSTORNOS
COMPULSIVOS ALIMENTARES (TCA)................ 229
PERTINÊNCIA DOS TCA AO CAMPO DAS ADICÇÕES 229
TCA E ADICÇÕES: ASPECTOS CLÍNICOS COMUNS 233
TRANSTORNOS PSICOSSOMÁTICOS E ALEXITIMIA NOS TCA 238

UMA TÓPICA DA CLIVAGEM NOS ADICTOS 240
A TÓPICA DA CLIVAGEM DE C. DEJOURS.................... 240
A TÓPICA DAS CLIVAGENS AUTONARCÍSICAS 245
A CLIVAGEM FRACTAL DO SI ANCORADO NO NARCISISMO DO EGO 248
A CLIVAGEM FRACTAL DO TRAUMA PSÍQUICO "PRÉ-PSÍQUICO" 250

JOGO E PERVERSÃO NA ADICÇÃO 253
OS FANTASMAS INCONSCIENTES DOS TOXICÔMANOS E DAS ANORÉXICAS. 253
NEGAÇÕES E CLIVAGENS NA PERVERSÃO E NA ADICÇÃO 257
ARRANJOS PERVERSOS E UMA PERVERSÃO TRANSITÓRIA NA ADICÇÃO?.. 261
PERVERSÃO AFETIVA E ADICÇÃO........................ 263

ADICÇÃO À IMAGEM:
VIDEOGAME, MMORPG, TELEVISÃO................. 264
O ESPELHO MATERNO (RE)ENCONTRADO: VIDEOGAME 266
ADICÇÃO AO FASCÍNIO PELA/DA IMAGEM, MUNDO SENSORIALIZADO DA MÃE. 270

CAPÍTULO 4 –
DOS CONCEITOS
NEUROBIOLÓGICOS À PAIXÃO ADICTIVA

NEUROBIOLOGIA DA ADICÇÃO 278
GEOGRAFIA DO PRAZER: DO CÉREBRO À PSIQUE 278
A NEUROQUÍMICA DAS ADICÇÕES 283
DEPENDÊNCIA ADICTIVA: CIRCUITO DO PRAZER E REFORÇO POSITIVO . . . 284
O CIRCUITO DO PRAZER
E DO SOFRIMENTO, DA APROXIMAÇÃO OU DA EVITAÇÃO 288
AS DROGAS DESREGULAM
O SISTEMA DOPAMINÉRGICO DE RECOMPENSA 291
DESREGULAÇÃO DO SISTEMA DE SOFRIMENTO-EVITAÇÃO 294
NEUROBIOLOGIA DO *CRAVING* 297

RUMO À PAIXÃO ADICTIVA 299
ADICÇÃO E AMOR PASSIONAL 299
SEMELHANÇAS NEUROFISIOLÓGICAS ENTRE
O AMOR PASSIONAL, O AMOR MATERNO E O AMOR TÓXICO 302
ADICÇÃO MEDICAMENTOSA,
INSTABILIDADE MOTRIZ E FRACASSO ESCOLAR DA CRIANÇA 304
A INSTABILIDADE MOTRIZ E O FRACASSO
ESCOLAR DA CRIANÇA: PONTO DE VISTA PSICANALÍTICO 306
RISCO ADICTIVO DOS MEDICAMENTOS
DERIVADOS ANFETAMÍNICOS NA CRIANÇA 310

CONCLUSÃO - 313
ANEXOS - 319
REFERÊNCIAS BIBLIOGRÁFICAS - 328
ÍNDICE ONOMÁSTICO - 338

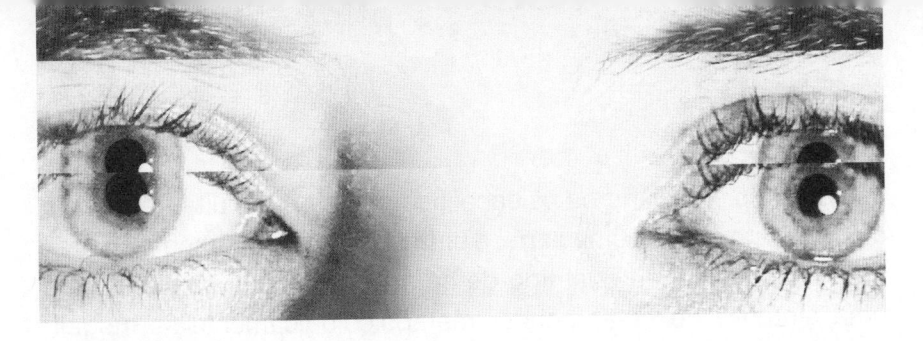

PREFÁCIO

No final da década de 1990, aproximadamente, surgia nossa primeira obra sobre as adicções: *Les Passions du Corps: La Psyché dans les Addictions et les Maladies Auto-immunes*. De lá para cá, as adicções, especialmente as dos adolescentes e estudantes, tornaram-se um crucial problema de saúde pública, com o desenvolvimento de um *Plan Addiction 2007-2011*[1] (Plano de Combate à Adicção 2007-2011). Deve-se ressaltar que a pluralidade dos modelos teóricos no que diz respeito

---

1 "Na França, como em muitos outros países europeus, as adicções continuam a ser um grave problema de saúde pública, cujos impactos são múltiplos - sanitários, médicos e sociais. As condutas adictivas [...] estão presentes em 30% dos casos de mortalidade precoce (ou seja, antes dos 65 anos)... Estima-se, com isso, que 35% dos jovens de 17 anos já consumiram álcool e maconha simultaneamente, que aos 17 anos 1 adolescente em cada 5 consome maconha mais de 10 vezes ao ano. As adicções às substâncias psicoativas são responsáveis, na França, por mais de 100 mil óbitos evitáveis e decorrentes de acidentes ou de doenças, e por mais de 40 mil óbitos em decorrência do câncer", escrevem em sua súmula final os autores - psiquiatras universitários - do relatório *Propositions pour une politique de prévention et de prise em charge des addictions. Une enjeu majeur de santé* [Proposições para uma política de prevenção e de tratamento das adicções. Candente questão de saúde] (outubro de 2006). O plano 2007-2011, como decisão do poder público, permite que invistam-se 77 milhões de euros a cada ano e durante cinco anos. Com isso tem-se em vista a implantação de serviços de adictologia em todos os centros hospitalares regionais da França, devendo-se contar também com serviços de formação orientados essencialmente para o cognitivismo comportamental e para a terapia contra a dependência química.

às adicções, incluindo os psicanalíticos, que com muita frequência contemplam apenas uma parte, e uma parte não exatamente central, com base em tal ou qual tipo de adicção, em nada contribui para uma tentativa de se apreender metapsicologicamente as modalidades das "montagens" psíquicas e somáticas dessas condutas.

No entanto, o aspecto compulsivo das adicções, sempre na tentativa de aliviar a psique, assim como o corpo, evidencia para nós a importância da teoria freudiana das pulsões, sobretudo em seus ancoramentos biológicos e tóxicos – ou seja, passionais – nos quais a força empenhada na busca de sentido e de vínculo com as representações só pode se dar pelo intermediário do corpo, do gesto, de um estado maníaco a combater uma incapacidade de pensar/simbolizar a perda, a falta, os lutos; em suma, impõe-se uma abordagem "psicossomática psicanalítica". Tal abordagem permitiria, na sequência, dar conta de certas constatações clínicas paradoxais, a saber, as patologias somáticas, singularmente autoimunes, que surgem quando são interrompidas certas adicções.

Atualmente, a aproximação que fazemos entre a libido passional, mesmo "tóxica", e as adicções encontra-se corroborada pela semelhança clínica e neurobiológica (trata-se dos mesmos circuitos cerebrais) entre estados passionais e amorosos, ou de apego, e os que satisfazem à adicção. Também aqui, uma abordagem psicanalítica freudiana aponta um caminho que, na sequência, e pela via do imaginário médico, viria a confirmar as neurociências.

Na época da publicação, a editora (PUF) insistira para que o termo "adicção" fizesse parte do título. De nossa parte, tendíamos para "paixão" e mais precisamente para "paixões do corpo" a fim de ressaltar que, no que diz respeito às adicções como certas doenças autoimunes, encontrávamo-nos em uma "clínica do corpo passional": paixão da "não separação", paixão da necessidade "externalizada", "desmaterializada" na conduta adictiva, paixão "internalizada" e intoxicante até do sistema imunitário no caso das patologias autoimunes (*necessidade de paixão* atuada?). Lembremos que na língua inglesa a palavra *addiction* (adicção) designa um conjunto de paixões devorantes e de dependências.

Desde nosso livro de 1997, entre os numerosos títulos publicados sobre o tema, houve quem ressaltasse esse aspecto adicional das adicções, como M. Valleur e J. C. Matysiak em *Sexe, Passion et Jeux Vidéo* (Sexo, paixão e videogame – 2003), e *Les Pathologies de L'éxcès: Sexe,* Álcool, D*rogue, Jeux... Les Dérives de nos Passions* (As patologias do excesso: sexo, álcool, droga, jogos... As derivas de nossas paixões – 2006), ou como E. Chauvet em *L'Addiction à l'Objet: une Dépendance Passionnelle* (A adicção ao objeto: uma dependência passional – 2005). Houve ainda quem visse a "raiz" hipnótica da dimensão passional como C. Miel em *Toxicomanie et Hypnose* (Toxicomania e hipnose – 2005), ou mesmo a "raiz" do "informe" S. Le Poulichet (2003), do qual já tentamos estabelecer uma topologia em uma "tópica das clivagens fractais", noção de clivagem que foi proposta por O. Lesourne em sua última obra sobre as adicções.[2] Enfim, especificamente para os transtornos alimentares (TCA), a necessária abordagem psicossomática psicanalítica das condutas adictivas foi evidenciada por M. Corcos em 2000, em *Le Corps Absent, Approche Psychosomatique des TCA (O corpo ausente, abordagem psicossomática dos TCA)* – do qual o capítulo 3 intitula-se claramente "Abordagem psicossomática" – e por C. Combe (em 2002 e 2004), em seus estudos sobre anorexia e bulimia.

Tal como fizemos observar em 1997, a psicanálise pós-freudiana, exceção feita a P. Marty e a A. Green, efetivamente sacrificava a parte biológica das pulsões como "quanta de energia" e substratos irrepresentáveis (cf. Freud, *Nouvelles Conférences* – 1932) em favor do altar da linguagem e da comunicação; hoje em dia, porém, os pacientes tratados pelo psicanalista são muitas vezes adictos, somatizantes, falsos eus em busca de sentido. Continuam submetidos à economia e à força das paixões (paixões de cheio ou de vazio) nas existências em que, ao que lhes parecem, carecem de sentido...

---

2 LESOURNE, O. *La Genèse des Addictions,* PUF. Paris, 2007.

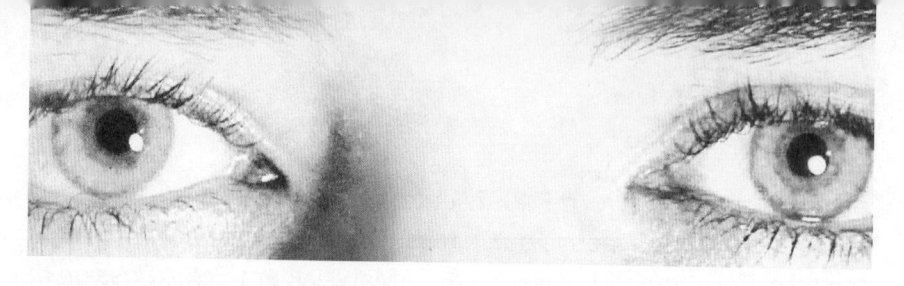

INTRODUÇÃO
GENERALIDADES SOBRE AS ADICÇÕES

DEFINIÇÃO E HISTÓRICO

O termo "adicção" abrange as condutas de toxicomania, de alcoolismo e todas as demais que acarretam dependência, *com* ou *sem* substância tóxica. Pode-se ser adicto de alimentos (bulimia)[3] ou da "ausência de alimento" (anorexia),[4] do suicídio, de aquisições patológicas,[5] de tóxicos (álcool, tabaco, haxixe, heroína, morfina, cocaína, *ecstasy*, crack, psilocibina),[6] de psicotrópicos (anexo I), de jogos, – aí compreendidos os jogos de vídeo e computador[7] – de medicamentos

---

3 BRUSSET, B. "Anorexie et boulimie dans leurs rapports à la toxicomanie", *Anorexie Mentale Aujoud'hui*, La Pensée Sauvage, 1985, pp. 285-314. "Psychopathologie et métapsychologie de la bouliimie", *La Boulimie*, Monographie de la SPP Paris, PUF, 1992, pp. 105-132.
4 COMBE, C. *Comprendre et Soigner l'Anorexie*. Paris, Dunod 2002; *Comprendre et Soigner la Boulimie*. Paris, Dunoud, 2004.
5 ADES, J. "Peut-on se droguer sans drogue?", *Revue Dépendance*, n. 3, 1993, pp. 42-46.
6 OLIVENSTEIN, D. *La Vie du Toxicomane*. Paris, PUF, col. Nodule, 1982; REYNAUD, M. *Usage à Risque - Usage Nocif*. Paris, La Documentation Française, 2001.
7 VALLEUR, M. & BUCHER, C. *Le Jeu Pathologique*. 1997, Paris, PUF, "QSJ?", n. 3310; VALLEUR, M. & MATYSIAK, J. C. *Les Nouvelles Formes d'Addiction: L'Amour, le Sexe, les Jeux Vidéo*, 2003, Paris, Flammarion, col. "Champs", n. 576.

– sobretudo os psicotrópicos de sexo,[8] de trabalho,[9] de atos criminosos,[10] adictos de sacrifícios[11] e de cortes dolorosos, de relações amorosas e transferenciais, de psicanálise,[12] e até mesmo, adicto de se autoculpabilizar.

Portanto, a esfera de aplicação do conceito de adicção é bastante ampla. Seu uso permite reagrupar problemas patológicos por vezes muito diferentes no plano clínico, e há um amplo ultrapassamento do quadro que se fez consagrar em alcoolismo e toxicomanias, já que por tal aplicação pode-se também incluir a dependência de medicamentos psicotrópicos, da qual os franceses são hoje os campeões mundiais. Com isso, a noção de adicção transnosográfica,[13] só tem pertinência em razão da possibilidade de proporcionar um modelo de interpretação de patologias dessemelhantes (bulimia, alcoolismo, toxicomania etc.) pela individualização de dimensões psicopatológicas comuns.[14] Nesse sentido, tal como no caso das patologias de somatização ou de "neurose atual" de Freud, ela nos obriga a repensar a relação "corpo-espírito" de maneira singular, em seus aspectos "quantitativos".

---

8 BARTH, R. J. *"The mislabeling of sexual impulsivity"*, *J. of Sex and Marital Therapy*, 13, (1), 1987, pp. 15-23; McDougall, J. "De la sexualité addictive", *Psychiatrie Française*. Paris, PUF, 91, 1988, pp. 29-51; Carnes, P. (1983), *Ouf of the Shadows: Understanding Sexual Addictions*. Minneapolis, Compcare Publishers.
9 CHARLOT, V. "L'addiction au travail", *Neuro-Psy*. 6, n. 1-2, 1994, pp. 48-50.
10 CHABERT, C., CIAVALDINI, A., JEAMMET, P. SCHENCKERY, S. (dir.), *Actes et Dépendances*. Paris, Dunod, 2006.
11 BARBAS, S. "Scarification chez l'adolescent: une nouvelle forme d'addiction?", *Neuronale*, 2007, n. 33, p. 3.
12 C'est ce que Rappelled B. Brusset, dans "L'or et le Cuivre", *Le Travail du Psychanalyse en Psychotérapie* (dir. F. Richard). Paris, Dunod, 2005, pp. 35-70.
13 PEDINIELLI, J. L, ROUAN, G., BERTAGNE, P., *Psychopathologie des Addictions*. Paris, PUF, col. "Nodules", 1997.
14 CORCOS, M., FLAMENT, M., JEAMMET, P., "Individualisation des dimensions psychopathologiques communes aux conduites de dépendance", *Communication SFPEA, L'Adolescent et des Drogues*, 1999.

Para as pessoas dependentes, esse "transbordamento" (no qual há um desfrute) do espírito na conduta inerente à adicção parece ter em vista uma reanimação e uma "revivescência" de fundo pulsional/passional[15] de uma psique anêmica e clivada em sua tópica e em sua dinâmica interna, isso por toda uma gama de razões das quais tentaremos aqui esboçar os contornos.

Segundo Bergeret,[16] "não existe nenhuma estrutura psíquica profunda e estável que seja específica à adicção. Não importa qual estrutura mental possa conduzir aos comportamentos de adicções (visíveis ou latentes) em certas condições afetivas, íntimas e relacionais". Entre os psicanalistas, essa questão de estrutura psíquica provocou divergências de opinião: alguns consideraram a adicção uma variante de uma patologia já conhecida (perversão, melancolia, mania), enquanto outros demonstraram a impossibilidade de relacionar a toxicomania a uma estrutura conhecida pela evidenciação de traços autônomos.

O termo "adicção" teve sua primeira aparição oficial em 1932, num artigo de Glover,[17] que apresentava a adicção como pertencente aos estados limites, empregando-o, pois, em um sentido estritamente limitativo: uma toxicomania é habituar-se a um produto.[18] O termo foi retomado em 1945 por outros psicanalistas,

---

15   GREEN, A., "Passions et destins des passions: sur les rapports entre folie et psychose", *Nouvelle Revue de Psychanalyse*, n. 21, 1980, pp. 345-363.
16   BERGERET, J. *"Aspects économiques du comportement d'addiction"*, *Le Psychanalyste à l'Écoute du Toxicomane*. Dunot, 1981, p. 17.
17   GLOVER, E. (1932), "Sur l'étiologie de l'addiction à la drogue" in J. L. Chassaing (coord.), *Écrits Psychanalytiques Classiques sur les Toxicomanies*. Paris, Éditions de L'Association Freudienne International, 1998.
18   Eu atribuí às adicções um lugar especial [...] eu representei as adicções como sendo de reais estados *borderlines* no sentido de "terem um pé" nas neuroses (citado por Ferbos, p. 123). Alinhando-se a Glober, Rosenfeld (1960) propõe que os toxicômanos teriam um "eu fraco" que não suporta nem a frustração, nem a dor, nem a depressão. A droga, na condição de objeto ideal, encontra-se a serviço de defesas maníacas e do domínio de angústias paranoides. Cf. Shenckery, S., in C. Chabert,

como Fenichel.[19] O termo "adicção", em sua atual acepção, floresceu nos países anglo-saxões segundo o modelo de Peele,[20] que, no entanto, não se refere nem à psicanálise nem à hipótese de um inconsciente.

Na França, o termo "adicção" começou a ser adotado pela psicanalista J. McDougall, que o usou pela primeira vez em 1978 para se referir a *"adicto de sexualidade"*,[21] e depois por J. Bergeret. Com J. McDougall, pode-se falar em uma *"economia psíquica da adicção"*.[22] Entre esses indivíduos "escravos da quantidade", a resolução de conflitos não se faz de maneira simbólica ou psíquica, mas pela economia[23] pulsional e/ou na excitação do corpo.

A. Ciavaldini, P. Jeammet, S. Schenker, Actes Dépendances. Paris, Dunod, 2006, p. 197.
19 FENICHEL, O. "Perversions et névroses impulsive", in J. L. Chassing (coord.), *Écrits Psychanalytiques Classiques sur les Toxicomanies*. Paris Éditions de l'Association Freudienne International, 1998.
20 PEELE, S. *ove and Addiction*. New York, Taplinger ed, 1975.
21 MCDOUGALL, J. *Plaidoyer pour une Certain Anormalité*. Paris, Gallimard, 1978.
22 MCDOUGALL. J. "L'économie psychique de l'addiction", *Anorexie, Addictions et Fragilités Narcissiques*. Paris, PUF, 2001, pp. 11-36.
23 Entendo por "econômico" um dos três critérios que Freud adota para descrever os fenômenos psíquicos, são eles: o econômico, o dinâmico, o tópico. O *econômico (economisch)* aborda os processos psíquicos com referência à quantificação e à circulação de energia (psíquica); o dinâmico, por sua vez, aborda os conflitos e a composição de forças em seu âmbito; enquanto o tópico é o da identificação de instâncias ou do espaço psíquico como o consciente, o pré-consciente ou o inconsciente (primeira tópica) ou ainda o ego, o id e o superego (segunda tópica). Eu faria aqui a analogia entre uma economia psíquica não ligada (processo primário) que, de maneira singular no adolescente ou no adicto-toxicômano, parece excessiva no que diz respeito às capacidades de metaforização e mentalização, e uma economia mundial cuja "energia" não vinculada, que são os fluxos financeiros, cresce sem cessar fora de todo quadro nacional e internacional.

Em 1924, Sandor Radö fez uma analogia entre orgasmo farmacogênico, no caso da morfimania, e "orgasmo alimentar" do bebê com os seios (ao qual se pode acrescentar *"o orgasmo da fome"* do anoréxico).[24] Segundo Radö, haveria uma fixação orgástica alimentar exercendo uma função psicofisiológica primária e bioquímica que era para ele esse núcleo em torno do qual estavam agrupados os fantasmas incestuosos, pertencentes, aliás, às teorias sexuais infantis (exemplos: anorexia, neuroses gástricas, colopatias).

Algum tempo depois, psicanalistas que trabalhavam com psicossomática, sobretudo e primeiramente M. Fain[25] e J. McDougall,[26] contribuíram para o conhecimento psicossomático das adicções. Dando sequência à sua contribuição, tentamos repensar os vínculos entre comportamentos adictivos e doenças do corpo,[27] levando em conta a contribuição inquestionável da obra de P. Marty.[28] A questão do corpo, de fato, está incluída na etimologia do termo adicção. *Addictus* em latim é o substantivo *addico* e significa "escravo por dívida": assim se define uma prática de limitação ao corpo imposta

---

24   RADÖ, Sandor. (1933), "La psychanalyse des pharmacotymies", in J. L. Chassaing (coord.), *Écrits Psychanalytiques Classiques sur les Toxicomanies.* Paris, Éditions de l'Association Freudienne Internationale, 1998; RADO, S. "Les effets psychiques de l'intoxication; un projet de théorie psychanalytique de l'addiction aux drogues", in J. L. Chassaing (coord.), *Écrits Psychanalytiques Classiques sur le Toxicomanies,* op. cit, 1926.

25   FAIN, M. "L'approche métapsychologique du toxicomane", *Le Psychanalyste à l'Écoute du Toxicomane.* Paris, Dunod, 1981, pp. 27-36.

26   MCDOUGALL, J."Le psyche-soma et le psychanalyste", *Nouvelle Revue de Psychanalyse* (10), 1974, pp. 131-142.

27   PIRLOT, G. (1997), *Les Passions du Corps; La Psyché dans les Addictions et les Maladies Auto-immunes.* Paris, PUF, "Le fil rouge".

28   MARTY, P. *Les Mouvement Individuels de Vie et de Mort,* 1976. Payot; *L'Ordre Psychosomatique,* 1980. Paris, Payot; *La Psychossomatique de l'Adulte,* PUF, QSJ?, 1990; (1984), "Processus de somatisations", *Corps Malade et Corps Érotique,* 1991. Paris, Mausson, pp. 106-107; "Organisation et désorganisation psychosomatiques", *Les Theories de la Complexité, Colloque Autor d'H. Atlan.* Paris, Seuil, pp. 328-335.

a devedores (escravos) na impossibilidade de honrar suas dívidas de outra maneira (portanto, a definição não inclui a referência à presença de um objeto). O termo latino *ad-dicere* significava "dizer a", dizer no sentido de dar, de *atribuir* uma pessoa a outra em escravidão (o escravo era *dictus ad,* dito a tal mestre). Ele estaria, pois, alienado, tal como o adicto, a seu comportamento e/ou produto.

A influência corporal sobre o devedor insolvente significava para ele o aprisionamento em razão de sua dívida (isso nos reconduziria às relações entre pulsão de influência e dívida ou culpabilidade que não poderia ser paga simbolicamente). É necessário ainda acrescentar, seguindo Pascal Quignard, que a palavra *obsequium,* da qual se fez derivar a noção de pecado, pode se traduzir por adicção à dependência dela própria (como no caso da neurose): "O sentimento do pecado, eu o definiria do seguinte modo: um vínculo de dependência devastador. A sensação de culpabilidade interior que o alimenta cresce até o momento em que uma falta provoca pânico, a partir do momento em que ele sentir falta de uma antiga dependência de escravo".[29] Acaso isso não remete ao que tentaremos explicar aqui, a saber, as práticas adictivas testemunhando uma influência por parte de um superego "culpabilizador", mais pré-genital do que edipiano, maternal, totêmico, sádico e castrador?

OBSERVAÇÕES SOBRE O CONTEXTO SOCIAL E PSÍQUICO

A necessidade de uma recompensa rápida e de um prazer imediato é um componente importante do perfil do dependente ou "adicto", tal como habitualmente são qualificados os "ados": eles não conseguem esperar... É preciso entender que o consumo de certos produtos cria, com efeito, um "curto-circuito" bioquímico e sensorial ao dissolver na excitação da sensação um pensamento por demais doloroso (heroína/morfina), uma emoção súbita (tabaco),

---

29 Quignard, P. *Le Sexe et l'Sffroi.* Paris, Gallimard, 1994, p. 256.

uma relação inibida com os demais (álcool), uma afetividade transbordante ou um "pulsional demasiadamente pleno" (haxixe, viciados em sexo, viciados em vídeos etc).

Com isso, essas substâncias de certa forma "auxiliam" alguns indivíduos a fazer a economia dos sentimentos de solidão e de responsabilidade aos quais a vida moderna os obriga, enquanto ao mesmo tempo essa mesma vida, com a publicidade e sua incessante incitação ao consumo, transmite a seguinte mensagem: "Por que fazer um esforço psíquico se ao consumir a satisfação sensorial é imediata?". Eis aqui os pontos comuns entre, de um lado, condutas adictivas e condutas de risco,[30] nas quais a busca de sensações fortes é a regra, e, por outro lado, com o que a escola psicossomática de Paris nos ensinou sobre sujeitos somatizadores, a saber, muitas vezes (porém nem sempre) um modo de funcionamento mental em "pensamento operatório" no qual a "fluidez" psíquica, o pré-consciente e o inconsciente recalcado são pouco operantes, a ponto de se pôr o corpo em linha direta com os solavancos emocionais e afetivos.

Se o ponto comum a unir todos os pacientes adictos é a hipersensibilidade emocional, a prática de encontros com esses sujeitos, como com os que padecem de doenças somáticas "pesadas", revela que eles apresentam emoções dificilmente verbalizáveis, bem

---

[30] As condutas de risco tornam-se assim um campo de preocupação dos pedopsiquiatras e psiquiatras, que veem aí um assunto de saúde pública. As publicações sobre esses assuntos são muito numerosas para ser citadas, mas pode-se evocar a da equipe de J. L. Pedinielli, que introduziu os vínculos entre alexitima, depressão e condutas de risco (Bréjard, V., Bonnet, A., Pedinielli, J. L. [2008]. "Régulation des émotions, dépression et conduites à risques: l'alexitimia, um fator moderador", Annales Médico-Psychologiques, 166, pp. 260-268) e também para lembrar que nas sociedades exóticas um sem número de rituais de passagem estavam carregados de "risco" (muitas vezes riscos de morte), ou ainda que o próprio Nietzsche em seu Zaratustra tenha enunciado que a vida só vale ser vivida pelas provas em que a morte está em jogo.

como reações emotivas "à flor da pele" (lágrimas silenciosas, erupções cutâneas visíveis, tremores nas pernas etc.).

Logo, esses pacientes "adictos", assim como os "somatizantes" são "doentes" por uma emoção excessiva ou deficitária que tende a se confundir com sua sensação.

Antes de trazer à baila algumas generalidades sobre as adicções, é necessário precisar três coisas:

> 1. Para o psicanalista, denominar as condutas ou transtornos psíquicos com os termos mais diversos (adicções, toxicomanias, alcoolismo, limítrofes etc.), nada mais é do que facilitar a linguagem relevante de categorias psiquiátricas, o único objetivo disso sendo o de sensibilizar o leitor para a amplidão do mal, permitindo-lhe deter algumas balizas de compreensão psicopatológica. Entretanto, em nossa escuta psicanalítica de intimidade do colóquio "analista-paciente" nós suspendemos todos esses saberes a fim de nos interessar tão somente pela singularidade do sujeito e pela dor psíquica que o trouxe a nós.[31]
>
> 2. Não se pode dissociar a compreensão psicopatológica e psiquiátrica das condutas adictivas sem tornar a situá-las no contexto psicogenético (e social) que lhes é o mais habitual: a puberdade, a adolescência e a maturidade sexual. Ora, se a puberdade encarna um longo período para o jovem ocidental, o período de adolescência se prolonga ainda mais. O problema da adicção se inicia com a adolescência. Em termos de economia psicanalítica, o traumatismo pubertário se caracteriza por esse fluxo de excitações, excessivo relativamente à tolerância do sujeito em relação à sua capacidade de dominá-la e de elaborá-la psiquicamente.[32]

---

31 PIRLOT, G. "Les addictions entre psychanalyse, psychosomatique et psychiatrie neurobiologique", *Synapse,* 2005, 220: pp. 17-26.
32 LAPLANCHE et PONTALIS, *Vocabulaire de la Psychanalyse.* Paris, PUF, 1967.

O que se faz necessário compreender aqui é o trauma psíquico que se tem na irrupção do sexual, violento em sua essência, que aniquila a ordem dinâmica e tópica do psiquismo próprio ao período de latência: ele realiza um colapso psíquico, a um ponto em que o adolescente age "por falta de" pensar. Na puberdade, o despertar hormonal vai, com efeito, fazer pesar, com toda sua força econômica e dinâmica, sobre os diferentes elementos pulsionais e fantasmáticos: os fantasmas edipianos adquirem valor *"a posteriori"* completamente realizáveis. Isso vem suscitar no adolescente um verdadeiro trabalho psíquico de mobilização de suas defesas, diferentemente da criança que, não podendo realizar seu édipo genitalmente/fisicamente, mobiliza menos defesas psíquicas. Nesse caso, grande é a tentação de "curtocircuitar" essas defesas mentais – sobretudo se durante a infância e o período de latência os traumas (sedução, abandono etc.) os tiverem fragilizados – pelo recurso da sensação.[33] Como escreve J. McDougall: "Um dos objetivos do comportamento adictivo é livrar-se de seus afetos! [...] pôr uma cortina de fumaça sobre a quase totalidade de sua experiência afetiva".[34] Essa violência particular (autoagressiva, mas de fruição masoquista) que é a adicção, só poderá ser compreendida se fizer referência ao fato de que estamos numa cultura de aniquilação simbólica, de "dessimbolização", de consumo a todo preço, cujas mudanças cada vez mais são organizadas tão somente pelas forças econômicas e seus ciclos, em uma amplitude explosiva.

3. A atual explosão das condutas adictivas depende, com isso, em parte, do "contexto" social e societal em que

---

33 ZUCKERMAN, M. "Dimension of sensation-senking", J. Clin. Psychol.; 1971, 36 (1): pp. 45-52.
34 MCDOUGALL, J. "L'économie psychique de l'addiction", *Anorexie, Addictions et Fragilities Narcissiques.* Paris, PUF, 2002, p. 14.

ela se inscreve.[35] Esse contexto se refestela em ver os poderes públicos preconizarem a luta contra o vício do jogo e, ao mesmo tempo, favorecer a abertura à concorrência europeia dos cassinos na França, a liberação de jogos de azar ou de corridas de cavalo etc. Quando sua incidência sobre a saúde, por exemplo, sobre a obesidade entre os jovens,[36] a AFSSA (Agência Francesa de Segurança Sanitária dos Alimentos) passou a ressaltar, a partir de 2004 (e a análise de lá para cá foi renovada) o papel específico da publicidade televisiva no aumento de peso, na obesidade infantil e adicção alimentar (problemas envolvendo comportamentos alimentares, cf. Parte IV, *infra*). Em seu relatório de 6 de julho de 2004, a agência observa que a obesidade, quando em grau menor, é sobrepeso e afeta 19% das crianças francesas; o número tem dobrado a cada 10 anos já há três décadas. O efeito do ambiente ultrapassa em muito o do âmbito genético: mais de 70% do risco provém do modo de vida e, no âmbito interno a esse fator, o tempo que se passa diante da TV e a influência da publicidade são determinantes (anexo II).

Enfim, em nossos dias os próprios laços de filiação são remanejados pelas mídias. Esses laços se organizam muito mais

---

35 Jeammet, Ph. "Vers une Clinique de la dépaendance. Approche psychanalytique", Dépendance et Conduits de Consummation. R. Padieu *et al. Questions en Santé Publique,* Intercommisions INSERM, Les Éditions de L'INSERM, 1997, pp. 33-56.
36 Seja nos sites de telefonia, em que se poderá encontrar esse gênero de "pubs" (TOP Sonneries, Logos et Jeux pour Mobiles) de televisões privadas ou de "servidores" da internet etc., o adolescente, e mesmo a criança só encontrará novos apelos para tomar parte em jogos. Sendo assim, já não é o caso de se perguntar o que desencadeia a epidemia de adicção em jogos, e é de se lamentar que essas instituições, que incitam as condutas adictivas, não as façam, segundo o princípio "poluidor-pagador", participar das despesas com saúde no que se refere aos cuidados direcionados aos adolescentes ou adultos jovens "adictos".

diretamente a partir de um modelo social, o mais das vezes midiático, do que pela passagem por uma referência familiar ou escolar.[37] Os polos de identificação oferecidos para os adolescentes pela televisão, filmes e pela internet constroem-se unicamente em uma relação carnal, em um "corpo a corpo" com os pais ou professores, mas na idealidade midiática mais pura, vertendo com ela os valores consumistas do excesso e da competição exacerbada.

A AMPLIDÃO DO "FENÔMENO ADICTIVO"

Antes de partir para números e índices, lembremos que a humanidade desde sempre fez uso de *Pharmakon* (anexo III), do "medicamento-veneno-droga" para tratar ou vencer as doenças que lhe acometiam. Mas, diferentemente do que acontece hoje, em outras épocas esse *Pharmakon* estava bem integrado no tecido social, o mais das vezes religiosos, tendo por função fazer adormecer o consciente e as dores morais, a fim de deixar com que se expressem as forças do inconsciente pelo entremear de um estado que se aproxima da hipnose e é devidamente autorizado pelos poderes religiosos, parentais, estatais. No Ocidente, o vinho, correspondente ao "sangue de Cristo" nas missas católicas, tornou-se assim uma droga legítima no Ocidente. Os produtos alucinógenos (peiote, cogumelos alucinógenos) ministrados pelos xamãs ou feiticeiros auxiliavam-nos a exprimir um sofrimento psíquico, aí compreendido o sofrimento coletivo, isso *no interior de mitos culturais que lhes eram próprios e os ligavam ao grupo social a que pertenciam.*[38] Isso é algo que os distancia dos "ados" de nossos dias, para quem a toxicomania é vivida à margem e numa situação de ruptura com os laços (paternos) de filiação.

---

37 O jornal gratuito Métro, versão parisiense de 5 de outubro de 2005, traz dados de pesquisa revelando que nos Estados Unidos e na Europa ocidental 60% dos adolescentes de 14 a 20 anos se dizem mais influenciados pela mídia e internet do que pelos pais.
38 ELIADE, M. Initiations, *Rites, Sociétés Secrètes*. Paris, Gallimard, 1959.

Quanto à ingestão de medicamentos psicotrópicos, se por um lado pertencem a essa nova "religião" que é a ciência, por outro ela não faz mais do que propor "química" para solucionar problemas de ordem psíquica. Com isso, o sentido desses sofrimentos encontra-se barrado, eclipsado. Nessa medida, é o caso de incluir nesse grupo também os toxicômanos tratados com medicamentos de substituição como o Subutex, e que fazem uso deste ou de outros medicamentos sem expressar a demanda por ajuda psicoterápica.

Passemos agora aos números, tão alarmantes, que dizem respeito às adicções toxicomaníacas nos dias de hoje. A evolução dessas práticas se dá no sentido de um uso cada vez mais precoce: 60,5% dos jovens de 14 anos já fizeram uso de tabaco.[39] Entre 1993 e o ano 2000, a proporção de jovens de 14 anos que já tinham consumido maconha mais do que dobrou.[40] Aliás, a proporção de garotos de 17 anos que tinham bebido álcool com regularidade no mês precedente passou de 16% a 21% (Beck). Convenhamos, a precocidade aparece como um dos elementos de aumento da incidência de abuso e de dependências ulteriores (Robertson) e um fator importante na perturbação das competências sociais (Pandina).

Em 2002, o Observatório Europeu de Toxicomanias (OFDT, da sigla em francês para *Observatoire Français des Drogues et des Taxicomanies)* acusava os seguintes índices para o consumo de drogas na França:

---

39 CHOQUET MARIE et COLL. "Les adolescents et leur santé: repères épidémiologiques" in P. A. MICHAUD, P. ALVIN, J. P. DESCHAMPS, J. Y. FRAPPIER, D. MARCELLI, 1997. A. Tursz, *La Santé Des Adolescents. Approches, Soins, Prévention.* Lausanne, Paris-Montréal, Éditions Payot, Doin Éditeurs, Les Presse de L'Université, pp. 65-80.
40 ARÉNES, J. et COLL. *Baromètre Santé Jeunes 1997-1998.* CFES ed. Paris, 1999.

Estimativa do número de consumidores de substâncias psicoativas na França metropolitana entre os 12 e os 75 anos

Produto	Experimentadores	Ocasionais	Regulares	Cotidianos
Álcool	44,4 milhões	41,8 milhões	13,1 milhões	7,8 milhões
Tabaco	36,6 milhões	16,0 milhões	13,0 milhões	13,0 milhões
Psicotrópicos	// milhões	8,9 milhões	3,8 milhões	2,4 milhões
Maconha	10,9 milhões	4,2 milhões	850 000	450 000
Heroína	400.000	//	//	//
Cocaína	1,0 milhão	200.000	//	//
Ecstasy	500.000	200.000	//	//

Experimentadores: pessoas que declararam o consumo pelo menos uma vez durante a vida; ocasionais: consumo no ano (exceção feita ao tabaco: fumantes atuais); regulares: pelo menos três consumos de álcool na semana, tabaco cotidianamente, uso de soníferos ou tranquilizantes na semana, dez consumos no mês; cotidianos: uso cotidiano (salvo medicamentos: uso "cotidiano ou quase" no mês).

Em seu relato de 2004, o Observatório Francês de Drogas e Toxicomanias (OFDT) observa, e lamenta, uma inquietante alta no consumo de maconha entre os adolescentes. Com isso, a França se tornou o primeiro país consumidor de maconha na Europa, o seu consumo tendo dobrado entre os anos 1990 e 2000: considera-se que mais de 50% dos jovens de 18 anos experimentaram a maconha e que 20% são fumantes regulares. Esse consumo passa a diminuir regularmente com a idade, chegando a não mais que 10% entre as pessoas com mais de 40 anos. Enquanto o tabagismo diminui, o consumo de maconha preocupa os especialistas. Entre 2002 e 2003, 40% dos franceses com idade entre 15 e 34 anos fizeram uso dela, o que alçou nossos compatriotas ao pelotão de frente europeu, um pouco atrás dos jovens britânicos e dinamarqueses. Com muita frequência, os mais jovens se iniciam no uso da maconha numa quase concomitância com as primeiras embriaguezes, que têm sido cada vez mais precoces, dando-se entre os 12 e 13 anos.

A experimentação de maconha entre os adolescentes avançou perigosamente, passando de 40,9% a 45,7% entre as meninas e de

50,1% a 54,6% entre os meninos. Mais de 6,8% dos adolescentes e 17,7% dos adolescentes de 17 anos fumaram mais de 10 cigarros de maconha no último mês, contra, respectivamente, 5,2% e 16,4% no ano de 2000. Daí resulta que o consumo regular da maconha torna-se quase tão frequente quanto o de álcool.

No que diz respeito aos fatores que podem levar ao consumo, deve-se destacar os seguintes tipos de personalidade: os que "buscam sensações" e os que são impulsivos, instáveis na capacidade de atenção e apresentam dificuldade para se organizar ou ter prazer no modo de vida cotidiana (Sarramon). A baixa autoestima desses adolescentes e pré-adolescentes lhes faz acumular os problemas pessoais e os maus resultados escolares.

Os fatores ambientais estão essencialmente ligados à diminuição de implicação pelos pais, ou mesmo de autoridade parental,[41] com os pais sofrendo a concorrência da influência dos "colegas".[42] A falta de estrutura parental,[43] de estabilidade e de coesão nessa estrutura, amplamente intensificada pela frequência dos divórcios, agrava o problema do controle educativo[44] em uma idade na qual a identificação e o vínculo com o pai permitiriam uma indispensável "canalização" e uma sublimação das pulsões. Recentemente, o estudo de P. Binder com 3.775 estudantes universitários e secundaristas fez atentar para "a importância dos acúmulos de consumo

---

41 BROOK, J. S. et COLL. "Psychosocial risk factors in the transition from moderate to heavy use or abuse of drugs", Vulnerability to Drug Abuse, Washington D.C., American Psychological Association, 1992, pp. 359-388.

42 HOFFMANN, J P. et COLL. "The effects of family structure and family relations on adolescent marijuana use", International Journal of Addiction, 30, 1955, pp. 1207-1241; Varga Katy, L'Adolescent Violent et sa Familie. Paris, Payot, 1996.

43 JENKINS, J. E. et COLL. "The relationship of family structure to adolescent drug use, peer affiliation and perception of peer acceptance of drug use", Adolescence. 33, (132), 1998, pp. 811-822.

44 ARÈNES, J. et COLL. Baromètre Santé Jeunes 1997-1998. Paris, CFES Ed., 1999.

e das relações entre fatores familiares, ou do ambiente em que se dão essas relações, e o montante do consumo deletério: um vivido familiar depreciativo, as separações, as passagens a ato são proporcionais às quantidades e acúmulos do consumo de produtos fumados (maconha, tabaco).[45] "É frequente encontrar nos relatos dos toxicômanos um pai ausente (de fato, ou no psiquismo da mãe), que não se apresenta a servir como moderador.

Além disso, lembremos que na França o consumo e o tráfico de cocaína explodiram a partir de 2003,[46] e que seu uso se banaliza da mesma maneira que o consumo de haxixe e do álcool, sobretudo de cerveja, entre os adolescentes de ambos os sexos.[47] De maneira muito mais ampla, o mesmo se aplica a todas as substâncias passíveis de desencadear uma dependência, com ou sem tóxico.

Um artigo do *"Monde"* em outono de 2008[48] relata que, a partir de agosto daquele ano, as autoridades e as agências sanitárias consideraram a situação suficientemente alarmante para emitir um comunicado conjunto, que chamava a atenção para um "aumento contínuo do consumo" dessa droga e para "uma falta de conhecimento dos novos usuários quanto aos riscos em que estão incorrendo".

Um fato inquietante é que essa situação não diz respeito apenas aos usuários tradicionais de opiáceos, em geral com mais de 30 anos, mas tem se difundido entre as populações mais jovens. Dois novos públicos estão implicados, ressalta o Observatório Francês

---

45 BINDER, P. "Consommation problématiques à l'adolescence: comportements relationnels et représentations". *Synapse*, 210, 2004, pp. 21-28.

46 Cf. "Alerte à la cocaine", Le Nouvel Observateur de 31 de janeiro de 2004.

47 O uso de entorpecentes na França atinge três vezes mais homens do que mulheres - cada idade apresenta a sua própria toxicomania. As práticas têm mudado nestes últimos dez anos. Já não é tanto um meio de introspecção, de uma "viagem interior", como no tempo dos hippies, de uma maneira de fuga do mundo sem esforço e de fuga para não pensar. Com o advento da música "tecno" vieram também novos produtos, que foram ganhando espaço (cetamina, êxtase, GHB).

48 LAROUCHE, M., da edição de 27 de agosto de 2008.

de Drogas e Toxicomanias (OFDT). Trata-se, por um lado, de jovens em situação de grande precariedade crescendo em meio urbano e, por outro, de jovens relativamente integrados, que experimentam a droga em um meio festivo e de maneira ocasional (*raves*, festas de rua, festivais de música *techno*, mas também em discotecas, boates, clubes...).

Opiáceo potente, sintetizado a partir de morfina, sendo ela própria extraída da papoula, a heroína pode levar a uma dependência física e psíquica, vindo acompanhada de uma tolerância que passa a demandar doses cada vez maiores. Seu uso, por via intravenosa, apresenta risco de contaminação (HIV, vírus das hepatites B ou C). Para coroar, o consumidor não está ao abrigo de uma overdose que lhe provoque a morte por depressão respiratória.

Em 2006, entre os 177 óbitos por overdose, 21% puderam ser imputados unicamente à heroína, segundo levantamento anual realizado pela Agência Francesa de Segurança Sanitária dos Produtos de Saúde (AFSSAPS, da sigla para Agence Française de Sécurité Sanitaire des Produits de Santé). "Ao que tudo indica, em 2007 essa proporção deve aumentar", informa Nathalie Richard, responsável pelo departamento de entorpecentes e psicotrópicos da Agência, que ainda não tem dados para divulgar os números definitivos.

A partir de 2004, registrou-se um aumento regular nas entradas de heroína na França, passando de pouco mais de 500kg para 1.051kg em 2007, segundo a Divisão Central de Repressão ao Tráfico de Entorpecentes (OCRTIS, da sigla em francês para Office Central de Répression du Trafic Illicite de Stupéfiants). Esse aumento de disponibilidade do produto ocasionou uma baixa dos preços, que passaram de 47-50 euros o grama em 2005 para 40 euros em 2007. O uso pela via nasal tem dado mostras de clara progressão, e os usuários tendem a considerar, equivocadamente, esse modo de consumo como menos arriscado. "Os novos públicos na maioria das vezes têm preferido cheirar a heroína ou, mais raramente, preferem fumá-la a injetá-la", diz J. M. Costes, da OFDT. Ocorre que nem todos sabem que esses modos de uso não os livram do risco de uma overdose mortal. "Quatro óbitos suspeitos, ocorridos nos últimos meses na região leste do país entre usuários não toxicômanos que não teriam injetado o produto explicam, pelo menos em parte, o alerta emitido pelas autoridades sanitárias no início de agosto de 2008, segundo o diretor da OFDT.

O Observatório atribui a retomada do consumo de heroína a uma menor "demonização" dessa droga, durante muito tempo associada pelos jovens assíduos das "baladas" à decadência na toxicomania, decadência essa associada ao uso de seringa. No início dos anos 2000, os revendedores passaram a chamar a heroína de "rabla", com a intenção de dissociá-la da imagem excessivamente negativa. "Alguns chegam a dizer 'eu não uso heroína, uso a rabla' ", explica M. Debrus, da missão "Rave à Medecins du Monde".

A ADICÇÃO VISTA PELOS PSIQUIATRAS DE HOJE

É forçoso constatar que o termo "adicção", descoberto pelos psiquiatras franceses há alguns anos, retoma uma problemática transnosográfica *já conhecida da psicanálise* (Glover, Fenichel, Rädo, McDougall, Bergeret). A referência à fixação oral ou a sua ausência, segundo os trabalhos de K. Abraham, e depois também segundo os de Rädo, aqui já citado, foi apresentada há muito tempo.

Hoje em dia a adicção é reconhecida como um modo de se drogar *com*, mas também *sem* produção (no esporte, no trabalho etc.), entre os indivíduos cujas problemáticas dependem o mais das vezes de uma dessimbolização do pensamento[49] (ainda que esta seja bem relativa no caso do tabagismo), de uma violência não integrada, de uma carência ou de uma fragilidade narcísica,[50] de uma depressividade, de uma angústia na relação de objeto, de um

---

49 GUILLAUMIN, J. *Adolescence et Désenchantement*, Le Bousquat, L'Esprit du Temps, 2001.
50 MARINOV, V. "Le narcissisme dans le troubles de conduits alimentaires", *Anorexie, Addictions et Fragilités Narcisiques*. Paris, PUF, 2001, pp. 37-69.

pensamento operatório ou de uma alexitimia.⁵¹ A apetência adictiva tenta "curto-circuitar" *o desejo, rebaixando-o à condição de necessidade:* um pensamento desejante – o de "excorporar-se" – que aqui só se exprime na passagem ao ato que suscita a necessidade, sem encontrar as vias de sua expressão psíquica.⁵²

Nesse sentido, e nós voltaremos a esse aspecto, a conduta adictiva pode remeter, pelo menos em parte, ao que os psicanalistas da Escola de Psicossomática de Paris chamam de procedimentos autocalmantes e novas necessidades entre os sujeitos, o que pode qualificá-los como "escravos da quantidade".⁵³ Isso, evidentemente, não sem constituir sérios problemas para o seu tratamento, seja institucionalmente, seja no consultório.

No mundo da psiquiatria, a adicção repousa em critérios semiológicos heterogêneos e, do ponto de vista do DSM IV (anexo IV) como um "processo pluridimensional e polifatorial": o "problema do comportamento adictivo faz parte do eixo 1, sendo cinco os eixos no total: problemas ligados à nicotina; problemas ligados aos opiáceos; problemas ligados à penciclidina (PCP); problemas ligados a sedativos, hipnóticos ou ansiolíticos; problemas ligados a

---

51 Nos anos 1960, o "pensamento operatório" foi descrito pelos psicanalistas P. Marty, C. David, M. de M'Uzan, como sendo uma forma de pensamento por eles encontrada, sobretudo, em sujeitos somatizantes crônicos, a sua característica sendo a escassez de fantasmas, de pensamento onírico e de ser voltado para o factual, para o "prático". A alexitimia foi descrita em 1967 pelo psicólogo americano Sifneos, que com ela fez referência a uma dificuldade em verbalizar as emoções, característica de sujeitos somatizantes e reencontrada com frequência nos sujeitos adictos.
52 Cf. também Delrieu, A. *L'Inconsistance de la Toxicomanie.* Paris, ed. Navarin, 1988. Para A. Green, as estruturas dos psicopatas, toxicômanos e sujeitos a patologias somáticas, crônicas do fato do caráter intenso de seus *"actings"* por carências econômicas ou de vida fantasmática: cf. "La pscyhose blanche", in A. Green e J. L. Donnet, *L'Enfant de Ça.* Paris, ed. De Minuit e o cap. III do *Discours Vivant*, 1973. Paris PUF, 1983.
53 M'UZAN, M. (de), "Les esclaves de la quantité", Nouvelle Revue de Psychanalyse, n. 30. Gallimard, 1984, pp. 129-138.

diversas substâncias; problemas ligados a alguma outra substância (ou a uma substância desconhecida)".

O risco em que se incorre é o de invocar, com o termo "adicção", um princípio explicativo por demais geral e sem valor científico do ponto de vista da causalidade psíquica inconsciente, bem como o de substituir procedimentos químicos ou sociocomportamentais de tratamento que permitam a omissão dessa causalidade. A psiquiatria cada vez mais tem incorporado essa inclinação, preconizando o ministrar sistemático de medicamentos e uma reeducação dos hábitos e condutas, provendo com isso um *Ersatz* – substituto – do tratamento cognitivo-comportamental e limitando, assim, toda compreensão do sentido desses sintomas com relação à história dos sujeitos.

Essa abordagem multiaxial e transdisciplinar das adicções efetivamente permite à psiquiatria de nossos dias, ao abrigo de uma descrição biológico-comportamental-social de sua inserção, apoiar-se em um discurso cognitivista e defender a reivindicação de serviços de adictologia providos de instalações previstas em orçamentos e financiamentos, isso por parte de instituições públicas ou privadas. Novo mal social[54] e novo mercado, a adicção tornou-se um novo modo de pensar o sintoma psiquiátrico do sofrimento psíquico reduzindo-o ao comportamento.

Se referir esse conceito de adicção aos critérios de dependência de uma substância psicoativa tal como o descrito no DSM IV (da sigla em inglês para Manual Diagnóstico e Estatístico de Transtornos Mentais, aqui em sua quarta edição), constata-se que a maioria dos critérios diz respeito ao *comportamento*; dois fazem referência à perda de controle (1 e 2); um diz respeito às preocupações do sujeito quanto à obtenção e uso da substância psicoativa (3); três traduzem a persistência da adicção, apesar das consequências nefastas para o indivíduo (4, 5, 6).

---

54 VALLEUR, M. & MATYSIAK J. C. *Les Nouvelles Formes d'Addiction: L'Amour, le Sexe, les Jeux Video*. Paris, Flammarion, col., 2003. "Champs", n. 576; cf. também, dos mesmos autores, *Les Pathologies de l'Excés*. Paris, J. C. Lattès, 2006.

Para Orford,[55] uma teoria geral da dependência adictiva deve levar em conta essas condutas que não necessariamente implicam o uso de uma droga, embora produzam os mesmos efeitos psicopatológicos, e mesmo neurobioquímicos (podemos aqui lembrar que a partir de 1945 a bulimia tinha já sido denominada "toxicomania sem droga" por O. Fenichel).[56]

A descrição desse conceito por Goodman[57] serviu de matriz para um sem-número de trabalhos neurobiológicos posteriores.[58] Alguns autores (Orford, Cordier[59]), depois de ter comparado essa dependência a uma substância psicoativa e a comportamentos a que se recorre para obter o prazer e/ou escapar de um conflito interior (jogo patológico, bulimia, sexualidade, gastos e compras compulsivas) consideram que é possível definir características comuns a todos esses comportamentos:

- a compulsão;
- a manutenção do comportamento, não obstante suas consequências negativas;
- preocupações obsessivas com relação ao comportamento.

Para Goodman, esse não é o tipo de comportamento, como não são sua frequência nem sua aceitabilidade social que determinam se trata ou não de adicção, mas, sim, é como esse modo de comportamento está ligado à vida do indivíduo e também a afeta, segundo os critérios de diagnósticos especificados. Goodman vai

---

55 ORFORD, J. *Excessive Appetites: A Psychological View of Addictions* (2ª Edição). Chichester, Wiley, 2001.
56 FENICHEL, O. "Perversions et névroses impulsives", *op. cit*, 1945.
57 GOODMAN, A. "Addiction: definition and implications". *Br. J. Addict.*, 1990; 85 (11): 1 pp. 403-408; Koob G. F., Nesder E. J, "The neurobiology of drug addiction". *Neuropsychiatry Clin. Neurosci.*, 1997; 9(3): pp. 482-497.
58 KOOB, G. F., Le MOAL, M. "Drug addiction, dysregulation of reward, and allostasis", Neuropsychopharmacology, 2001; 24 (2): pp. 97-129.
59 CORDIER, B. "La sexualité addictive", *Dépendance*, 1992; 4: pp. 3-10.

mais longe ao indicar que não se trata "somente de uma definição de adicção, mas também de uma modificação no modo como certos problemas psiquiátricos se encontram conceitualmente organizados". Ele sugere a criação de uma nova categoria nosográfica, aliás bastante vaga: os transtornos adictivos, assim como são vagos os "transtornos" bipolares, os "transtornos" obsessivo-compulsivos, os "problemas" de adaptação etc., na psiquiatria pós-moderna.

Observemos aqui a introdução da dimensão da compulsão, que Goodman definiu em dois pontos principais: a impossibilidade de resistir à vontade de dar vazão a um comportamento e a impossibilidade de controlar esse comportamento. É interessante notar que a CIM-10 (1994 – CIM – da sigla em inglês para Classificação Internacional de Mercadorias) e o DSM-IV (1996), em sua forma revisada traduzida para o francês, incluíram o critério de "perda de controle" em sua definição de dependência.

Quanto às noções de abuso (DSM IV), de uso nocivo (CIM 10), elas se encontram limitadas às consequências nefastas do uso do tóxico, passíveis de ser observadas ou quantificadas, à exclusão de toda referência aos sintomas específicos do comportamento toxicomaníaco.

No DSM IV (1994) e atualmente no DSM-IV *TR* (TR – da sigla em inglês para "texto revisado") como em Evans e Sullivan (1995),[60] esses termos são definidos como segue:

- *"Uso de drogas":* o sujeito começa fazendo uso de substâncias em algumas situações sociais ou clínicas, sem abusar delas; sob certas condições emocionais o uso pode se tornar um mau uso;

- *"Abuso de drogas":* o uso de substâncias pode desencadear uma dependência externa ao âmbito de prescrição médica, e o sujeito pode fazer um abuso progressivo, com uma nítida tendência à autoprescrição;

---

60 EVANS, K., SULLIVAN, J. M. *Treating Addicted Survivors of Trauma.* N.Y., Guilford Press, 1995.

- *"Dependência de drogas":* doença crônica e progressiva com compulsão para o uso e reuso de substâncias, perda de controle em relação ao seu uso, a despeito das consequências nefastas. Para o diagnóstico de dependência é necessário o uso da substância durante mais de doze meses, o que gera tolerância e o aumento das doses, sintomas de falta e síndrome de abstinência (Evans, Sullivan, 1995).

Os sintomas da síndrome de abstinência *(withdrawal symptoms)* costumam ser confusão, ansiedade, insônia, náuseas e, a depender das drogas, a depressão ou a fadiga. A noção de tolerância é variável: alguns usuários têm uma necessidade cotidiana da droga ou da conduta, enquanto outros necessitam delas apenas ocasionalmente.

Enfim, existe uma relativa comorbidade de adicções: a associação entre jogo patológico e dependência, entre toxicomania e alcoolismo, anorexia e toxicomania são igualmente frequentes – o que Valler e Matysiak, por sua vez, chamam de "codependência" (2003, p. 86).[61]

---

61 VALLEUR, M. & BUCHER, C., em sua obra sobre Le Jeu Pathologique (Paris, PUF, QSJ?, 1997, n. 3310), indicam que os estudos epidemiológicos ou clínicos tendem a mostrar uma importante relação, entre a depressão e o jogo patológico. A delinquência é um elemento frequentemente encontrado no caso do jogo patológico. Segundo um estudo de Lesieur et Blume (1993), que passaram em revista o essencial da literatura técnica sobre o assunto, as sobreposições *"overlaps"* entre jogo patológico e abuso de substâncias psicoativas são muito amplas. Entre as pessoas em tratamento para a dependência de álcool ou de drogas, de 9% a 14% são também jogadores patológicos. Esses percentuais devem ser multiplicados por dois se for incluir aí os patológicos em tratamento - entre 47% a 52% destes acabam revelando uma dependência ou um abuso também de álcool ou de drogas. Existem elementos comuns entre, de um lado, o alcoolismo ou a toxicomania e, de outro, o jogo patológico. Também acontece de algumas pessoas poderem passar de uma a outra dessas "patologias". Da mesma forma pode haver paralelos teóricos entre jogos patológicos e problemas envolvendo condutas alimentares, anorexia, bulimia, uma vez que esses problemas são descritos sobretudo em termos de comportamentos autoinfligidas, e comportam as características de impulsividade, ou de compulsividade, que são evocadas no caso do jogo patológico. Os estudos sobre o tema são raros, mas ao que tudo indica entre as mulheres que se excedem no jogo

Nesse sentido, essa noção de "amplo espectro" (Bayle F. J. 1994) merece ser examinada com relação à outra, mais genérica, de somatização. Para além da estrutura clínica, o conceito de adicção permite que se busque um sentido nos sintomas que se apresentam como um modo de regulação do excesso de afetos, compreendidos aqui os sexuais, por uma conduta em que se tenha uma implicação do corpo. O interesse que existe em reagrupar as adicções com as somatizações está em poder descobrir entre elas, para além das evidentes diferenças, uma *possível etiopatogenia comum*.

PARA RESUMIR

Com o termo adicção, a conduta de dependência, que então se fez isenta de uma farmacodependência estrita, é estendida a comportamentos cuja natureza adictiva parece manifesta, mesmo na ausência de um produto tóxico. Essas adicções comportamentais *(behavioral addiction)*,[62] ou adicções sem drogas, descrevem também, em nossos dias, as adicções à internet, às compras compulsivas, ao sexo, para alguns a bulimia e o conjunto de condutas de risco.[63]

É possível isolar a síndrome de adicção das angústias psicóticas (de vazio, de aniquilação, de abandono ou de separação *borderline*), de defesas contra traumatismos precoces, de cenários de agressão, de sedução ou de abandono e de formas de ajuste a certos fantasmas inconscientes, como o da homossexualidade.[64]

---

as bulímicas estariam super-representadas.
62 MARKS, I. "Behavioral (non-chemical) addiction", *British J. of Addiction*, 85 (11), 1990, pp. 1403-1408.
63 ADES, J., LEJOYEUX, M., RONDEPIERRE, C., DAUCHY, S. *Les Achats Pathologiques*, Entretiens de Bichat, Psychiatrie. Paris, 1991, pp. 202-206. PEDINIELLI, J. L., ROUAN, G., GIMENEZ, G., BERTAGNE, P. "Psychopathologie des conduits à risques", *Annales Médico-Psychologique*, 163, n. 1, 2005, pp. 30-36. ADÈS, J., LEJOYEUX, M. Encore Plus! Paris, Odile Jacob, 2001.
64 HOPPER, E. "Encapsulation as a defence against fear of annihilation",

Diferentemente do psiquiatra, que segue a grade do DSM IV para dar seu diagnóstico e prescrever o tratamento a ser seguido, o psicanalista, na tentativa de compreender os conflitos, os sofrimentos e dramas ocultos subjacentes a essas condutas, é levado a *reconsiderar a validade do conceito de adicção* do ponto de vista da metapsicologia freudiana, e a interrogá-lo com relação ao corpus *da psicossomática psicanalítica* já que as adicções, assim como as somatizações, referem-se a um modo de gerenciar o ultrapassamento dos "limiares de intensidade afetiva",[65] ultrapassamento que envolve o psiquismo, por certo, mas também a homeostasia psicossomática e comportamental.

A clínica das adicções – assim como a das somatizações,[66] ainda que por outras razões e por outros mecanismos – depende de "clínicas de um corpo" aparentando-se a uma "metapsicologia dos limites" que A. Green estudou e descreveu.[67]

Essas "clínicas do corpo" não podem ser apreendidas unicamente de maneira estatística, quantitativa, neuroquímica ou por imaginário médico. Com efeito, ainda que *"Addiction is a Brain Disease"*, como a intitulava a prestigiosa revista científica anglo-saxã *Science* em 1997, para aquele cujo ofício é escutar cada paciente em sua individualidade, e assim cuidar dele, uma formação séria é indispensável, tanto no âmbito da escuta psicanalítica quanto no da compreensão do funcionamento psíquico e das relações deste com o *soma*.

Intern. J. of Psycho-Analysis. 72, 1991, pp. 607-624.

65 COURNUT, J. L'Ordinaire de la Passion. Paris, PUFF, col. "Le fil rouge", reed. 2001. Cournut J. (1992), "Les seuils d'intensité affective", *Revue Française de Psychanalyse,* 61 (3). 1991, pp. 645-651.

66 PIRLOT, G., 1997, *op. cit.*

67 GREEN, A. "L'analyste, la symbolization et l'absence", *Revue Française de Psychanalyse,* (5-6) (especial: Rêve). 1974, pp. 1191-1230; "La double limite", *Revue Française de Psychanalyse,* 25, I, 1982, pp. 267-283; (1990) *La Folie Privée. Psychanalyse de Cas Limite.* Paris, Gallimard, pp. 121-163, e pp. 337-363; BOTELLA, C. (ed.), *Penser les Limites: Écrits en l'Honneur d'Andrée Green,* 2002.

Da mesma forma, também as pesquisas e descobertas neurocientíficas e de imaginário médico no tocante às adicções são apaixonantes – e nós as evocaremos aqui – e fica evidente que essas condutas de adicção alteram os mecanismos de regulação dos circuitos cerebrais que gerenciam o prazer/desprazer ou mesmo os envolvidos na gestão das emoções. O que se faz não menos evidente é que essas alterações devem ser compreendidas como o efeito de fenômenos mais amplos envolvendo o Eu, o corpo, o narcisismo e feridas ou fragilidades psíquicas de todo tipo. É essa complexidade, demandante de uma grande humildade, que convém delimitar, uma vez que ela depende de múltiplos fatores que, assim como os envolvidos na meteorologia, desembocam em causalidades complexas e não lineares, como nos ensinaram as *Ciências do caos e da complexidade*, e certamente que não em simplificações cientificistas que venham dar a ilusão de que tão-somente o conhecimento de fatores sociais, químicos ou comportamentais será a "chave" para compreender o sujeito adicto e cuidar dele.

Ora, ocorre que em nossos dias esse "simplismo" encontra-se bastante em voga na psiquiatria geral, e na das adicções em particular. Em entrevista para uma revista de psiquiatria, o sociólogo A. Ehrenberg declarou que "tudo o que se publica em revistas como *Archives of General Psychiatry* ou *The American Journal of Psychiatry* (se refere) aos novos equipamentos de biologia molecular e do imageamento cerebral, (na tentativa de) estabelecer um ponto entre o espírito e o cérebro. O problema é que se não houvesse o problema da falta de uma ponte, a ponte jamais seria construída. O problema das neurociências utilizadas em clínica psiquiátrica é o de que elas se fundam em uma teoria redutora, isto é, na ideia de que as causas dos fenômenos psíquicos estão no cérebro. E aí reencontramos o velho sujeito transcendental, porém materializado. É a alma de Descartes em sua versão material. Paradoxalmente, é assim tanto na teologia quanto na ciência".[68]

---

68 BOTBOL, M. "La dépression, maladie de l'autonomie? Interview d'Alain Ehrenberg", *Revue Nervure*, tome XVI, número especial, 2003, pp. 35-40.

UMA QUESTÃO EPISTEMOLÓGICA: A CIENTIFICIDADE DA ABORDAGEM PSICANALÍTICA

Faz-se necessário aqui situar a questão epistemológica que prevalece na escrita desta obra. O que tenho a apresentar inscreve-se no que para nós faz com que a metapsicologia freudiana, e a psicossomática psicanalítica que dela parte, dependa de um discurso científico bastante atual em nossos dias (ainda que isso não seja tudo, já que a psicanálise depende também do campo das ciências humanas e da hermenêutica).

Lembremo-nos, antes de mais nada, de que o método psicanalítico parte de alguns princípios.

Foi ao investigar a gênese dos sintomas histéricos que Freud descobriu processos psíquicos inconscientes em relação à sexualidade infantil. O estudo dos sonhos confirmou essa determinação inconsciente, assim como uma série de outros fenômenos (lapsos, atos falhos, chistes etc.) que até então não tinham chegado a explicar a psicologia da consciência.

Depois que a psicanálise se desenvolveu, Freud (1923)[69] lhe conferiu uma definição complexa, que distingue e articula três níveis:

> 1. A psicanálise é um procedimento pelo qual processos psíquicos inconscientes, que seriam quase inacessíveis de outro modo, podem se dar como objeto de uma investigação rigorosa. Esse procedimento é o da associação livre das ideias. Usado no quadro bem definido da situação analítica, ele se torna a "regra fundamental" que ao analisando prescreve dizer tudo o que lhe vem à mente. É assim que aparecem e se organizam os fenômenos, centrados na relação dita transferencial para com o analista e que constituem o processo analítico;

---

69 FREUD, S. (1923), "Petit abrégé de psychanalyse", *Résultats, Idées, Problèmes,* II. Paris, PUF, 1985, pp. 97-117; in Oevres Completes, XVII. PUF, 1991.

2. A psicanálise passará a designar, na sequência, o método de tratamento de algumas desordens psíquicas, sobretudo as neuróticas. A dimensão terapêutica da cura analítica advém diretamente das transformações psíquicas induzidas pelo processo e pelas tomadas de consciência que ele implica; a modificação de relação entre o ego e o inconsciente se traduz, além de fazê-lo pela diminuição do sofrimento psíquico, por um aumento da capacidade de amar e de trabalhar. Uma série de estudos e de pesquisas quantitativas sobre o tema comprova o maior bem-estar, a não recorrência a medicamentos e a cuidados hospitalares por parte dos pacientes beneficiados por uma psicanálise ou terapia psicanalítica, bem como a menor incidência de paralisação de atividades em razão da doença.[70] As psicoterapias psicanalíticas derivadas do modelo de cura têm de fato o mesmo objetivo, com a diferença de não haver ali "a análise do transferido", pelo menos por princípio;

3. A psicanálise se tornou um corpo teórico que organiza os conhecimentos advindos dessa experiência prática; em contrapartida, ela contribui para enriquecer essa mesma experiência, trazendo sentido ao sintoma. Dizendo respeito essencialmente ao que está além da consciência, ou seja, à realidade psíquica inconsciente, Freud a nomeou *metapsicologia*. A teoria analítica liberta-se da cura como experiência única ao se interessar e se aplicar ao conjunto dos fenômenos humanos em que o consciente se encontra implicado. A contribuição de Freud foi, em primeiro lugar, postular a existência de um "aparelho psíquico" e, em segundo lugar, demonstrar a existência de uma *causalidade psíquica fundada na dinâmica,*

---

[70] Cf. A pesquisa sob a égide da IPA (2000), uma revista aberta aos estudos de resultado em psicanálise "An Open Door Review of Outcome Studies in Psychoanalysis": relação preparada pelo comitê de pesquisa da IPA a pedido do presidente: site na web <www.ipa.org.uk> ou email: publications@ipa.org.uk.

na tópica e na economia do aparelho psíquico, tanto dos sintomas quanto das relações "terapeuta-paciente" (relação "transferencial-contratransferencial").

O pensamento científico de Freud e sua abordagem associacionista e evolucionista do aparelho neuronal, e logo psíquico, por um lado proporcionaram certo número de hipóteses teóricas como as dos diferentes tipos de neurônios, de redes neuronais, de memórias em diversos registros, de facilitação de vias nervosas *(frayage)*, de neurônios secretores, de ausência de indício de realidade no inconsciente, de retrospecção, de recalque, de lembrança reconstruída pelo fantasma, de função inibidora do ego, de plasticidade da libido, de modelo e desenvolvimento bifásico da sexualidade,[71] de acesso ao funcionamento psíquico recalcado pelo viés do sonho e da *associação livre (Einfall)* que, após tê-lo obrigado a deixar a base médica da neurologia e da psiquiatria, conduziram-no a uma *complexidade superior*, obrigatoriamente metafórica, cuja epistemologia depende de uma hipercomplexidade. Essa epistemologia se mostrou inovadora[72] e hoje encontra-se devidamente amparada por numerosas descobertas neurocientíficas que remetem ao campo das *"ciências da complexidade"*: entre outras, a do *"princípio associacionista"*, segundo a qual funcionam as redes neuronais,[73] as descobertas referentes aos diferentes tipos de memória (amparada pelos trabalhos de Edelmann e de Ronsefield), de circuitos de reentrada e neurônios

---

71 Sobre os fundamentos biológicos de uma psicossexualidade humana difásica, a diferenciação sexual do sistema nervoso central durante a embriogênese e a que se tem após o nascimento, a reforçar a hipótese freudiana, cf. Bourguignon, A. *L'homme imprévu. Histoire naturelle de l'homme - I.* PUF, 1989, p. 206 ss.

72 GREEN, A. "Les coupures épistémologiques de Freud", *Idées Directrices pour une Psychanalyse Contemporaine.* Paris, PUF, 2002 a, pp. 132-152.

73 Cf. a obra recente de Falissard, B., diretor de pesquisa do Inserm, *Psychanalyse et Neurosciences: Une Tentative de Réconciliation.* Paris, L'Harmattan, 2008.

inibidores de ação, plasticidade neuronal, identidade das áreas cerebrais entre ato imaginado e ato realizado, modos digital/analógico do funcionamento cerebral. Uma descoberta recente, a apoptose, remete à intuição freudiana de pulsão de morte.[74]

Lembremos aqui de que há alguns anos o neuropsicólogo K. Pibram[75] havia encontrado pontos de convergência que permitiram confrontar psicanálise e neurobiologia, e isso tanto nos métodos como nas observações. Recentemente o psiquiatra E. Kandel (1999)[76] reconheceu que a psicanálise proporcionara um método radicalmente novo de investigação do funcionamento psíquico. E. Kandel quis lhe conceder a possibilidade de objetivar os traços mnésicos inconscientes mobilizados por ocasião das psicoterapias. Se à primeira vista o objetivo parece "ao alcance da mão", nos últimos anos evidenciou-se que novos modelos neurobiológicos, como a assimetria hemisférica (Kissin, 1986), as bases moleculares da memória (Squire & Kandel), a plasticidade neuronal (Cooper, 1985), a plasticidade das sinapses[77] e os neurônios inibidores do córtex pré-frontal poderiam ser tanto elementos suscetíveis de desempenhar um papel no fundamento fisiológico de processos como o do recalque (Lechevalier) a existência de uma biologia do consciente e do não consciente (Edelman).

---

74 PIRLOT, G. "La biologie de Freud aide-t-elle au dialogue entre psychanalyse et neurosciences?", *Revue Française de Psychanalyse*, 2, 2007, pp. 479-500.
75 PIBRAM, K. e MCGILL (1976), *"Projet de Psychologie scientifique" de Freud: um Nouveau Regard*. PUF, 1986.
76 KANDEL, E. R. "Biology and the Future of Psychoanalysis: a New Intellectual Framework for Psychiatry. Revisited", *Amer. J. of Psychiatry*, 156, April, pp. 505-524. Ver a tradução de J. M. Thurin no número dedicado a Évolution Psychiatrique, 1, 67, 2002, "Les avancées scientifiques em psychiatrie", 1999, pp. 3-11. e "A new intellectual framework for psychiatry", *Am. J. of Psychiatry*, 1988: 155: pp. 447-469, "Um nouveau cadre pour la psychiatrie", Évolution Psychiatrique. ibid., pp. 12-39.
77 ITO, M. "La plasticité des synapses", *La Recherche*, 267, 25, 1994, pp. 778-785.

Essas descobertas neurocientíficas revalidam o lugar da psicanálise no interior de um campo científico do qual, em nossos dias, não poucos paradigmas ilustram de maneira notável certas percepções no trabalho clínico ou então conceitos metapsicológicos: por exemplo, o da complexidade dos sistemas não lineares, dos fractais, das causalidades não lineares, da imprevisibilidade dos resultados, da sensibilidade às condições iniciais, dos atratores estranhos, para não falar do que a própria física quântica à sua maneira revelou, isto é, a importância do sujeito que observa no resultado da observação. Recentemente, em colóquio realizado na Université Paris X Nanterre,[78] G. Pragier e S. Faure-Pragier, autores de trabalhos sobre as "metáforas científicas"[79] úteis para uma leitura científica atualizada da psicanálise,[80] afirmaram: "Cotidianamente confrontados com a complexidade associativa não somente do discurso de nossos pacientes, mas também de nossas reações transferenciais, acabamos por querer pôr à prova esses novos modelos científicos, com o intuito de tentar abarcar uma nova maneira de representar, para nós mesmos, o psiquismo". Na ocasião eles intitularam seu trabalho não de "novos modelos", mas sim de "novas metáforas, do novo". Assim, próxima do funcionamento psíquico e de certas características, a noção de estrutura dissipativa de Ilya Prigogine[81] fez-se metáfora por eles devidamente retida.

---

78 "Psychanalyse et Recherches" Université Paris X Nanterre, colóquio realizado pelo Laboratório de Psicopatologia Psicanalítica dos Alcances Somáticos e Identitários (Lasi, da sigla em francês), sob a direção de Ms. Pr. D. Cupa, em 20 e 21 de outubro de 2006.

79 Pragier, G. e Faure-Pragier, S. "Un siècle après l'Esquisse: nouvelles métaphores, métaphores du nouveau", *Revue Française de Psychanalyse*, liv, 6, 1990, pp. 1395-1529.

80 Pragier, G. & Faure-Pragier, S. *Repenser la Psychanalyse avec les Sciences.* Paris, PUF, col. *"Le fil rouge",* 2007.

81 Prigogine, I. e Stengers, I. *La Nouvelle Alliance.* Gallimard, 1986.

Ora, o efeito de auto-organização introduzido por H. Atlan,[82] as noções de causalidades recíprocas e de pensamento complexo introduzidas por E. Morin,[83] as noções de ordem pela desordem e de construção progressiva e sempre "movente" da identidade de um auto-organismo, assim como as relações complementares entre "ordem, desordem e organização" estimado pelo biólogo A. Danchin,[84] as teses, por F. Varela,[85] de "autopoiese" que insiste na criatividade do sistema posicionando nas condições de um "espaço-tempo" dado, permitindo a "emergência" de novas funções, são igualmente noções com as quais o psicanalista se sente confortável.

Com efeito, o vínculo entre "autopoiese" de uma organização e o mundo poderia se chamar em psicanálise "articulação entre o intrapsíquico e o intersubjetivo" (A. Green). As "causalidades recíprocas" são passíveis de remeter à noção de *après-coup* em psicanálise, segundo a qual um fato recente pode "atualizar" um fantasma que até então se mantinha virtual e inconsciente (cf. os "fantasmas

---

82 Atlan, H. *Entre le Cristal et la Fume, Essai sur l'Organisation du Vivant*. Paris, ed. du Seuil; (1991), "De la complexité: Complexus", Les Théories de la Complexité. Paris, Seuil, 1979, pp. 9-43.

83 Morin, E., La Méthode: tomo I (1977), tomo II (1980), tomo III (1989). Paris, ed. du Seuil; (1991), "De la complexité", *Les Théories de la Complexité*. Paris, Seuil, pp. 283-295.

84 Danchin, A. "L'inné et l'acquis: une théorie selective de l'apprentissage", in *La Recherche en Neurobiologie*. Seuil, 1977, pp. 347-361; "Stabilisation fonctionelle et épigenèse: Une approche biologique de la gênese de l'identité individuelle", in *L'Identité* (seminário sob a direção de C. Lévi-Strauss). Paris PUF, 1983, pp. 185-221: "Hérédité genétique, hérédité épigénétique", *Confrontations Psychiatrique*. 1986, (27), pp. 43-59.

85 Varela, F. *Autonomie et Conaissance*. Paris, Seuil, 1989; "Sciences cognitives et psychanalyse: questions ouvertes", *Somatisation, Psychanalyse et Science du Vivant*, 1982. Paris, EsHeL, 1994, pp. 301-305; Cohen, V., "Les corps évocateur: une relecture de l'immunité", *Nouvelle Revue de Psychanlyse*. Paris, Gallimard, n. 40, 1989, pp. 193-212; Varela, F., Thompson, E., Rosch, E. *L'Inscription Corporelle de l'Esprit*. Paris, Seuil, 1994.

originários"), essa "articulação" podendo ela própria "reatualizar" modos de pensamento regressivo e sintomas. Tudo isso mostra que, no que diz respeito ao psiquismo, estamos em um mundo onde o *id* de causalidade linear pode ser recusado: o efeito borboleta encontra-se ali onipresente (em uma interpretação que por certo não é "selvagem", pois esse efeito pode, por exemplo, levar a uma crise de asma).[86]

Por outro lado, nas "teorias do caos",[87] o fato de que o efeito de modo algum é proporcional à causa, como se observa em todos os sistema instáveis que paradoxalmente associam determinismo de suas equações e imprevisibilidade de resultados, como no caso da metereologia (cujos fenômenos foram contemplados pelos trabalhos de E. Lorenz, em 1963) ilustra como os sistemas não lineares e a noção de um "atrator estranho" revelam espaços finitos com pontos cujo trajeto é infinito e que evocam "estruturas" a um só tempo complexas e estáveis – como o complexo de Édipo para M. Ody.[88]

Com isso, a metáfora do objeto fractal encontra-se próxima da representação da "compulsão à repetição, tanto que, em psicanálise, romper o fractal psíquico é impedir a repetição, favorecer a abertura à subjetivação", conforme enunciou G. Pragier. Isso mostra como os novos paradigmas científicos vêm em apoio aos da psicanálise, não só em sua teoria, mas também em sua prática. "Para o psicanalista em ação, experimentar momentos que possam conduzir à desestruturação remete aos mecanismos implícitos de auto--organização, mas também de autodesorganização a dois com a aceitação da *indecabilité* da parte que remete ao profissional ou ao

---

86 Pirlot, G., *op. cit,* 1997.
87 Gleick, J. *La Théorie du Chaos.* Paris, Albin Michel, 1989; champs Flammarion, 1991.
88 Ody, M. "Oedipe comme attracteur", *La Psychanalyse: Questions pour Demain* (obra coletiva). Paris, PUF, col. "Monographies da Revue Française de Psychanalyse". Paris, 1990, pp. 211-219.

paciente e depende do que A. Green chamou, em 1990,[89] de princípio de incerteza psicanalítica" (Pragier, *ibid.*).

Enfim, é preciso ainda lembrar que a relação entre o que conhece e o conhecido foi comprometida pela física quântica? Em uma bela passagem de sua *La Recherche em Psychanalyse*, R. Perron[90] escreveu sobre esse tema:

"Até os anos 1920, o dogma científico exigia do pesquisador que do domínio da realidade objetiva ele levasse em conta apenas fenômenos postulados por princípio como existentes, já que ele os observa anteriormente ao ato mesmo da observação e independentemente desse ato. O objetivo e o subjetivo se opunham radicalmente, e o rigor científico obrigava a perscrutar e eliminar do modo de conhecer toda e qualquer inflexão que procedesse das particularidades individuais do espírito cognoscente.[91] A física quântica convulsionou tudo isso, ao aceitar – e ao integrar como um de seus princípios fundamentais – que o ato de conhecimento pode produzir ao conhecido tal como ele é lembrado, de modo que a ideia mesmo dele em existir anteriormente a esse ato e independentemente dele já não faz sentido. O que se vê na caverna de Platão não é o reflexo de uma realidade exterior à caverna: é a realidade. Diante desse problema epistemológico fundamental, a psicanálise encontra-se em uma situação única, que não encontra análogo em nenhuma outra disciplina: o aparato cognoscente, ou seja, o psiquismo, coincide com o que ele deve conhecer, que é o psiquismo".

---

89 Green, A. "Penser l'épistémologie de la pratique in psychanalyse et sciences: nouvelles métaphores, Revue Française de Psychanalyse", liv. 6, 1990, pp. 1533-1541, et in *Propédeutique, La Métapsychologie Revisitée, Champ Vallon*, pp. 311-320.
90 Perron, R. "Chercher en psychanalyse. Réflexions sur le modèle des sciences exactes", in *La Recherche en Psychanalyse*, sob a direçao de M. Emmanelli e R. Perron. Paris, PUF, 2007, pp. 53-80.
91 Bachelard, G. (1938), *La Formation de l'Esprit Scientifique. Contribution à une Psychanalyse de la Conaissance Objective*. Paris, Vrin, 1969.

Passando agora, mais especificamente, aos novos liames entre neurociências do cérebro e metapsicologia freudiana, devemos fazer notar que Pibram e McGill[92] tinham observado que o encaminhamento de Freud fora similar ao de Sherrington, um dos pais da neurologia e, conforme observou B. e B. Lechevalier, ele representa um primeiro ensaio de confrontação entre psicologia e ciência, entre psicanálise e neurociências. Dois textos de Freud, que são: *Esboço de uma psicologia científica* para uso de neurólogos,[93] jamais publicado, e *Contribuição à concepção das afasias*,[94] mantêm-se assim subestruturas invisíveis – aliás, como todas subestruturas – de uma casa metapsicológica.[95] Alguns novos modelos neurofisiológicos e neurobiológicos, como a assimetria hemisférica (Kissin, 1986), as bases moleculares da memória (Kandel, 1983),[96] a plasticidade neuronal (Cooper, 1985), a descoberta de dispositivos funcionais implicando neurônios inibidores do córtex pré-frontal (Lechevalier, 1988) poderiam ser tanto elementos suscetíveis de desempenhar um papel no fundamento *fisiológico* de processos como o recalque ou então na existência de uma biologia do consciente e do não consciente (Edelman).[97]

Já há alguns anos, e de maneira mais ou menos bem-sucedida, foram inaugurados debates e diálogos reais entre as neurociências

---

92 Pibram e McGill (1976), Le *"projet de Psychologie scientifique"*, de Freud: Un Nouveau Regard. PUF, 1986.
93 Freud, S. (1895), "Esquisse d'un psychologie scientifique", in *La Naissance de la Psychanalyse*. PUF, 1956, pp. 313-396.
94 Freud, S. (1891), *Contribution à la Conception des Aphasies. Une Étude Critique*, trad. C. van Reeth. Paris, PUF, 1983.
95 Lechevalier, B. E. B., *Le Corps et le Sens: Dialogue entre une Psychanalyste et un Neurologue*. Lausanne, Delachaux e Niestlé, prefácio de C. David, 1998, p. 125.
96 Kandel, E. R. "From metapsychology to molecular biology: explorations into the nature anxiety", *Am. J. of Psychiatry,* 140, 10 de outubro, 1983, pp. 1277-1293.
97 Edelman, G. *Biologie de la Monscience*. Paris, O. Jacob, 1992.

e a psicanálise.[98] Isso mostra muito bem como o "ateorismo" do DSM IV e a voga atual do "quantativismo" estatístico, além da busca de "normas",[99] de indícios de previsibilidade"[100] e o "todo genérico"[101] defendidos em psiquiatria dependem menos dos paradigmas científicos atualmente em vigor e mais de uma visão simplista e reducionista de causalidades lineares bastante distanciadas

---

98 Changeux, J. P. "Les neurones de la raison", *La Recherche,* junho n. 244, 23, 1992, pp. 704-713; Green, A. "Un psychanalyste face aux neurosciences", *La Recherche,* 23, n. 247, 1992, pp. 1166-1174; Green, A. "L'homme machinal à propôs de L'homme neuronal", de J. P. Changeux, in *Les Temps de la Réflexion,* 4, 1983, pp. 345-369; Hochmann, J. e Jeannerod, M. Esprit ou es-Tu? Paris, O. Jacob, 1992; Ansermet, F. & Magestretti, P. A chacun son Cerveau. Paris, O. Jacob, 2004; Solms, M. "Psychanalyse et neurosciences", *Pour la Science,* 324, 2004, pp. 76-81, outubro trad. De "Freud Returns", *Scientific American.* 290 (5), 2004, pp. 82-88.

99 Cf. artigo "Norme psychiatrique en vue" de Roland Gori, *Le Monde,* de 4 de maio de 2008.

100 Em fins de 2005, o Inserm publicou um parecer sobre "transtornos de conduta em crianças e adolescentes". O parecer estabelecia uma correlação abusiva entre as dificuldades psíquicas da criança e uma evolução para um quadro de delinquência. Ele preconizava a detecção do que chamava de "transtornos de conduta" na criança desde a mais tenra idade. Naquele mesmo momento era implementado um plano governamental de prevenção da delinquência. De maneira bastante eficaz ele defendia uma detecção sobremaneira precoce dos "problemas comportamentais" na criança, considerados sintomas de todo um percurso rumo à delinquência. Diante das dimensões de mobilização dos profissionais de saúde contra esse estudo ("Não ao '0 de conduta' para crianças de 3 anos"), em novembro de 2006 o Inserm anunciou que os métodos de pesquisa no âmbito da saúde pública seriam revistos. Seria o caso, sobretudo, de levar em conta a diversidade das abordagens epistemológicas e práticas, como a da experiência dos agentes de campo e a da contribuição das ciências humanas e sociais implicadas nas problemáticas em questão. "La multidisciplinarité est une condition d'un démarche éthique", considerou J. C. Ameisen, presidente do comitê de ética do Insem.

101 Atlan, H. *La fin du "tout génétique"? Vers de nouveaux paradigms en biologie.* Paris, Inra Édition, 1999.

do que o funcionamento mental e cerebral nos têm ensinado há mais de um século.[102]

No seio desse debate, a psicossomática psicanalítica, em primeiro lugar a erigida pela escola psicossomática de Paris, assume aquele que é seu lugar por excelência, ancorada a um só tempo pelo paradigma das "ciências de complexidade", do qual o próprio P. Marty[103] participou em algumas elaborações, e por diferentes trabalhos dedicados ao estresse e às patologias autoimunes, tais como os de Thurin J. M. & Bauman N.[104] ou os de S. Consoli,[105] Jasmin[106] em oncopsicologia, os de A. Damasio e sua noção de "marcador somático",[107] ou ainda os trabalhos relacionados aos

---

102 Tendo abandonado a base mesma de toda compreensão psicopatológica dos sofrimentos psíquicos, hoje a psiquiatria contemporânea não parece ter outro objetivo - e isso salta aos olhos no número de publicações, colóquios e congressos sobre o tema, que não o de "prevenir" a doença mental. "É possível evitar os transtornos de comportamento alimentar em uma criança pequena?", perguntava um especialista recentemente em um número de um periódico em que os últimos avanços em psiquiatria eram apresentados como sendo de ordem... genética. *Revue Neuronale, Neurologie Comportamentale & Psychiatrie*, n. 29, 2007, periódico que todo psiquiatra recebe em sua caixa de correio, já que é pago pelas publicidades de laboratórios farmacêuticos.
103 Marty, P. "Organisation et désorganisations psychosomatiques", *Les Théories de la Complexité, Colloque Autor d'H Atlan*. Paris, Seuil, 1991, pp. 328-335.
104 Thurin, J. M. & Bauman, N. Stress, *Pathologies et Auto-immunité*. Paris, Flammarion Médecine, 2003.
105 Consoli, S. M. "Psycho-immunologie", *Encyclopédie Médico-chirurgicale, Psychiatrie*, 37402 E, 1988, pp. 10-11.
106 Jasmin, C., Le, M. G., Marty, P., Herzberg, "Evidence for a link between certain psychological factors and the risk of breast cancer-control study", *Ann. Oncol.*, (1), 1990, pp. 22-29.
107 Para Damasio, como para Sifneo, P. E. (1973, "The prevalence of 'alexithymie' characteristics in psychosomatic patients", *Psychotherapy Psychosomatic*, 22: pp. 225-262), o afeto tem uma faceta que é biológica, a emoção, e uma outra psicológica, o sentimento. Nessa perspectiva, uma

avanços recentes da "neurologia afetiva".[108] Deve-se ressaltar que essa psicossomática psicanalítica permite uma leitura das condutas adictivas que diga respeito ao *corpus* metapsicológico e aos dados fisiológicos e neurobiológicos.

Enfim, todas essas contribuições, atreladas à reflexão sobre a "práxis" psicanalítica, levaram A. Green a defender uma ideia de um "pensamento clínico" cujas características estão em ser "um mundo original e específico de racionalidade originário de experiência prática" (A. Green).[109] E a observação analítica que, ao contrário, for procedente de observação experimental, estará centrada no quadro ou continente para dele analisar as transgressões ou os fracassos; ela não cobre nenhuma dimensão preditiva, e os materiais (contidos) pela observação são objetos apenas de uma elaboração retrospectiva, no *après-coup*.

Assim, o pensamento clínico depende:

- de um modo original e específico de racionalidade advindo da experiência prática;

---

neurobiologia das emoções pode se desenvolver do modo mesmo como se mostram as experiências de estimulação dos nódulos de amígdala situados no sistema límbico, que desencadeiam reações emocionais. Nesse quadro neurológico, a alexitima vem se juntar à afasia emocional descrita por Damasio, que é uma "incapacidade de converter uma sequência em símbolos e organizações gramaticais que forman a linguagem": Damasio, A. R. *Looking for Spinoza: Joy, Sorrow, and the Feeling Brain,* Harcourt, 2002; *Traduction: Spinoza Avait Raison: le cerveau de la tristesse, de la joie et des émotions.* Paris, O. Jacob, 2003.

108 Cf. as pesquisas de Marion, F. Solomon & Daniel, J. Siegel, Diana Fosha, a permitir que hoje se proponha o conceito de "neurologia afetiva" e de ligar traumas precoces, desorganização de apegos *(attachment)* e traços neurológicos. Siegel, D. J., & Solomon, M. F. (Eds.) *Healing Trauma: Attachment, Mind, Body, and Brain,* New York: Norton, 2003. Fosha, D. Site internet: <www.trauma-pages.com/lang/fr/a/fosha-03.php>.

109 Green, A. *La Pensée Clinique.* Paris, O. Jacob, 2002.

- de um trabalho de pensamento em exercício no reencontro analítico que forja os conceitos que explicam as razões do inconsciente;

- de transmissões de experiência pelo pensamento clínico que se mantém etapa anterior a toda teoria.

Tendo em mente esses princípios, C. e S. Botella[110] introduzem a questão das relações entre o *pensamento clínico* e o *pensamento hipercomplexo* de Edgar Morin, cujos princípios são:

- a recursividade causa-efeito;
- o ponto de vista holográmico onde a parte está no todo, e o todo, compreendido em cada uma das partes - como no sonho em que o todo pode ser representado por uma parte;
- a complexidade dialógica na qual, diferentemente da dialética hegeliana, os termos opostos não se eliminam para com isso criar um outro num nível superior, mas alimentam-se mutuamente em seu caráter contraditório. É uma condição de vida e coisa bem curiosa que, para viver, o psiquismo deva se alimentar de conflitos. Esses conflitos se manifestam sob a forma pulsional ou são constituintes da própria estrutura do psiquismo: conflito *fora-dentro, sujeito-objeto* etc.
- Com isso, a pergunta é: essa mescla não pode comprometer a psicanálise? Olhando mais atentamente, percebe-se que essas expressões de consonância estrangeira para o psicanalista (caráter dialógico, recursividade causa-efeito, qualidade holográmica a caracterizar o pensamento hipercomplexo segundo a definição de Morin) são para nós, se submetidas a outras formulações, mais familiares do que se imagina. Não se trataria, em último caso, do que em termos freudianos nós reconhecemos como características do *inconsciente primeiro tópico*?

---

110 Botella, C. "Enjeux pour une psychanalyse de demain", in *Autour de l'Oeuvre d'A. Green*. Paris, PUF, 2005, pp. 11-30 (p. 23).

A complexidade dialógica não vem aqui definir o fato de que os contrários não se contradizem, que eles só se opõem para se alimentar mutuamente? Essa complexidade não iria de mãos dadas com o *id* de ausência de contradições, do não, própria ao inconsciente freudiano?

A recursividade *causa-efeito* não se mostra aparentada à noção de *après-coup*, identificada por Freud?

O sonho não é capaz de representar o todo por uma parte e vice-versa, como no holograma?[111]

Evidentemente é esse "pensamento clínico", extraído de nossa experiência de 25 anos em hospitais e no consultório, que anima nosso discurso sobre as adicções, e sobre ele não haverá quem o qualifique de excessivamente "teórico". Que o leitor saiba que essa teorização faz às vezes unicamente de ordenação, de retomada sintética e crítica, à parte a nossa prática, de diferentes autores e perspectivas metapsicológicas, psicopatológicas, mesmo biológicas, que permita compreender os múltiplos sentidos dessas condutas adictivas que certamente, para alguns, são patológicas, mas nem por isso deixam de fazer parte do cotidiano de muitos de nós.

---

111 "Em outras palavras, não é impossível pensar o funcionamento do inconsciente da primeira tópica segundo características dialógicas, de recursividade e holograma". Isso é ainda mais verdadeiro, segundo C. e S. Botella, no e pelo trabalho analítico em sessão. "Nisso o analista 'oferece' seus próprios processos de pensamento para regressão da sessão, para o desinvestimento das percepções e para o abandono de todo objetivo premeditado; ele aceita o estado de sessão (Botella, 2001), um estado psíquico em que o pensamento não é nem diurno nem noturno, um estado híbrido feito de momentos regressivos ou então, por alguns momentos, seu pensamento se aproximaria das "razões do inconsciente". Nessas condições, um "pensamento regressivo" apareceria. No sentido dado por Freud aos processos regressivos do trabalho do sono. Se essa proximação viesse a se provar justa, poderia deduzir daí, segue C. Botella, a existência de um lugar comum entre pensamento clínico e pensamento hipercomplexo. O que se teria aí seria justamente a presença de uma via regressiva em sua base. Ele seria a via pela qual se faria possível abordar os processos inconscientes" (2005, *op. cit.*).

A ADICÇÃO: NEONECESSIDADE E DÉFICIT HOMEOSTÁTICO DO ÓRGÃO PSÍQUICO

As definições psiquiátricas da adicção, elaboradas sem que se esteja ciente disso, legitimam as considerações "toxicológicas" freudianas nas neuroses atuais e as condutas toxicomaníacas.

Na concepção dos primeiros trabalhos de Freud, ainda carregados de "neurofisiologia", como o *Esboço* (1895), o aparelho psíquico aparece como um órgão/sistema auto-organizado, hierarquizado, desempenhando um papel na homeostase e como regulador essencial entre o ambiente e o *soma*. Devemos assinalar desde já que para P. Marty e escola psicossomática de Paris, a menor deficiência ou a mais ínfima disfunção (frequente na adolescência) desse "aparelho-psíquico-homeostástico" – o que P. Marty chamará de "insuficiência (da qual se revelou ser) do funcionamento mental"[112] – terá a tendência de fazer com que esse regresse por *desierarquização das funções* psíquicas, em direção ao reflexo ("atos-sintomas", assim como somáticos, neurovegetativos *acting in* ou comportamentais *acting out*, "adicção") por onde as dinâmicas conflituais se veem essencialmente reguladas pelo registro econômico da descarga comportamental.

Seguindo essa ordem de ideias, devemos assinalar que é possível aproximar a apreciação freudiana de um sistema psíquico como "órgão hierarquizado-homeostático" (que mais tarde será diferenciado em diversas instâncias: inconsciente, pré-consciente, consciente; e depois ego, *id* e superego), no que certos biólogos descrevem hoje como "hierarquia funcional", "tendência natural nos sistemas biológicos de autoassociação por complexificação, a permitir a estabilidade organizacional de um sistema",[113] "ordem funcional por hierarquia conduzindo à auto-organização", potencial de organização funcional avaliado pelo número de interações potenciais

---

112 Marty, P. *op. cit.*, 1990, p. 26.
113 Chauvet, B. *La Vie Dans la Matière*. Le rôle de l'espace en biologie. Paris, Flammarion, 1995.

de um sistema" ou, ainda, "importância do papel do tempo na organização das funções e do papel do espaço na das estruturas".[114]

UMA BUSCA DE EXCITAÇÃO PARA EVITAR A DEPRESSÃO E O VAZIO AFETIVO

No contexto psíquico da adolescência, caracterizada por reais momentos de desorganização devidos aos remanejamentos pulsionais e identitários, a adicção pode desempenhar o papel do que Smadja e Szwec chamaram de procedimentos autocalmantes (PAC) ou neonecessidades,[115] segundo M. Fain e D. Braunschweig. Tendo recurso a uma economia da *percepção-sensação*, os sujeitos adictos, "escravos da quantidade",[116] lutam contra (ou com) o que o psiquismo não pode "organizar" simbolicamente, e isso por diversas causas: vazio psíquico, desorganização mental a partir de uma difícil canalização de pulsões e excitações, vazio afetivo indizível, traumas precoces e sérios potencializados pela adolescência.

Nesse contexto psíquico, a adicção é buscada logo à primeira sacudidela do edifício identitário (o *self*) por ocasião de diferentes traumas (ruptura, abandono) como eventos afetivos comuns (por exemplo, fumar antes de dar um telefonema). A abordagem psicossomática familiar da questão de economia torna-se, consequentemente, um dispositivo teórico e metodológico indispensável dizendo respeito à apreensão do funcionamento psíquico dos sujeitos adictos.

A compreensão dos fenômenos de adicção passa, ainda uma vez, pela da crise pubertária e da adolescência. Essa crise só pode ser concebida como "retrogradação" de "micro" ou "macro" traumatismos infantil, da própria adolescência, com seu excesso

---

114 Ibid., p. 213.
115 Braunschweig, D., Fain, M. La Nuit, *le Jour, Essai Psychanalytique sur le Fonctionnement Mental*. Paris, PUF, 1975.
116 M'Uzan, M. (de) "Les esclaves de la quantité", *Nouvelles Revue de Psychanalyse,* n. 30, Gallimard, 1984, pp. 129-38.

pulsional, sendo um período "traumatogênico". Época de uma difícil separação em relação aos pais, o "trabalho de adolescência" é semelhante ao de um luto inacabado: o afeto predominante nessa época é muitas vezes a afecção depressiva de base, o mal-estar.

Nessa idade, tem-se uma melancolização do vínculo que permite bem compreender atos suicidários, e há o recurso ao comportamento adictivo que daí decorre. A esse respeito, todo adolescente é um narcísico depressivo que está em luto, não do objeto, mas da coisa mesma (*"Das Ding"*),[117] "fora-significado",[118] e isso quer dizer, a ambiência maternal e familiar, incluindo aí o "narcisismo negativo".[119] Aliás, é por querer inconscientemente proteger a mãe que o adolescente se suicida ou de outro modo, por vezes, pode chegar a desenvolver uma personalidade em "falso *self*".

Esse *spleen* e essa depressão, podendo assim ser cultivados e mesmo estetizados como forma de "perversidade afetiva",[120] apresentam-se como um dique perante as angústias depressivas arcaicas e anaclíticas que a perda e a separação da família só fazem reviver. "O afeto vem a ser, de fato, o objeto parcial do depressivo, no sentido de uma droga que lhe permite garantir a homeostasia narcísica por essa empresa não verbal e inomeável sobre a Coisa não objetal. O deprimido é um perverso que se ignora".[121]

M. Corcos,[122] sobre pacientes anoréxicos-bulímicos, e eu, sobre pacientes toxicômanos, alcoólicos ou tabagistas,[123] observamos essa fragilidade inerente aos assentamentos narcísicos tendo como pano de fundo a carência que se faz presente nos pacientes,

---

117 Heidegger, M. (1927), Être et Temps. Gallimard, 1986, trad. Vezin.
118 Lacan, J. *Les Psychoses, Livre III*. Paris, ed. du Seuil, 1955-1956.
119 Green, A. *Narcissisme de Vie, Narcissisme de Mort*. Paris, ed. de Minuit, 1983;"Pulsion de mort, narcissism négatif et fonction désobjectalisante", in *La Pulsion de Mort*. Paris, PUF, 1986, pp. 49-59.
120 Kristeva, J. Soleil Noir. Paris, Gallimard, 1987.
121 *Ibid.*
122 Corcos, M. *Le Corps Insoumis*. Paris, Dunod, 2005, p. 24 ss.
123 Pirlot, G., *op. cit.*, 1997.

concomitantemente às seguintes organizações depressivas: depressividade, depressão essencial, melancolia. Essa depressividade, esse *spleen*, ao testemunhar a má constituição, mas também o sentimento de perda dos objetos internos, levam à busca de sensações fortes ou às passagens adictivas ao ato, fazendo de todo adolescente um *borderline* em potência, quando não em atos.

MENTALIZAÇÃO DIFÍCIL DAS EMOÇÕES E FERIDAS NARCÍSICAS

Conforme nos ensina a psiquiatria biológica, o comportamento adictivo se pretende num processo que mobiliza o sistema de recompensa, uma vez que a homeostasia própria ao aparelho psíquico (e sua metáfora, a subjetividade) por si mesmo não chega a "regular" esses conflitos, tensões, emoções em excesso, por falta de "tônus psíquico de base" e de "tônus de base identitária" suficiente.[124] A adicção busca a todo custo aliviar o que P. Marty chama de "tônus vital" (e cujo substrato anatômico poderia ser o sistema reticulado ascendente [SRAA] situado no tronco cerebral) próprio à "depressão essencial" (perda da libido, fadiga, ausência de sonho ou de fantasma), forma de depressão "infraclínica" ligada ao que se pode chamar de pensamento operatório.

Devemos revelar desde já que essa sintomatologia depressiva é definida por uma falta: o obscurecimento, em toda e qualquer escala, da dinâmica mental de certos mecanismos de defesa (deslocamento, condensação, introjeção, projeção, identificação, vida fantasmática e onírica) que se acham pouco dinâmicos. Eles favorecem a "desierarquização" das funções psíquicas, tal como evocada acima, a ponto de deixar ativos outros mecanismos, como a clivagem e a negação. Tudo isso desemboca em uma expressão

---

[124] M'Uzan, M. (de), "Addiction et problématique identitaire: le 'tonus identitaire de base'", in *Aux Confins de l'Identité*. Paris, Gallimard, 2005, pp. 132-140.

clínica de uma pulsão de morte, "desobjetalizante".[125] No plano do funcionamento psíquico do sujeito, "a ausência de comunicação com o inconsciente constitui-se verdadeira ruptura com sua própria história. A palavra parece conservada tão somente para descrever os acontecimentos e mediatizar as relações",[126] concepção esta que vem ao encontro da de Sifneos, para a alexitimia,[127] e a de P. Marty, sobre o pensamento operatório.

Para compreender essa noção de "pensamento operatório", é preciso partir de um princípio freudiano simples: as atividades fantasmáticas e oníricas permitem integrar, na subjetividade em si mesma, as tensões pulsionais além de proteger a saúde somática do indivíduo, permitindo-lhe "transferir" à atividade psíquica as excitações tanto internas quanto externas.[128] Segundo essa concepção, o pensamento operatório, pensamento utilitarista, factual, voltado para o concreto, para a matéria e para a técnica, suprirão a carência das atividades do pensamento fantasmático e onírico e de um "pré--consciente" cujo pensamento associativo é falho e pouco tonificado. Nesse contexto psíquico, agravado na adolescência por reais momentos de desorganização decorrentes dos remanejamentos pulsionais e identitários próprios da idade, a adicção desempenha o papel de procedimento autocalmante ou de neonecessidade[129] que busca descarregar as tensões (excitações) psíquicas e mascarar toda percepção de emoção, isso sob risco de desestabilizar a frágil arquitetura narcísica do ego.

---

125 Green, A. "Pulsion de mort, narcissisme négatif et function désobjectalisante", in *La Pulsion de Mort*. Paris, PUF, 1986, pp. 49-59.
126 Marty, P. 1990, p. 55.
127 Sifneos, P. E. "Clinical observations on some patients suffering from a variety of psychosomatic diseases", in Antonelli Proceeding of the 7th European Conf. Of Psychosomatic Research. Rome, *Acta Méd. Psychsom.*, 1967, pp. 1-10.
128 Marty, P. *L'Ordre Psychosomatique*. Paris, Payot, 1980.
129 Braunschweig, D., Fain, M. *La Nuit, le Jour. Essai Psychanalytique sur le Fonctionnement Mental*. Paris, PUF, 1975.

CONCLUSÃO

De modo mais amplo, é possível perguntar se a adicção não estaria a mascarar ou então, de outra maneira, a declinar o fenômeno "de alienação" próprio ao homem: sua dependência da mãe, mais do que de outros, sua socialidade, sua introdução no campo culpável do desejo e da linguagem? Aqui seria o caso de lembrar do aforismo de W. Goethe, demonstrando que o problema da dependência adictiva seria uma reformulação, em termos diferentes, do da subjetividade e do reconhecimento subjetivo de toda dependência: "Basta se declarar livre para de pronto se sentir dependente: ao ousar se declarar dependente, sente-se livre",[130] problemática já evocada na obra de La Boétie, escrita e publicada quando ele tinha 18 anos (!), sob o famoso título de *Discurso sobre a servidão voluntária* (1576), no qual o tirano não se encontra apenas em uma categoria política, mas também em uma categoria mental, ou mesmo metafísica e, no plano metapsicológico, superegóica.

O termo "adicção" não poderia da mesma forma ser o epifenômeno de alguma coisa cujo corpo seria a testemunha, o martírio (a etimologia dessas palavras sendo a mesma) e o local de uma tentativa de cura do próprio espírito? Faz-se visível a psicopatologia moderna da dor, da automutilação dos "despelados" (tatuados, adeptos do "*piercing*", escoriações etc.), bem como a psicopatologia dos psicóticos que, em certas situações, ferem-se no corpo para diminuir seus sofrimentos psíquicos.[131]

---

130 Goethe, J. W. von (1809), *Les Affinités Electives*. Paris, L'Union Génerale d'Éditions, col. 10/18, 1963, p. 20.

131 Aqui tentamos mostrar que a percepção de uma dor física e o "trabalho de dor" dela resultante, ligados à noção de trauma/lesão nos sujeitos que apresentam uma depressão essencial e um pensamento operatório, assinalam uma fixação corporal a um objeto psiquicamente não representável. Essa incapacidade de perceber e de simbolizar o afeto que é o sofrimento psíquico expressa-se então pela dor física, buscada por adolescentes *borderline* com o auxílio de "técnicas" ativas, como a automutilação. A dessimbolização

Do ponto de vista da psicanálise, a conduta adictiva frequentes vezes se apresenta, como faz observar B. Brusset, ao modo de uma busca de libertação da dependência afetiva em relação a objetos externos e internos, e isso precisamente no momento da puberdade/adolescência, no qual todas as relações são ressexualizadas e nessa medida induzem, no tocante às relações familiares, um risco incestuoso, implicando outra forma de dependência, que vem lhe tomar o lugar e no entanto a reforça, por paradoxal que possa parecer. A questão faz-se, pois, compreender as relações entre essas duas dependências: afetiva de um lado, comportamental de outro.

---

cultural, o incremento de força do pensamento operatório, as desorganizações sociais e familiares têm assim um custo real sobre a saúde psíquica, a despeito do que as políticas de saúde tentam abarcar com a medicina dita "preventiva". Cf. Pirlot, G. & Perard Cupa, D. (2006 b).

CAPÍTULO 1
PREMISSAS CONCEITUAIS DA ADICÇÃO: A PSICANÁLISE FREUDIANA

OS PRIMEIROS TRABALHOS DE FREUD E SUA ATUALIDADE PARA AS ADICÇÕES

OS TERMOS DE FREUD: ARQUEOLOGIA DAS IDEIAS

Encontramos o conceito de necessidade primitiva na tradução francesa da obra completa de Freud (PUF), no artigo "a sexualidade na etiologia das neuroses" (1898).[132] Nesse texto traduz-se o termo alemão *sucht,* que significa mania e fez derivar *suchtig,* toxicômano, cuja raiz é *such,* ação de buscar.[133] O termo cobre *ursucht,* utilizado por Freud para definir a "necessidade primitiva", a masturbação da qual deriva a adicção.[134]

Se por um lado não se encontra o termo "adicção" na obra de Freud, – até porque ele não existia – constatam-se conceitos que remetem a ele: os "de hábitos" *(gewohnheiten),* de *sucht*

---

132   Freud, S. (1898), "La sexualité dans l'étiologie des neurose", *Résultats, Idées, Problèmes,* I. Paris, PUF, 1984, pp. 75-97; Oeuvres Complètes, III, Paris, PUF, 1989.
133   No texto alemão *Die Sexualität in der Actiologie der Neurosen,* Freud emprega o termo Sucht mesmo precisando que "l'addiction aux choses" (*Sucht nach diesen Dingen,* p. 506, G. W.) não aparece após um primeiro contato com a cocaína ou com a morfina. Granjeon e Rose (1992) traduziram *Sucht,* encontrado no artigo de Wulff, "Sobre um interessante complexo sintomático oral e sua relação com a adicção" (1933), pela palavra adicção, p. 47.
134   Freud, S. *Brief an W. Fliess* (22 de dezembro de 1897), 1985, p. 314.

(necessidade, dependência, paixão, apetite), *sehnsucht* (paixão, nostalgia) e *abhängigkeit* (dependência).

Em 1890, em *Tratamento psíquico*,[135] Freud emprega os termos *krankenhaften gewohnheiten*, significando "hábitos mórbidos" (ou que aprisionam de maneira mórbida), para designar o alcoolismo, a morfinomania e as aberrações sexuais. Os termos *gewohnheit, angewöhnung* e *abgewohnung* são empregados por Freud no artigo de 1898, *A sexualidade na etiologia das neuroses*. Esses três termos são edificados com base na mesma raiz: *wohnen,* que significa "habitar, permanecer em" e *wohnung,* que quer dizer "acomodação". *Morar* remete, pois, a esse espaço cotidiano e tornado habitual, com *gewohnlich* significando "habitual", "comum", e *gewohnt* para "acostumado". *Angewöhnlich* traduz a dimensão concreta ou efetiva do hábito, e portanto dos hábitos; designa em geral o hábito no sentido do inglês *habituation*. Quanto a seu oposto, *abgewohnung,* ele designa o estar desabituado.[136]

A ADICÇÃO NA HIPNOSE DAS HISTÉRICAS

No mesmo texto de 1898, Freud faz uso do termo *Abhängigkeit* (dependência: o termo alemão, assim como o termo francês, têm a mesma construção etimológica: um derivado do latim *dependere*, isto é, "depender" ou "pender de" e um derivado do alemão *ab--hangen – hangen* = pender, suspender, enganchar) assim como o termo *sucht*, traduzido pela equipe de J. Laplanche por "adicção": "É também nesse caso que se tende a instalar no doente uma

---

135 Freud, S. (1890), "Traitement psychique (traitement d'âme)", in Résultats, Idées, Problèmes, I. Paris, PUF, 1984.
136 Jacquet, M. M. & Rigaud, A. "Émergence de la notion d'addiction dans l'histoire de la psychanalyse", *Anorexie, Addictions et Fragilité Narcissiques.* Paris, PUF, 2001, pp. 159-186.

dependência ao médico e uma espécie de adicção à hipnose" (Freud, 1890).[137]

Trinta anos depois, na "Psicologia das massas e análise do eu" (1921), Freud fará referência a essas relações entre hipnose e estado amoroso. Os dois estados são estados regressivos de "multidão a dois" onde "o objeto (o outro: o objeto a que se está enamorado, o hipnotizador, o chefe) tomou o lugar do ideal do eu".[138] E Freud acrescentou a descrição de um estado de enamoramento que muito se parece ao *shoot* (ao "pega") do tóxico: "pode-se assim descrever o estado de enamoramento extremo como sendo aquele em que o ego teria introjetado o objeto para si" *(ibid.)*.

Deve-se acrescentar que o termo *sucht* designa uma necessidade conotada pelo mal, pelo embaraço, pela enfermidade, ou pelo que se interpõe à necessidade, enquanto o *bedürfnis* designa a necessidade de ordem psicológica. Portanto, é em A *sexualidade na etiologia das neuroses* (1898) que aparece o termo alemão *sucht*. Freud emprega esse termo no referido texto ao precisar que a adicção às coisas (*Sucht nach den Dingen*, p. 506, *Gesammelte Werke*) só vai aparecer após um simples contato com a cocaína ou com a morfina. Ora, o que ele faz é submeter a completa equivalência a recorrência ao tóxico e uma deficiente fruição sexual (p. 88). Enfim, podemos assinalar que os tradutores[139] do artigo do psicanalista Moshe Wulff (retomado por Winnicot, ver adiante), "Sur un intéressant complexe symptomatique oral et sa relation à l'adiction", de 1932, traduziram a palavra *sucht* por *addiction*.

---

137 Freud, S. (1890), *Sucht nach der Hypnose*, p. 19, "Traitement psychique (traitement d'ame)", in *Résultats, Idées, Problèmes*, I. Paris, PUF, 1984, pp. 1-23.
138 Freud, S. (1921), "État amoureux et hypnose", "Psychologie des Foules et Analyse du Moi", *Essais de Psychanalyse*. Paris, Petite Bibliothèque Payot, 1981, pp. 175-181.
139 Wulff, M. (1932), "Sur un intéressant complexe symptomatique oral et sa relation à l'addiction", trad. Granjeon A. e Rose M. C, *La Boulimie*. PUF, Monografia da SSP, 1992, pp. 47-62.

ADICÇÃO, MASTURBAÇÃO, COMPULSÃO E GOZO: UMA EXPLICAÇÃO PSICANALÍTICA

O termo *Sucht* encontra-se também no conceito, por Freud, de *ursucht*, definindo a "necessidade primitiva", "a masturbação, o único grande hábito, a 'necessidade primitiva' da qual todos os apetites, como a necessidade de álcool, de morfina, de tabaco, não passam de substitutivos, são os produtos de substituição", escreve Freud a *Fliess* na carta n. 22 de dezembro de 1897, *Ursucht*. Fine traduziu-o por "adicção originária".[140] *Die sucht* foi traduzido em francês também por "passion", sobretudo quando Freud o utiliza em *Dostoievski e o parricídio*[141] para designar a paixão "patológica" – do escritor pelo jogo (1927). Assim, *spielsucht* é empregado diversas vezes, enquanto o termo *spielwut*[142] é encontrado apenas uma, tendo recorrido a ele provavelmente para evitar uma repetição, ainda que a palavra *wut,* que significa "raiva, furor" dependa, como se dirá hoje em dia, do *craving*. Nesse texto de Dostoievski encontra-se também a noção de dependência, - no caso dependência do pai – altura em que o termo *Abhängigkeit* já foi encontrado.[143] Vemos aqui, na obra freudiana, uma geografia que, ao relacionar paixão e adicção, vem confirmar o imaginário médico (cf. capítulo 4).

A palavra "compulsão", que de pleno direito pertence à noção de adicção, encontra-se também para o termo alemão *zwang* "coação" para designar *spielzwang,* "compulsão pelo jogo",[144] que Freud interpreta como equivalente e repetição da antiga compulsão ao onanismo (pp. 178-179). No referido texto vemos então se esboçar o problema das relações complexas entre *die sucht*, a

---

140 Fine, A. "Psychopathologie des addiction", in *Psychanalyse*, sob a direção de A. de Mijolla. Paris, PUF, 1996, p. 550.
141 Freud, S. (1928), "Dostoïevski et le problème du parricide", *Résultats, Idées*, Problèmes, II. Paris, PUF, 1985, pp. 161-179.
142 Ibid., p. 178.
143 Ibid., p. 170.
144 Ibid., p. 176.

necessidade, a paixão pelo tóxico ou pela atividade adictiva, de um lado e, de outro, o "condicionamento", a "compulsão", *der zwang* a "compulsão", "força de coação", que para os *borderlines*, para os "transtornos obsessivos compulsivos" e para os adictos o que o pensamento obsessivo *(zwang denken)* ou o impulso obsessivo *(zwanghandung)* é para a neurose obsessiva.[145]

Deve-se acrescentar que o termo *zwang* encontra-se presente para caracterizar, na obra freudiana, um modo de funcionamento e de manifestação dos processos primários. No *Esboço* (ou *Projeto;* 1895) emprega a expressão *bahnungzwang*, "coação de facilitação" – o que remete a uma apreciação neurofisiológica bastante atual dos "circuitos de prazer/recompensa e desprazer" –, e em 1920, em *Além do princípio do prazer*, para *wiederholungzwang*, "coação de repetição", de *schicksalzwang,* "coação de destino",[146] ressaltando assim uma característica da vida pulsional e uma das modalidades de um "além" do princípio do prazer que vem endossar a pulsão de morte.

Enfim, o termo *zwang* encontra-se também na definição do papel que o ego tem para com o supereu, qual seja, o de "coação a obedecer" como a criança em relação a seus pais, escreveu Freud em 1923. Assim, pode-se perguntar se a adicção e sua "coação compulsiva" não necessitariam de uma dependência a um superego tirânico, pré-genital, antiedipiano, totêmico, sádico, castrador, para o narcisismo do eu?

Essa genealogia psicanalítica de termos que dão conta do fenômeno da adicção permite compreender que as concepções "transnosográficas" próprias à metapsicologia de Freud, antecipam e justificam a escolha do termo "adicção". São termos que nos levam à noção de excesso *(binge* em inglês), de assoberbamento,

---

[145] Pirlot, G. "De la névrose obsessionnelle aux T.O.C.? De l'heuristique psychanalytique à l'anomie psychiatrique post-moderne", *L'Évolution Psychiatrique*, 3, 1998, pp. 433-430.
[146] Cf. Bourguignon, A., Laplanche, J., Cotet, P., Robert, F., *Traduire Freud*, pp. 85-86.

de "tóxico", fazendo referência ao registro mesmo de uma fruição que vai "além do princípio de prazer" (Freud, 1920), além de um funcionamento psíquico que qualifique as "emoções-sensações-angústias", vivenciando-as apenas por um modo quantitativo de transbordamento de excitação, de novas margens para uma psique em busca de limite precisamente por onde a (busca de) sensação faz um curto-circuito de toda emoção.

Quanto à fruição, lembremos que Freud eventualmente faz uso do termo *Genuss* para designar a fruição em sua dimensão sexual, ainda que em seus escritos a palavra possa facilmente aparecer no lugar da palavra *lust* (prazer, vontade, desejo). No texto sobre *O homem dos ratos*, no momento em que este evoca "o suplício chinês da penetração de um rato no ânus", Freud percebe uma expressão estranha na fisionomia de seu paciente, interpretada como "horror de uma fruição ela própria ignorada".[147]

Em 1920, ao refletir sobre "além do princípio do prazer",[148] ele observa um "júbilo mórbido" na fisionomia do filhinho de 19 meses que brincava de "fort-da" com um pequeno carretel de linha, como se vivenciasse na dor desse jogo um certo prazer. Ao final dessa observação do "jogo da bobina", ele relaciona essa brincadeira de criança (e Winnicott desenvolverá o potencial de transicionalidade e seus fracassos recorrendo justamente ao exemplo da criança com o cordel, ver abaixo), com uma forma adulta de busca de um excedente de prazer situando-se este na "beira do precipício" e dependendo, nessa medida, da fruição: "Enfim, é preciso lembrar que no adulto o jogo e a imitação artística visando [...] a pessoa do espectador

---

147 "...*als Grausen vor seiner ihm selbst unbekannten Lust auflösen kann*", Freud S. [1909] "Bemerkungen über einen Fall von Zwangsneurose", in *Zwang, Paranoïa und Perversionen*, Band VII. p. 44; "Remarque sur un cas de névrose obsessionnelle (L'Homme aux rats) ", 1954,I, 1981, p. 207;"...ihm selbst unbekannten Lust deuten kann", *L'Homme aux Rats: Journal d'une Psychanalyse*, 1974, p. 44.

148 Freud, S., "Au-delà du principe de plaisir", *Essais de Psychanalyse*. Paris, Payot, 1981, p. 55.

nem por isso lhe poupa, e pode-se ter como exemplo aqui a tragédia: mesmo trazendo ao espectador as impressões mais dolorosas, pode elevá-lo a um alto grau de fruiçao".[149]

Nesse texto ele traz sua reflexão sobre os confins e sobre o "além" do prazer e seu princípio. Se a função do aparelho psíquico é ligar as cargas energéticas livres, e se a ligação vem reforçar o princípio de prazer, a compulsão de repetição e a pulsão "desligante" de morte por sua vez demonstram que, estando para além e sendo independentes desse princípio do prazer, essas manifestações da pulsão de morte não necessariamente o contradizem: "impressões dolorosas podem ser a fonte de uma fruição intensa" *(Genuss)*. Isso nos leva a postular a hipótese de um "masoquismo primário"[150] - diferente do masoquismo secundário advindo do retorno do sadismo originário dos anos 1924[151] – e cuja missão é ligar excitações (pulsionais) em excesso e refratárias para o ego *por onde* dor e prazer se encontram entremeados. Que a dor possa ser vivenciada como prazer, aí se tem algo a demonstrar de maneira notável que as pulsões de morte não se encontram em estado puro, mas aparecem ligadas à pulsões de vida, *Eros*.

Com isso, Freud deparou-se com o fato de que, do ponto de vista do prazer ou do desprazer, os processos primários (não ligados) engendram *sensações muito mais intensas* que as dos processos primários ligados. Ele correlaciona sensações muito mais fortes com a fruição sexual que ele considera como o prazer mais intenso que o homem pode obter.[152] Com isso, o além do princípio de prazer se verá a depender de um ultrapassamento quantitativo do excesso, de um assoberbamento de prazer, como

---

149 "... in der Tragödie nicht ersppart und doch von ihm als hoher Genuss empfunden werden kann", *"Jenseits des Lustprinzips"* (II) op. cit., p. 227.
150 Freud, S. *Au-delà du Principe de Plaisir*, op. cit., 1920, p. 89.
151 Freud, S. (1924), "Le problème économique du masochisme" (*"Das ökonomische Problem des Masochismus"*), G W XIII; SE XIX, Névrose, Psychose et Perversion. Paris, PUF, 1973, pp. 287-297.
152 Freud, S. *op. cit.*, 1920, p. 79.

no orgasmo, cujos transbordamentos podem ser enriquecedores. A busca dos limites pelo excesso se dá à margem do Eu subjetivo, em sua própria periferia, em seus envoltórios sensoriais, corporais, somáticos, e isso em uma espécie de síncope subjetiva de onde "pulsa", compulsivamente, a psique como se esta, a partir de brechas traumáticas e de zonas com falta de um "escudo protetor" que pudesse ativar a conduta adictiva, procurasse sempre renovar suas margens, seus continentes: "a novidade será sempre a condição da fruição", escreve Freud,[153] com isso devendo-se compreender o excesso excitacional, sensorial (vômito da bulímica, sem sensação forte da conduta de risco, ebriedade etc.) até a vertigem, como uma espécie de conhecimento de si "além" dos limites que impõem a razão e o superego: isso explica os vínculos obscuros mais reais entre intoxicação, transgressão, sagrado e divino (ver as obras de M. Eliade ou C. Castaneda).

NEUROSES ATUAIS, MASTURBAÇÃO E TOXICOLOGIA FREUDIANA

A CONDUTA ADICTIVA COMO SOLUÇÃO PARA UM AFETO

Devemos observar, antes de mais nada, que os especialistas em alcoologia, como os dos problemas alimentares, toxicomanias e outras condutas adictivas são categóricos: essas condutas são frequentemente associadas à da angústia, quando não à da ansiedade: a frequência da síndrome do pânico em relação com o alcoolismo é, segundo os autores, de 4% a 50%, a frequência da agorafobia é de 4,6% a 42%, e a das fobias sociais, de 7,5% a 75%.[154]

---

153 Freud, S., *op. cit.*, 1920, p. 79; "Immer wird die Neueheit die Bedingung des Genusses seins", *"Jenseits des Lustprinzips"* (G. W., V.), p. 245.
154 Reynaud, M. *Addiction et Psychiatrie*. Paris, Masson, 2005; Angel, P.,

Também a conduta adictiva seria uma "solução comportamental" em relação a qual o aparelho psíquico e a subjetividade não são capazes de gerar um afeto particular, frequentes vezes ligados à culpabilidade inconsciente, a saber, a angústia geradora de neuroses ou de transtornos somáticos ("funcionais", como dizem os clínicos gerais). Ora, as adicções e as somatizações orgânicas – como a doença de Basedow – ou funcionais, já no *Esboço de psicanálise* de Freud e nas cartas a Fliess, em 1897, tinham recebido suas primeiras elaborações comuns na condição de "produções possíveis", "neuroses atuais" constituídas de neurastenia (caracterizada por lassidão, dores de cabeça, indigestão, hiperacuidade de sensações etc.) e da neurose de angústia.

Freud sustentava que a neurastenia era o resultado de excesso de masturbação na adolescência, enquanto a neurose de angústia advinha de uma não descarga genital da libido ou do *coitus interruptus* (Manuscritos B[155] e E[156]). Ainda que na continuidade essas neuroses ditas atuais vieram a ser pedra de tropeço nas indicações da cura psicanalítica, não obstante elas jamais foram excluídas da realidade psicanalítica. Seguindo os trabalhos de S. e C. Botella,[157] pode-se acrescentar até mesmo que a neurose traumática (ou atual) se mantém na própria raiz do desejo infantil e da pulsão, tendo como corolário uma potencialidade não negligenciável de regressão em direção à percepção – conceito limite em psicanálise[158] – e refere-se aqui à percepção compreendida nas psiconeuroses.

Richard, D., Valleur, M. *Toxicomanies*. Paris, Masson, 2000.
155 Freud, S. "Manuscrit B.", Lettre du 8 de Février, 1893, *Naissance de la Psychanalyse,* pp. 61-66.
156 Freud, S., "Manuscrito E", Lettre de Juin, 1894, *Naissance de la Psychanalyse,* pp. 80-86.
157 Botella, S. e C. "Névrose traumatique et cohérence psychique", *Revue Française de Psychosomatique*. Paris, PUF, (2), 1992, pp. 25-36.
158 Botella, C. e S. *Le Perceptive en tant que Concept-Limite en Psychanalyse,Concepts Limites en Psychanalyse;* Schmid-Kitsikis, & A. Sanzana, Lausanne, Delachaux & Niestlé (org.), 1997, pp. 137-186.

O estudo sobre as neuroses de angústia, acrescentado a certos trabalhos, como o que versa sobre a cocaína e, a partir de 1888, os trabalhos sobre a histeria, permitiram a Freud se interrogar sobre "a formação de um excedente de excitação no órgão psíquico", questão moderna que se vai encontrar, por certo, na endocrinologia, mas também na psico (endócrino) imunologia.

Nos anos 1885-1887, Freud se interroga sobre as condições de aparição de uma libido psíquica com relação às excitações sexuais somáticas. Sua espacialização é, antes de mais nada, a do aparato neuronal. No *Manuscrito E* (1894) Freud, fiel a uma concepção "cabeada" do aparelho psíquico, sobre a qual retornaremos aqui, postula a existência de um "limitar de intensidade" a partir do qual uma excitação poderia ser psiquicamente utilizada, hipótese que lhe legará o conceito de pulsão, esta resultando de um certo trabalho psíquico. Nessa hipótese, a angústia neurótica aparece como uma excitação somática transformada.[159]

Mais tarde isso lhe fará escrever "só agora consigo compreender a neurose de angústia; o período menstrual é seu protótipo fisiológico: ele constitui um estado tóxico, tendo em sua base um processo orgânico. Espero que logo descubras qual será o órgão desconhecido em questão (tireoide ou outro)".[160] Em março de 1895,

---

159 Freud, S. (1887-1904), *Briefe an Fliess* (1887-1904), (Herausgegeben von Jeffrey M. Masson), 1986, S. Fischer Verlag GmbH, Frankfurt am Main; *Naissance de la Psychanalyse*, pp. 80-85; "Brief am Fliess", 1985, pp. 71-76.

160   A etiologia das neuroses atuais (neurose de angústia e neurastenia) é *somática:* "A fonte de excitação, o fator desencadeante encontra-se no domínio *somático,* enquanto na histeria e na neurose obsessiva ela está no domínio psíquico", Freud (1895), 1973, p. 31. Nas neuroses atuais, existe um *déficit de representação.* Ao enfatizar que a hipertireoide provocava um estado neurótico "tóxico", Freud - e Fliess - adotou a via da explicação endocriniana dessa afecção. Acresce-se que achamos notável o fato de que também na filogênese o aumento (excesso) de hormônios T e tiroidianos, de hormônios sexuais (andrógenos e estrógenos) e de hormônios esteroides é também, em filogênese, o que permite a transformação ou metamorfose *(méta-morphose)* do girino em sapo. Os hormônios tireoides ativam os genes da regulação,

Freud definiu a enxaqueca como "uma reação tóxica provocada por substâncias sexuais excitantes" (*Manuscrito I*, março de 1895) originárias de um excedente de sexualidade.

Assim, para a origem da neurose de angústia ele postula uma insuficiência da libido psíquica e uma insuficiência de conexão psíquica, o que inspirará P. Marty a falar da fraqueza de espessura de fluidez e de permanência do pré-consciente entre os pacientes somáticos,[161] diferentemente do que ocorre com as psiconeuroses de defesa, que resultam do recalcamento de um conflito sexual infantil, "tipologia" que hoje podemos encontrar também no "perfil" psíquico de muitos adictos.

Portanto, a neurose de angústia manifesta uma frustração atual a produzir um "estado tóxico" que aparece como o protótipo da afecção do órgão psíquico - e igualmente, como poderíamos acrescentar – o protótipo do "amor louco" passional. Esse modelo é similar ao da neurose traumática, ou da neurose de pânico (*schreckneurose*) que impede a abreação e favorece a formação de um grupo psíquico separado (recalcado).[162]

A partir dessas considerações, pode-se dizer que, à medida que o corpo não mais dá conta da linguagem e da psicossexualidade em que ele se entretece, as figuras do tóxico reaparecem. Após 1897, esse pensamento do tóxico e do desregramento do "corpo-*soma*-maquínico", sobrepor-se-á à questão da dinâmica do sonho, do corpo erógeno, do corpo-linguagem da histeria. Essa metáfora retornará em Freud no ano de 1920, na biogenética de um psiquismo original em forma de protista confrontado, para esses efeitos, com suas "perdas tóxicas" vindas do exterior.

Em 1925, no livro *Resistência à psicanálise,* seu pensamento "toxicológico", aí devendo-se compreender o da neurose, está sempre presente e se mostra como bastante atual quando se pensa

---

chamado ainda "morfogênese" ou "Hox", acionando as transformações metamórficas do girino; Yun-Bo-Shi (1996).
161   Marty, P. (1976), *Les Mouvements Individuals de Vie et de Mort*. Paris, Payot.
162   Freud, S., Breuer, J. (1895), Études sur l'Hystérie. Paris, PUF, 1967, pp. 6-7.

nos vínculos entre a produção em excesso dos neuro-hormônios (enquefalinas, endorfinas) pela prática de condutas adictivas (corrida, esportes etc.) ou pela busca excessiva de produtos toxicomaníacos (heroínas, morfinas, crack, cocaína, nicotina, THC etc.) que bloqueiam sua produção. Escreve Freud:

> A observação clínica deve aproximar as neuroses das intoxicações e das afecções como a doença de Basedow. Trata-se de estados relacionados ao excesso ou à falta de certas substâncias muito ativas, secretadas pelo próprio corpo ou tomadas do exterior, e isso quer dizer, definitivamente, por problemas químicos ou tóxicos. Isolar e evidenciar as substância(s) hipotética(s), esta que é uma característica das neuroses, seria uma descoberta que não correria o risco de suscitar a oposição dos médicos. [...] Até o presente, demos apenas a forma sintomática da neurose que, no caso da histeria, por exemplo, constitui-se de transtornos fisiológicos e psíquicos.
>
> FREUD, Sigmund. (1925) "Resistência à psicanálise", Résultats, Ideés, Problèmes II. Paris, PUF, 1985, pp. 125-134.

Para além da evolução da obra freudiana, a questão das "perdas tóxicas" traz o problema da existência da difícil metabolização, metaforização subjetiva das pulsões e de um resto sempre possível para as pulsões carregadas de excitação, isso está relacionado ao afeto que pode provir de uma repressão característica das pulsões[163] sexuais para com a excitação somática.[164]

---

163 Metáfora é transferência de sentido e de ritmo. "Transporte e transferência de sentido, a metáfora é ritmo. Ela é o pulso acelerado do sentido", observa o escritor J. M. Maulpoix, La Poésie Malgré Tout, Mercure de France, 1996, pp. 82-83.

164 Roussillon, R. (1995 a), "Perception, hallucination et solution bio-logique du traumatisme", in Revue Française de Psychosomatique, PUF, 8, pp. 105-117.

ETIOLOGIA NEURÓTICA E SUBSTITUIÇÃO DE MASTURBAÇÃO

Em fins de 1897, Freud, como já vimos, enfatizou a relação das adicções com a masturbação (carta a Fliess de 22 de dezembro de 1897): "Sou levado a crer que a masturbação é o único grande hábito, a necessidade primitiva *(Ursucht)*, e os outros apetites, como a necessidade de álcool, de morfina, de tabaco, não são dela mais do que substitutivos".

Em 1898, ele retorna a essa comparação, incluindo nela suas consequências terapêuticas:[165]

> *A habituação (contrair um hábito, Gewohnheiten, no texto em alemão) não passa de um simples modo de falar sem valor explicativo; nem todo aquele que durante algum tempo tem a oportunidade de fazer uso da morfina, da cocaína, do hidrato de cloral etc., adquire a apetência (sucht = "adicção") para essas substâncias por delas ter feito uso. Como regra geral, uma investigação mais precisa demonstra que esses narcóticos estão destinados a desempenhar o papel de substituto - diretamente ou por vias tortuosas – da fruição sexual que lhe falta, e quando não é possível antecipar com certeza a recaída do desintoxicado.*

FREUD, Sigmund. Ibid., pp. 88-89.

Assim, Freud adverte todo médico que torna possível uma cura de abstinência, sem se preocupar em conhecer a relação da adicção com a vida sexual. Não se deve esquecer que a maior parte das toxicomanias é contemporânea à entrada na puberdade, ou seja, a uma época de despertar da atividade sexual hormonal, como se esta, tornada excessiva, necessitasse de um derivativo poderoso: a adicção.

---

[165] Freud, S. (1898) "La sexualité dans l'étiologie des névroses", in *Oeuvres Compètes*, III. Paris, PUF, 1989, p. 88.

O entendimento de Freud quanto a essas questões nada mudou, se considerar que em 1916 ele ainda fazia a analogia entre toxicidade e neuroses atuais: "As intoxicações e as abstinências apresentam a mesma sintomatologia que as neuroses atuais, tendo o mesmo poder de agir sobre todos os sistemas de órgãos e sobre todas as funções".[166] É preciso convir que, para Freud, tanto a abstinência quanto a masturbação eram tóxicas: para ele, a masturbação fazia parte da etiologia da neurose. É a masturbação na criança que ele, mais tarde, fará responsável por fatores neuróticos: os fantasmas "supostamente camuflariam as atividades autoeróticas dos primeiros anos de infância, com o intuito de embelezá-las e de elevá-las a outro nível".[167]

Para retornar aos anos 1895-1900, o que unia Freud e Fliess em sua condenação das práticas onanistas era essa visão comum toxicológica do problema. Valendo-se dessa análise toxicológica, eles explicavam as alterações orgânicas permanentes (por ações reflexas) das partes do corpo afastadas umas das outras. Em 1905, Freud, nesse contexto fisiológico, chega a citar a teoria do reflexo nasal de W. Fliess, com relação aos males estomacais de que se queixava Dora.[168] Nessa ocasião, o parecer emitido por Freud foi, como podemos dizer, de todo fliessiano; ele escreveu: "É fato bem conhecido que as dores gástricas afetam com mais frequência os que se masturbam".

Ressaltemos aqui o vínculo entre masturbação, somatização e substâncias tóxicas, entenda-se a adicção, e acrescentemos que a despeito das múltiplas retificações a que submeteu a teoria das neuroses, Freud, nem por isso, em sua obra de maturidade, deixou de ilustrar essa concepção toxicológica e traumática de patologia sexual.[169]

---

166 Freud, S. (1916), *Introduction à la Psychanalyse,* (1969), P. B. Payot.
167 Freud, S. "Histoire du mouvement psychanalytique; réunion de 24 de abril de 1912". Minutes, ed. Gallimard, t. III, 1914.
168 Freud, S. (1905), "Fragment d'une analyse d'hystérie (Dora)", *Cinq Psychanalyses.* Paris, PUF, 1981, pp. 1-91; *Oeuvres Complètes* VI, 1901-1905. Paris, PUF, 2006.
169 Masson, J. Moussaïeff (1982), *Le Réel Escamoté: Le Renoncement à la*

Com o grupo das "neuroses atuais", Freud jamais perdeu de vista uma etiologia bioenergética – das quais se dirá, hoje em dia, ser neuro-hormonal ou neurobioquímica – das "neuroses" (e atualmente se diz, "de certos limites"). São esses pressupostos teóricos que permitem, hoje, pelo menos em parte, pensar no interior da psicanálise a questão das adicções ou a das somatizações (aqui compreendida como modo de regressão traumática de neuroses organizadas).

Em função das conceitualizações sobre as neuroses atuais (tóxicas), os adictos parecem tratar seu próprio organismo:

1. Como se certos pensamentos no que diz respeito à sexualidade pudessem se encontrar siderados e recalcados por uma substância tóxica;

2. Como se o corpo estranho[170] (antígeno ou autoantígeno em imunologia) de uma sexualidade impensável só poderia ser neutralizado e *contrainvestido* por uma fonte tóxica externa (droga, objeto de adicção);

3. Como se a sexualidade, inadmissível com relação à subjetividade (edipiana) pudesse aumentar as defesas anais e caracteriais diante os fantasmas perversos (homossexuais) recalcados;

4. Como se a adicção fosse um deslocamento, culpabilizado, da atividade de masturbação infantil ou púbere;

5. Como se a toxicomania se assemelhasse a uma tentativa paradoxal de conservar o traço somatopsíquico que ataca o corpo do interior.

Théorie de la Séduction de Freud. Paris, Aubier, 1984.
170 Esse "corpo estranho" químico pode servir para contrainvestir o "corpo estranho" originário de um fantasma recalcado; Freud (1895), *Études sur l'Hystérie*, PUF, 1956, p. 131.

Nessas condições, o retorno periódico, ritmado e compulsivamente repetido da excitação química poderia aparecer nessas condutas, como numa tentativa de suprir a impossível realização "em estado de força constante" pulsional[171] das excitações (quer sejam psíquicas, somáticas, hormonais, esteroidianas ou sexuais).[172] De fato, a adicção, assim como a somatização, relembraria o modelo do orgasmo (e do trauma), em oposição à do sonho e à que S. Ferenczi designava como "genitalização explosiva do organismo inteiro".[173] Em outros termos, a adicção ou o Pharmakon, engendrando um órgão libidinal alucinado, buscaram evitar a operação "meta", e isso quer dizer, o trabalho subjetivo de simbolização que supõe uma boa aceitação das angústias de separação/castração.

A analiticidade contrapulsional a serviço do narcisismo da subjetividade utilizará então, periodicamente, o excesso de excitações motrizes, sensoriais e comportamentais para combater a força de desligamento que drenam as pulsões pré-genitais ou as que provém de angústias de fragmentação e de outras angústias psicóticas mais agudas. A união, a fusão, o idêntico na percepção serão buscados, são as únicas forças aparentemente ligantes que permitam condensar afetos e percepções em um nível bastante simples de estruturação psíquica, próximo da esfera sensorial que assim confere uma coerência ao aparelho. Aqui nos é o caso de, precisamente, abordar as relações entre constância psíquica e homeostasia, relações presentes em Freud, a partir de 1895, no *Esboço*.

---

171   Freud, S. (1915), "Pulsion et destins des pulsions", in *Métapsychologie*, 1968. Paris, Gallimard, pp. 11-44.
172   Para G. Bataille, *o erotismo está ligado à subjetividade, à morte, ao interdito e à sua transgressão,* enquanto a sexualidade animal está ligada ao instinto e à sua busca periódica de descarga; *Les Larmes d'Eros*, 1961, p. 46.
173   Ferenczi, S. (1924), *Thalassa, Psycha. Des origines de la Vie Sexuelle*. Payot, 1966, pp. 71-72.

CONSTÂNCIA PSÍQUICA E HOMEOSTASIA PSICOSSOMÁTICA

O PAPEL HOMEOSTÁTICO E DO APARELHO PSÍQUICO

O pensamento de Freud, profundamente "psicossomático", desenvolveu assim a ideia de um "aparelho psíquico" com suas três leis próprias (recalcamento, deslocamento, clivagem etc.), com sua economia, seus tópicos, sua dinâmica de qual as pulsões situadas entre *soma* e psique lhe fazem aparecer como um órgão de "homeostase" entre ambiente e *soma*. No *Esboço* encontra-se posicionada a distinção dos dois princípios que regem o aparelho neurônico, prefigurações do aparelho psíquico: o princípio de constância (estabilidade absoluta de Helmholtz e Fechner) e o princípio de inércia neurônica (R. Maye) na sequência transpostos para o fundamento da atividade psíquica, o princípio de prazer-desprazer.

O princípio de constância é enunciado por Freud como a tendência a manter, para o aparelho neurônico, em um nível tão baixo, onde a constância é enunciada por Freud como a tendência a manter, para o aparelho neurônico, a um nível tão baixo ou tão constante quanto possível a quantidade de excitação que ele contém.[174] A lei de constância corresponderá assim à energia relacionada aos processos secundários. Ela estará ligada ao exemplo do ego, "complexo de neuroses solidamente atreladas ao seu investimento e constituindo, para breves períodos de tempo, um complexo de nível constante".[175]

Observemos, na passagem, que o princípio de constância não corresponde a ideia de homeostasia isolada por Cannon. A ideia de homeostasia do açúcar, do sal no sangue, por exemplo, é a de um equilíbrio dinâmico característico do corpo vivente e não uma redução de tensão pelo equilíbrio no sentido físico *("Konstanz")* num nível mínimo um pouco abaixo do limiar.

---

174 Freud, S. *op. cit.*, 1920, p. 71.
175 Freud, S. *L'Ésquisse*, 1895, p. 379.

Isso levou Laplanche, em 1970, a ressaltar que:

> Se relaciona isso ao nível da homeostase de um organismo, vem se juntar a essa evidência experimental, a que de um ser vivo não busca unicamente, como queria Freud, dar vazão a suas excitações que sem cessar lhe seriam trazidas sob a forma de afluxos contingentes vindos do exterior: esse organismo, de acordo com as circunstâncias, e segundo seu nível energético interno, pode assim bem estar em busca de "excitação" para evitá-la ou "evacuá-la".
>
> LAPLANCHE, J. (1970), Vie et Mort em Psychanalyse.
> Paris, Flammarion, p. 173.

Laplanche precisará que "esse organismo possa ser o ego, no ser humano, representa os interesses do organismo biológico".[176] Tendo denunciado o fato de que o princípio de inércia (próximo de zero) em Freud é assimilado de maneira abusiva ao princípio de constância, Laplanche propôs então um esquema explicativo pelo qual o princípio do zero difere do princípio de constância.[177] Em razão do papel desempenhado pelo aparelho psíquico, ao que tudo indica a capacidade de manter constantes as somas de excitações que para ele afluem exercerá uma certa influência sobre a homeostasia psicossomática. O problema do adicto, seja ele toxicômano ou não, ou daquele que recorre ao procedimento autocalmante, ele aparece então, sob pretexto de evacuar o excesso de excitação, para descarregar aquela em grande quantidade. Assim, paradoxalmente, a busca excessiva de excitação parece como traumatológica e dá mostras de sustentar a psique em sua busca de constância.

Essa repetição de microtraumas adictivos, que posicionamos em relação com o que o biologista J. D. Vincent[178] chama de "processos

---

176 Laplanche, J. *Nouveaux Fondements pour la Psychanalyse,* PUF, 1987, p. 14; Freud, *op. cit.*, 1920, p. 102.
177 Laplanche, J., *op. cit.*, 1970, pp. 172-174.
178 Vincent, J. D. *Biologie des Passions.* Paris, O. Jacob, 1986.

oponentes" redundará em manter analmente uma constante de excitação psíquica com vista a substituir, suprir, desviar, subverter e perverter[179] o *Triebreiz* (estímulo unidade), a excitação pulsional, o que vai no *sentido de uma espécie de homeostase* (autoconservação paradoxal) *por excesso de excitações*. De maneira progressiva, esse procedimento resultará, do fato mesmo do esgotamento

---

179 Esse desvio remete a uma espécie de "autossedução", de sedução narcísica se bem se quiser lembrar que:
1. O termo *seductio* significa, em latim, "tomar alguém à parte" ou ainda "separar". A palavra vem de *seduco*, "conduzir alguém a um desvio", "tirá-lo de si". *Seducere*, acrescenta P. Quignard, é um antigo verbo romano que quer dizer "conduzir a desvio". Atrair a si para fora do mundo. É ser *dux* ("dois") à parte. Reino de alhures. Seduzir é o contrário de esposar. Em romano casar-se significa *ducere*, levar. *Ducere uxorem domum*, "levar a esposa para casa, consigo". *Se-ducere*, ao contrário, é separar uma mulher do *domus*, levar à margem, no *secretus*, antes de mais no "fora de si", e em seguida "à margem ou ao desvio dos outros homens". Assim, *sé-ducere*, seduzir conduzindo a "desviar" remete a "desvio" e a "retorno" próprio à ideia de *perversitas* e *pervertere* que significa *"retornar"*, "reverter". Dessas definições originais reter-se-á somente a ideia de sair da medida, inverter, desviar. Littré, em 1875, definiu perversão aplicando-a também à fisiologia: "Perversão: mudança de bem e mal...". É perverso o que inverte uma regra, uma lei, um funcionamento, um processo, para um excedente de prazer, de *fruição*, por vezes com o desconhecimento do próprio sujeito.
2. Na sedução *narcísica*, a intensidade já é muito mais forte e de natureza não sexual, mas sim narcísica: ela é como que a primeira fase do que Racamier chamava de *"décervelage"* - "descerebração", ou lavagem cerebral - algo que pode se dar no curso de muitos anos e levar a vítima a se sentir desqualificada e confusa em suas emoções e pensamentos, até que sobrevenha a segunda fase, mais violenta. Para ele, a trajetória da sedução narcísica é tão complexa quanto a da sedução sexual: a função da sedução narcísica é a de atrair um do parceiros, ou ambos, para fora das vias objetais. É uma defesa contra as *pulsões objetais* e contra os desejos e angústias que lhes vêm atreladas. Cf. Pirlot, G. "Perversions et addictions: les affinités sélectives", in: Aïn, J. (dir.), *Perversions, aux Frontières du Trauma*. Ramonville Sainte Agne, Érès, 2006, pp. 111-133; Pirlot, G & Pedinielli, J. L. (2007), *Les Perversions*. A. Colin.

e das modificações homeostáticas internas, em direção ao zero e à desligação (pulsão de morte) da vida física fantasmática herdada dos recalcamentos até o favorecimento da implementação de um pensamento operatório e de uma depressão essencial. Tem-se aqui uma constante que vai do prazer à morte, com acesso a todo êxtase pela via da compulsão da repetição (pulsão de morte).

De fato, o evitar desses processos econômicos deletérios teriam demandado:

- Uma real capacidade de diferenciar essa quitação, de fazer perdurar masoquicamente (com a ajuda de uma subjetividade que se constrói sempre com uma "dose" de masoquismo) as tensões e os conflitos internos;
- Que a subjetividade do sujeito possa aceitar psiquicamente o aspecto transgressivo (para o superego) de certos transbordamentos enriquecedores: pensa-se, por exemplo aqui na solução pulsional que se tem na fruição do orgasmo sexual do qual C. Goldstein[180] descreveu os componentes dinâmicos e econômicos.

Tudo isso traz em seu bojo o papel do masoquismo erógeno primário, uma vez que esse secundarizado e ligado à construção subjetiva, está aparecendo ao modo de "ação protraída", como regulador psíquico e psicossomático. Observemos essa questão do "desprazer-prazer" e essa tendência para a estabilidade qualificada pelo tempo e pelos cuidados maternais, que Freud encontra em 1924, no início de seu artigo sobre a questão do econômico e do masoquismo: ele propõe que a diferença entre prazer e o desprazer seja o fato de um fator *não mais quantitativo, mas qualitativo,* que seria de ordem do ritmo ou do fluxo temporal das modificações e quedas de quantidade de excitação, o que fará permitir a ideia, acima referida, segundo a qual a libido

---

180 Goldstein, C. "Maîtrise de la pulsion ou maîtrise par la pulsion", in *Revue Française de Psychanalyse*, 3, 1995, pp. 811-830.

(Eros) participa, do lado da pulsão de morte, da regulação dos processos vitais.

Hoje em dia, como ressaltou B. Rosenberg,[181] o modo masoquista é determinante nessa ampliação-complicação das questões do aumento e da diminuição de excitação, bem como nas questões do prazer/desprazer. Esse modo nos mostra que certos aumentos de tensão de excitação, que são na verdade de ordem da dor ou do desprazer, podem ser vividos, *subjetivamente,* como um prazer, como é visivelmente o caso da anoréxica.

Isso traz o problema das relações entre instâncias psíquicas (atitude do ego diante do superego) em suas relações com o masoquismo, indissociável no nascimento da subjetividade: a capacidade de suportar a excitação, capacidade essa que, em Freud, participava da noção de ritmo (a dos cuidados advindos da mãe), e permitia *modificar a quantidade em qualidade,* implicando o que A. Green chamou de "processo do negativo".[182]

Esse *posicionamento do qualitativo* depende do estágio anal e da capacidade de diferir, de postergar o prazer, de reter a descarga. Essa capacidade erotizada de *diferir,* de temporalizar, que instala na vida psíquica e afetiva o masoquismo primário erógeno e o "trabalho do negativo" só é possível se houver uma boa "textura" do narcisismo do *self* (Marty, 1976).

Todo e qualquer defeito na esfincterização da trama narcísica do si e do ego (analidade primeira de Green)[183] fará chegar, nesse caso, a um *defeito no processo de se entrar em latência e de se por em constância das pulsões fazendo com que elas mantenham suas formas essencialmente excitacionais as quais, de maneira simultânea, intentarão combater e ativar as condutas adictivas.* É nesse caso que a excitação-sensação se tornará "o objeto" anobjetal de

---

181 Rosenberg, B. *Masochisme Mortifère, Masochisme Gardien de la Vie.* Paris, PUF, Monographie de la SPP, 1991.
182 Green, A. (1993 a), *Le Travail du Négatif.* Paris, ed. Minuit.
183 Green, A. "L'analité primaire dans la relation anale", *La Névrose Obsessionnelle. Monographie de la* SPP, PUF, 1993 b, pp. 61-86.

investimento preferido: isso proporcionará para alguns a adicção, mas também, na vida amorosa, o amor pelo amor, a adicção ao transferido, a adicção sexual em que alteridade do "objeto" conta muito pouco.

Essas constatações de funcionamentos psíquicos particulares são reencontradas nos pacientes *borderlines* e apresentam sérios problemas no tocante à consideração psicoterapêutica: transferências passionais, passagens ao ato, dificuldades em "reter" (analmente) a emoção e a descarga pulsional.

Tudo isso remete à revolução epistemológica proporcionada por Freud, a saber, a substituição do arco reflexo que obedeça à via de descarga do comportamento, por um sistema "tampão" no interior desse sistema na origem do ego[184] e podendo ser descrito como "órgão-sistema-homeostático" (e podendo ser, segundo P. Marty, não excitante)[185] – uma "caixa preta" que o comportamentalismo ignora de maneira soberba.

Nessas condições, a menor falha ou disfuncionamento desse aparelho psíquico-homeostático (cujo aparelho do aparelho é a subjetividade) terá tendência a fazer regredir este em direção ao reflexo dos atos-sintomas - Dougall J. Mc. , – ou representações, – Vincent J. D. – onde o registro econômico é o mais baixo: a pulsão (da qual o termo, *Trieb*, encontra-se no *Esboço* como retroação de excitação sobre/pelo psiquismo) *se degradaria em excitação-reflexa*: observemos que, ao fazê-lo, a pulsão perde sua qualidade psíquica e está arriscada a não ser mais do que um afeto cuja intensidade se encontra em transferir aos sistemas hierarquizados a não ser o

---

184 Pibram e McGill (1976), *Le "projet de Psychologie scientifique" de Freud: Un Nouveau Regard*. PUF, 1986, p. 36, onde os autores observam que o encaminhamento dado por Freud foi semelhante ao de Sherrington. A função do SNC é a da "integração" das excitações. O papel integrador encontra-se já nas potencialidades do neurônio que faz a soma (somatório) dos outros neurônios. Portanto, ele é "criador de sua própria informação" e "autoestruturar-se". Pode-se também referir a J Picat, 1980, p. 13.

185 Marty, P., *op. cit.*, 1990, p. 40.

sistema psíquico (hormonais, diencefálico, neuro-hormonais [DA, 5H7], ou seja, imunitários).

Isso vem sustentar as hipóteses de Freud, em favor da presença de neurônios-chave (*Sekrotische Innervation*), hipóteses que integram a teoria das neuroses atuais (tronco comum às adicções e somatizações). Devemos precisar que essas hipóteses freudianas são tidas como confirmadas pela descoberta de Maggoun, em 1940, de um aparelho diencefálico secretório (hipotálamo, hipófise), a permitir uma neurossecreção e uma neurocrinia, das quais sabemos serem submetidas a ritmos biológicos (relógios biológicos, periódicos). Em 1900, Freud, em sua *Traumdeutung*, manteve a hipótese de seus neurônios-chave. Hoje em dia pode-se acrescentar que o mecanismo de secreção interna encontra-se também acoplado a um mecanismo psíquico de defesa particularmente nocivo na gênese de patologias somáticas, que é o da repressão, este que, com a negação e com a clivagem, ver-se-á não raras vezes em ação a sujeitos afetados pela "neurose de caráter" ou "operatórios", dados a uma ou mais adicções.

Em *Interpretação dos sonhos,* Freud acentua a relação entre repressão de afeto e inervação secretória: "Sou levado [...] a me representar o desencadeamento de um afeto *(Affektbindung)* como um processo centrífugo orientado mais para o interior do corpo, análogo ao processo de inervação motriz e secretória".[186]

Percebe-se então pelas formulações que Freud já não retoma após 1900, mas que hoje são de grande interesse em razão das descobertas das neurociências, precisamente onde a repressão impede a expressão psíquica e pulsional de um afeto, um processo *de inervação motriz ou secretória se desencadeia, e poderia necessitar, por falta de tradução e de qualificação psíquica, uma busca de superexcitação (Aufgegung que também significa "comoção") que um contrainvestimento químico ou motor como ato de comportamento adictivo pode tentar "regular" e... desregular.*

---

186 Freud, S. (1900), *L'Interprétation des Rêves, Oeuvres Complètes, IV.* Paris, PUF, 2004, p. 637; "Motorischen und sekretorischen Innervation-vorgängen", *Traumdeutung SA* (Studien Ausgaben), 1992, p. 451.

Essas ideias do *Esboço*, de Freud, esquematizadas por Pibream e por McGill[187] (cf. figura 1) ilustram como o psiquismo, enquanto aparelho, é na verdade uma "zona-tampão", um sistema intermediário entre o somático e o real.

Essa apreciação de sistema intermediário vem ao encontro das concepções de neurobiólogos de nossos dias no que diz respeito à emergência do sistema nervoso central e do aparelho psíquico como filogeneticamente originários da categoria das neuroses intermediárias entre neurônios sensoriais e neurônios motores.[188]

Com isso foi possível postular que o psiquismo consubstancial ao simbólico, à linguagem e ao corpo emergiu progressivamente no dia em que, na evolução dos seres vivos, neurônios intermediários se interpuseram entre superfície sensorial e execução motriz. Em seguida, esses interneurônios fizeram-se progressivamente *complexificados* em um sistema cada vez mais especializado, e isso até o sistema não excitante, que é a vesícula psíquica;[189] no interior desta, o sonho e o ego têm um caráter intermediário: "intermediário de intermediário".[190]

---

187   Pibram e McGill (1976), Le "projet de Psychologie scientifique" de *Freud: Un Nouveau Regard*, PUF, 1986.
188   Varela, F., Thompson, E., Rosch, E., *L'Inscription Corporelle de l'Esprit*. Paris, ed. Seuil, 1994, p. 64.
189   Kaës, R. "La catégorie de l'intermédiaire chez Freud", Évolution Psychiatrique, 50, 4, 1985, pp. 893-926.
190   Green, A. "Psychique, somatique, psychosomatique", *Somatisation, Psychanalyse et Science du Vivant*. Paris, EsHeL, 167-185, 1994, p. 69.

SETOR IMPERMEÁVEL   SETOR PERMEÁVEL

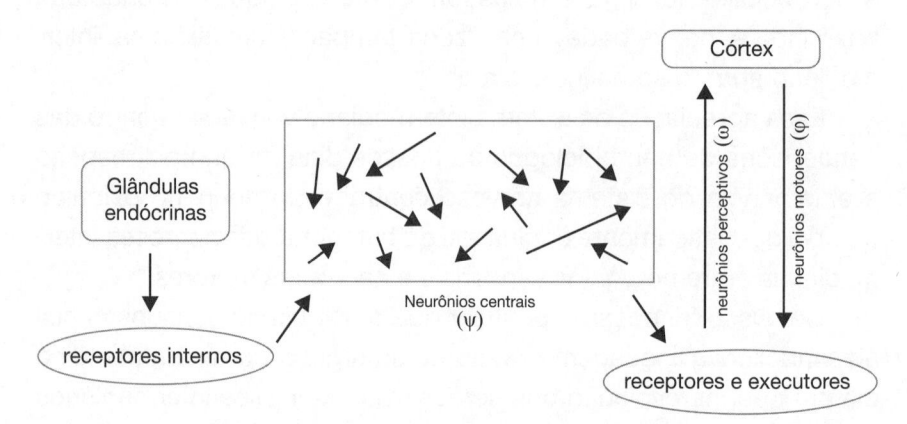

Figura 1. Representação da "máquina" ou "modelo" dos processos psicológicos presentes em *Esboço* (Projeto) de Freud.
(segundo Pibram e McGill, 1976, PUF, 1986)

Além da origem biológica do psiquismo, existem níveis em que *soma* e psique, além de suas causalidades, podem desaparecer. As formulações freudianas do *Esboço*, além da presente em a *Interpretação dos sonhos*, proporcionam assim um modelo psiconeurofisiológico e, portanto, metapsicológico, indicando o modo como as adicções ou dores somáticas podem desempenhar o papel de "contrainvestimentos maciços" por ocasião de toda e qualquer irrupção de afeto (de prazer ou desprazer). Eles agem como mecanismos "antimemória" e antirrecalcamento, diante de toda mobilização por um afeto, provindo de "distorções" do Eu inscritas no caractere ou nas clivagens e remetem ao todo as manifestações precoces das pulsões de autoconservação que, por natureza, são dotadas de um forte potencial biológico.[191]

---

191 Laplanche, J. (1990), p. 99, "se ele não encontra em si a energia do investimento, o ego 'recorrerá' outras energias que vão agir por sua própria conta: trata-se de um ego aderido ao funcionamento somático e não um ego como 'projeção de superfície' ".

OS PODERES DA COCA SEGUNDO FREUD

Em 1885-1887, a cocaína foi considerada por Freud como *Pharmakon illusoire;* ele chegou a ministrá-la como sucedâneo a seu amigo Fleischl, heroinômano... que acabou morrendo em decorrência dela. Para Freud, a cocaína serviu para que ele conseguisse expressar com palavras a Martha, sua noiva, o quanto estava apaixonado, como serviu também para curar sua neurastenia, mais tarde. Freud, minimizando o interesse pela coca, fará referência a essa pesquisa como *"allotrion",* como hobby capaz de nos distrair de responsabilidades mais sérias, como uma malversação de um trabalho científico sério em neuropatologia.[192]

Nesse período, Freud trabalhou, por um lado, na afasia em suas relações com o aparelho linguístico, e deste ele descreve que a função, nas condições patológicas, é apreciada com referência à ideia de involução funcional de um aparelho evoluído (cf. H. Jackson). Por outro lado, ele estudou a química da cocaína e das neuroses atuais e, até 1895, o aspecto (fechado) do sistema neuronal (*Esboço* de 1895).

Freud aparece no impasse (aliás, nessa época ele somatiza: taquicardia, constipação, rinites, sinusites, e a necessidade, perante o sonho de Irma, de uma operação por W. Fliess) ao tempo em que se intensiva a sua adicção ao tabaco. No plano teórico lhe seria necessário, em um primeiro momento, a descoberta de um "aparelho de associação", conforme referência em seu *Estudo sobre a afasia,* e na sequência, a interpretação dos sonhos, em especial a da injeção aplicada a Irma (1895), para entrever, após o abandono de sua neurose, a "terra prometida": *o inconsciente psíquico recalcado, o psicossexual infantil.*

---

192 Freud, S.: "Meu doce tesouro, estou a ponto de lhe fazer as mais inusitadas confissões, sem razão, a menos que não seja a cocaína que desenrole a língua." Carta a Martha de 2 de fevereiro de 1886, in R. Bick (1976), p. 40; cf. E. Jones (1953): "L'épisode de la cocaine", *La Vie et l'Oeuvre de Freud,* tomo I, PUF, 1958, pp. 92-93.

Esse sonho do outono de 1895, inaugurando o décimo capítulo da *Interpretação dos sonhos* é, entre outras coisas, uma rejeição do recalcado episódio sobre a cocaína (que não é relatado por Freud). O odor tão característico da trimetilamina (que, no sonho de Freud, está ligada à "substância química sexual") faz lembrar a base química do princípio ativo da cocaína, a higrina (que na verdade é trimetilamina). Aliás, em todas as cartas de Freud pode-se ler *über coca*: "Além da cocaína, encontrou-se nas folhas de coca: taninos de coca, uma cera, a higrina cujo odor faz pensar em uma trimetilamina".[193]

Prescrever elixir ou pó nasal de coca a uma pessoa (Irma/Bertha) que se queixasse de náusea e enjoo seria uma contraindicação, um pensamento oculto que poderia estar presente no sonho da injeção de Irma. No entanto, foi bem isso que Fliess realizou e que Freud empreendeu para cuidar de seu nariz e de diferentes males advindos da adicção ao tabaco.[194]

Na aplicação nasal, a vantagem da cocaína estaria em ela proporcionar uma vasoconstrição, permitindo com isso a turgescência de seus tecidos eréteis que são narinas inchadas nas rinites crônicas de origem alérgica ou vascular. Nessas afecções, o que se tem é uma espécie de perversão de funções orgânicas, elas próprias a serviço de fantasmas encarnados. A cocaína local realiza uma forma de castração narcísica aplicada ao real de um órgão do *soma*.

Com isso, o poder da coca põe um fim ao aumento desmesurado de uma tensão físico-psíquica do "afeto sexual" (*Manuscrito E.*, junho de 1894), localizado no nariz, órgão do qual são conhecidas as relações simbólicas com o sexo, como são conhecidos também os vínculos estreitos que ele estabelece com o sistema límbico, nosso cérebro afetivo.[195]

---

193 Bick, R. De *la Cocaine*. Bruxelles, ed. Complexe, 1976, p. 303.
194 Influenza et peur du câncer, carta de 19 de abril de 1894; excesso de trabalho e recorrência ao tabaco (12 de junho de 1895); operação etmoide por Fliess (23 de setembro de 1895); doença (12 de outubro de 1895); hiperestesia psíquica e tabaco, 8 de novembro de 1895 etc.
195 A descoberta, bastante recente, de um "órgão vomeronasal" (OVN) -

Na verdade, é preciso reconhecer, como o faz M. Schneider,[196] que a celebridade que Freud pôde reencontrar com a cocaína (xilocaína, usada como anestesia local) foi sem dúvida grande demais para não ecoar antes mesmo do êxito. "Ação protraída", isso permitiu a Freud-Moisés "pôr a mão" em território tão desejado: o psiquismo sexual inconsciente e, mais tarde, pôde ele escrever sobre "os que ecoam antes do sucesso".[197]

---

ou o nariz sexual - no homem, presente em uma cavidade situada diante da mucosa olfativa, fez com que cientistas propusessem a hipótese de uma sede sexual do odor idêntica à que existe no mundo animal, já que, como se sabe, os animais têm o comportamento sexual regido pelo odor: cf. "Les scientifique sur la piste du site sexuel de l'odorat", *Le Monde* de 28 de fevereiro de 1997, p. 22. Essas descobertas tornam a direcionar o interesse para o que Freud chamou de "recalcamento originário", para o qual ele propõe os componentes orgânicos: "um elemento orgânico entre em jogo no recalcamento: marcha vertical, nariz afastado do solo..." (Carta a Fliess de 14 de novembro de 1897, 2006, p. 354). No homem dos ratos (1909), ele retoma essa ideia: "De modo geral, pode-se perguntar se a atrofia do sentido do odor no homem, consecutiva à adoção da posição ereta, e do recalcamento do prazer orgânico daí resultante, não teriam desempenhado um papel importante na aquisição das neuroses pelo homem" (p. 260). E, ainda em 1909, em seção da *Minutes de la Société Psychanalytique de Vienne:* "Supomos que só haja recalque em núcleo orgânico [...], substituição de sensações agradáveis por sensações desagradáveis [...]. Nesse recalque orgânico, os fatores psíquicos ainda não desempenham nenhum papel". (17 de novembro de 1909; 1978, p. 318). O órgão vomeronasal far-se-ia assim atrofiado com a posição ereta, dando "bases orgânicas "ao recalque (psíquico) que viria. Isso também permite ler de forma diferente os trabalhos de W. Fliess como o *Les Relations entre le Nez et les Organes Génitaux Féminins* (As relações entre o nariz e os órgãos genitais femininos) (1897). Paris, Seuil, 1977.
196 Schneider, M. (1985), *Big Mother.* Paris, Seuil, (p. 150). Para ele, a imago maternal, assim como a função maternal, é que cada vez mais caracteriza a organização e as representações culturais de nossa sociedade. A se seguir essas considerações, é forçoso constatar que esse tipo de sociedade cria cada vez mais patologias anoréxicas, bulímicas, adictivas, *borderlines* etc.
197 Freud, S. (1915), "Quelques types de caractere dégagés par la

ALÉM DO PRINCÍPIO DO PRAZER:
CRAVING, O GOZO DO TRAUMÁTICO

Na obra de Freud, o fator traumático sempre esteve ligado ao ultrapassamento das capacidades de ligação que é o princípio do prazer, do quantitativo ao econômico. Uma passagem das *Novas conferências* redefine o traumático como um "estado [...], diante do qual os esforços do princípio de prazer ecoam, um fator traumático. [...] Ao passar pela série de angústia neurótica – angústia real, situação de perigo – chegamos a essa proposição simples: temido, o objeto de angústia é, a cada caso, a aparição de um fator traumático que não pode ser liquidado pela norma do princípio de prazer".[198]

Ressaltamos aqui a expressão "norma": o trauma advém "de regrar" a "norma" que organiza, e para a vida psíquica, o princípio de prazer. Toda "anomia" do princípio de prazer "endossará" o "traço" do "traumático, aquele que é sinônimo de brecha e irrupção, de um "além" do princípio do prazer do qual o "regime" de ação depende, pois, da fruição/sofrimento. Com efeito, o trauma traz em si o deslindamento pulsional (entre Eros, potência de ligação, e Tanatos, potência de desligação), a desunião pulsional entre autoconservação e sexualidade, entre vida e morte: todo trauma real virá então ativar essa desunião que a fruição adictiva procura "suturar", por um excesso quantitativo "aquém" de toda simbolização e "além" do princípio de prazer: estamos então muito próximos do que a psiquiatria moderna chama de *"craving"*.

Deve-se precisar que o *craving* é a busca compulsiva pela droga, que traduz a necessidade mesmo dessa droga. A origem do termo aqui merece menção.[199] No dicionário Webster de 1913 o

---

psychanalyse", in *L'Inquiétante Étrangeté et Autres Essais*. Paris, Gallimard, 1985, pp. 112-133.
198 Freud, S. (1933), *Gesammelte Werke*, 15, 100; "Angoisse et vie pulsionelle", in *Nouvelles Conférences de Psychanalyse*. Paris, Gallimard, 1984, p. 127.
199 Aqui tomamos de empréstimo de Dupain, Ph., as principais características da noção de *craving*: Dupain, P., Le Courrier des Adictions (8), n. 1,

verbo transitivo *to crave* significa: "pedir implorando ou com humildade". Na condição de verbo intransitivo, *to crave* quer dizer: sentir um apetite insaciável, um desejo forte, como em *Suckling, once one may crave for love.*

O *craving* encontra-se assim ligado a um desejo premente (o que remete à noção psicanalítica e freudiana de *Sehnsucht:* "desejo ardente"). O termo dipsomania, que lhe é próximo, designa um desejo mórbido pelo álcool e vem do grego *dipso,* "sede", "mania", "loucura". O *craving* é, pois, uma necessidade imperiosa, seja de alimento, seja de substâncias tóxicas. As diversas drogas, como a cocaína, o ecstasy, o tabaco e o álcool podem provocar fenômenos de *craving.* O contato com a droga sucedendo ao *craving* se dará entre as necessidades sexuais e as alimentares e de autoconservação, como uma forma de neonecessidade.[200] Estaríamos bem com essas neonecessidades e o envolvimento de processos primários e de energias intensas das quais dificilmente se poderia dizer ligadas ao "além" do princípio do prazer.

Devemos acrescentar que em nossos dias os fenômenos de *craving* são mais bem identificados no plano anátomo-fisiológico, em função dos diferentes produtos. O imaginário médico tem efetivamente contribuído com um novo olhar ao fenômenos das adicções, este que, longe de se opor à abordagem psicanalítica e psicossomática, pode vir em seu apoio.

ADICÇÃO: O "DESEJO ARDENTE" E A PAIXÃO DA "NÃO SEPARAÇÃO"

Com o prefixo *Sehn,* o termo *Sehnsucht,* literalmente "desejo ardente", "nostalgia", pela equipe das *Oeuvres Completes,* dirigida por Laplanche, foi traduzido por *"désirance"* – o que, como já se viu precedentemente, remete ao termo *craving,* ligado a um "desejo premente".

---

janeiro-fevereiro-março, 2006, pp. 27-28.
200   Braunschweig, D. e Fain, M., *op. cit.*, 1975.

Esse termo, *désirance,* foi escolhido por ressaltar a *ausência de objeto e a ressexualização de uma excitação,* o sufixo *ance* remetendo a movimento, como o que se tem ressaltado igualmente pelo termo *différance* (ação de diferir), como bem observa Derrida,[201] e note-se que esse último termo relaciona-se igualmente ao arquitraço e, precisamente, ao *Pharmakon.*

Sehnsucht encontra-se, como se pode notar, sob a pluma de Freud quando este, em carta a Fliess de 26 de abril de 1895, designa o sintoma hemorrágico de que padece Emma, sua paciente histérica, como sendo uma nostalgia *(Sehnsucht)* de uma "outra cena". Trinta anos depois, em *Além do princípio do prazer,* a mesma palavra evocará o mito de Aristófanes, relacionado por Platão, dono de uma androginia primitiva que a sexualidade cindiu em dois: "do corpo cindido em dois, uma nostalgia *(Sehnsucht)* impelirá as duas metades a se unirem"; "cobiçar essa unidade, procurar obtê-la, é o que se chama amor".

Assim Freud, segundo Platão, posicionou o liame entre a nostalgia da origem corporal primitiva e a nostalgia amorosa ou passional[202] que impele a uma fusão à sua "metade" (liame este que será evocado por Groddeck[203] e J. McDougall na somatização, forma de *acting-in* do fantasma incestuoso de um corpo para dois),[204] nostalgia, paixão e exaltação amorosa da qual veremos os liames com a conduta adictiva.

---

201 Derrida, J. *La Différence,* Tel Quel. Paris, Seuil, 1968, pp. 43-68.

202 Em 1688, J. Hofer descreve uma doença chamada "nostalgia": "O nome alemão indica a dor sentida pela pessoa doente, de estar longe de seu país natal". "Como ela não tem nome latino, eu a chamei nostalgia: de *nostos,* retorno, e de *algos,* dor". Em psiquiatria, a "nostalgia" foi uma forma de melancolia: "Um desejo violento e contínuo de ver seus próximos e os lugares de sua infância". O sofrimento nostálgico e o inacessível objeto de seu desejo fundam sua "paixão" sobre uma tristeza, sobre uma apatia, dor moral, de algias corporais, sobrevindo, logo depois, febre e delírio; Rausch, 1985; A. Bolzinger. J. P. Bouillault, 1990. "Evidentemente que essa nostalgia mais não é do que o amor *(Liebe ist heimweh),* reencontrado sob o signo da inquietante estranheza (Unheimlich)", declara Freud (1919, p. 199).

203 Groddeck, G., Ça et Moi. Paris, Gallimard, 1977.

204 McDougall, J. *Théâtre du Corps.* Paris, Gallimard, 1989.

Pode-se ainda observar aqui o vínculo entre, de um lado, "desejo ardente", passional, nostalgia, busca fusional para o retorno uterino e ausência (negação) de alteridade nesse tipo de desejo "quente", do outro lado, o desejo "temperado" advindo, além da perda do objeto e da separação, de uma percepção da diferença eu/objeto.

Essa nostalgia própria à cisão em relação ao outro diádico será evocada ainda por Freud com a primeira dor psíquica, a do bebê, ao perceber a separação da mãe, o que Spitz descreverá como "angústia do oitavo mês".[205] Ao final de Inibição, sintoma, angústia,[206] Freud descreve a dor psíquica como se devendo ao transbordamento das capacidades de maestria dos afetos diante a incerteza do retorno da mãe (esta representando o essencial do sistema de não excitação do bebê). Voltaremos a esse aspecto traumático do afeto "passional" que é o desamparo original da criança.

Aqui basta dizer que essa dor só se transforma progressivamente em nostalgia *(Sehnsucht)* se a mãe se esforça por garantir seu retorno após os momentos de ausência. Freud concluiu "que ele (o bebê) pode então sentir algo como uma nostalgia, sem que esta se faça acompanhar de desespero". Nesse sentido, a nostalgia é um modo de resolução temporário caracterizado pela privação do objeto: ela implicaria uma renúncia ao objeto pela crença no fantasma dos reencontros possíveis com este. Haveria aí um "investimento do objeto em nostalgia *(Sehnsuchtsbeseztung des Objekts)*" relativo ao trabalho de luto.

Enfim, isso remete aos adictos dos dias de hoje, portadores de uma depressão latente, consideremos os vínculos em Freud entre perda de imago paterna e nostalgia: essa "nostalgia do pai" *(Vatersehnsucht)* é efetivamente evocada em *Totem e Tabu*,[207] como

---

205   Spitz, R. (1946), *De la Naissance à la Parole*. Paris, PUF, 1968.
206   Freud, S. (1926), Inhibition, Symptôme et Angoisse *(Hemmung, Symptom und Angst)*, GW XIV, 113-205; SE XX 87-172; PUF 1965, 1971, 1993; in Oeuvres Complètes, XVII. Paris, PUF, 1992.
207   Freud, S. (1912-1913), Totem et Tabou, P. B., n. 77; *Oeuvres Complètes*, t. XI. PUF, 1998.

a inversão em seu contrário, que se tem na inveja das irmãs da horda em relação ao "pai totêmico", que mostra, em razão da culpabilidade, o retorno (pulsional) do processo de agressividade original em arrependimento amoroso da unidade perdida. Assim, a nostalgia é a cauda do cometa dor, da separação em relação ao objeto primário maternal ou daquele do pai (totêmico) da pré-história individual. Nostalgia do pai da horda primitiva, nostalgia da mãe, nostalgia da unidade perdida como no *Além do princípio do prazer*.

Ao final de Inibição, sintoma e angústia (1926), Freud emite uma concepção interessante quanto à compreensão do investimento adictivo da dor física, ou mesmo moral. Trata-se, essa concepção, da passagem do "narcisismo corporal" para a representação psíquica. "A passagem da dor corporal à dor psíquica corresponde à transformação do investimento narcísico em investimento de objeto"; ou ainda, "a representação de objeto altamente investida pela necessidade desempenha o papel de lugar do corpo investido pelo crescente de excitação". As condutas adictivas mostram o fracasso dessas transformações e o papel de ancoragem no narcisismo corporal da dor.

Com as adicções, isso bem mostra como estamos no domínio da paixão da "não separação" em relação ao objeto "excitante" da díade mãe-filho ou do pai totêmico-criança. Nesse gênero de problemática, toda separação – de maneira singular podemos evocar a da criança em relação aos pais durante a adolescência – pode ser vivenciada como uma hemorragia e castração narcísica, como um desamparo que o objeto ou o comportamento excitante adictivo intentarão vedar.

Quanto ao referido vínculo entre separação precoce e risco adictivo, a etologia vem em nosso apoio. Entre os mamíferos, os vínculos entre a mãe e o recém-nascido são de importância fundamental no desenvolvimento harmonioso da progenitura. Separações longas tendem a se instalar, entre o camundongo tornado adulto, havendo transtornos de ansiedade, "depressivos" e uma conduta de dependência de drogas. As análises neurobiológicas revelam uma perturbação de numerosos sistemas neuronais límbicos, em particular neuropeptidérgicos, e a explicação para tal poderia bem se encontrar no impacto das angústias precoces sobre o desenvolvimento cerebral.

Entrevê-se aqui a noção de vulnerabilidade a problemas comportamentais advinda de estresse precoce, como uma longa separação mãe/recém-nascido entre os animais. Esses últimos modelos engendram perturbações como um aumento na ansiedade e na dependência em relação aos psicoestimulantes. As análises neurobiológicas realizadas no animal adulto mostram que numerosos sistemas neuronais (hormônios de stress, dopamina, noradrenalina, GABA, peptídeos) de certas estruturas do sistema límbico sofrem perturbação,[208] e isso, no quadro atual da neurologia afetiva, não é sem interesse.

METAPSICOLOGIA FREUDIANA E TRABALHOS PSICANALÍTICOS POSTERIORES

PRIMEIRO MODELO FREUDIANO: MASTURBAÇÃO E NEUROSES ATUAIS

Para resumir os artigos de Freud que versam sobre as adicções, em particular o alcoolismo, citemos aqui Ferbos e Magoudi (1991):[209]

- a adicção é um substituto de um ato sexual, tendo uma relação com a masturbação (cf. acima, o Deus Pan) e os fantasmas incestuosos;
- o modelo orgânico das neuroses e o das neuroses atuais podendo ser comparados ao das toxicomanias e ao das "intoxicações";
- em certos casos uma oralidade constitucional pode explicar as relações entre adicções e perversão oral;
- existe uma relação entre alcoolismo e homossexualidade;
- o álcool, a exemplo de outras drogas, pode assumir o lugar de objeto primordial e ser tratado como tal;

---

208 Daugé, V. *Médecine/Sciences*. 2003, pp. 607-611.
209 Ferbos, C. "États-limites et toxicomanie", in Ferbos C., Magoudi A., *Approche Psychanalytique des Toxicomanies*. Paris, PUF, 1986, pp. 121-154.

- existem "adicções sem drogas" como o jogo, testemunhado por Freud, de uma necessidade de autopunição (dívida de vida não simbolizável);
- existem certas semelhanças entre intoxicação e mania (cf. Rädo).

Ainda uma vez, é preciso insistir aqui no fato de que desde muito cedo Freud teve a intuição de que a droga não era "o" tóxico. A "adicção à hipnose" *(sucht nach hypnose)* representava para Freud o paradigma a revelar a existência de uma forma de relação de transferência passional ("loucura a dois", comunidade inconfessável próxima da "comunidade do negado"). Pode-se citar aqui a carta de Freud a Fliess de 16 de março de 1897, na qual o mestre vienense destaca a alternância entre somatização e adicção alcoológica, bem no sentido de nossa hipótese de "patologias orgânicas pós-abstinência", descrita em 1997: Era um homem genial, mas a partir de seus 50 anos, um dipsomaníaco inveterado. Suas crises de dipsomania anunciavam-se sempre, fosse pela diarreia, fosse pelo catarro e pela rouquidão (sistema sexual oral!), isto é, por uma reprodução de incidentes que ele a si próprio submeteu passivamente. E nesse homem, perverso até à época de sua doença, [...] a dipsomania se produzia por um reforço (ou então por uma substituição) de uma pulsão que vinha substituir a pulsão sexual associada. O mesmo fenômeno provavelmente se dera com F., em sua paixão pelo jogo".

E, ainda quanto ao modo como Freud relaciona jogo, alcoolismo, perversão e adicções, podemos fazer observar que, numa carta de Freud a Fliess, o pai da psicanálise torna a realçar o vínculo entre masturbação, homossexualidade masculina, sexualidade infantil e regressão fetal.[210]

Só mesmo quando de fato se pôs a rever e corrigir as provas de sua *Die Traumdeutung* é que Freud escreveu, em 17 de outubro

---

210 Anzieu, D. L'Auto-analyse de Freud. Paris, PUF, 1988, p. 436.

de 1899, já de certo modo evocando suas pesquisas futuras sobre a sexualidade infantil: "O que você diria se a masturbação se reduzisse à homossexualidade e se esta, e refiro-me à homossexualidade masculina (nos dois sexos) fosse a arte primeira da "desejança" (*désirance* – sucht) sexual? O primeiro objetivo sexual, análogo ao desejo *(wunsch)* infantil de não sair do mundo interior *(innen welt)*. Se a libido e a angústia fossem ambas masculinas?".

A analogia freudiana vem ao encontro das apreciações de F. Perrier,[211] sobre o alcoolismo como regressão a um autoincesto fusional, a um fantasma de autoengendramento e de metamorfose reanimado pelo autoerotismo e pela homossexualidade pré-genital. Essas apreciações estão afinadas com a de Groddeck[212] ou com a de Ferenczi, que versam sobre as patologias somáticas como modo de regressão a uma androginia primitiva e a um retorno, nostálgico, para o seio materno por meio da "anfimixia" dos erotismos.[213]

Aqui, e nesse momento de explanação, é o caso de se perguntar se as adicções (ou algumas somatizações) não se apresentariam só e tão-somente como relicários ou traços somatopsíquicos de angústia de separação (Freud, 1920) datando do tempo relacional pré-histórico[214] ou se o *efeito hipnótico* estaria ali em seu grau máximo. A pergunta que se faz é se esse passo não estaria justamente a

---

211 Perrier, F. L'Alcool au Singulier. Paris, Inter-édition, 1981.
212 Groddeck, G. (1977), Ça et Moi. Paris, Gallimard.
213 Ferenczi, S. (1924), Thalassa, Psychanalyse des Origines de la Vie Sexuelle. Payot, 1966, p. 13.
214 Para Pavlov, a hipnose animal, hipnose do pânico, com sua paralisia e sua morte simulada, é um reflexo de autoconservação: se o animal não pode nem fugir, nem se debater, ele se imobiliza (Chertok, *L'Hypnose*. p. 73). Portanto, é o caso de reter aqui os vínculos entre hipnose e defesa para a autoconservação. Para Freud (1921), "a relação hipnótica que consiste no abandono amoroso total à exclusão de toda satisfação sexual" comporta "uma adjunção de paralisia *(Lähmung)* proveniente de um *ser superpoderoso em direção a um ser impotente e em desespero* que, de qualquer modo, opera a transição com a hipnose do medo dos animais" (p. 53). Acrescentemos que Chertok propôs a hipnose em medicina psicossomática e.... para as toxicomanias.

cobrir a experiência de inflamação por hipnose obtida por Chertok[215] ou os tratamentos de somatização por hipnose realizados por Newton,[216] Sacerdote[217] ou mesmo Roustang,[218] ou, ainda, os tratamentos empreendidos por técnicas de hipnose de toxicômanos, como as que temos relatadas por C. Miel?[219]

Esse efeito hipnótico é o "traço" e testemunho de episódios do desenvolvimento neuropsíquico (de maneira singular no estágio oral) da criança, que todo adulto conserva em si e pode ser de novo mobilizado por ocasião de certos "choques afetivos". Esse efeito hipnótico deve ser relacionado com o desbloqueio brutal do recalcamento, mas também com a amnésia infantil e com as confusões de tratamento das informações digitais e analógicas provenientes do cérebro, o que ocorre de maneira notável nas crianças pequenas.[220]

---

215 Chertok, L., L'Hypnose. Paris, Payot, P. B. P, n. 76, p. 218.
216 Newton, B. "The Use of Hypnosis in the Traitment of Cancer Patients", Am. J. Clin. Hypn., 251 (2/3), 1982, pp. 104-113.
217 Sacerdote, P. "The use of hypnosis in cancer patients", Ann. N.Y. Acad. Sc. 125, 1966, pp. 1011-1019.
218 Roustang, F. Influence. Paris, ed. de Minuit, 1990.
219 Miel, C. Toxicomanes et Hypnose. À Partir d'Une Clinique Psychanalytique des Toxicomanes. prefácio de J. André, Paris, L'Harmattan, 2005.
220 Os trabalhos de P. Watzlawick, da escola de Palo Alto, permitiram, nos anos 1970, a descrição de duas linguagens opostas correspondendo a dois tipos de operações cognitivas. Argumentos neurológicos parecem advogar em favor de um substrato anatômico, e é habitual usar termos como linguagem *"do hemisfério direito"* e de linguagem *"do hemisfério esquerdo"*. Segundo essa hipótese, *os dois "cérebros" tratam a informação segundo duas modalidades diferentes. A linguagem do "cérebro direito" privilegia o canal analógico*. Os signos guardam uma relação com o que eles significam: isso remete à comunicação infra ou pré-verbal. O "cérebro esquerdo", ao contrário, permite o tratamento digital da informação. Os signos utilizados são ligados aos significados por um código arbitrário e convencional: comunicação verbal. *"O hemisfério esquerdo" produz a linguagem científica. Ela é precisa, lógica, analítica.* Pode expressar a negação e os conceitos de temporalidade como

o futuro e o passado. A linguagem "hemisférica direita" é a das imagens, das *Gestalts*. Ela comunica emoções mais do que ideias, metáforas mais do que conceitos. A temporalidade e a negação são inexpressáveis com essa linguagem, já que ela é afirmativa e intemporal. Não é possível representar o não com uma imagem sem utilizar códigos. Watzlawick dá o seguinte exemplo: é fácil comunicar por um desenho a ideia de um homem que está plantando uma árvore, mas é impossível comunicar a *id* de um homem que não está plantando uma árvore. A comunicação não linguística, como, por exemplo, o modo de se vestir, os gestos e as mímicas, é sobretudo "hemisfério direito". A linguagem falada é sobretudo "hemisfério esquerdo". *A separação é relativa, e nossas modalidades comunicacionais mais ou menos mobilizam essas duas linguagens ao mesmo tempo*. Por exemplo, uma comunicação que se utilize principalmente das palavras da linguagem pode apresentar certas características do "cérebro direito". Com essa referência é feita à propriedade que as palavras têm de evocar imagens. Aliás, Watzlawick demonstrou a existência de *uma relação entre a linguagem hipnótica e a "linguagem do hemisfério direito"*. De maneira notável, a criança é sensível à parte analógica da linguagem do adulto, e é por essa via que ela, criança, de certa forma adentra a linguagem, como bem demonstraram os trabalhos dos pragmáticos (J. L. Austin e J. S. Bruner). Esses trabalhos fazem desembocar em uma reflexão: *A anterioridade, no desenvolvimento ontogenético de uma criança, do analógico sobre o digital fornece uma das explicações plausíveis para a amnésia infantil* descrita por Freud. Esse substrato neurofisiológico e "comunicacional" que é a diferença entre digital e anatômico confere uma outra leitura ao recalque que estaria na origem da amnésia infantil. *Se o recalque é "falta de tradução" como ele propõe na carta a Fliess de 6 de dezembro de 1896, a "falta de tradução" do digital ao analógico permite, precisamente, esse recalque e o retorno do recalcado no sonho*. Cf. Watzlawick, P. (1978), *Le Langage du Changement*. Paris, Seuil, 1980; Watzlawick, P., Helmick Beavin J., Jackson, Don D. (1967), *Une Logique de la Communication*. Seuil, 1972; Austin, J. L. (1961), *Quand Dire, c'Est Faite*. Paris, Seuil, 1973; Bruner, J. S. (1987), *Comment les Enfants Apprennent à Parler?* Paris, Retz; Rosolato, G. (1974), "L'oscillation metaphor-métonymique", *La Relation d'Inconnu*. Paris, Gallimard, 1978, pp. 52-80; Freud, S. (1911), "Formulation sur les deux principles du cours des événements psychiques", *Résultats, Idées, Problems,* t. II, PUF, 1984, pp. 135-143.

É o caso de, com Freud, observar: no *Três ensaios sobre a sexualidade* (1905) onde ele fixa a origem do alcoolismo em "uma forte fixação da libido no estágio oral" e, qualificando as pulsões sexuais implicadas no alcoólico, ele evoca o autoerotismo em que a pulsão encontra satisfação em seu ponto de nascimento, sem se deixar enredar pelo objeto. Na sequência, K. Abraham insistirá no papel dessa fixação oral,[221] tese que em seguida seria retomada por O. Fenichel que, em 1945, desenvolve a noção generalizada da adicção como uma regressão a estágios precoces, o superego encontrando-se solubilizado em álcool.

Após 1905, Freud insere o alcoolismo, mas também numerosos sintomas somáticos como a dispneia e a tosse de Dora, no quadro do autoerotismo e da atividade de sucção. Nos *Três ensaios*, ele apresenta a sucção do polegar, ligada ao sonho, como exemplo de atividade autoerótica: isso mostra a *subversão das funções de autoconservação pelas pulsões sexuais no movimento de um escoramento (Anlehnung) sobre essas mesmas funções fisiológicas* que são assim desviadas para fins autoeróticos. "Nem todas as crianças sugam o polegar", escreve Freud. "Se essa sensibilidade erógena persistir, no futuro a criança virá a ser um amante de beijos, buscará os beijos perversos e, tornada adulta, estará predisposta a beber e a fumar".[222]

Eis aqui como o *soma* e as funções biológicas podem se ver interessados pela ação das pulsões sexuais pré-genitais que, "numerosas, nascem de fontes orgânicas variadas, agindo, antes de mais nada, de maneira independente umas das outras, reunindo-se apenas tardiamente em uma síntese mais ou menos acabada. O objetivo ao qual tende cada uma delas é a obtenção do prazer do órgão" (1905, p. 26).

Ainda sem desenvolver a questão do autoerotismo, lembremos que, do ponto de vista da epigênese interacional, este se conjuga com

---

221 Abraham, K. (1908), "Les relations pscyhologiques entre la sexualité et l'alcoolisme", *Oeuvre Complète*, t. i. Payot, 1965, pp. 48-55.
222 Freud, S. (1905), *Trois Essais sur la Théorie de la Sexualité*. Paris, Gallimard, 1987.

um ego do qual a *Gestalt* se precipita no espelho[223] e no olhar maternal[224] ou pelo tocar (espelho táctil do ego-pele segundo D. Anzieu ou "sujeito que é sentido e que sente" de Merleau-Ponty). Na sequência do pensamento freudiano dizendo respeito ao álcool, nas *Contribuições à vida amorosa* (1912) tem-se que a absorção de álcool encontra-se referida ao amor impossível genitalmente, "o amor tóxico",[225] do qual nós veremos os riscos de autonomização na compulsão de repetição. Tal como o chiste que "poupa" um esforço psíquico, essa forma de *curto-circuito* da dinâmica e da tópica psíquica devida à inibição ou à repressão assume regressivamente uma via de descarga da tensão no *soma*.[226]

Seria então, como pensa F. Perrier, uma forma de intoxicação autoincestuosa substituindo a alucinação de satisfação de desejo, a alcoolização assim realizando a negação da perda do primeiro objeto de amor podendo se manifestar, como em Dora, na conversão somática (dispneia e gastralgia durante a ausência de M. ou de Mme. K.).

Enfim, nas *Observações psicanalíticas sobre a autobiografia de um caso de paranoia*,[227] Freud propõe uma compreensão dos

---

223   Lacan, J. (1949), "Le Stade du miroir comme formateur de la fonction du Je", Écrits. Paris, ed. du Seuil, 1966, pp. 93-100.
224   Winnicott, D.W. (1967), "Le rôle de miroir de la mère et la famille dans le développement de l'enfant", in *Nouvelle Revue de la Psychanalyse*, n. 10, *Aux Limites de l'Analysable*, 1974, pp. 79-86; Spitz, R. (1946), *De la Naissance à la Parole*. Paris, PUF, 1968.
225   Freud, S. (1912), "Contribuition à la psychologie de la vie amoureuse" (2): Nesse plano geral de rebaixamentos da vida amorosa, *La Vie Sexuelle*. PUF, 1969, pp. 55-65; Esse amor tóxico que reanima todo pânico (Pan) e paixão se encontrava na tragédia grega, que o representava pelo *"pathein mathos"* (o "saber pelo sofrimento"): a Paixão do Cristo é, num universo sincrético greco--romano-judeu, uma representação mitológica de "paixão" do amor excessivo e culpável do filho pela mãe, tanto como a realização do assassinato do pai a obrigar a uma castração, não simbólica e sim narcísica: a morte.
226   Mijolla, A., e Shentoub, S. A. (1973), *Pour Une Psychanalyse de l'Alcoolisme*. Paris, Payot, p. 196.
227   Freud, S. (1910), "Remarques psychanalytiques sur l'autobiographie

mecanismos do delírio do ciúme, visando antes de mais nada o delírio alcoólico, e depois o "complexo de transitivismo" em seu artigo Bate-se numa criança – ou *Uma criança é espancada* – [228] recorrendo à desconstrução de uma proposição gramatical: "Eu o amo (a ele, ao homem)". O papel do álcool nessa afeção se torna assim mais compreensível. O álcool, com efeito, anula as inibições e aniquila as sublimações, e com muita frequência pode ser o caso de o homem ser levado a beber após uma decepção amorosa com uma mulher, porém isso significa que, de um modo geral, ele retorna ao cabaré e à companhia de homens que ali procuram a satisfação sentimental que lhes falta em casa, junto de uma mulher".[229] Se o delírio paranóico funciona em relação com um fantasma de desejo homossexual no homem, o caso é que o abandono de uma mulher (materna) conduz esse homem alcoólico a projetar em outros homens a potência fálica e viril reservada inconscientemente, até então, a essa mulher.

CASO CLÍNICO 1 -
SYLVIA, DO INCESTO PATERNO
AO GOSTO POR ÁLCOOL E HEROÍNA DA FILHA

Encontrei Sylvia em um centro de recuperação para alcoólicos há muito tempo. De origem inglesa, era uma bela mulher de 45 anos, fisionomia bastante carregada de emoção e olhos claros bastante inquietos. O álcool em sua vida estava ligado a acontecimentos dramáticos. Não posso resumir aqui uma psicoterapia que durou mais de quatro anos antes que Sylvia, sozinha, mas já bem melhor, decidiu morar perto de uma amiga de infância que reencontrara.

---

d'un cas de paranoia" (Dementia paranoides) (o presidente Schreber) in *Cinq. Psychanalyses.* PUF, 1954, pp. 263-264.

228   Freud, S. (1919), "On bat un enfant (*Ein Kind wird geschlagen*)", GW XII; pp. 197-226; SE XVII, pp. 179-204; Névrose, Psychose et Perversion. Paris, PUF, 1973, pp. 219-244.

229   Freud, S., 1911 (dez. 1910), *Cinq Psychanalyses.* Paris, PUF, 1954, p. 309.

Era a segunda de três irmãs. O pai, arquiteto de renome em Londres, era muito ausente: homem muito bonito, que vivia somente para o trabalho e para a vida social. Até por esse estilo de vida, a mulher foi abandonada e passou a viver somente para as filhas e com suas depressões movidas a repetição. Aos 12 anos, como era de hábito nas famílias burguesas inglesas da época, Sylvia foi encaminhada para um pensionato de garotas. Pouco a pouco, o pai – que ela admirava mais que a qualquer outra pessoa – passou a vir buscá-la com mais frequência, para que fosse passar o fim de semana em família. O fio da promiscuidade entre os dois seres se instala precisamente no carro, que acaba sendo providencial para atitudes cada vez mais próximas e ambíguas com a família. Aos 13 anos ela torna-se sua amante. O percurso do pensionato à casa "se complica" todas as vezes, com uma parada em um hotel, e o pai tinha o cuidado de ir buscá-la sempre na sexta-feira ou na quinta à noite a fim de poder passar uma noite com ela no hotel. Nesse tempo "sob a influência", submetida, assustada e seduzida, Sylvia "se deixa fazer" durante quatro anos. É nessa época de incesto consumado que ela começa a beber álcool, como seu pai que amava loucamente o uísque e o "bom vinho do sudoeste da França".

Aos 18 anos, ela deixa o pensionato e a família, indo morar nos Estados Unidos. É nesse país, após algumas peripécias trazidas às sessões, que ela encontra seu futuro marido, um diplomata. Homem muito bonito, como seu pai, logo passam para o primeiro filho e, ainda como seu pai, ele a deixa em razão de sua agenda de trabalho, que o leva aos quatro cantos do mundo, deixando-a em sua bela propriedade, onde ela começa a montar um haras – no curso dos danos, os cavalos se tornaram sua segunda paixão, depois de seu filho.

Onze anos se passaram até que, no décimo segundo ano de casamento, o marido, ao conhecer uma jovem quando a serviço em um país do leste europeu, anuncia o desejo de se divorciar. Sylvia então paulatinamente desmorona e começa a beber. Deprimida, hospitalizada por diversas vezes, ela decide então deixar os Estados Unidos e voltar à Europa, aproximando-se do marido instalado no leste europeu, onde vivia em missão diplomática – era ainda a época da cortina de ferro. Para evitar um retorno à Inglaterra, onde ela "tem seus fantasmas", escolhe a França e justamente o "sudoeste" francês, da proveniência dos vinhos que seu pai tanto amava. Sem preocupações que envolvessem dinheiro – ela continuava bem provida de fundos, com o marido, rico, enviando-lhe todo mês uma bela quantia para ela e para o filho – ela passou a viver no Midi, bastante isolada com o filho. Encontrou ali uma fazenda e de novo passa a criar cavalos e continua a beber – sempre, evidentemente, com uísque e vinhos a França.

O terceiro drama, após o incesto e o divórcio, sobrevém com a toxicomania progressiva e irremediável do filho, David, "belo como o sol", pelo qual ela própria confessa estar "apaixonada". Ao entrar na adolescência, David, que vê o pai apenas raramente – algumas viagens a países do leste, ou encontros na França, quando o pai aparece em visita com a nova e jovem mulher – e começa a consumir cotidianamente o haxixe. Algumas viagens ao Marrocos, amigos traficantes franceses originários desse país, operam nele uma mudança radical, passando das "drogas leves" para a heroína. Ele começa a faltar nas aulas. Aos 17, perde o ano escolar pela primeira vez, e aos 19 não consegue se formar no ensino secundário. Suas relações com a mãe, e reciprocamente, são feitas apenas de "não ditos" e de sedução: ele se cala diante do alcoolismo da mãe, que faz o mesmo quanto à toxicomania do filho. É verdade que este chega a cultivar amizades passageiras, entra em atritos com uma garota de quem estava se aproximando, mas Sylvia quase nunca aborda a questão da droga com o filho, como ela me conta, nem conversa com ele sobre sua última namorada. Do pai, a essa altura, já nada mais se soube.

É assim, nesse clima "incestuoso", entre mãe e filho que, por meio de drogas e do silêncio interposto, "se compreendem", que se instaura o último drama. Cega aos riscos que cercam David, Sylvia continua a dar dinheiro para o filho, mesmo achando a heroína condenável e mesmo que o dinheiro literalmente "se evapore" nas mãos do garoto. Ainda que ele devesse passar a semana inteira com o dinheiro dado pela mãe, ela jamais recusa quando ele lhe pede mais – por mais que saiba o destino que terá aquela quantia a mais.

Tudo isso, evidentemente, até o dia em que, semiembrigada, certa noite ela entra no quarto do filho e descobre seu corpo inanimado: morto por overdose! Destruída – foi nessas condições que eu a encontrei alguns meses depois desse luto. Ela levou quatro anos para poder reencontrar um sentido em sua vida, optando por morar vizinha de uma de suas amigas de infância, que também viera para a França.

SEGUNDO MODELO:
A PRÉ-FORMA ORGÂNICA DA PULSÃO

Retornemos uma vez mais a Freud. Ele proporciona outro modelo para o alcoolismo. A partir de uma doença psicossomática, a epilepsia, ele propôs a hipótese de um mecanismo de descarga pulsional anormal pré-formado de maneira orgânica:

> *Nos casos de perturbações da atividade cerebral em razão de graves afeções tissulares e tóxicas e também no caso de um domínio insuficiente da economia psíquica, o funcionamento da energia em ação na psique atinge um ponto crítico. Sob essa bipartição, pressente-se a identidade do mecanismo subjacente à descarga pulsional. Este já não pode estar muito afastado dos processos sexuais que, fundamentalmente, são de origem tóxica [...]. A "reação epilética" [...] sem dúvida encontra-se também ligada à disposição da neurose, cuja essência está em se desembaraçar, por meios somáticos, das somas de excitação que ela não consegue processar num nível psíquico.*[230]

---

230 O mito de Dioniso relata um acontecimento que sucedeu "nos tempos fabulosos dos começos": *em uma época - pré-histórica - anterior à aquisição da linguagem.* Dioniso se originou do incesto entre Zeus e Perséfones. Ele será devorado pelos Titãs, antes de ser ressuscitado (M. Detienne, 1986: *Dionysos à Ciel Ouvert.* Paris, Lib. Hachette). Ele é "filho da mãe" e do pai, advindo de uma *geração quase espontânea*, semente úmida que fará brotar a vinha e colorir o vinho (cf. "Este é meu sangue", pronunciado pelo Cristo na C,

Freud relacionou esses elementos epilépticos à identificação com a pessoa morta, que para o caso dos alcoólicos também foi descrita por Mijolla e Shentoub.[231] Além da oposição dos dois: polos desejo e identificação, o mestre vienense postula ainda a existência de uma pré-formação orgânica (neuroquímica, hormonal, instintual?) de descarga excitacional subjacente à descarga pulsional e elaborada no *soma* quando a economia do aparelho psíquico se encontra transbordada ou pré-maturada. Na epilepsia, a "pré-forma orgânica da descarga pulsional" pode então se descarregar em um "aparelho" de esforço muscular (como nas adicções).

Observemos então:

1. Um traumatismo precoce poderia deformar o ego e suas pulsões de autoconservação a ponto de determinar mecanismos de descargas pulsionais anormais pré-formadas organicamente, salvando a psique de uma "psicose por transbordamento".[232]

2. Existe outra modalidade do aspecto "pulsional-pré--pulsional" do automatismo ou compulsão de repetição: o fracasso dos autoerotismos primários de retenção que, ao empreender um retorno da "pulsão" à sua fonte excitacional (via pulsão de domínio), mantém grávida essa forma orgânica. Em *O ego e o id* (1923),[233] Freud retornará à crise de epilepsia, precisando que ela expressa a tendência à autodestruição pela desunião do componente sádico da

---

que confere testemunho a esse fantasma de autoengendramento e de identificação aos "pais combinados"); Freud S. (1928), "Dostoievski e o parricídio", R.I.P., T. II. Paris, PUF, 1985, pp. 161-179 (p. 165).
231 Mijolla, A. e Shentoub, S. A., *op. cit.*, 1973, p. 338.
232 Freud, S. (1894), "Les névropsychoses de défense", *Névroses, Psychoses et Perversions*. Paris, PUF, 1973, pp. 1-14.
233 Freud, S. (1923), *"Le Moi et le Ça (Das Ich und das Es)"*, *Essais de Psychanalyse*. Paris, P. B. Payot, 1981.

pulsão sexual em relação a seu suporte, que é o aparelho muscular (dispositivo de controle).

3. A identificação se revela um desejo negativo, e o desejo, uma positivação de identificação. A primeira se encontra ligada à relação com um objeto com o qual não há contato corpóreo. Nos somatizantes e adictos, a oposição desejo/identificação já não pode ser encontrada.

DESCARGA PELA PERCEPÇÃO NO *ESBOÇO* DE FREUD

Em sua *Contribuição à concepção das afasias* (1891), Freud evoca "representações de coisas" que comportam uma "imagem motriz" ou ainda uma "imagem do movimento" que ele relaciona de maneira "associacionista" com a imagem sonora, imagem de escrita, e as associações de objetos.[234] O trabalho sobre as afasias se mantém como obra de referência, o conceito que ele inventou continua atual até nossos dias e a hipótese de uma atividade cerebral e cognitiva funcionando de maneira associativa é hoje reconhecida (cf. B. Falissard, *acima*).

Em seguida, no livro *Esboço* (1895), Freud intenta a descrição de um modelo neuronal a partir dos conhecimentos fisiológicos de sua época sobre o funcionamento sináptico (sinapses chamadas "barreiras de contato")[235] e descreve um modelo dinâmico autorregulado a partir de seu funcionamento e do exterior (em particular pelas relações mãe-filho).

As descrições freudianas de diversos tipos de neurônios ($\psi\varphi\omega$), diferentes por seu funcionamento e por sua função parecem mais temerárias que as descrições encontradas por Dejerine em 1895 ou

---

234 Freud, S. (1891). *Contribution à la Conception des Aphasies. Une Étude Critique.* Paris, PUF, 1983, pp. 127-128.

235 Freud, S. (1895),"Le Projet d'une psychologie", in: *Lettres à Wilhelm Fliess*, 1897-1904, Paris, PUF, 2006, pp. 595-697.

pela de W. James em 1908. Essa teoria sobre diversos tipos de neurônios antecipava a dos três cérebros de Mc Lean, ou a presença de regiões excessivamente diferentes no cérebro, que funcionem a um só tempo sobre modalidades e "parâmetros" diferentes: áreas corticais, subcorticais, límbica etc. Hoje se sabe que esses neurônios não são sempre idênticos: há muitas centenas de tipos de neurônios, e essa diversidade de neurônios é definida pelas regiões de onde eles provêm (tecido nervoso oriundo do mesmo tecido que a epiderme, a ectoderme (Anzieu, *"Moi-Peau"*) cuja *placa neural se invaginará, enquanto a epiderme se fusionará e aprisionará o sistema nervoso central no interior.* O *Projeto* permite conceber os movimentos econômicos do aparelho psíquico como reguladores entre ambiente e *soma*. Freud substitui o arco reflexo obediente pela concepção de descarga, um sistema "tampão" no interior desse sistema originário do ego e que pode ser descrito como órgão homeostático (não excitante, Maerty, 1990, p. 40. A menor disfunção desse aparelho psíquico homeostático terá a tendência de fazê-lo regressar em direção ao reflexo, atos-sintomas ou representações, J. D. Vincent, *op. cit.*).

No texto *Esboço*, Freud representa assim os processos psíquicos como estados quantitativamente determinados de partículas materiais discerníveis. Ele postula a existência de neurônios ψ', neurônios centrais, sem contato direito com os receptores ou com os efetores, retendo facilmente a corrente (quantidade) que os atravessa por uma permeabilidade não tão grande de outros neurônios e que a facilitação *(frayage)* repetida de influxo acaba por tornar permeáveis de maneira seletiva;[236] desse modo ele distingue:

---

[236] Bernard Lechevalier (Lechevalier B. e B., *Le corps et le sens: Dialogue entre une psychanalyste et un neurologue,* Lausanne, Delachaux et Niestlé, 1998) ressalta o modo como as noções freudianas de quantidade (Qn) e periodicidade da atividade neuronal anunciam as de potencial de atividade e de polarização/despolarização da membrana sináptica (sinapse descoberta por Sherrigton em 1897 e da qual S. Freud teve a premonição com suas "barreiras de contato"). A noção de "transferência de quantidade (Qn) de um neurônio a

ψ o sistema dos neurônios impermeáveis; ω o sistema dos neurônios perceptivos. Mas também: "Q" é a quantidade em geral, porém na ordem de grandeza própria ao mundo exterior; "Qn" é a quantidade expressa em ordem de grandeza intercelular, isto é, a energia psíquica.

Enfim, ele nomeia: W. *(Wahrnemung)* percepção; V *(Vorstellung)* a representação ou ideia; Er *(Errinerung)* a memória ou imagem mnésica e, o que nos interessa aqui, "M" a imagem motriz. Nesse quadro de hipóteses: as liberações representam os estados de permeabilidade relativa das barreiras de contato, e a memória nada mais é do que as diferenças de liberações existentes entre os neurônios. Ela depende de intensidade e de repetição dos estímulos. Quando a energia passa de ω para φ, ela modifica o valor das liberações em sua passagem, modificação essa que de qualquer modo constitui um registro de quantidade (Qn) de energia que passou.

Essas noções acabam se revelando bastante atuais, quando se as compara com o que a psiquiatria biológica das adicções nos ensina quanto ao traço deixado nos circuitos dopaminérgicos de recompensa pelos tóxicos exógenos ou pela produção endógena forçada de neuromediadores (cf. Parte IV).

PERCEPÇÃO, IMAGEM MOTRIZ E ADICÇÕES

O que nos importa aqui e podendo ser útil à compreensão do recurso ao gesto/comportamento adictivo em caso de "tensão interna" é o que escreve Freud sobre o estado interno de necessidade no bebê. Esse estado interno de necessidade – sinônimo de carga elevada de (Qn) – provoca uma ação específica que permite

---

outro" (*Projet*, p. 618) não remete à descoberta de transmissores sinápticos que não sejam isolados, mas sim a conjuntos multimoleculares, cada conjunto, aliás, sendo chamado por Katz (1950), "quantum" (!) Cf. Squire, L., & Kandel, E. R. (2002), *La Mémoire De l'Esprit aux Molécules*. Paris, Flammarion, p. 67.

uma descarga motriz satisfatória que originará facilidades entre os neurônios carregados dessa energia interior e as percepções que acompanham as experiências de contentamento. Por exemplo, para o bebê a experiência de satisfação consiste em sugar o seio para dele extrair o leite: nessa situação primeira existem compreensões de duas ordens: assimilação de imagem visual do seio e da imagem motriz muscular de sucção. Tão logo a fome se manifeste novamente, a energia (Qn) provinda do interior passará dessa vez dos neurônios da fome aos da imagem do seio e motriz de sucção (papel dos traços mnésicos da experiência anteriormente vivida): o bebê alucinará o seio e imitará o movimento de sugar: haverá aí uma forma de sinestesia perceptiva.[237]

Essa questão não está afastada de nossos propósitos, uma vez que as sinestesias perceptivas,[238] sobre as quais A. Rimbaud

---

[237] Para M. Merleau-Ponty, o sensível (sinônimo para "textura carnal do mundo") é reflexividade, balizando assim uma espécie de involução da reflexão para o sensível da carne corporal. Rompendo com a fenomenologia da consciência ("pura"), ele indica que a reflexividade originária da consciência (sendo esta consciência encarnada) deve ser atribuída ao "reflexo" permitido pela visão, mas também pela sensibilidade, pela capacidade que o cérebro tem de *"transposições sensoriais"* de sinestesias. Cf. Tymieniecka e Coll. Maurice Merlau-Ponty, *Le Psychique et le Corporel*. Paris, Aubier, 1988.

[238] Atualmente, quais são os modelos neuronais propostos, e que são subentendidos pela experiência das sinestesias? Propostos são dois modelos neuronais: o primeiro, intitulado "ativação cruzada" repousa em uma base anatômica. A proximidade anatômica das regiões que se ocupam das cores, dos números no giro fusiforme e no giro angular sugere que a sinestesia número-cor e letra-cor poderia ser a consequência de algum erro de entrada entre essas regiões especializadas. A sinestesia não raro está presente em muitos indivíduos aparentados entre si. Pode-se aventar a hipótese de que exista um modo de transmissão genético. As conexões podem ligar estruturas anatômicas adjacentes (fala-se então de conexões de curta distância) ou religar regiões afastadas: é quando se fala de conexões de longa distância, como, por exemplo, a sinestesia música-cores (córtex auditivo e V4). O segundo modelo proposto pelos neurocientíficos é intitulado "feedback desinibido".

escreveu o maravilhoso poema *"Voyelles"* - (Vogais, 1871), foram descritas por sujeitos expostos ao LSD. A hipótese neurobiológica desses fenômenos chama-se "feedback desinibido" e repousa sobre uma base funcional. Ela supõe que exista um desequilíbrio no balanço entre os neurotransmissores excitadores e inibidores. Do mesmo modo, há toda uma série de formas de sinestesia associada à das emoções. Assim, algumas sinestesias associam as letras ou os algaritmos arábicos a uma personalidade masculina ou feminina jovem ou idosa, e há quem associe a observação de uma fisionomia a cores.

Voltemos a Freud, para quem durante a percepção, *imita-se a percepção enervando uma imagem motriz* – trata-se certamente de uma imagem intrapsíquica interna. Se essa imagem motriz interna coincidir com a percepção, haverá *identidade de percepção* entre imitação motriz e imagem motriz interna, o que tem valor de juízo de realidade.[239]

Ora, hoje em dia tudo isso se mantém bastante atual e é confirmado pelas descobertas de neurônios-espelho! Identificados no cérebro dos macacos por Rizzolatti,[240] esse tipo de neurônio configura, com efeito, uma das descobertas importantes das neurociências contemporâneas. Os neurônios-espelho se ativam por ocasião do fato único de certa ação, mas também quando se observa um fazer a mesma ação, de onde surge o termo "espelho". Eles foram observados pela primeira vez no córtex pré-motor ventral do macaco (área F5), mas

---

Cf. Hubbard, E. "La synesthesie ou comment les neurones poétisent le monde", *Abstract Psychiatrie*, n. 17 maio, 2006, pp. 12-13.

239   Em uma nota de rodapé, Duparc (1997) especifica que o juízo de realidade só pode ser feito mediante a ressalva de que o investimento em afeto não seja forte demais, pois nesse caso "nada fará distinguir uma realidade de uma ficção investida em afeto" (cf. Freud, carta a Fliess n. 69 in *La Naissance de la Psychanalyse*. Paris, PUF, 1956).

240   Rizzolatti, G. *et al*. "Premotor cortex and the recognition of motor actions", Cognit. *Brain Res*. 3, 1996, pp. 131-141.

também, na sequência, na parte rostral do lóbulo parietal inferior. No homem, o imaginário cerebral pode com isso demonstrar que certas regiões relativamente homólogas (a área de Broca e o córtex parietal inferior) apresentavam uma atividade similar. Em neurociências cognitivas, o sistema espelho é considerado um precursor da imitação, da "teoria do espírito", da aprendizagem linguística: já se evocou seu papel deficitário no autismo.[241]

Ao que tudo indica, essa descoberta vem em apoio de toda uma série de noções psicanalíticas:

• A identificação – onde, de maneira singular, encontra-se o cenário identificatório em *Bate-se numa criança* (1919 – transitivismo dos filhos de K. Buhler);[242]

• O problema da imitação e da personalidade alérgica. As falhas da subjetividade – da "linha subjetal do eu",[243] de fundamentos masóquicos do psiquismo a permitir a adesão à perda, ao luto do objeto primordial, poderiam se fazer supridos pela identificação imaginária, imediata, mimética; e diga-se que houve quem, como Merlet[244] ou G. Szwec,[245] visse analogias entre mimetismo e somatização. G. Szwec assinala a frequência de crianças alérgicas dispondo de real talento para a imitação.

A essa descoberta veio se acrescentar pelo imaginário médico outra premissa, segundo a qual a execução *real* de um gesto que, de

---

241 Haag, G. "La psychanalyse et la recherche sur l'autisme", site da Société Psychanalytique de Paris: <www.spp.asso.fr/main/Actualites/Items/27.htm>, 2006.
242 Freud, S. (1919), "On bat un enfant", *Névrose, Psychose et Perversion*. Paris, PUF, 1973, pp. 219-243.
243 Green, A. "Les coupures épistémologiques de Freud", *Idées Directrices pour une Psychanalyse Contemporaine*. Paris, PUF, 2002, pp. 153-159.
244 Merlet, A. "Tout organe détermine devoir", *Le Phénomène Psychosomatique et la Psychanalyse*. Paris, GREPS, ed. Navarin, 1986, pp. 22-23.
245 Szwec, G. "De la crise d'asthma à la crise de fou rire", *Revue Franç. De Psychosomatique*, 1, 1991, pp. 119-132 (p. 124, nota 1).

modo semelhante à representação e ao pensamento dessa execução, ativa as mesmas regiões do cérebro (área motriz suplementar, córtex pré-frontal e pré-motor, gânglio da base, do cerebelo), mas em níveis de intensidade funcional menores (metabólico, elétrico ou vascular); o pensamento vale (quase como) a ação: pensar fazer uma ação suscita as mesmas atividades cerebrais que a realização do movimento.[246]

- Continuemos com Freud para acrescentar que a questão da *primeira inscrição ou protorrepresentação* retorna na *Carta 52* a Fliess (1896), onde ele apresenta a *id* de *registros sucessivos no aparelho psíquico,* no qual "todo novo registro gera o registro precedente e faz derivar sobre ele o processo de excitação". Ele sugere pelo menos três registros, e um processo de associação-tradução que em cada estágio é representativo.

- Além disso, o modo de ver o funcionamento psíquico é, ainda uma vez, de todo cientificamente válido em nossos dias. Sob esse nível consciente se encontrará o pré-consciente, que é o registro mais elaborado e corresponde às associações verbais de dois modos diferentes de registro um pouco mais complexos que o

---

246 Isso nos leva a pensar que: 1) essas descobertas neurofisiológicas recentes confirmam a hipótese freudiana dos vínculos entre ação e representação que, pelo dispositivo da cura que suspende e inibe a motricidade, favorece o surgimento de representações psíquicas e mentais e o fato de "tocar pelo ato da palavra" a realidade do fantasma inconsciente; 2) se o fato de fazer uma ação ou de imaginar fazê-la ativam os mesmos neurônios - em dois níveis de funcionamento, pelo menos -, encontramo-nos precisamente no que Freud chamou de incapacidade de localizar "indícios de realidade" no inconsciente (Freud em carta a Fliess de 21 de setembro de 1897); 3) a hipótese filogenética freudiana do assassinato do pai pela horda coletiva a tornar obsoleto o fantasma edipiano só a ele permitiria (re)ativar um traço cuja vivacidade afetiva equivaleria ao ato (assassinato). Ver também Grezes N. Decety J. (2001), "Functional anatomy of execution, mental simulation, observation and verb generation of actions: a meta-analysis". *Human Brain Mapping.* 12, pp. 1-19; Decety, J., Grezes, N., Coste, D., Perani, E., Procyk, F., Grassi, M., Jeannerod, M. (1997), "Brain activity during observation of actions. Influence of action content and subject's strategy", Brain, 120: pp. 1763-1777.

primeiro registro perceptivo. O mais elaborado é um registro visual, que corresponde ao pensamento visual do sonho e do fantasma (Manuscrito L., 1897). Em 1923, em *O ego e o id*, ele introduz a ideia de um pensamento visual mais arcaico que o pensamento verbal, uma vez que "o ego é antes de tudo um ego corporal. *O ego se desenvolveu a partir do sistema da percepção*", sendo menos elaborado em comparação à "representação-limite" (Manuscrito K., 1896), termo que ele já não empregará na sequência, mas como observa Duparc,[247] evoca sobremaneira os limites da representação e os estados limites.

Tão logo o incidente traumatizante, escreve Freud, conferir livre curso às reações motrizes, serão justamente essas que se converterão em representações limites e em primeiro lugar em símbolo dos materiais recalcados. Não se segue necessariamente daí que a cada repetição do acesso primário uma ideia se encontre apaziguada. Trata-se sobretudo de uma lacuna no psiquismo.

FREUD, 1896.

Duparc analisa dessa maneira a passagem de Freud:

Parece-me particularmente esclarecedor para definir a primeira inscrição simbólica ("primeiro símbolo", nos diz Freud); ao mesmo tempo, bem se vê que não se trata de um material representativo habitual, mas sim de um traço não figurado, próximo da alucinação negativa (uma "lacuna", segundo Freud). Essa ideia de uma primeira inscrição ou protorrepresentação permite melhor compreender a observação do batedor solitário descrita por G. Szwed [...], na qual a representação-limite do acidente traumático (no carro

---

247 Duparc, F. "Hallucination negative, forms motrices et comportements autocalmants", *Cliniques Psychosomatiques*. Monographie de la Revue Française de Psychanalyse, 1997, pp. 91-115.

do qual ele faz objeto) retorna como esboço de representação, incessantemente repetida.

DUPARC, F., *op. cit.*, pp. 104-105.

Essa ideia será por ele retomada no artigo sobre "A negação",[248] no qual ele evocará os tateamentos motores que acompanham o juízo de realidade da percepção, com o intuito de distingui-la da alucinação.

Duparc relaciona essa hipótese freudiana das "ideias de imagens motrizes, ou mesmo de verdadeiras representações motrizes" presentes em muitas passagens de sua obra, com a dos procedimentos autocalmantes propostos por G. Szwec e C. Smadja, o que se tem em particular à medida que este enuncia que "a falha maior da organização fantasmática da psique e numa anulação dos sistemas de representação faz com que o leito de um retorno de uma sensorialidade primária indiferenciada, [...] utilizando as propriedades de redução da excitação da pulsão de morte",[249] isso que Duparc observa também com referência aos primeiros trabalhos de P. Marty sobre "a motricidade na relação de objeto",[250] onde este assinalava justamente o valor da motricidade na constituição da vida mental e fantasmática.

Duparc também acrescenta que:

• seria equivocado acreditar que com a hipótese das "imagens motrizes" o que se teria seriam apenas tateamentos teóricos de Freud em seus primórdios, pois as mesmas formulações serão por ele retomadas em *Totem e tabu*, em 1913. Quanto à magia imitativa dos primitivos, ele compara os rituais mágicos e os jogos infantis, e

---

248 Freud, S. (1925), "La negation", trad. Jean Laplanche, in *Résultats, Idées, Problèmes,* II. Paris, PUF; 1985, "La négation", trad. col. in *Oeuvres Complètes,* XVII. Paris, PUF, 1992.
249 Smadja, C., *op. cit.*, 1993, p. 19.
250 Marty, P. "Importance de la motricité dans la relation d'objet", *Revue Française de Psychanalyse,* 19. 1-2, 1955, pp. 205-284.

fala de uma alucinação motriz, posta em jogo pelo desejo de fazer coincidir estreitamente desejo e realidade, sob a predominância da impulsão motriz. A bem da verdade, Freud fala de uma "espécie de alucinação motriz", sendo muito mais o caso de supor a associação entre uma alucinação motriz e uma formação visual, simbólica, mais bem elaborada;

• enfim, Duparc reencontra essas ideias freudianas nas teorizações de diversos autores, alguns dos quais foram evocados em nossa obra de 1997: a de P. Aulagnier, de pictograma, a de P. Marty, de motricidade na relação de objeto, de M. Fain e M. Soulé no *L'Enfant et son Corps* (1974), de M. Perron-Borelli e R. Perron sobre o fantasma como "representação de ação";[251] e a essas, acrescentaríamos em 1997 trabalhos de Pinol Douriez sobre as "protorrepresentações" caracterizadas pela indistinção si/objeto[252] que ilustram o não descolamento das sensações somáticas em relação às representações psíquicas (ausência ou abrasão da subversão libidinal). Esses protofantasmas não estão em relação com os fantasmas originários; na verdade eles estão centrados em verbos pulsionais como tragar, expelir, penetrar, destruir, e constituem a "matriz original do fantasma".[253]

O que precede tem o único e exclusivo intuito de mostrar como o gesto/ato motor adictivo se faz prova e testemunho de um modo

---

251 "Nosso desejo foi ressaltar a importância que assume o jogo das representações na base de todo fantasmático e em suas formas mais primitivas, pois os primeiros fantasmas nos aparecem precisamente como uma transposição, sob forma de representações, de processos que são *agidos* antes de ser representados" Perron-Borelli, M. e Perron, R. (1987), "Fantasma et action", *Revue Française de Psychanalyse*, 51, 2, pp. 539-638.
252 Pinol-Douriez, M. (1984), Bébé Agi-bébé Actif. Paris, PUF; Pinol-Douriez, M. (1986), "Émergence des répresentations et régulations épigénétiques", in *Confrontations Psychiatriques*, n. 27, pp. 89-109.
253 Perron-Borelli, M., & Perron, R. *La Dynamique du Fantasme*. Paris, PUF, "Le fil rouge", 1993.

de funcionamento regressivo da psique, pelo qual o pensamento ou o fantasma equivalem à percepção ou à sensação, pela via da regressão do jogo pulsional em direção à sua fonte excitacional.

DA EXCITAÇÃO À PULSÃO

Na condição de patologias compulsionais do excesso de excitações, as condutas adictivas ou autocalmantes obrigam que seja desenterrado de seu silêncio metapsicológico esse conceito de excitação, que, aliás, foi tema de uma edição recente da *Revue Française de Psychosomatique*.[254] Lembremos o que dizia a respeito o biólogo J. D. Vincent:

> *Os tecidos excitáveis são os músculos e o sistema nervoso. As glandes, suas cúmplices, comunicando, liberam hormônios – a palavra vem de ormao: eu excito - e são elas próprias bastante excitáveis [...]. A excitação é medida em quantidade:255 ela proporciona ao ser uma representação da extensão e da duração [...], uma solução alternativa à representação; ela nada custa em energia; ela resulta de deslocamentos passivos de cargas segundo os gradientes elétricos e químicos. O influxo é especificado somente por seu objeto: em si ele não traz marca alguma de reconhecimento.*[256]

> VINCENT, J. D (1989) "Le neurone excite",
> *Nouvelle Revue de Psychanalyse*, n. 39, pp. 131-136.

---

254 *Revue Française de Psychosomatique*, n. 33, 2008. Paris, PUF.

255 Itálicos meus.

256 No que diz respeito à Evolução, os seres vivos se adaptaram a seu ambiente por meio dos órgãos, mas também por meio do funcionamento destes, com os hormônios desempenhando um papel essencial em seu funcionamento; J-Y. Fontaine, A. "Les hormones et l'évolution", *La Recherche*, n. 153, 1984, pp. 310-320.

No campo fisiológico, o conceito de excitação remete à certas noções de hormônio, mas também às noções de relógio interno, de marca-passo ou de oscilador biológico presente nos núcleos supraquiasmáticos e na hipófise. O recém-nascido, longe de ter encerrado a maturação de um sistema nervoso central, que demanda de dez à quinze anos, vê o sincronizador da maior parte de seus relógios internos depender, em ampla medida, do ambiente (papel da epigênese): os ciclos noite e dia e a presença e ausência da mãe.[257]

Agora, no que diz respeito ao emprego metapsicológico do termo "excitação", lembremos que Freud utiliza dois termos: *Erregung* e *Reiz*. O primeiro é reservado na maioria das vezes à excitação interna (endógena) circulante no sistema (nervoso ou psíquico) enquanto o segundo é reservado ao que vem do exterior (o objeto).

Se tudo provém do interior, das zonas erógenas, por exemplo, um *Reiz* pode também ser considerado como agindo do exterior sobre o psiquismo, e é bem isso que define a pulsão: "a pulsão seria uma excitação para o psiquismo", ou ainda, "o representante psíquico das excitações que nascem no interior do corpo e chegam ao psiquismo".[258] Interiorização de ação, ela obriga também o psiquismo a uma dinâmica transformacional.[259]

Para o psiquismo, há, pois, excitações provenientes de "marca-passos" biológicos ritmados e periódicos (hormônios e neuro-hormônios, sinais a distância: excitações sexuais somáticas) que "impulsionam" ("impulso" – carta de Freud a Fliess de 2 de abril de 1897) a se repetir, a se pulsionalizar e a se representar psiquicamente, mas que podem, o que é muito provável, transferir-se nos sistemas não hierarquizados, mas em rede (sistema nervoso vegetativo, sistema imunitário).

---

257 Reinberg, A. *Les Rythmes Biologiques*. PUF, col. QSJ, 1983.
258 Freud, S. *Métapsychologie*. Paris, Gallimard, co. Idées, 1915, p. 13.
259 Green, A. *Les Chaines d'Éros: Actualité du Sexuel*. Paris, O. Jacob, 1997, p. 83.

Míticas, essas pulsões constituem, de fato, um primeiro modo de expressão da excitação somática que perde sua periodicidade no contato da representação, e se a excitação "desperta" e lança a um só tempo, a pulsão é tanto impelida quanto distribuidora e "impulsionadora",[260] algo de cuja força depende a resistência que lhe é oposta. Degradada nos sistemas em rede, a pulsão pode se converter em excitação ("ergie") biológica.

Além do mais, o que especifica a pulsão é a sua força de impacto não momentânea, como é o caso da excitação fisiológica, mais *constante* (incitada de maneira constante não igual, – existem variações de amplitude – mas contínua) e também a necessidade, por ela suscitada, de ser satisfeita. A vida pulsional, portanto, é herdeira de uma certa "domesticação", "qualificação" de fantasmas projetados, introjetados e de "pulsações" de excitações, os fantasmas sendo, da mesma forma, representantes psíquicos da pulsão.[261]

---

260 Esse vínculo entre "impulsionado" da "pulsão" e "impulsionar/distribuir" vem da aproximação entre dois desdobramentos de pensamento de G. A. Goldschmidt em seu estudo sobre o alemão de Freud e o francês. A propósito do termo "pulsão", ele especifica: *"Der Trieb"*, [...] é o que impulsiona do interior, como se tem nos automóveis, der *Antrieb*, uma força motriz que vem de dentro, do próprio corpo, e não admira que Freud, em uma de suas conferências, a 32ª, *Angústia e vida pulsional*, fala da "corporeidade", *die Leiblichkeit*. [...] *Trieben* pertence ao gesto do corpo - *Der Leib* - pertence à *Leiblichkeit*, a esse "ser corpo", que [...] tanta importância tem na língua de Freud" (p. 79). Aliás, o autor deixa claro que, a partir de uma reflexão sobre lembrança e "lembrar-se" *(sich erinnern)*, "em suma, uma língua se beneficia do que outra - a alemã - impulsiona. O que o alemão põe para dentro de si *(erinnern)*, o francês daí retira, e esse movimento de sentido contrário só faz orientar o olhar, a latitude das duas línguas; e observe-se que elas não contemplam com o mesmo olhar. Isso se manifesta até mesmo nas coisas mais simples: esse sentido inverso é encontrado até mesmo nos móveis. Um "distribuidor" - *"tiroir"* - vem a ser, em alemão, uma cômoda ou gaveteiro *(eine Schublade)*", p. 91. Goldschmidt, G. A. *Quand Freud voir la Mer*. Paris, Buchet-Chastel, 1988.
261 Freud, S. "Pulsions et destins des pulsions", *Métapsychologie*. 1968,

É, sobretudo, da periodicidade dos cuidados maternais que nascerá, nos processos psíquicos, *essa diferenciação progressiva entre quantidade e qualidade* (*E*sboço, p. 329). Originadas de um "adestramento" ontológico, as pulsões seriam também sedimentações de efeitos de excitação externa que, no curso da filogênese, agiram sobre a substância viva e modificam-na ao mesmo tempo em que, no caminho inverso, ao retornar, fazem acontecer um estado de satisfação anterior:

> Ao que me parece, uma pulsão é uma tendência da vida orgânica a restaurar um estado de coisas anterior que a criatura vivente foi obrigada a abandonar sob o efeito de forças perturbadoras vindas do meio; sendo assim, é uma espécie de plasticidade orgânica ou, para dizer de outra forma, a expressão de uma inércia constitutiva da vida orgânica.
>
> FREUD, S. (1920), "Au-delà du príncipe de plaisir",
> *op. cit.*, em *Essais de Psychanalyse,* 1981.

Essa propriedade abertamente regressiva da pulsão constitui, assim, após o ponto de inflexão de Freud em 1920, um "além do princípio de prazer" no funcionamento mental, impulsionando o organismo a reeditar todos os estados anteriores, quer estejam eles na fonte do prazer quer não, e isso vai bem ao encontro da problemática adictiva.

No interior da metapsicologia, faz-se possível, com isso, compreender que a pulsão seja o representante psíquico de um salto (ao modo dos elétrons) de um nível de auto-organização para outro, ao mesmo tempo em que é uma forma de retroação *(feedback)* de excitação (de excitações somáticas situadas, sobretudo, nas zonas erógenas suscetíveis de autoerotismo) sobre o psiquismo (intra/intersubjetivo), ou seja, fala-se em uma "medida de exigência de trabalho imposta ao psiquismo em consequência de sua ligação com o corporal".

Além disso, a adicção (como um certo número de somatizações, mas por outras vias) parece deixar que persista uma série de formas de despulsionalização, em particular da genitalidade, que desembocam na "pré-forma orgânica", forma de atividade pulsional que, como vimos, desencadeia um automatismo de repetição. Essa despulsionalização é próxima do que R. Roussillon qualifica de processo pré-pulsional, forma de atividade pulsional antes que esta não se faça organizada em pulsão subjetivamente representável.[262] Entre alguns "escravos da quantidade", esse processo poderia levar a um *retorno incessante de uma excitação potente e com poder de coação ("Zwang")* devido "a influências sofridas [...] desde os primeiros anos da infância" (Freud: "Au-delá du principe de plaisir" e nossa nota sobre hipnose e amnésia infantil).

UM OLHAR PSICANALÍTICO À LUZ DOS CONCEITOS DE INCORPORAÇÃO, DE DEPENDÊNCIA DO BEBÊ E DA ORALIDADE

AS PRÁTICAS DE INCORPORAÇÃO: UM FUNDAMENTO DA ADICÇÃO

Uma das bases de compreensão da toxicomania é o ato da incorporação, sendo este, lembremos, o fundamento do amor: "Amar é devorar", dizia Winnicott. É a partir dos trabalhos de N. Abraham e M. Torok,[263] que observam no fantasma de incorporação um substituto do fantasma de introjeção, que Gutton[264]

---

262 Roussiloon, R. "La métapsychologie des processus et la transitionalité", Relatório 55° de Psicanálise, *Revue Française de Psychanalyse,* 59, 1995, pp. 1351-1521.
263 Abraham, N., e Torok, M. *L'Écorce et le Noyau.* Flammarion, 1978.
264 Gutton, P. "Pratiques de l'incorporation", *Adolescence,* 2, 2., 1984,

(1984) reagrupou suas tentativas frenéticas e compulsivas que são as adicções sob o termo de "práticas da incorporação".[265]

A introjeção alimentar, que é a primeira de todas as introjeções posteriores, tem por papel, desde o início, domar a ausência. Todavia, sendo impossível a introjeção da perda, a incorporação do objeto perdido se torna o único modo de uma *reparação narcísica*. Com isso, a impossibilidade de introjetar a perda será compensada pelo ato de incorporar, desmobilizando assim a psique de todo e qualquer recurso a palavras, metaforização, trabalho de pensar, mas que atue facilitando, na via de retorno, a introjeção do "não dito". Com efeito, a incorporação, protótipo corporal da introjeção (do objeto) e da identificação primária permitiria, no corpo, uma encenação retroativa de um "segredo de família", ou seja, do "trauma de um

---

pp. 315-338.

[265] Essas incorporações reais têm por características as aspirações impetuosas, a avidez surpreendente, o consumo desenfreado (Pedinielli, J. L., 1997). A teoria de Gutton versa sobre as concepções das patologias narcísicas. Esse autor se refere às teorias da introjeção desenvolvidas por Abraham e Torok e considera a introjeção um processo organizador constitutivo do objeto interno, fenômeno simbólico distinto da incorporação. Se esta, a incorporação, é um mecanismo imaginário que visa negar a perda do objeto, a introjeção, por sua vez, elabora essa perda e sinaliza a separação em relação ao objeto externo. As práticas da incorporação seriam *acting out* diretos e se decomporiam em quatro tempos sucessivos: um tempo de aborrecimento, um tempo de adicção a estabelecer uma relação entre um orifício corporal e um objeto exterior que se torna complementar. O fim do ato provocaria um estado de vazio representativo que faz lembrar a "depressão essencial" de P. Marty. O último tempo é um tempo de retorno da atividade fantasmática edipiana, o ato de adicção sendo então nomeado e dotado de um sentido acompanhado de afetos (vergonha, remorsos...). Para Gutton, a incorporação sobrevém quando o trabalho de introjeção depara com um obstáculo. Nesse contexto, ela aparece como um revés de identificação, mas comporta uma dimensão identificatória visível nos comportamentos repetitivos. As condutas adictivas teriam assim uma função de reconstrução do ego.

ascendente". Isso remete à questão das lealdades familiares,[266] de "pseudointrojeção de experiências traumatizantes"[267] descritas no caso dos toxicômanos, assim como a noção de encapsulação[268] ou de caverna (Torok e Abraham) instalada no interior do sujeito na sequência de um luto ou de uma vergonha inomináveis, processos melancólicos que serão reencontrados na gênese das somatizações.

A introjeção, modo de interiorização do objeto característico do estágio oral, é mesmo concomitante às primeiras mudanças (de amor) tácteis entre mãe e bebê. A "estabilização" do objeto primário organizador do *self* e da futura subjetividade depende então das modalidades dessa introjeção, forma de "organizador psíquico" precoce. Se essa foi traumática, e uma vez passado o estágio oral, a *prática da incorporação* permite suprir sua insuficiência pela manutenção de um vínculo narcísico com o objeto do qual não se pode fazer o luto, precisamente em razão da falta de uma introjeção "estabilizada".

Em um grau patológico suplementar, já que os componentes de um acontecimento real não serão coerentes para ser introjetados, isto é, admitidos no ego, este pode se orientar para um mecanismo patológico de inclusão que, sendo hermético, concederá uma verdadeira caverna, que a incorporação contrainvestiu (no lugar do recalque) quimicamente.

A adicção buscará assim apagar o fracasso da introjeção e o luto do objeto (nisso ela se fará bastante próxima da reação terapêutica negativa).[269] Todo fracasso da introjeção conduzindo a uma

---

266 Angel, S., e P. *Famille et Toxicomanies*. Paris, ed. Universitaires, 1989.
267 Hachet, P. "La toxicomanie, une pseudo-introjection d'épériences traumatisantes", Informations Psychiatrique, n. 2, I, 1997, pp. 151-157.
268 Hopper, E. "Encapsulation as a defence against fear of annihilation". *Intern. J. of. Psycho-Analysis,* 72, 1991, pp. 607-624; "A psychoanalytic theory of drug addiction: an unconscious fantasies of homosexuality, compulsions and masturbation within the context of traumatic process", *Intern. J. of Psycho-Analysis,* 76, 1995, pp. 1121-1141.
269 Tyzsblat, J."L'analyse interrompue", *Revue Française de Psychanalyse,*

falta de objeto interno poderia assim resultar tanto em práticas de incorporação quanto em patologias somáticas.[270] O *acting-in* que é a somatose[271] na qual, por ocasião de ações psicoterápicas e institucionais, o *acting out* que é a passagem ao ato adictiva, é o *analogon* da "excorporação", ou seja, para um bebê, a evacuação no corpo dos incorporados desagradáveis provenientes da mãe.

Como se vê, as adicções assinalam, por um lado, insuficiências nos processos por demais complexos de identificação (aproximando-se, com isso, das patologias artísticas, estados limites e autoimunes nos quais foram encontrados essas mesmas insuficiências),[272] de outro lado, permitindo a um sujeito ser o autor de um movimento de fratura corporal pela inserção nele de um corpo estranho – trauma – que ele conhece e, exatamente por isso o controla, fazendo-se confusos os efeitos sobre o seu corpo e seu psiquismo (seu *self*).

A incorporação pelo recurso de gesto realiza, com efeito, uma identificação sobre um modo fusional e anímico (a hóstia da liturgia cristã) que não é sem lembrar a do melancólico que se recusa a comer, a do toxicômano habitado por um "fantasma" proveniente de experiências introjetadas vividas por um ascendente ou, enfim, a do alérgico realizando um desejo de interpenetração com o objeto. No alérgico, pode-se efetivamente falar de um "objeto hospedeiro", escreve P. Marty: "o sujeito habita o objeto, assim como este é habitado por ele", escreve J. McDougall.[273]

A autoagressão (ou autossadismo, por incorporação) apresenta-se na adicção como um análogo de identificação a um agressor, sendo este o corpo que sofre, primeiro objeto de influência da parte

---

54 (2), 1990, p. 551.
270   Sami-Ali, M. *Penser le Somatique; Imaginaire et Pathologie*. Paris, Dunod, 1987.
271   Green, A., *op. cit.*, 1973.
272   Célérier, M. C."Maladie auto-imune, événement de vie et de personallité psychopathologiques", *Revue de Médecine Psychosomatique*. 6, 1986, p. 31.
273   McDougall, J., 1989, pp. 189-190.

do outro maternal (diferentemente do melancólico, em que o agressor é o superego). A somatização como a adicção (ou a transferência passional) dependem, com isso, desse fantasma para se manter no "invólucro comum" a entreter o vínculo incestuoso, fetal, osmótico no qual o outro é si: prega de si sobre o outro, clivagem do ego na "comunidade do negado"[274] ou a forclusão do nome do pai.

Para ilustrar a negação dessa diferença, que é aqui de gerações, citemos, por exemplo, o caso de um paciente alcoólico referido por M. Monjauze: Georges, 49 anos, cujo pai morreu de alcoolismo 15 anos antes de seu nascimento, formula as coisas da seguinte forma: "George e o amparo paternal ausente assemelha-se ao que se tem para Monjauze, que ressalta a confusão transgerancional devida à identificação narcísica ao fantasma.[275]

IMPORTÂNCIA DESENVOLVIMENTAL DA NECESSIDADE DE PRAZER NA ADICÇÃO

No início era a necessidade, poder-se-ia dizer em uma gênese do humano desejante, que tudo se inicia com a emergência de nossas necessidades vitais. Sua satisfação nos é tão agradável que, muito rapidamente, a inveja assume a feição de desejo, desejo em seguida coroado de prazer, prazer inevitavelmente seguido de falta. O bebê sente fome: essa sensação desagradável estimula o circuito da dor até fazê-lo chorar, e mesmo urrar. O leite da mãe, ou da mamadeira, aplaca o seu sofrimento, além de proporcionar uma sensação de bem-estar. Prazer e sofrimento, apaziguamento e falta, estão intimamente ligados de um ponto de vista biológico, a ponto de por vezes ser difícil deslindá-los, e isso é algo que experimentamos desde a mais tenra idade. Os circuitos neuronais da dor e do prazer encontram-se em interação permanente, um assumindo as funções do outro: ao

---

274 Fain, M. "Prelude à la vie fantasmatique", *Revue Française de Psychanalyse,* PUF, 35, (2-3), 1971, pp. 261-364.

275 Monjauze, M. *La Problématique Alcoolique.* Paris, Dunod, 1992.

mesmo tempo em que a dor do bebê se apazigua, ele experimenta o prazer em beber. Muito rapidamente, e sem o saber, o bebê aprende a dupla identidade do prazer: acabar com a sensação desagradável e experimentar uma sensação agradável. Ao lado da necessidade, ele descobre então, paulatinamente, a natureza do desejo: a promessa do prazer, a antecipação da satisfação orientada para outrem. Com alguns meses de idade, mesmo estando de barriga cheia ele já não diz "não" à sobremesa! Esse caminho precoce da necessidade, que rapidamente assume as cores do desejo, ancora-se em nós por outro viés que não o da fome. Claro que há sede ou necessidade de calor, mas existe também a necessidade de carícias.

REYNAUD, M. (2005a), *L'Amour est une Droge Douce... en Général*. Paris, Flammarion, pp. 15-16.

Nesses primeiros tempos de vida, o prazer alimentar faz-se, assim, concomitante aos prazeres anexos que, parece-nos, formam o fundo de si mesmo, corporal e sensual do ego (pele) primitivo, confundido com a mãe-ambiente – forma de primeira contextualização harmônica (ou não) dos ressentidos emocionais. Durante a mamada, a mãe abraça o bebê aproximando-o do próprio rosto, acaricia-lhe o corpo, com o bebê, de sua parte, associando essa imagem da mãe (nutriz ou "protetor") a seu prazer prometido: o prazer da mamada. Assim, ele associa a imagem a um prazer que liga anáclise, autoconservação, ego-pele e sensualidade/sexualidade: a ternura, da qual a pulsionalidade postulada por Freud (1905) foi recentemente estudada por D. Cupa.[276]

É evidente que um bebê não morrerá se ficarmos três dias sem o tomar nos braços – não morrerá, mas encontrará verdadeiro

---

[276] "A pulsão de ternura é autoconservadora, ela conduz o bebê ao objeto materno para que ele se mantenha vivo, para manter seu narcisismo. Mas pode-se também dizer que, pelo menos em parte, as pulsões autoconservadoras são pulsões ternas", ver Cupa D. *Tendresse et Cruauté*, cap. 3. Paris, Dunod, 2007, p. 86.

sofrimento psíquico: demonstraram-no os trabalhos de Bowlby e o hospitalismo descritos por R. Spitz.²⁷⁷ Assim sendo, a afeição é uma necessidade vital da mesma forma que a fome ou a sede, como prova a experiência crucial de Frederico II, rei da Sicília e neto de Barba Ruiva. Querendo saber em qual língua naturalmente falavam as crianças, em seus primeiros balbuciares, ele selecionou algumas para que fossem educadas em um jardim de infância por amas de leite a quem se orientou para que jamais dirigissem a palavra aos bebês: todas as crianças morreram em algumas semanas.

A falta da palavra foi mais nociva do que a falta de gestos inerentes ao ato de amamentar, ou mesmo de atos de ternura, haurindo-se daí consequências idênticas às consequências da carência simbólica e afetiva da palavra paterna entre os adolescentes encontrados em nossa prática: "meu pai não fala (comigo)".

Na verdade, no plano neuroquímico e conforme nos ensina J. D. Vincent e M. Reynaud (2005a, p. 27), o desenvolvimento das zonas correspondentes às carícias e à afeição não escapa à regra que

---

277 Bowlby, J. *Attachement et Perte*. Paris, PUF, 1969. O autor aí demonstra que as crianças órfãs bem nutridas, mas que ficavam a cargo de amas de leite sempre diferentes adoeciam ou definhavam, não obstante os esforços para alimentá-las, e falecer tanto física quanto intelectualmente. Em compensação, as crianças alimentadas continuamente pela mesma ama de leite se desenvolviam normalmente. Assim, não apenas o contato corporal era necessário, mas sobretudo o apego, isto é, a presença recorrente da mesma imagem evocativa de prazer era desejável. Na mesma época Spitz (1945) descreveu o hospitalismo, ou seja, o adoecimento podendo levar à morte de bebês acolhidos nos serviços hospitalares, alimentados e cuidados, porém privados de trocas afetivas. O "nanismo psicossocial" depende das mesmas problemáticas: crianças mal amadas crescem menos, revelam-se menos curiosas intelectualmente em relação às outras de sua idade. As alterações cerebrais dessas carências precoces de amor e de atenção têm sido recentemente confirmadas pelos estudos de imagens cerebrais realizados entre órfãos romanos: Chugani, H., Behen, M. E. *e al.* "Local brain functional activity following early deprivation: A study of postintuionalized Romanian orphans", Neuroimage, vol. 14 (6), 2001, pp. 1290-1301.

rege as outras funções cerebrais. As células dopaminérgicas são as que nos irradiam de prazer e nos fazem absorver como pequenas esponjas mais ou menos sedentas de sensações agradáveis. Assim, é provável que o limiar de prazer de uma criança precocemente submetida a fortes estímulos será bem superior ao da criança furtivamente abraçada uma vez por dia.

Na adolescência, a precocidade do reencontro ou, mais ainda, dos reencontros com os produtos tóxicos de adicção é determinante para fazer engrenar uma dependência. Com efeito, numerosos trabalhos clínicos e epidemiológicos sobre os riscos de dependência mostram que eles são multiplicados pela precocidade do consumo e que as dificuldades de desmamar são intensificadas na mesma proporção.[278]

A etologia, aliás, veio confirmar: ratos adolescentes e ratos adultos foram confinados em compartimentos cujo ar era nicotizado. Os ratos adolescentes se tornaram dependentes e os ratos adultos não, ao menos até certo ponto. O mesmo foi observado com injeções de cocaína.[279] Na continuidade, o modo como os neurônios dopaminérgicos se habituaram a funcionar em superdose mostrou-se passível de perturbar os outros prazeres, ou mesmo francamente corrompê-los. Ao recordar esse experimento M. Reynaud observa que é bem mais esse tipo de indício que deve pôr os pais em alerta, ou mesmo alarmá-los.[280]

---

[278] Renaud, M. *Usage à risqué - Usage nocif;* Ledoux, S., Sizaret, A., 2001; Hassler, C. e al. "Consommation de substances psychoactives à l'adolescence", 2000.

[279] Cami, J. e Farré, M. "Drug addiction", *New England J. Med.*, 349. 2003, pp. 975-986.

[280] Reynaud, M. *L'Amour est unde Drogue Douce... en Général.* Paris, Laffont, 2005 a, p. 40.

A ADICÇÃO SOB O CONCEITO DE DEPENDÊNCIA

Com isso, a questão de dependência adictiva remete a outra, mais geral e mais originária, de dependência da mãe em relação à "mãe-ambiente" (Winnicott), na qualidade de "dependência em relação ao médico psicanalista", que Freud concebeu já desde o período de 1890 a 1898, como remete às angústias e desamparos mais antigos, dos quais a tradução pode se manifestar nas reações terapêuticas negativas ou nas curas intermináveis, com a incapacidade, que se tem em razão de um ego inseguro e colonizado por suas identificações, de se revoltar contra um mestre severo e contra um superego sádico e todo-poderoso.

Não existe uma "rocha de dependência" à qual vem se chocar numerosas tentativas psicanalíticas ou se amarrar as curas intermináveis que fazem do transferido uma nova edição de uma relação de dependência não elaborável, onde o medo de desmoronamento se conjuga a um superinvestimento da influência?

BOURNOVA, K. e Miedzyrzecki (2004), *"Argument", Revue Française Psychanalyse, Addiction et Dépendance,* 68, 2, pp. 396-401.

A adicção, em sua primeira das dependências, que é a da nutrição e se dá em relação à mãe, remete à teoria freudiana descrita com o nome de *Hilflosigkeit,* a saber, estado de *desamparo,* de deliberada negligência devida à impotência (passividade) do bebê sem seu "objeto" primário, e a prematuridade do recém-nascido (neutenia). Deve-se observar que essa *Hilflosigkeit* esteve presente em Freud desde o seu texto de 1896, "A etiologia da histeria". Convencido da origem traumática da neurose, ele escreveu:

Todas as condições estranhas pelas quais se dão as relações amorosas da dupla de pareamento desigual, que tem, de um lado, o adulto que não pode se substrair à dependência mútua, resultante necessariamente de toda relação sexual, mas que se faz amparada em autoridade absoluta e no direito de punir, podendo passar de um papel a outro a fim de satisfazer livremente seus humores, e, de outro lado, a criança desamparada (Hilflosigkeit), à mercê do arbitrário, prematuramente desperta para todas as sensações, exposta a todas as decepções, muitas vezes interrompida na prática dos atos sexuais que lhe são atribuídos, pelo domínio das necessidades naturais.

FREUD, 1896.

Assim, a dependência se observa quando, o objeto (de dependência) vindo a faltar, o desamparo excede o sujeito.

Mais especificamente, a dependência será igualmente central em um artigo posterior, o *Ego e id* (1920): no capítulo III, "O ego e o superego (ideal do ego)", Freud escreve: "Se considerarmos ainda uma vez o nascimento do superego tal qual descrevemos, reconheceremos que ele é o resultado de dois fatores biológicos da mais alta importância: o longo estado de desamparo *(Hilflosigkeit)* e de dependência infantil *(Abhängigkeit)* do ser humano está no fato do seu complexo de Édipo, esse que reduzimos à interrupção do desenvolvimento da libido pelo período de latência, portanto da inspiração bifásica da vida sexual";[281] por outro lado, o capítulo 5 desse mesmo texto é intitulado "As relações de dependência do ego" *(Die Abhängigkeiten des Echs)*: a questão central que se dá no interior do psiquismo entre as instâncias, nas relações que o ego estabelece e entretém com o *id* e com o superego, este último sendo igualmente especificado como "memorial de fraqueza e de dependência *(Abhängigkeit)* que eram já denominadas ao ego, e há muito a perpetuar sua dominação, mesmo no ego amadurecido. Assim como o ego suportava a coação *(Zwang)* de obedecer aos pais, também o ego se submete ao imperativo categórico de seu superego".[282]

---

281 Freud, S. (1923), 1981, pp. 247-248; *Studieausgabe, Band III*. p. 302.
282 Freud, S. ibid. p. 263; *Die Abhängigkeiten des Ichs*, 1923, p. 314.

Aqui observamos três coisas:

1. Mais tarde, em 1933, Freud tornará precisos esses vínculos por nós operados entre superego, dependência e angústia: "no fundo, o sentimento de culpabilidade é uma variante tópica da angústia, e nessas fases ulteriores ele é absolutamente idêntico à angústia diante do superego";[283]

2. Em *O ego e o id,* Freud afirma que o superego não pode renegar suas origens acústicas, que ele comporta representações verbais e que seus conteúdos provêm das percepções auditivas, do ensinamento e da leitura. No sentido contrário uma "calota acústica" é posta sobre o ego, de um lado apenas, só não podendo atravessá-lo, voltada para a voz dos pais e dos educadores e, na sequência, para a necessidade e para o destino que lhes sucederão.[284] Dez anos depois, em 1933,[285] Freud elabora um esquema quase similar ao dessa segunda tópica, a não ser pelo fato de que no lugar da calota acústica é desenhado o superego! Assim se faz confirmada uma das origens do superego, qual seja, a origem acústica da inscrição dos "interditos" anunciada pela voz (do pai). Nós voltaremos a essa questão ao tratar de uma obra de J. Jaynes.[286] Enfim, não esqueçamos que em sua origem ouvir é obedecer;

3. Uma das raízes primitivas do superego é a consciência de culpabilidade, mais especificamente "a angústia

---

[283] Freud, S. (1933), *Nouvelles Conférences sur la Psychanalyse.* Paris, Gallimard, 1989, pp. 94-95.
[284] Freud, S., *op. cit.*, 1923, p. 236.
[285] Freud, S. (1933), "La décomposition de la personnalité psychique", *Nouvelles Conférences d'Introduction à la Psychanalyse.* Paris, Gallimard, 1984, pp. 80-110 (p. 108).
[286] Jaynes, J. (1976), *La Naissance de la Conscience dans l'Effondrement de l'Esprit.* Paris, PUF, 1994.

de ser castrado pelos pais ou, mais exatamente, de perder o seu amor", escreve Freud em 1914, o que remete à conjunção entre "sentimento de desamparo" *(Hilflosigkeit)* pela perda do objeto de amor subentendendo o fantasma de tê-lo destruído e o nascimento de um superego arcaico, segundo M. Klein,[287] o que Freud propõe em 1930 em *O mal-estar na civilização* ao evocar:"a agressão introjetada, interiorizada, [...] mas também remetida ao ponto do qual ela era parte (o ego): lá, retomada pelo superego, se posicionará em oposição à outra parte. [...] A tensão nascida entre o superego severo e o ego [...] chamamos de "sentimento consciente de culpabilidade"; ela se manifesta sob a forma de uma necessidade de punição".[288]

Dessa perspectiva freudiana do conceito de dependência amorosa, fruto da atração por um superego tirânico, "pura cultura da pulsão de morte",[289] resulta que, em uma visão evolucionista de organização psíquica, *o traumatismo a determinar o desamparo pode conservar um caráter tóxico (passional)*, e isso por quatro razões:

- Porque para o bebê, e em razão de uma má adequação entre ele e a mãe, o sentimento da continuidade de ser *(going on going)* ou o sentimento contínuo de existir *(self)*[290] não foram assegurados. A má

---

287 O superego, uma vez que se mantém ligado à fase sádico-anal do desenvolvimento psicossexual, pode ele próprio mostrar-se "sádico".
288 Freud, S. (1930), *Malaise dans la Civilization. Paris,* PUF, 1971, p. 80.
289 "Seguindo nossa concepção do sadismo, diríamos que o componente destruidor se põe entrincheirado no superego e se volta contra o ego. O que agora reina sobre o superego é, por assim dizer, uma pura cultura do instinto de morte *(Reinkulter des Todestrieb)*, e de fato com bastante frequência os leva à morte, caso este não se defender a tempo contra seu tirano, que então se converte em mania". Ver Freud, S., (1923), *op. cit.* 1981, p. 268; S. A., ibid., p. 319.
290 Winnicott, D.W. "Distortion du Moi en function du vrai et du faux self", *Processus de Maturation chez l'Enfant.* Paris, Payot, 1960, pp. 115-132.

"estrutura enquadrante maternal" produzirá anomalias de alucinação negativa da mãe como matriz de representações (cf. A. Green);

- Por falta dela, o psiquismo continuará confundido com as emoções que desencadeiam reflexos vegetativos pela transferência de afetos (Pirlot, 1997);
- Na organização psicossexual do psiquismo, o desamparo proveniente de um traumatismo sexual (que no tempo presente se confundirá com um excesso tóxico de afetos) não permitirá a diferenciação dos estados libidinais e das instâncias (fixação);
- Na aurora do trabalho psíquico, a mãe, primeira sedutora, é esse objeto-fonte de energia psíquica ao modo de variações em excesso ou em vazio, próprias ao fator quantitativo; todo contrainvestimento tentará atenuar o desamparo na espera por uma eventual "ação protraída". A paixão amorosa como a adicção seriam, nesse caso, as manifestações clínicas de contrainvestimentos maciços desse desamparo,[291] elas lutariam contra o vazio em favor do excessivamente cheio de excitação não ligada, como uma brasa a recobrir a cinza fria da melancolia.

A. Green especifica:

Na toxicomania [...] o objeto toxicomaníaco tem por objetivo prevenir ou reparar a perda do objeto. A garantia de que tal objeto possa ser reencontrado no mundo exterior e incorporado (contrariamente ao objeto hipocondríaco que, por assim dizer, "se desincorpora") deve ser incansavelmente verificado.

A toxicomania é necessária ao toxicômano para lutar contra o sentimento de vazio afetivo. Tais pacientes queixam-se de se sentir completamente desprovidos de interior, como se estivessem em estado de desnutrição afetiva permanente. Eles têm fome e sede de objeto e devem realmente incorporar um objeto exterior suscetível para restaurá-lo, em ambos os sentidos do termo, isto é, nutri-los e reparar os efeitos das pulsões desnutridoras. O efeito dessas pulsões

---

291 Cournut, J. (1991), *L'Ordinaire de la Passion*. Paris, PUF, reed. 2001.

> *destruidoras se manifesta pelo vazio que elas deixam após seu trabalho – daí a necessidade de uma reconstrução narcísica.*
>
> GREEN, A. (1973), *op. cit.*, p. 173.

Pode-se entender que ter a paixão pela droga, ser dependente dela, representa uma maneira regressiva de querer, como o bebê do homem ou o bebê macaco, encontrar o objeto primário da época pré-histórica dos primeiros meses de vida, quando as relações entre mãe e bebê eram aquelas do compromisso,[292] da não diferenciação dentro/fora, si/não-si, sujeito/objeto.

A adicção testemunharia assim essa impossível separação desse primeiro objeto (percebido objetalmente como somente entre o período dos cinco aos doze meses), ao mesmo tempo em que uma má desdiferenciação[293] de afetos ou de sensações corporais em categorias perceptivas e psíquicas, o que é próprio de defesas mentais importantes como a alexitimia (cf. abaixo), o isolamento obsessivo, a dissociação esquizofrênica ou psicótica e mesmo a "descorporização" das sensações.[294]

Solução do excesso, a adicção proviria do fato de que na época pré-histórica, anterior à linguagem, a quantidade de satisfação ocupava o lugar de qualidade. Além disso, entre os sujeitos que sofreram passivamente os transbordamentos de excitações de

---

292 Bowlby, J. (1969), *op. cit.*
293 Ehrensweig, A. (1967), *L'Ordre Cache de l'Art*. Paris, Gallimard, col. Tel, 1974.
294 Nas adicções e toxicomanias, buscar *(suchen)* o excesso de sensações corporais (Zuckerman) e encontrar um corpo que sofre e desfruta serve para ampliar a dissociação do ego (corpo/sujeito). Nesse sentido de experiências psicodélicas, H. Michaux ao absorver a mescalina e sentir uma emoção unicamente verbal, sem o "de fora", sem abdômen, sem transpiração, emoção *descorporificada*" (*L'Infini Turbulent,* p. 133) ou especificando ainda que, nessas experiências, "o psiquismo contemplador é 'suprimido' " (*Les Grande Épreuves de l'Esprit* p. 191).

todo tipo, chegaram a um fim graças às descargas de uma extrema brutalidade, a quantidade, constituída em trauma se faz destino: isso remete ao conceito de Freud de "psicose por transbordamento" (superior).

As angústias, como a que se tem no oitavo mês, de perder a mãe contemporânea de afetiva sintonia,[295] poderão determinar a conservação de atitudes de busca quantitativa de excitações por objeto adictivo/sensorial ("transitório" - no sentido de J. McDougall e não "transicional" no sentido de Winnicott). Isso é algo que só faz continuar a dependência a um objeto de sobrevida – a mãe – e assim lutar contra uma depressão anaclítica próxima da depressão essencial da qual se sabe o papel na desorganização somática (Spitz, 1946; Marty, 1990). O objeto de adicção aparece então, paradoxalmente, como objeto de sobrevida, como a mãe que, no primeiro ano de vida, permite a integração e coerência do psiquismo a partir de um "estado primário não integrado"[296] da psique primitiva.[297]

> Seria possível acrescentar que a *auto-organização progres- siva* do aparelho psíquico depende de um bom desenvolvimento do sistema nervoso central, do qual o funcionamento de base é, num primeiro momento, analógico: a informação sendo progressivamente codificada e registrada.[298] No contexto neonatal de

---

295 Stern, D. N. (1985), *Le Monde Impersonnel du Nourrisson*. Paris, PUF, 1989.
296 Winnicott, D. W. (1945), "Le développement affectif primaire", *De la Pédiatrie à la Psychanalyse*. Paris, Payot, 1971, pp. 37-38.
297 "Proto-psyché" de Ferenczi, S. (1919), "Phénomènes de matérialisation hystérique", *Oeuvres Completes,* t, III. Paris, Payot, 1974.
298 A propósito do masoquismo perverso, M. de M'Uzan ressalta que este não registra a informação (do trauma). "Mantém-se inacessível à informação. Nada é capaz de enriquecer seu pré-consciente, e se ele se aventura a fazer uma análise, suas chances são sensivelmente reduzidas, porque a quantidade, a prevalecer sobre qualquer outro fator, sinaliza um entrave ao desenvolvimento de uma verdadeira neurose de transferência" (p. 135). M. d M'Uzan, 1984, pp. 129-138.

prematuridade e de não maturidade psíquica, poderia assim haver *erros no tratamento de certas categorizações, em particular as de afetos,* ao ponto em que o primeiro modo de categorização, o modo analógico, sensorial e alucinatório, poderia regressar para uma confusão da bacia e para um modo de tratamento biológico desse afeto: diarreia no lugar de angústia não específica –,[299] ou descarga pelo comportamento dessa mesma angústia.

É então possível que, para além das programações genéticas, o *holding* maternal e parental seja um elemento importante nas etapas de diferenciações do *si* somato-psíquico, as quais concederão, por um lado, um alisamento progressivo, segundo certas épocas (papéis de diferentes estágios da libido) do *si* psíquico/subjetivo, e, por outro, um si somático (imunitário) do qual se sabe que advém progressivamente (etapas nas quais o bebê influenciará a qualidade dos cuidados que lhe são despendidos; Winnicott, 1952): as adicções e somatoses permitirão que doravante apareçam, cada qual à sua maneira, essas falhas de diferenciações/categorização?

FALHA DE SIMBOLIZAÇÃO:
"A CRIANÇA COM O CARRETEL" DE WINNICOTT

Em seu artigo de 1952, "Objetos transicionais e fenômenos transicionais",[300] Winnicott nos ensina algo importante quanto à constituição de uma adicção na ação protraída da puberdade, da qual segue exemplo.

Antes de qualquer coisa, ele especifica que o apego da criança ao objeto transicional potencialmente cobre um processo de

---

299 Tassin, J. P. "La maladie psychosomatique; une confusion de 'bassin' non traitée?" *Somatisation, Psychanalyse et Science du Vivant.* Paris, EsHeL, 1994, pp. 245-259.

300 Winnicott, D. W. (1951-1953), "Objets transitionnels et phénomènes transitionnels", *De la Pédiatrie à la Psychanalyse,* 1969, Payot, pp. 109-134; *Jeu et Realité.* Paris, Gallimard, Folio essays, 2004, pp. 27-64.

simbolização que se encontrará em toda uma série de fenômenos diversos. Esse objeto, pertencendo a um domínio intermediário entre realidade psíquica e realidade exterior, permite à criança se tranquilizar na ausência da mãe. Progressivamente, esse objeto transicional e esse campo de mesmo nome assumirão formas e/ou atividades diferentes: jogos, criações artísticas (frequentemente associadas às adicções), crenças religiosas, mentiras, fetichismos e rituais obsessivos. Ora, se os fenômenos transicionais encontram-se o mais das vezes em certa relação de sublimação, alguns por certo verão aí um fracasso do processo de simbolização.

Com isso, a toxicomania é citada entre os fracassos da evolução no aspecto ambíguo, duplo em sua realidade, do objeto transicional: nesse caso, uma espécie de clivagem se forma e fixa sobre uma percepção-sensação antiga "fetichizando" a representação que lhe é ligada (cf. o Xoanon),[301] esse a serviço da negação da

---

301 Um artigo de J. P. Vernant (1983) ensina-nos que a noção de "representação figurada" não existira entre os gregos dos séculos VI ao IV a.C. De início, e até o século VIII antes de nossa era, a Grécia ignorava a escrita como imaginário: o termo *graphein* significava ao mesmo tempo escrever, desenhar e pintar. Os helenos não possuíam mais de uma palavra para desenhar a estátua no sentido que damos a esse termo. Além disso, antes de estar claramente atrelada à faculdade, própria ao homem, de criar por imitação *(mimésis)* de obras que não tem outra realidade a não ser a semelhança, uma das etapas da figuração foi a do *xoanon: o ídolo arcaico*. Essa palavra, de origem indo-europeu, está ligada ao verbo *xeô,* arranhar (e aqui se pode pensar nas dermatoses: ataques ao ego-pele), mas também raspar, que pertence ao vocabulário do trabalho com madeira. O *xoanon* é um ídolo de madeira, mais ou menos desbastado, na forma de um pilar, e dele Pausânias ressalta o efeito de estranheza e de atopia *(atopos),* isto é, de desvio em relação às imagens culturais ordinárias. Esses ídolos arcaicos assim não seriam imagens, - não são feitas para ser vistos - mas sim tornam visível o invisível, "o oculto mantido secreto", familiar, doméstico e transmitido de geração em geração, com um certo ritual: o ídolo é feito para ser mostrado e escondido, levado em desfiles e afixado a um lugar, vestido e despido. É um talismã, uma insígnia, sagrado - sacra -, isso sendo algo que referimos à cripta e à filiação narcísica oposta à

separação. Winnicott ressalta que a criança pode fazer uso de objetos transicionais quando o objeto interno é vivo, suficientemente bom (não persecutório). "Se o objeto externo continua a ser inadequado, o objeto transicional encontra-se, com isso, desprovido de toda significação. [...] Quando a mãe está ausente durante um período que ultrapassa certo limite, a lembrança da representação do objeto interno se esvanece, e o objeto transicional faz-se ao mesmo tempo desinvestido, perdendo a sua significação. Um pouco antes de a perda se fazer sentir, é possível vislumbrar, na utilização excessiva do objeto transicional, a negação do temor de que esse objeto perca a sua significação. "Sem se deter nesse aspecto, Winnicott ali descreve a genealogia de uma fixação que poderia mais tarde induzir uma adicção a um objeto, a um comportamento ou a uma substância tóxica.

Em seguida, e aí se tem um exemplo clínico bastante eloquente, Winnicott cita o caso da criança com o carretel: tratava-se de um garotinho que enfrentava as ausências da mãe depressiva durante a primeira infância com o uso de um objeto transicional atípico: o carretel, tendo por função negar a separação. Mais tarde ele adotou bichos de pelúcia, e destes ele não deixava que dissessem que na verdade eles não eram seus filhos. Em seu papel de negação da separação, o bicho de pelúcia era uma "coisa em si", diz Winnicott, no qual exercia uma função de fetiche que chegava a suscitar o temor de que se desenvolvesse uma perversão no lugar do processo transitório que normalmente constitui o objeto transicional.

Ora, como bem observou Duparc em uma conferência sobre a adicção, "foi justamente do objeto fetíchico de Wulff que Winnicott havia tentado desembaraçar a ideia de um objeto transicional, o que revela a proximidade entre eles, já que o objeto, em vez de

---

afiliação simbólica. E será precisamente aí que o *xoanon* perderá seu lugar de emblema familiar ao representar para uma população o símbolo divino, desta feita figurado em escultura. C. Vernant J. P. "De la présentificacion de l'invisible à l'imitation de l'apparence", *Image et Signification*. Paris, La Documentation Française, 1983, pp. 25-37.

ser transitório, fixa-se e se põe a serviço de uma negação". Ao final de seu texto Winnicott nos ensina que a evolução da criança com o carretel foi ruim, pois o garotinho morava longe e não podia ser separado da mãe para se submeter a uma psicoterapia. "Já adolescente, o garoto procurou novas adicções, sobretudo nas drogas", conta ele.

Esse texto, como bem ressalta Duparc,[302] tem a mesma e exata duração da brincadeira infantil com a bobina de Freud em "Para além do princípio do prazer". Mas a criança com o carretel ilustra, de maneira notável, no garoto em questão a compulsão para a repetição traumática e mortífera.

> *Em suma, segundo essa concepção, uma característica bastante própria a todos os casos de adicção* estaria em seu residir sobre um fracasso no processo de simbolização, em uma fixação nos aspectos não vivos do campo transicional, o que remete a um problema de separação da mãe não realizado psiquicamente em razão de uma deficiência do quadro familiar. A mãe, criadora de ilusão, da qual nasce o objeto transicional como ilusão de coincidência entre realidade interior e realidade exterior, e ilusão de independência, não se mostrou capaz de executar seu papel tão essencial na desilusão que deve suceder a ilusão primeira.
>
> DUPARC, F. *op. cit.*

---

302 Duparc, F. (2005), "Traitement de noyaux fétichiques, autistiques, ou autocalmants", Conferência introdutória ao seminário Psychanalyse de l'Enfant et de l'Adolescent - *Cure Psychanalytique de l'Addiction* (Psicanálise da criança e do adolescente - Cura psicanalítica da adicção), de 17 de março de 2005.

CAPÍTULO 2

MODELOS METAPSICOLÓGICOS DA ADICÇÃO: FALÊNCIA DOS AUTOEROTISMOS, DO NARCISISMO E DA REPRESENTAÇÃO PULSIONAL

Tendo sido postas as bases psicanalíticas freudianas das condutas adictivas, vejamos por outros aspectos psicopatológicos e metapsicológicos, ou seja, vejamos as relações dessas patologias com as organizações não neuróticas e *borderlines*, com as do autoerotismo, do narcisismo e as das falhas de *holding* e com aquelas que, enfim, evocam os modelos da psicose, do pesadelo, da falência do sonho e do superinvestimento da percepção-sensação, tudo isso favorecido pela clivagem do ego.

A ADICÇÃO E OS *BORDERLINES*

CASO CLÍNICO 2 - SIMON, DO "H" À CRIAÇÃO

A primeira vez que avistei Simon, na sala de espera, ele apresentava uma fisionomia sombria, expressão fechada e, ao levantar da poltrona, surpreendeu-me a sua altura, sem falar que cheguei a ficar um pouco "inseguro" em razão de uma violência surda que dele exalava. Os cabelos revoltos, ele confuso desde as primeiras palavras, sem saber o porquê de estar ali, mas convencido de que era necessário estar, e foi assim que começou a contar a sua história. Tinha 23 anos, uma formação em pedagogia, vivia com a mesma mulher já fazia 5 anos; hoje o casal espera um filho.

A vindoura paternidade de pronto lhe pareceu suficiente para ver um psicanalista. E ele se pôs a contar a infância nas sessões seguintes: um pai alcoólico que deixa a mulher, enquanto Simon então com 6 meses, uma mãe depressiva que adula o filho, um tio que serve de substituto paterno, o pai que ele revê de tempos em tempos e com quem "rompe" definitivamente aos 18 anos (mas a quem voltará a ver após um ano de trabalho psicoterapêutico).

O que predominava no quadro clínico, em Simon, era um funcionamento "limite" com uma forma de confusão nos sentimentos, mas também entre realidade interior e realidade exterior, uma projeção fantasmática incessante, um medo real do apego transferencial (com um número razoável de atraso ou de ausência nas sessões, nos primeiros meses) e, por vezes, de reais momentos de "desamparo" nas sessões que beiravam o funcionamento psicótico... O todo--poderoso narcísico e a capacidade manipuladora do outro pelo viés de sua atração me levava a fazer parte dessa influência que ele tinha sobre os outros, influência que até o assustava um pouco – mesmo ele sabendo extrair gozo dela. Tudo isso era alimentado por um consumo adictivo cotidiano de haxixe e álcool ou quando se confraternizava com amigos. Dos períodos de excessos adictivos ele extraía uma culpa em alto grau, que tentava extravasar pela escrita e pela pintura. Só conseguia escrever ou pintar sob o efeito do álcool e do "h" e, no curso das sessões, punha-me a par das reflexões e dos fantasmas que lhe sobrevinham por ocasião desses estados de ebriedade e nos quais ele deitou ao papel sob a forma de poesia ou de esboço de pintura.

Ao final do primeiro ano de psicoterapia, ele me comunicou uma de suas "viagens" secretas: quando a mulher viajava aos fins de semana para ver os pais, ele alugava vídeos pornôs, preparava os cigarros de "h", a bebida alcoólica, e por alguns dias entrava em uma espécie de "desafogo" masturbatório ilimitado, única forma possível para que desse vazão ao "jato" criativo, se é que posso dizer assim. A criação poética ou pictural estava indissociavelmente ligada à perda dos limites do ego pela fratura pulsional sexual.

Exceção feita a esses momentos, ele vivia "limpo", como gostava de dizer.

E foi assim, no curso de um desses momentos épicos de desregramento orgástico que, paralisado, diante de uma tela vazia e a um só tempo fascinado e amedrontado por esse vazio, pelo não conteúdo do quadro, que ele se despiu diante do referido quadro, masturbou-se e lançou o jato da ejaculação bem no centro da tela. Em estado de semiconsciência em razão dos vapores do "h" e do álcool, foi nesse momento que, como ele próprio disse, aliviado e liberado de um peso antigo, viu-se em tal "proeza" artística e erótica a realização do que secretamente ele queria, havia muito significado para o mundo e para si mesmo: enviar seu "fluido" ao mundo inteiro, ao mesmo tempo em que tinha a certeza da existência de uma loucura interior – uma "loucura privada" como diz A. Green, da qual ele se sentia então desembaraçado, porque desincorporado, "ectopisado", fora de seu corpo.
Pode até parecer hilário, mas devo dizer que é menos confuso do que parece. Na sessão seguinte ele contou que intitulou o quadro de "esperma", e que ria só em pensar nos amigos vendo o dito quadro sem conseguir discernir ali o menor sinal de ejaculação, uma vez que ela já havia secado.
Para mim o mais surpreendente disso tudo foi que, após a realização desse acting, onde ele pôde "cuspir" sobre o quadro e sobre o "vazio silencioso" superegóico inquietante que eu representava, pude ver Simon efetivamente mudar seu funcionamento mental: apareceram sonhos, os comportamentos adictivos cessaram muito rapidamente, a não ser em momentos recreativos com os amigos, ele passou a assumir responsabilidades na instituição em que fazia um estágio e, sobretudo, retomou contato com o pai. Além disso, contou que, após o referido episódio, ele mudara radicalmente a maneira de escrever. Excessivamente ligado à masturbação, à vergonha e à culpabilidade, a escrita fora sempre mantida em segredo de sua mulher.
Na sequência desse episódio, ele conseguiu, com ajuda da esposa, um espaço de trabalho próprio, uma espécie de escritório, em um pequeno cômodo no primeiro andar da casa em que moravam – ao lado do futuro quarto do bebê que estava para chegar, já podia dizer à esposa que ia "pra cima" para trabalhar, escrever e pintar. Além disso, ele reformulara completamente a maneira de escrever, assim como

a de pintar: ensinou-me que fazia planos para a escrita, que tentava escrever um romance, que já não era uma "escrita automática" ligada à masturbação, mas muito mais uma escrita que demandava insights – e a palavra era dele! E na pintura, da mesma forma, ele havia começado com quadros que traziam perspectivas, signo de uma subjetivação desses afetos e pulsões.

Com relação à perspectiva e à subjetivação, façamos recordar aqui duas coisas: que a palavra "subjetividade" advém de uma possível experiência de descentramento de perspectiva do sub-jectum: do que é subentendido: pensemos com Simon, borderline, o tal "jato para a frente", que à primeira vista não passava de uma metáfora (cf. ejaculação), mas algo de metonímico que, graças à atividade simbolizante da psicoterapia, pôde metaforizar a existência da própria subjetividade; – digno de nota, foi na ótica de uma operação subjetiva de construção narrativa da história – a storia – que os pintores italianos Brunelleschi, Alberti, Montagna e outros deixaram a iconografia em dois planos e passaram à perspectiva em três dimensões.[303]

---

303 A percepção da perspectiva é uma aquisição: em pintura, como no desenvolvimento da criança e da humanidade. A invenção, na Renascença italiana, de uma construção do espaço pictórico em meio a uma perspectiva geométrica ou linear encontra-se atrelada ao surgimento, entre os artistas do século XVI, de uma consciência *altamente individualista* de sua própria personalidade. Retomando os argumentos de Panofsky (1975), segundo os quais a perspectiva é a forma simbólica de uma *objectalização do subjetivo*, D. Arasse (1983; 1996) demonstrou de que modo a invenção da perspectiva possibilitou as "perspectivações do ego". Assim é, pela óptica de uma operação subjetiva de construção narrativa da história - *storia* - onde se tem os pintores italianos Brunelleschi, Alberti, Montagna e outros abandonando a iconografia em dois planos em favor da adoção de três dimensões. O advento desta é indissociável da consciência do tempo (como quarta dimensão). "Em teoria da pintura, *a perspectiva é o instrumento organizador do relato histórico, e o termo "storia" se faz bastante enriquecido por seu duplo sentido: cena narrativa e história.* [...] O dispositivo torna a submeter o corpo real do espectador ao espaço fictício da pintura pelo efeito de uma decisão teórica, ao termo da qual o espectador se vê atribuir o papel de um olhar cuja neutralidade se deve

O QUE É UM *BORDERLINE*?

Do ponto de vista psiquiátrico, os sujeitos definidos como limítrofes, *borderline* ou estado-limite situam-se entre as neuroses e as psicoses, oscilando entre um comportamento de adulto, de adolescente ou de criança. Tendo reais dificuldades de lançar um olhar sobre seu próprio funcionamento psíquico, aceitando mal o efeito desorganizador ou de resistência da interpretação analítica, eles são exemplares no que qualificamos como deserto interior pós-moderno.

Lembremos que, tal como no caso dos sujeitos vítimas de adicção, foram os psicanalistas que primeiramente descreveram essas organizações psíquicas hoje "banais". Conforme indica A. Green,[304] M. Khan já desde 1959[305] havia elaborado o impressionante catálogo dos casos que suscitavam novos problemas à situação analítica. Encontramos aí as denominações que hoje são familiares à situação a todo analista: *borderline,* personalidades esquizoides (Fairbairn, 1940), personalidades "como se",[306] transtornos de identidade (Erikson, 1959), déficits específicos do ego

---

ao fato de ele compartilhar o mesmo espaço que o da figura representada, tornando-se assim a *garantia de sua objetividade ao custo da anulação, do não se levar em conta do corpo real, de seu ponto de vista concreto"*. (D. Arasse, "La pinture de la Renaissance italienne et les perspectives du Moi, in *Image et signification,* La Documentation française, 1983, pp. 233-244"; *Le Détail*. Paris, Flammarion, 1996, p. 459. No período que antecedeu ao Século das Luzes, o modelo da perspectiva e da geometria no espaço permitiu à Renascença o uso do "horizonte da história" e de um relato *narrativo* dos acontecimentos históricos - *a storia* - ao mesmo tempo em que possibilitou o desenvolvimento da mecânica clássica e da arquitetura. Ver P. Thuillier, 1984: "Espace et perspective au Quattrocento", *La Recherche*, n. 160, nov. e Pirlot, G. (1997), PUF, 2ª parte.

304 Green, A. (1974), *op. cit.*, 1990, pp. 73-119
305 Khan, M. (1974), *Le Soi Caché.* Paris, Gallimard, 1976.
306 Deutsch, H. (1934), "Un type de pseudo-affectivité (comme si)", *Les "comme si" et Autres Textes.* Paris, Seuil, 2007, pp. 53-72

(Gitelson, 1958), falsas personalidades (Winnicott, 1956), insuficiência fundamental (Balint, 1960), personalidades narcísicas (Kernberg, 1970, 1974; Kohut, 1971).

E do lado dos analistas franceses pode-se citar as estruturas pré-genitais (Bouvet, 1956), o pensamento operatório dos pacientes psicossomáticos (Marty e De M'Uzan, 1963), o antianálise (McDougall, 1972).

O predomínio do transtorno referente à personalidade *borderline* é importante e estimado entre 15% e 25% do conjunto dos pacientes que procuram psiquiatras. Esse problema de personalidade se inicia na adolescência, com repetidas e sérias tentativas de suicídio (5% de morte por suicídio antes dos 30 anos), de automutilações, episódios transitórios de despersonalização e desrealização (episódios psicóticos). Essas condutas impulsivas (assumindo riscos, roubos, tentativas de suicídio,[307] brigas, descontrole da "necessidade" de tóxicos, de drogas, de álcool ou de raiva), esses problemas de comportamento mascaram uma identidade mal estabelecida, um sentimento de persistente vazio, de relações com os outros caracterizadas por seu caráter violento, caótico, havendo um realce de luta para evitar o abandono.

As hipóteses etiológicas que dizem respeito aos sujeitos *borderlines* são muito diversas: elas confundem fatores que dependem da família (separações precoces,[308] maus tratos e/ou insuficiência

---

[307] Soloff, P. H. "Characteristics of Suicide Attempts of Patients With Major Depressive Episode and Borderline Personality Disorder: a Comparative Study", *American Journal of Psychiatry,* 157. 2000, pp. 601-608.

[308] Modestin, J. "Possible antecedent of DSM-III R personality disorders". *Acta Psychiatrica Scandinavia.* 97: pp. 260-266; para Susan Bradley a frequência de separação da mãe entre os 0 e os 5 anos é muito mais elevada entre sujeitos *borderlines* do que entre os sujeitos controles (psicóticos, não psicóticos, porém acompanhados em razão de outros transtornos psiquiátricos, normais), respectivamente 64% contra 13,8% e 9%. A idade média em que se dá a separação é aos 9 meses, aproximadamente (Bradley Susan "The relationship of early maternal separation to borderline personality disorder

de cuidados durante a infância,[309] abusos sexuais),[310] fatores socioculturais (mudanças de modalidade de transação e funcionamento no seio da sociedade e da família...) e de fatores devidos à "constituição" do sujeito (impulsividade, depressão, falta de confiança em si). As separações precoces ou repetidas estariam na origem de angústias abandonadas e de uma instabilidade emocional.

No tocante das relações mãe-criança (família), alguns autores ressaltaram a questão de pais frios, negligentes, superprotetores ou autoritários.[311] A violência verbal, a violência emocional (humilhação, vergonha, frustração) não raro estão presentes, as mães aparecendo como mais negligentes e menos afetuosas. A negligência

---

in children and adolescents: A pilot study", *American Journal of Psychiatry*, 1979, pp. 136, 424-426).

309 Os maus tratos de ordem física foram acusados em quase metade dos adolescentes *borderlines*. Mostram-se relacionados a uma forte instabilidade escolar, a dificuldades nas relações interpessoais e a uma grande impulsividade: Westen Drew e col.: "Physical and sexual abuse in adolescents girls with borderline personality disorder", *Amer. J. of Orthopsychiatry*, 60. 1990, pp. 55-66.

310 Os relatos de abusos sexuais ou de seduções traumáticas são frequentes entre os adolescentes *borderlines:* mais da metade desses adolescentes foi vítima de abusos sexuais contra 26% entre outros adolescentes que apresentam problemas psiquiátricos. Esse abuso pode ser perpetrado por múltiplos agentes, sendo o pai o abusador mais frequentemente encontrado (30% dos casos). Em 70% dos casos, o abuso é associado a maus tratos físicos. O abuso sexual pelo pai encontra-se nitidamente associado à negligência por parte da mãe: Westen, 1990, e ver também Zanarini Mary C. e col. "Severity of reported childhood sexual abuse and its relationship to severity of borderline psychopathology and psychosocial impairment among borderline inpatients", *The Journal of Nervous and Mental Disease*, 190 (6), 2002, pp. 381-387.

311 Helgeland Margaret & Torgersen Sven, "Developmental antecedents of borderline personality disorder", *Comprehensive Psychiatry*, 2004, 45 (2): pp. 138-147.

emocional é, para Zanarini,[312] o fator mais frequente: estaria presente em 92% dos *borderlines*. Essa negligência está presente nos pacientes *borderlines* por dois tipos de atitudes parentais: pais que negam os pensamentos e as emoções dos filhos e pais descritos como não tendo relações autenticamente calorosas.

Ademais, segundo esse estudo, durante a infância 60% dos pacientes *borderlines* foram forçados a ocupar um lugar parental – situação amplamente agravada pela frequência de famílias monoparentais chefiadas apenas pela mãe: encontra-se, assim, frequentemente associada a essa negligência, uma superproteção parental, um supercontrole, um autoritarismo, todos desprovidos de afeição. Desse modo, esses sujeitos poderiam ser considerados *"vítimas de desordem por estresse pós-traumático"* da mesma forma como certos alcoolismos, segundo Mijolla e Shentoub, as toxicomanias segundo P. Hachet ou algumas somatizações (o osteossarcoma descrito por C. Dejours e Jasmin, 1994). O afeto predominante é então o de raiva, numa ausência de signo de identidade própria, concomitantemente a um estado de depressão e de solidão.[313]

No plano psíquico, e de uma perspectiva tanto psicoterápica quanto psicanalítica, isso tem repercussões. Retomemos resumidamente às proposições de A. Green (1974):

> *O analista se vê preso ao sistema de objetos mumificados de seu paciente, paralisado em sua atividade, incapaz de fazer nascer no analisando a menor curiosidade por ele. O analista está em situação de exclusão objetal. As tentativas de interpretação são tomadas pelo paciente como sendo o delírio do analista, e isso, na continuidade,*

---

312 Zanarini, Mary C. e col. "Severity of reported childhood sexual abuse and its relationship to severity of borderline psychopathology and psychosocial impairment among *borderline* inpatients", *The Journal of Nervous and Mental Disease,* 190 (6), 2002, pp. 381-387.
313 Grinker, R., Werble, B., Drye, R. *The Borderline Syndrome.* Basic Book, Inc. N.Y., 1968, p. 176.

conduz este último ao desinvestimento de seu paciente e à inércia, por uma resposta em eco. No outro extremo, encontram-se os estados que têm por característica comum tender para a regressão fusional e para a dependência ao objeto. As variedades dessa regressão são numerosas, da beatitude ao terror e da onipotência à impotência absoluta. Sua intensidade vai desde a expressão manifesta a indícios discretos de sua presença, por exemplo, por um relaxamento associativo extremo, um fluxo de pensamento, uma manifestação somática intempestiva no divã, como se o paciente procurasse comunicar por um corpo a corpo, ou mesmo, de modo mais simples, quando a atmosfera analítica se torna pesada e carregada. [...] O que é solicitado ao analista, além de suas capacidades afetivas e de sua empatia, de fato requer seu funcionamento mental, como requer também as formulações do sentido sendo postas fora de circuito no paciente.

Mais tarde Green introduzirá o conceito de "posição fóbica central";[314] fobia do pensamento entre esses sujeitos:

É precisamente aqui *que a contratransferência recebe sua significação mais ampla. A técnica da análise das neuroses é dedutiva, a dos borderlines é indutiva – daí seu caráter aleatório. Quaisquer que sejam as variedades descritivas, as causas invocadas e as diferentes técnicas preconizadas, faz-se possível deslindar toda uma série de fatos que são encontrados na grande maioria dos autores que descreveram esses estados:*

1. As experiências de fusão primária evidenciam uma indistinção sujeito-objeto com interferência dos limites do ego;

2. *O modo particular de simbolização tomado em uma organização dual "ego ou outro"; "conflito de alteridade";*[315]

---

314 Green, A. "La position phobique central: Avec le modèle de l'association livre", *La Pensée Clinique*. Paris, O. Jacob, 2002, pp. 149-186.
315 Ver também Pirlot, G. 1997, *op. cit.*

3. A necessidade de integração estruturante pelo objeto.

Entre esses dois extremos ("normalidade" e regressão fusional), assume lugar uma multiplicidade de mecanismos de defesa. Os dois primeiros constituem mecanismos de curto-circuito psíquico, enquanto os dois últimos, mecanismos psíquicos de base:

1. *A exclusão somática: A defesa pela somatização dá-se aqui nos antípodas da conversão. A regressão dissocia o conflito da esfera psíquica excluindo-o no* soma *(e não no corpo libidinal) por uma desintricação da psique e do* soma;

2. *A expulsão pelo ato: O acting out propriamente dito é a contraparte externa do acting in psicossomático. Ele tem o mesmo valor evacuador da realidade psíquica. A função transformadora da realidade do ato, ou sua função comunicativa, desaparece diante de seu escrutínio expulsivo [...];*

3. *A clivagem: O mecanismo de clivagem propriamente dito encontra-se na esfera psíquica;*

4. *O desinvestimento: O desinvestimento primário consistindo em obter um estado vazio, de aspiração ao não ser e ao nada. O analista sente-se aqui identificado com um espaço vazio de objetos ou então se encontra fora desse espaço."*

GREEN, A. (1974), *op. cit.*, p. 87, sq.

DEPRESSÃO, PATOLOGIA DA ALTERIDADE E BUSCA DE SENSAÇÕES NO SUJEITO *BORDERLINE*

Assim, o caráter patogênico da relação com as figuras parentais revela-se predominante entre os adolescentes, adultos *borderlines* e futuros adictos, particularmente os toxicômanos. Nesse contexto, a idade em que costuma acontecer a primeira ocorrência de episódio depressivo importante entre os pacientes *borderlines* é mais precoce do que na população comum: numerosos estudos apontam para uma idade de primeiro episódio depressivo maior por volta dos 18 anos, com uma diferença de dez anos em relação aos outros pacientes com um antecedente de episódio depressivo maior.[316] As condutas de adicção (abuso de álcool e tóxicos), da mesma forma, nesse caso, foram registradas com frequência, assim como os comportamentos suicidas; os pacientes *borderlines* demonstram um nível de agressividade para com o outro e para consigo próprio bastante elevado.[317]

Ao mesmo tempo em que se tem uma problemática de identidade, entre eles há uma verdadeira *patologia da alteridade*. As dificuldades de separação dos outros (família, amigos, companheiro ou companheira etc.) se devem, entre esses sujeitos, a uma cessação do desenvolvimento no estado de separação-individuação. Essas dificuldades de separação ocorrem a uma atitude da mãe sendo ela própria oposta (porque deprimida, narcisicamente ferida e/ou desejando se manter em "fusão" com o filho) aos esforços de individualização dessa criança incentivando-a para um comportamento regressivo.

Na criança, e mais tarde no adolescente, essa atitude favorece uma clivagem do ego: de um lado, toda potência narcísica se apoiando em um desejo de fusão; de outro, a recusa, a rejeição do outro evidenciando sentimentos de raiva, de impotência e de desespero que evidencia o colapso de um *eu* idealizado. Seus modos de relação com o outro são assim binários, de tipo amor/ódio, bom/

---

316 Bellodi Laura e col. "The nature depression in borderline depressed patients", *Comprehensive Psychiatry,* 33 (2), 1992, pp. 128-133; de Bonis Monique e col. "Self-concept and mood: A comparative study between depressed patients with and without borderline personality disorder", *Journal of Affective Disorder,* 48, 1998, pp. 194-197.
317 Horesch Netta "Comparison of the suicidal behaviour of adolescent impatients with borderline personality disorder and major depression", *The Journal of Nervous and Mental Disease,* 191 (9), 2003, pp. 582-588.

mau, sem possibilidade de compromisso neurótico.[318] Sendo de tipo "porco-espinho", próximo demais do outro, eles devem se afastar e ir longe demais, e manifestar a necessidade de se aproximar. A dependência afetiva tanto lhes provoca medo como lhes atraem. Preferem substituí-la por uma dependência a uma substância de adicção (droga, álcool, tabaco etc.) ou a uma conduta adictiva (trabalho, jogo etc.).

O sujeito *borderline* não raro manifesta o sentimento de ser vítima, e com isso ele se vê bastante capaz de aceitar suas próprias responsabilidades.[319] Vítima dos outros – como de seus fantasmas, que ele voluntariamente faz "agir" na realidade – apresenta-se como carrasco de si mesmo, a conduta adictiva servindo então, excelsamente, a esse fim. Na verdade o sentimento depressivo, a tristeza e a percepção de uma vida interior, de uma imagem de si instável (ideal, mas também desvalorizada) e as angústias de abandono o pulsionam voluntariamente para comportamentos adictivos, toxicomaníacos e autodestrutivos como o uso de piercings, as condutas de risco (sobretudo sexuais), a anorexia, o impulso incontrolável para as compras ou ainda a paixão pelo jogo.[320]

Em matéria de condutas de risco, os psicossociólogos distinguem duas categorias de sujeitos: de um lado, os que com elas não se envolvem de maneira de todo consciente ou deliberada, como os fumantes, os que fazem sexo sem proteção ou os que são imprudentes ao volante; de outro, os que recorrem à "aventura", aos esportes radicais hoje supermidiatizados, como *Jeep Raid*, descida de esqui sem pista, corridas de sobrevivência etc.

---

318 Corcos, M., Jeammet, P. (2002) §, *Expression névrotique. États-limites. Fonctionnement psychotique à l'adolescence, Encyclopédie medico-chirurgicale: psychiatrie/pédopsychiatrie*, Elsevier. Paris, 37-215-B-20, p. 10.
319 Gunderson, John G. (1984) §, Borderline *Personality Disorder.* New York: American Psychiatric Press.; Gunderson, John, G. "The diagnostic interview for borderline patients", *American Journal of Psychiatry,* 138, 1981, pp. 896-903.
320 Cf. Le Breton, D. *Passions du Risque.* Paris, Odile Jacob, 2000.

Os *borderlines* que recorreram à passagem ao ato e/ou às práticas de risco presentemente, segundo André Green, dos mecanismos de "curto-circuitos psíquicos" que encontramos nos outros grupos de afecções (psicopatia, neurose de caráter etc.). Em *L'Enfant de Ça*,[321] ele assimila seus estados *borderlines* a psicoses brancas – psicoses que não apresentam momentos delirantes – enquanto a delimitação do espaço psíquico desses sujeitos se mostra mal definida e fluida. Ao descrever, entre esses pacientes, a "triangulação" (o que posiciona o problema da constituição do espaço psíquico), Donnet e Green especificam: "As relações não são duais, mas sim triangulares, e isso quer dizer que o pai e a mãe são representados em sua estruturação edipiana. Mas esses dois objetos não são distinguidos nem por seu sexo, nem por suas funções [...], a ausência assim não pode se constituir, mas se mantém não simbolizável".[322]

Pode-se aqui recorrer à descrição de Schmitz (1972)[323] de um Édipo frágil, pelo menos em sua triangulação" ou à de Bergeret (1981), de um édipo precoce, traumático por genitalização prematura e que realiza uma castração narcísica (o que autores como Soulé e Kreisler descrevem como gerador de transtornos psicossomáticos). Isso poderia provir também de uma mãe que tivesse exercido mal a sua função materna, sobretudo a função de *"mère veilleuse"* – trocadilho intraduzível que aproxima "mère = mãe, veilleuse e merveilleuse = maravilhosa" – (A. Potamianou) de não excitação (M. Fain) e sua capacidade para o devaneio (Bion) é também a de ser um não fantasma (P. Aulagnier). Na cura desse caso, essa função de vigília – diferente da atenção flutuante – do analista é de fato solicitada, o que permite assumir progressivamente os cuidados por si mesmo.

---

321 Green, A. e Donnet, J. L. 1973, *op. cit.*, p. 264.
322 Donnet, J. L., & Green, A. 1973, *op. cit.*, p. 264.
323 Schmitz, B. (1967), "Les états-limites; introduction pour une discussion", *Revue Française de Psychanalyse,* 31, 2; (1972). "Narcissism et toute puissance phallique", *Revue Française de Psychanalyse,* 36, 2; (Résistance et caractère), pp. 249-264.

"A anulação das fronteiras do ego e do outro na relação" denota, entre esses pacientes, uma identidade difusa e mal estabelecida, como observa O. Kernberg.[324] O pai e a mãe são representados entre eles em sua estruturação edipiana, porém esses dois objetos não são distinguidos nem por seu sexo nem por suas funções. Não podendo se constituir a capacidade de tolerar a ausência, mantém-se a falta, entre esses sujeitos, não simbolizável; daí o seu gosto pelas condutas repetitivas de adicção: de toxicomania, de consumo desenfreado, de fixação pela televisão ou por jogos eletrônicos ou, enfim, da busca por condutas de risco.

Na verdade, como recentemente expôs *Ch. Selin*,[325] se a clínica dos *borderlines* revela apenas as balizas estruturais essenciais a constituir os complexos de castração e de édipo, os fantasmas originários se mantêm pertinentes, por mais que se encontrem atacados, desqualificados, degradados defensivamente, já que sua funcionalidade supõe a aceitação de uma ferida objetal e de uma limitação narcísica que, para esses pacientes, potencializa um efeito cumulativo intolerável, com os traumas e traumatismos precoces por eles vividos. Isso terá consequências para a representatividade psíquica: as alterações dos processos representativos mostram uma desligação ativa no seio dos processos representativos, um retorno de representações originárias do vivido traumático, que é, enfim, o das falhas da própria organização das representações.

Isso é algo que se constata também na atividade de representação do alcoólico: esta é frágil a ponto de exigir a apresentação perceptiva do objeto para que seja mantida.[326] Compreende-se assim que o que está em questão, paradoxalmente, são as

---

324 Kernberg, O. (1975), *Borderline Conditions and Pathological Narcissism*. New York NY; Jason Aronson Inc., *Les Troubles Limites de la Personnalité* (1975). Toulouse, Privat, 1989, p. 53.
325 Seulin, Ch. (2003), Conférence Vulpian du 18 décembre 2003, reproduzida no site da internet da SPP.
326 Monjauze, M. 1992, p. 79.

"autoterapêuticas" do álcool, para retomar as observações de Mijolla e Shentoub sobre a organização clínica dos alcoólicos, próxima do que P. Marty chama de depressão essencial.[327] Mijolla e Shentoub foram os primeiros a postular a existência de lembranças traumáticas arcaicas impossíveis de ser datadas, que agem, no entanto, como "marcações corporais" (o que remete aos "marcadores somáticos" de A. Damasio),[328] talvez jamais chegando a se ligar, pela via do afeto, às representações visuais ou verbais para se abreagir. "Essa quantidade de excitação em suspenso na continuidade conferiria seu valor ao reencontro iniciático com o álcool": tal seria fruído como *coincidência perceptiva,* no lugar do desejo a que o sujeito não quer ter acesso.

COMPONENTES ETIOLÓGICOS COMUNS DAS ADICÇÕES E *BORDERLINES*

Nesse tipo de organização psíquica, Kohut[329] evoca assim a importância da transferência em espelho ou da identificação projetiva, e Kernberg, "a idealização primitiva" e uma patologia das relações de objetos internalizadas, enquanto Searles descreve uma transferência em fascinação simétrica com o intuito de "tornar o outro louco".

---

327 Marty, P. 1976, *op. cit.*, p. 229.
328 Damasio, A. R. (1994): *L'Erreur de Descartes, la Raison des Émotions.* Paris, O. Jacob, 1995.
329 Kohut, E. (1968), *Le Soi.* Paris, PUF, 1974, pp. 222-223. Para Kohut, o "Si" seria uma estrutura inferida de suas diversas manifestações, estima de si, sentimento de bem-estar e de continuidade: nós estamos aqui, nessa primazia da preservação de/do Si, próxima da autoconservação. É com vistas ao estudo de personalidades ditas narcísicas e/ou *"bordelines"* e suas "transferências em espelho" que Kohut explora o si nuclear e suas experiências narcísicas de *receptividade do ambiente.* Essas experiências recebem o nome de *"objeto-si"* no sentido de que o objeto buscado não é separado de si, mas é objeto narcísico.

Kohut distingue *borderlines* e sujeitos narcísicos, considerando nos primeiros, as decomposições psicóticas que não devem ser excluídas, enquanto no âmbito dos segundos o que se tem, segundo ele, é a maturação identitária, em particular a do ideal do ego e a da estima de si, que é deficitária. A falha narcísica seria produto no nível do primeiro "si" anterior ao nascimento do eu falante. Isso da mesma forma explica como esses sujeitos projetam um "eu grandioso" idealizado e em espelho, sobre o outro, aí compreendido o analista, objeto de alienação e de transferência passional.[330]

Para Bergeret,[331] os traumatismos afetivos precoces de que dependem os *borderlines* sobreviriam na segunda fase do estágio anal, bloqueando a evolução libidinal edipiana (édipo precoce) e o desenvolvimento prematuro do ego. A criança se envolveria em uma espécie de *pseudolatência* que tanto as práticas adictivas quanto as autocalmantes permitem conservar.

No que diz respeito às toxicomanias, pode-se retomar as interpretações de Lekeuche,[332] Demange,[333] e Morhain[334] versando sobre uma "punção do Ego", este já não estando em condição de absorver as massas de excitações que o assaltam do interior e do exterior. Essas rupturas do *Reizschutz* poderiam, segundo os estudos de relatos de vidas, provir do que já ressaltamos: dos acontecimentos dolorosos na infância e de patologias pesadas para as generalizações sucessivas: mortes violentas, suicídio, emigração, lutos e alcoolismo frequentes. As triangulações insuficientes, por distâncias excessivas ou por simbiose entre os pares que compõem o casal parental passariam a se repetir de uma

---

330 Kohut 1968, *op. cit.*
331 Bergeret, J. *La Violence Fondamentale.* Paris, Dunod, 1984.
332 Lekeuche, Ph. "Trouage du moi et pare-excitation dans la toxicomanie", *Fortuna,* 1987, pp. 249-263.
333 Demange, J. P."L'apport de Winnicott à une clinique de la toxicomanie", *Cahiers de l' ANREP* 5, 1989, pp. 19-24.
334 Morhain, Y."L'errance du toxicomane", Évolution Psychiatrique, 59, 3, 1994, pp. 469-478.

geração à outra, com os riscos de morte sendo negados ou, infelizmente, antecipados.

É possível prover uma aproximação entre essas constatações e aquelas inerentes aos "traumatismos transgeracionais", de Yehuda[335] ou Gampel[336] e as consequências, para a segunda geração, da Shoah, com Van der Hal-Van Raalte tendo confirmando, em seu estudo de 2007, as hipóteses de Keilson (1992) de um "trauma sequencial"[337] que se encontra até mesmo na vida sexual e marital;[338] isso da mesma forma remete ao que Masud Khan[339] chamara de traumatismos cumulativos na origem de doenças somáticas que dependam do medo de colapso *(fear of breakdown)* e do desamparo primitivo da criança, tal como descrito por D. W. Winnicott.[340]

---

335 Yehuda, R. e col., "Enhanced suppression of cortisol following a low dose of dexamethasone with posttraumatic stress disorder", *Am. J. Psychiatry,* 150, 1993, pp. 83-86.

336 Kestenberg, Js., Gampel, Y. "Growing up in the holocaust culture", *Israel Journal of Psychiatry and Related Sciences;* 1983, 20 (1-2): pp. 129-146; Gampel, Y. "Thus, being a survivor...", *Psychology: Research and Practice,* 1992, 21. pp. 325-330.

337 Van der Hal-Van Raalte, Elisheva; Van Ijzendoorn, Marinus, H.; Bakermans-Kranenburg, Marian, J. "Quality of care after early childhood trauma and well-being in later life: Child Holocaust survivors reaching old age", *American Journal of Orthopsychiatry.* Outubro, vol. 77 (4), 2003, pp. 514-522.

338 Rachel Lev, Wiesel, R., Amir, M. "The Effects of Similarity Versus Dissimilarity of Spouses' Traumatic Childhood Events on Psychologial Well-Being and Marital Quality", *Journal of Family Issues,* vol. 24., n. 6, 2003, pp. 737-752.

339 Kahn, M., "Distortion du Moi. Traumatisme cumulatif et reconstruction dans les situations analytiques", *Le Soi Caché, op. cit.,* 1976, pp. 88-99.

340 Cf, Stephanos, S. (1992); D. W. Winnicott (1975) insistiu no fato de que esse "medo do colapso" podia estar em oposição ao fato de que "se a experiência de vazio não foi experimentada como tal no início, ela se torna um estado buscado compulsivamente" (p. 43). Lembremos que o vazio é um conceito pertencente ao budismo e também à filosofia pré-socrática ou à de Hegel, onde ele representa o elemento motor *concebido como negativo*

Nesse quadro, as novas necessidades que são as adicções sustentariam uma situação de apoio e uma ilusão de conflitos (como o delírio) a serviço da negação de castração/separação, reduzindo toda trama ao tempo do "antemão" da percepção do outro estrangeiro e, portanto, da diferença sexual. Esses pacientes de um "eu grandioso" procurariam assim transpor uma carência herdada de suas relações ternas, não sexualizadas, contemporâneas das identificações primárias e da primeira identidade si/não si.

Nos *borderlines*, a linha limite depressiva e a regressão narcísica efetuam-se assim diante do édipo para o estágio anal, pré-genital. Esse "bloqueio anal" a impedir o colapso do ego na direção psiconeurótica dependeria do que A. Green (1993) chama de analidade primária, diferente da fixação anal do obsessivo e geradora tanto de condutas adictivas quanto de risco de somatização: diante de um objeto de desejo, o espasmo anal defensivo seria substituído pela excitação de órgãos regidos pelo sistema nervoso vegetativo (vasoconstrição, espasmofilia, tetania, colopatia, asma etc.).

CASO CLÍNICO 3 - OS TRAUMAS DE MADELEINE

Madeleine, 35 anos, chega em meu consultório com um percurso de vida "muito pesado", como ela própria o diz na primeira sessão. Ao iniciar um estágio de formação como educadora, ela sente chegar o momento de "sair da repetição" (ela o disse nesses termos) e, enfim, de começar a pensar em si mesma. Filha caçula de quatro irmãos, o pai, "homem muito inteligente, com quem eu pareço", diz ela, deixou a mãe e os quatro filhos quando Madeleine tinha *3 anos*. A partir dali ela passou a vê-lo só um fim de semana por mês, porque ele se mudara, com outra mulher, para uma cidade distante algumas centenas de quilômetros. Madeleine descreve a mãe como depressiva, solitária

---

(prefácio da *Fenomenologia do espírito, op. cit.* p. 89). Façamos observar, com O. Flournoy, que o Ego Ideal é vetor de vazio porque impede de aceder ao "verdadeiro self" (*Nouvelle Revue de Psychanalyse,* n. 11).

e sempre extremamente ocupada com seu trabalho e com os filhos, ainda que os dois mais velhos, homens, bem mais velhos que Madeleine, tenham saído de casa cedo para "viver sua vida".

Durante toda a infância ela se sentiu como o "pilar" dessa mãe que a todo tempo corria o risco de entrar em colapso, ao mesmo tempo em que era assolada por um ódio inominável dos pais dela, dos dois irmãos mais velhos que a tinham abandonado e... do mundo, enfim.

O segundo drama, após a partida do pai, foi a presença e as atuações do avô materno vivendo sob o mesmo teto que a pequena família: o avô, aproveitando-se das ausências da filha (a mãe de nossa paciente) passou a fazer investidas na pequena Madeleine: dos 9 a 14 anos sucederam-se toques e penetrações sexuais.

Após um ano de terapia, ela ousa expressar esse período em palavras: uma espécie de "horrível cumplicidade" (as palavras são suas) que a ligava ao avô. De início ele lhe dava bombons ao final de cada encontro, palavra posta em relação com a vergonha que lhe invadia cada vez que ela vinha às nossas "sessões" no primeiro ano e nas quais ela se calava, por se sentir culpada, sobre esse período de sua vida. Depois ele passou a lhe dar dinheiro para que ela comprasse "o que quisesse". Ela me contou que se sentia como que "sob influência", "em estado de hipnose" cada vez que entrava em casa e constatava estarem ali apenas ela e o avô. Essa situação poderia perdurar por muito tempo se a sua primeira menstruação, aos 14 anos, não tivesse mudado radicalmente a atitude de Madeleine. Ela anunciou ao avô que pararia de vez com aquilo, ao que ele concordou, porque era evidente o risco de gravidez.

Nessas condições, a puberdade e logo depois a adolescência foram vulcânicas. Madeleine efetivamente se envolveu em situações perigosas e autodestrutivas – repetidamente: passou a andar com "garotos meios da pesada", "traficantes", a usar drogas, e as fugas se tornaram frequentes até que, aos 18 anos, tendo saído de casa, veio o andar sem rumo, o alcoolismo, o consumo crônico de haxixe, tatuagens, piercings etc. Chegou a se prostituir durante algum tempo, longe da família, por insistência do companheiro que estava na época, desempregado. Para aqui resumir, de seu ponto de vista "ela não tinha nenhuma espécie de estima por si própria, levando a vida como uma 'm...'. Por diversas vezes essa descida ao inferno a fez parar no hospital, e noutra ocasião em um centro de desintoxicação para alcoólicos; foi ali que ela "voltou a si", progressivamente, rompendo com seus companheiros de infortúnio e, já de novo morando com a mãe, retomou os estudos. Foi durante a terapia, e cara a cara comigo, que ela retomou a relação com seu pai, que, hoje, sente muito orgulho do que a filha se tornou.

Esse caso tem por objetivo demonstrar que as falhas na construção autoerótica dos processos de pensamento são contemporâneas e posteriores, nesses pacientes *borderlines*, às feridas narcísicas precoces e repetidas, a ponto de desencadear condutas adictivas e autodestrutivas bastante sérias. É por isso que vamos aqui tentar melhor nos acercar, no plano metapsicológico, de seus papéis e funções psíquicas.

O AUTOEROTISMO EM QUESTÃO NAS ADICÇÕES

AS ESPECIFICIDADES DO AUTOEROTISMO IMPLICADAS

A questão é saber se as condutas e comportamentos adictivos trazem implicações para o autoerotismo ou não. E de qual erotismo se trata aqui? Do autoerotismo que tem participação na construção da vida psíquica, via o autoerotismo das zonas orais, anais, genitais ou aquele, profundamente ancorado no gesto, a depender muito pouco da vida psíquica? Enfim, qual poderia ser a relação entre o autoerotismo e os procedimentos autocalmantes? De antemão podemos responder que o procedimento autocalmante está para a vida autoerótica como o pensamento operatório está para o pré-consciente: a presença dos primeiros (procedimentos autocalmantes e pensamento operatório) revela o déficit dos segundos, autoerotismo e pré-consciente.

Lembremos que foi em 1905, nos *Três ensaios*, que Freud introduziu esse termo, tomado de Havelock Ellis, para definir a sexualidade infantil. Assim, ele definiu o autoerotismo pela relação da pulsão com seu objeto: "a pulsão não é dirigida a outras pessoas; ela se satisfaz no corpo próprio". Assim, no autoerotismo "o objeto (da pulsão) se esvanece em favor do órgão que é a fonte desta, e com ela, via de regra, coincide" *(ibid.)*.

Essa noção de autoerotismo diz respeito, nos *Três ensaios*, às pulsões parciais e aos componentes parciais "da sexualidade infantil: trata-se de uma excitação sexual que nasce e se apazigua localmente, no nível de cada zona erógena, no mais das vezes um epitélio e uma mucosa fortemente enervados e vascularizados, zona esta que é tomada isoladamente e faz desembocar no "prazer de órgão".

Na verdade, essa teoria do autoerotismo está relacionada a uma das teses gerais dos *Três ensaios*, que é a da contingência do objeto da pulsão sexual. No entanto, parece-me que em Freud essa teoria não implica a existência de um estado primitivo anobjetal. A sucção no bebê, da qual Freud extrai o modelo do autoerotismo, é um efeito secundário a uma primeira etapa na qual a pulsão sexual se satisfaz apoiando-se na pulsão de autoconservação (a fome), graças a um objeto: o seio. É ao separar-se da fome que a pulsão sexual oral perde seu objeto para se tornar autoerótica.

Para Freud, então, o advento do autoerotismo encontra-se no atrelar-se à perda do objeto, o seio (a criança que, no momento do desmame, perde o acesso ao seio); a pulsão se torna autoerótica com a separação das pulsões de autoconservação e pulsões sexuais, de um lado e, de outro, a distinção órgão-seio e mãe. Assim, tendo como base a atividade fantasmática simbolizante, o autoerotismo serve ao investimento subjetivo do "fundo" de si do psiquismo.

Com isso, o autoerotismo é uma posição de redobrar onde o fechamento sobre si opera no outro e "no apetite" para simbolizar a falta; é assim que A. Green vê sobretudo para aceder ao autoerotismo um prazer obtido na ausência do objeto pelo viés de uma alucinação negativa. Nessas condições, o traçado (da alucinação negativa) será o que cerca o lugar vazio deixado pelo objeto materno que nada pode representar, pois no momento em que este poderia ser visto em seu conjunto é que o objeto de desejo, o seio, é perdido; a *interiorização dessa perda, que é um ganho psíquico, conduz, assim, à individualização do sujeito e à atividade simbolizante* (essa perda do objeto de fusão se dá sob o signo da perda de identidade em representação e percepção, enquanto a perda do objeto edipiano se fará sob o signo do complexo de castração).[341]

Uma insuficiência no desempenho de uma ideia fantasmática pouco seguro de seus investimentos narcísicos – como nos *borderlines* – pode, assim, levar a condutas adictivas: na falta do objeto interno (fantasmático), ou uma vez que um fantasma por demais edipiano ou excessivamente incestuoso de uma pulsão sexual lhe tenha interditado a exploração psíquica, o ego, reprimindo as pulsões, pode utilizar o corpo e suas sensações-percepções como substituto autoerótico, em vez de utilizar a via fantasmática e de representação da pulsão:

• Nas adicções, isso poderia ser, por exemplo, regiões do corpo a revelar experiências de fratura, de imobilização ou de violência: por exemplo, a pele (ego-pele) onde "se invagina" a agulha invasora contendo heroína ou morfina ou, ainda, nos pulmões, locais de gritos abafados, como o "snifo" (cocaína, cola) e a inalação (tabaco, haxixe);

• Nas somatoses poderia ser o caso de que órgãos dependentes dos sistemas simpáticos e parassimpáticos vasoconstritores ou de órgãos que tenham "pregas" de mucosa, de epitélios invaginados (brônquios, cólon, intestinos etc.) localizadores de afetos ligados à história do sujeito (e local de fruição das pulsões parciais?). Com relação a isso, é interessante observar que, nessas mucosas, essas "peles invaginadas", que constituem para os imunologistas verdadeiras interfaces com o mundo exterior e com os componentes

---

341 Green, A. *La Causalité Psychique.* Paris, O. Jacob, 1995, p. 77.

alérgicos e infecciosos, a imunidade mucosal utiliza-se de maneira preponderante dos mecanismos de defesa imunitários arcaicos operatórios antes de toda e qualquer organização cognitiva do sistema imunitário![342]

PROBLEMAS AUTOERÓTICOS E CONFLITOS NARCÍSICOS: DELIMITAR O SI/NÃO SI

O que precede introduz a noção de narcisismo que complexificou e ampliou a noção de autoerotismo. No narcisismo tal como introduzido por Freud em 1914,[343] é o ego como imagem unificada do corpo que vem a ser objeto da libido narcísica; o autoerotismo se define então, por oposição, como o estágio anárquico que precede essa convergência de pulsões parciais sobre um objeto comum. Com efeito, é preciso lembrar que na origem, no indivíduo, o ego não é nada (virtual) e traz consigo uma demanda por desenvolvimento: "Mas as pulsões autoeróticas existem desde a origem;

---

342 Gachelin, G. "Psychosomatique et modeles biologiques", *Revue Française de Psychosomatique,* PUF, (8), 1995, pp. 7-23; por analogia, pode-se observar que o si "arcaico", que ainda não tem a organização "cognitiva" que terá na sequência, pode ser aproximado: 1) do si pré-subjetivo, fonte do sentimento do "eu" *(Ichgefühl)* e diferente do ego, instância organizadora das pulsões. Esse si é, com efeito, a primeira configuração do aparelho psíquico a emanar da unidade mãe-criança (objeto dos fantasmas da mãe) e de relações entre o "sentido" e o corpo familiar. 2) O si arcaico - imunitário ou pré-subjetivo - oposto ao outro pode ver seus conflitos com ele tratados segundo fixações pré-genitais pelas quais as funções sexuais, desconectadas de toda função genital de reprodução, mantêm-se amplamente arcaicas e utilizáveis narcisicamente! Em *Les passions du corps,* são esses tipos de conhecimento que nos permitiram compreender certas somatizações autoimunes surgidas por ocasião da interrupção da adicção, como a asma ao deixar o cigarro, hipertiroidismo ao se abandonar a heroinomania etc.
343 Freud, R. (1914), "Pour introduire le narcissisme", *La Vie Sexuelle.* PUF 1969, pp. 81-105.

qualquer coisa, uma nova ação psíquica, deve então vir se juntar ao autoerotismo para dar forma ao narcisismo".³⁴⁴

É o caso de propor aqui que essa nova ação psíquica será a do investimento erótico narcísico maternal, o que dá mostras de que o narcisismo não é originário.³⁴⁵ É preciso um (bom) *holding* "bem temperado" para constituir o "fundo" *(self)* do psiquismo. Toda e qualquer falha ou fracasso, nesse *holding*, terá consequências traumaticamente incestuosas para o estabelecimento do "fundo" narcísico do ego (si),³⁴⁶ para o estabelecimento da capacidade de tolerar a espera e a excitação (ver, abaixo, a criação de "neonecessidades"), bem como para uma sexualidade que possa se destacar *"a posteriori"* da função de autoconservação sobre a qual ela se apoia.

Retornemos a Freud com o intuito de observar que, na mesma época em que ele apresentou seu trabalho sobre o narcisismo, ele admitiu, em "Pulsões e destino das pulsões",³⁴⁷ a existência desde a origem, e mesmo na vida intrauterina, de um estado de narcisismo primário³⁴⁸ a designar um estado precoce no qual a criança investiu

---

344   Freud, R., *op. cit.*, 1914, p. 84.
345   Cahn, R. "Du sujet (Rapport")", *Revue Française de Psychanalyse*, 6, 1991, pp. 1353-1491.
346   "No desenvolvimento emocional do indivíduo, o precursor do espelho é a fisionomia da mãe. [...] Se a fisionomia da mãe não responde, o espelho se torna a mesma coisa que se pode contemplar, mas na qual nada se tem para contemplar", escreve D. W. Winnicott (1967), in *Jeu et Réalité*. Paris, Gallimard, p. 153, 1589; e *Nouvelle Revue de Psychanalyse*, 1974, n. 10, pp. 79-86.
347   Freud, S. "Pulsions et destins des pulsions", *op. cit.*, 1915, p. 37.
348   Esse narcisismo primário, investimento do corpo próprio e de seu funcionamento pelo bebê, não é imediato nem direto, mas passa pelo que R. Roussillon chama de "partilha estética": ela depende da mediação do investimento oferecido pelo objeto que este evidencia, "constrói-se" em função da natureza e do tipo de ajuste e de espelho que o objeto primeiro propõe. Tal é o paradoxo do narcisismo primário: o investimento do objeto se superpõe ao investimento de si mesmo, sem antagonismo, à medida mesma que o investimento do objeto vem se refletir no sujeito de seus próprios estados ou dos estados que correspondem "ao modo quase". É também graças a esses

toda a sua libido em si mesma, enquanto o narcisismo secundário se revelará um retorno sobre o ego da libido retirada dos investimentos objetais.[349]

O autoerotismo se definiu então como "atividade sexual do estágio narcísico da organização libidinal" e, ao mesmo tempo em que o autoerotismo é anulação, expulsão do outro, ele é reconhecimento de sua existência no *desdobramento* – a "partilha estética", no dizer de R. Roussillon, que é a do fantasma em que o ego-sujeito se apropria.[350]

Em outros termos, o estofo psíquico, tecido eroticamente do outro em si (intersubjetividade constitutiva da intrassubjetividade) será a evidência das carências no *holding/handling* assim como das carências no "reservatório" libidinal narcísico do ego-sujeito (de toda percepção subjetiva de si) a ponto de reativar aí, à menor frustração, os traumas mais antigos.[351]

---

modos de comunicação primitivos que o vivido de primeira dependência é tornado tolerável, a impotência primeira sendo esmaecida pela capacidade de se comunicar e de compartilhar essas primeiras formas do sentido. Inversamente, é no fracasso da coreografia corporal primeira que começam a se constituir as falhas narcísicas a partir das quais as patologias ditas "psicossomáticas" estabelecerão suas bases primeiras, sendo também nos riscos a ela inerentes que se prefiguram *as futuras formas de dependência problemática*. [...] É nessa "partilha 'estética' " dos primeiros meses e de sua economia em "dupla", em "espelho", de ajustes recíprocos entre mãe e criança que se fará construir assim o autoerotismo dessa última, cujos avatares trarão consigo o traço do clima desse "primeiro balé"; Roussillon, R. (2004), "La dépendance primitive e l'homosexualité primaire "en double", *Revue Française de Psychanalyse,* 2004, 2, pp. 241-400, 434.
349 Freud, S. *Au-delà du Principe de Plaisir, op. cit.* 1920, p. 260.
350 Gillibert, J. "De l'auto-érotisme", *Revue Française de Psychanalyse.* PUF, 61, 1977, pp. 763-949.
351 Se o trauma se definiu classicamente como acontecimento intenso portador de uma carga que ultrapassa a *tolerância* do sistema psíquico do sujeito, importa ressaltar que não há trauma que preexista ao acidente, uma distorção do poder de diferenciar si/não si e dentro/fora ou então, inversamente, uma

Essas carências poderão resultar de uma deficiência da introjeção fantasmática da "mãe-seio", processo introdutório à criação de um bom *self* psíquico e à do mundo objetal interno e fantasmático.[352] Nas boas condições de *holding*, a masturbação infantil presta-se a fins sexuais e narcísicos: e ela servirá para reinvestir elementos da bissexualidade pré-fálica tanto quanto a sexual--fálica, em um tempo de redobra autoerótica, permitindo, assim, o acesso a um objeto erótico: tem-se aqui, aliás, que *a estrutura original da sexualidade refletida opera sobre a da reflexão subjetiva*, pela retomada, provável, da "partição estética" que são "a afinação emocional"[353] e a relação em dupla e seus ajustes sensoriais progressivos "em espelho".

Na sequência, e na falta de um autoerotismo "fecundando" a atividade simbolizante, é de se temer que o autossadismo próprio à adicção, diante do conflito entre narcisismo e relação de objeto (como na adolescência, época por excelência desse "equilíbrio" entre o polo narcísico e o polo objetal), ou entre ego e superego, serve para delimitar uma fronteira dentro/fora, si/não si – logo, serve para fazer às vezes de *continente excitativo*.

Essa fronteira *(linha)* dentro/fora será, como consequência, encontrada na erogenização das excitações no seio de uma "zona de sensibilidade do inconsciente" próxima das sensações e reações motrizes de expressão. Para P. Marty, seguindo Freud, essa organização sensório-motriz e arcaica do inconsciente ilustra a existência de um inconsciente diferente do recalcado sexual infantil, que serve, de certa maneira, aos apoios pulsionais. Uma citação extraída da obra *Psychanalyse de l'Alcoolisme* (p. 318) de Shentoub e Mijolla, permitirá situar as questões que dizem respeito ao ego – aqui, no caso, do alcoólico. "O fato de beber líquidos alcoolizados aparece

---

total *intolerância* à menor indistinção funcional entre ego e não ego.
352 Fain, M. "Prélude à la vie fantassmatique", *Revue Française de Psychanalyse*. PUF, 35, (2-3), 1971, pp. 261-364. Ver também L., Fain, M. e Soulé, M. (1974), *L'Enfant et Son Corps*. Paris, PUF, p. 258.
353 Stern, D. N. (1985), *Le Monde Impersonnel du Nourrisson*. Paris, PUF, 1989.

aqui como um meio, como um desvio necessário para a obtenção desse prazer labial regressivo que remete aos estágios mais precoces da organização libidinal, ainda que nenhuma imagem de si unificada esteja investida", observam Shentoub e Mijolla, e isso em uma época em que a escolha de objeto da pulsão sexual se faça dependente do instinto de conservação.

Do que precede deve-se ressaltar que a adicção (assim como certas somatizações) mimetiza o autoerotismo primitivo tendo por objetivo a busca de um ego psíquico perdido[354] sem envoltório delimitado (ego-pele), sem repetição narcísica, sem o romper de si sobre si (sem si mesmo) e situado nos confins de uma inclusão ou de uma cripta – ego perdido "que os amantes buscam para corpos perdidos".

O outro, droga ou pessoa, será assim regressivamente investido – por um desmantelamento que opera sobre o *self* e sobre os objetos – como um duplo narcísico, uma redobra da segunda pele (E. Bick), um continente-pele (G. Haag). Na conduta adictiva, a excitação sensorial será a forma de redobrar ao autossadismo (sadismos narcísico), permitindo encontrar uma forma de autorregulação periódica de um ego em perda de contato com uma vida pulsional (o seu id) clivada de si subjetiva (do eu). Isso ilustra a fórmula de Freud: "a percepção desempenha, para o ego, o papel que, no *id*, ecoa para a pulsão".[355]

Além disso, para um ego pobre em pré-consciente, o surgimento do afeto-pulsão fará advir uma sensação ou uma busca de percepção-sensação por falta de representação. Esse fenômeno tem origem na infância, com a percepção-sensação ocupando um lugar importante na economia psíquica desta, o que veremos mais adiante com os fenômenos das neonecessidades criadas por uma mãe "por demais calmante".

---

354 Arfouilloux, J. C. (1990), "Mon corps sans Moi", *Revue Française de Psychanalyse*. (3), 1990, pp. 651-669.
355 Freud, S. (1923), "Le Moi et le Ça", *Essai de Psychanalyse*. Payot, 1981, p. 237.

FALTA DE NARCISISMO E DE ESPELHO

O ESPELHO E A NATUREZA DE SEU AZOUGUE

Em sua recente obra sobre as adicções, O. Lesourne insiste na falta de investimento narcísico e/ou na rejeição das crianças, futuros adictos, por parte de sua mãe e dos que o cercam – corroboram para isso a um só tempo as obras de S. Ferenczi sobre os "traumatismos frios" advindos de relações decepcionantes com a mãe ou, ainda, os estudos epidemiológicos sobre os *borderlines* por nós já citados: "quando a criança bebe, ela o faz com os lábios, mas olha intensamente para a mãe; para o futuro adicto, a mãe que ele tem diante dos olhos olha em outra direção ou para coisa diferente, que não a criança, ou então ela vê uma criança que não a agrada completamente, ou a olha mas está ausente. O bebê não está englobado nela em uma imagem totalmente positiva".[356]

É o "duplo fundo" do *self* que é o "duplo gêmeo" a que se refere R. Roussillon (2004) que aqui faz falta: a busca de percepção-sensação e de excitações externas tenderá então a sanar essa problemática do vazio e de desamparo interior. Quanto aos adictos alcoólicos, O. Lesourne acrescenta que eles não sofrem unicamente de sensações de queda e de descarga (D. Houzel), de colapso (D. W. Winnicott) devidos a uma analidade psíquica insuficiente e ela própria consecutiva a uma falta de *holding/handling* materno, mas também de depressão narcísica relacionada a uma "perda de olhar da mãe depois de ela ter cumprido o seu dever de nutriz [...]; é entre outras coisas a intimidade com a garrafa-mãe que os alcoólicos em alto grau buscam reencontrar",[357] o que confirma os trabalhos anteriores de Mijolla e Shentoub, assim como os de M. Monjauze.

Da mesma forma, A. Deburge, em seu artigo "Les conduites à risque, autocalmants ou jouissance du calme" (As condutas de risco, autocalmantes ou de fruição da calma), relata, a propósito

---

356 Lesourne, O. 2007, p. 184.
357 Lesourne, O. 2007, p. 201.

de um paciente, Fabrice, a colusão entre ausência do olhar da mãe, aqui no momento do acidente do qual ele foi vítima há um ano e meio, tendo o braço decepado por uma porta de elevador, e a negação: "esta criança é como tudo mundo".[358]

Assim, a ferida/lesão/trauma no fundamento narcísico psíquico do ego poderia advir, como relatamos em 1997, de uma insuficiência da deflexão do olhar de uma mãe objetivando o *self* do filho. Essa capacidade reflexiva do *self* da mãe seria consolidada pela presença de um terceiro, o pai: o seio, edipiano e o da criança, em seu narcisismo a ela oferecendo assim um "azougue" de boa qualidade, útil para a reflexão do olhar/espelho. Isso permite envolver o *self* de seu filho na terceiridade que permite a ele:

- simbolizar a representação de ausência da mãe (alucinação negativa);
- instalar uma "fixação-estabilização-narcísica" de um si que, objetivado (si mesmo) permitirá o advento da subjetivação, do ego-sujeito.

No que diz respeito ao narcisismo, é a "recuperação da ausência" que proporcionará o azougue, o caráter fosco, o fundo útil para a retomada subjetiva dos processos redundantes e reflexivos do psiquismo. O fundo psíquico (os invólucros psíquicos) se revelariam, assim, de natureza narcísica: dobra de si sobre si realizando uma mácula, um azougue, onde se refletiria, em si, o outro do objeto (subjetival – [1] da Figura 2).[359]

Todo traumatismo arcaico, toda perda do objeto ideal poderiam assim conduzir ao lugar do azougue, um buraco de fundo psíquico – uma falta de malhagem consecutiva a uma ruptura do *Reizschutz*, não excitação, como postulou Freud, em "Para além do princípio do prazer". O objeto de idealização, a dor assim como

---

358 Deburge, A. "Les conduites à risque, autocalmants ou jouissance du calme" in Duparc, R. & Vasseur, C., *Les Conduites à Risque*. Paris, InPress, 2006, pp. 113-134 (p. 129).
359 Pirlot, G. 1997, *op. cit.*

a excitação-sensação visarão cobrir esse buraco e "produzir" limites e continentes, isso que pretenderá concomitantemente fazer durante um logo tempo de apoio psicoterapêutico.[360]

Na situação, e referimo-nos à do alcoólico, pode-se assim apreciar de que modo os espelhos, encontrando-se atrás do balcão, proporcionam a este uma resposta perceptiva à falta primeira do olhar-espelho maternal e de seu narcisismo. Os bebedores compulsivos, os toxicômanos, as anoréxicas-bulímicas (o prato e o espelho), como toda uma série de *borderlines* estariam, assim como Narciso, buscando na água do lago um objeto perdido (o *self* do ego?) que, por falta de investimento narcísico do olhar maternal ou do olhar do marido para ela, estiveram incapacitados de admitir o quadro alucinatório negativo necessário para "semear" toda operação simbolizante ulterior. Assim, esses objetos desprovidos na narcização de seu *self*, e que apresentam uma "relação branca", vão se tornar vampiros, fantasmas ou proteus, deus da metamorfose.

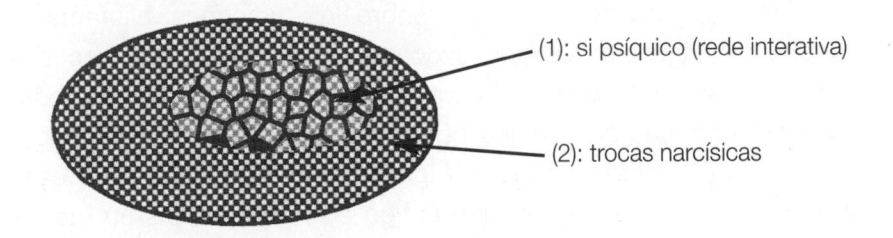

Figura 2: Nascimento do si *(self)* psíquico (rede interativa)
(1) tecido através das trocas narcísicas (2)

(1): si psíquico (rede interativa)
(2): trocas narcísicas

Essa "malhagem" do si (figura 2, 1) se fará sobre o fundo de alucinação negativa (A. Green) e será o "azougue" útil a toda reflexão, duplo, reduplicado, na ordem simbólica da linguagem. É assim que

---

360 Lembremos aqui a metáfora do receptor telefônico de Freud, que sugere o papel de continente do psicanalista, em 1912 "Conseils aux médecins sur le traitement psychanalytique" in *La Technique Psychanalytique*. PUF, 1953, 1972 (p. 66).

o processo de subjetivação de si cria o objeto interno ao mesmo tempo em que se objetiva no outro (do objeto), primeiramente narcísico e depois simbólico. A falta dessa "malhagem" intrassubjetiva provoca um "buraco" que vem cobrir o outro-duplo da paixão amorosa, da sensação-percepção que é o objeto da adicção ou da obra criadora tal como exemplarmente apresentada no quadro que com muita precisão é chamado *Le faux-miroir*, de René Magritte.

Magritte, é bom lembrar, foi criado por uma mãe depressiva ("a mãe morta", de A. Green), narcisicamente ferida, de um olhar por certo vazio e "sem azougue" que se suicidou quando René tinha doze anos. É ele que vai recuperar, com o pai, o corpo sem vida e o olhar vitrificado da mãe afogada no Sambre. A tela *Le faux-miroir* não estaria a mostrar, de maneira genial - assim como a outra, intitulada, aliás com muita justeza, *La grande famille* - e ainda outras o traço dessa infância para o próprio René Magritte, que foi de ausência de reflexo e da transparência sem azougue do "espelho que pôde ser, para ele o olhar da mãe" (Winnicott) deprimida?

Em seu estudo de 2005 sobre as adicções alimentares (anorexia-bulimia), M. Corcos, evocando as inter-relações precoces mãe-filho segundo o modelo winnicottiano da construção identitária com relação ao espelho que constitui a fisionomia da mãe e da família (Winnicott),[361] insistiu igualmente "no fato de que esse espelho maternal é um espelho antigo e profundo mais ou menos obscuro, sendo então o caso de se considerar toda a dimensão transgeracional desses problemas".

Mallarmé, Beckett e Michaux evocaram o que essa ausência de espelho maternal podia gerar neles... no corpo da criança que eles foram e que percebiam o que fazia falta, sem poder inscrevê-lo psiquicamente. Somente terá tido lugar o lugar numa ausência de buquê (Mallarmé), de teias de silêncio sobre a pele (Beckett), manchas de silêncio e de

---

[361] Winnicott, D. W. W. (1967 a). "Le rôle de miroir de la mère et da la famille dans le développement de l'enfant. 'Aux limites de l'analysable' ", *Nouvelle Revue de Psychanalyse*, n. 10, outono de 1974, pp. 79-86.

hostilidade sobre o corpo (Michaux). Entre esses "bebês sábios",[362] *futuros escritores, imagina-se que diante de uma fisionomia desertificada pela alma e sem sorriso, e no contato com um corpo imóvel e frio (uma estátua branca e lisa sem cabeça e sem braços, dos quais se necessitaria para aprender a andar, por Henri Michaux) e suspensos por lábios fechados (que encerram a linguagem em si), eles esperaram o gesto, o calor, a palavra que não vinha e que diria quem tem lugar de ser, essa palavra, esse gesto, esse calor que durante a sua vida eles tentarão retranscrever... com o risco de se tornar Perseu se encapuzando com a pele de Deus dos mortos para afrontar Medusa. [...]*

Para outros sujeitos, essa inscrição no corpo da criança da ausência da mãe gera uma "memória corporal" (engramas corporais) muda de toda representação, carente de uma afinação afetiva que diria o experimentado e o sentido, e feita de excitação não ligada. Mãe de olhos mortos ou de olhos brancos voltados para o interior com um olhar que não presta atenção ao outro, que apreende a tensão do outro, constituindo um espelho-fonte, gelado opaco ou transparente para esses futuros autores de eles próprios, que devem ler aí, no fundo de sua avidez nascente, o fundo da tristeza ou da morte de sua mãe, fundo que se torna o seu. A captação maternal e a encarnação da criança no informe maternal vão presidir em uma dinâmica excitação branca, repressão e regressão-fixação por uma busca da centralidade e da origem... entre centro e ausência por H. Michaux. Essa insuficiência é a fonte de uma fixação e dependência originária. A dimensão de culpabilidade diante de uma reparação impossível da mãe pela criança só virá a se inscrever secundariamente em uma inversão na qual a depressão materna se torna a demonstração de sua falta. A excitação diante dessa depressão faz-se então estigmatizada pelo sujeito... A vergonha aparece assim gerada por uma autorrepresentação monstruosa de s".

CORCOS, M. (2005), *Le Corps Insoumis.*
Paris, Dunod, pp. 42-43.

---

362 Ferenczi, S. (1923), "Le rêve du nourrisson savant", Psychanalyse 3, *Oeuvres Completes*, tome III, pp. 1919-1926. Paris, Payot, 1974, p. 203.

UM ESPELHO SEM AZOUGUE:
UMA SENSIBILIDADE SEM REFLEXIVO SUBJETIVADO

É preciso relevar que fora do órgão visual outro órgão muito cedo terá uma função de espelho, a saber, a pele, o "ego-pele", do qual o "sensível reflexivo" (Merleau-Ponty M.),[363] que com dificuldade se descola da "carne da mãe-mundo" que o envolve - ou não - com seu olhar, participará dos primeiros investimentos autoeróticos narcísicos e sexuais de si/*self* corpo-espírito. Essa falta de azougue se dá então no sentido do que Olivenstein referira sobre o drogado: existe nele um "estágio do espelho quebrado".[364]

Para esse autor a criança, futuro toxicômano, passará por um traumatismo em idade muito precoce. Segundo ele, no momento em que a criança se olha no espelho, ou, dito de outra forma, no momento da descoberta da imagem de si, o espelho se quebrará e, como consequência, refletirá dela uma imagem quebrada. O reencontro com o produto permitiria assim estancar artificial e ilusoriamente a difração, ou seja, "os vazios do espelho",[365] de anulá-lo em um momento preciso em um contexto de extremo prazer ou de alívio incomparável. Em outros palavras, o reencontro com a droga durante algum tempo desencadearia a ilusão da unidade perdida (acima). Geberovich evoca uma mãe que "não lançou olhar para o filho se olhar", e tem-se aí, pois, "uma impossibilidade materna de investir no filho alguma coisa que remetesse à sua própria falta,

---

363 Para M. Merleau-Ponty, o sensível (sinônimo de "textura carnal do mundo") é reflexividade, identificando com isso uma espécie de involução da reflexão no sensível da carne corporal. Ao romper com a fenomenologia da consciência ("pura"), ele indica que a reflexividade originária da consciência (aqui consciência encarnada) está em atribuir ao "reflexo" permitido pela visão, mas também pela sensibilidade, a capacidade que tem o cérebro de "transposições sensoriais" de sinestesias. Cf. Tymieniecka e col. (1988), *Maurice Merleau-Ponty, Le Psychique et le Corporel*. Paris, Aubier.
364 Olivenstein, C. *La Vie du Toxicomane*. Paris, PUF, col. "Nodule", 1982.
365 Ibid., p. 20.

sobretudo uma vez que ela é confrontada com um trabalho de luto impossível".[366] Para ele, a toxicomania se anestesia para mitigar a dor. Ela não nomeia, ela preenche ou, mais do que isso, faz como se fosse possível preencher.

Para alguns sujeitos (não raro *borderlines*) que não têm o reflexo no espelho,[367] a adicção, a droga, o jogo e mesmo a passagem ao ato aí compreendido sexual[368] tornar-se-ão assim vampiros dos quais se supõe que encherão o tonel das Danaides que é sua ferida narcísica.

Assim como o vampiro que busca o sangue (e do qual o espelho não reflete nenhuma imagem de si mesmo) não pode dizer que os adictos sejam sujeitos dependentes de um líquido (água de vida) que, tal como o leite, reanima a autoconservação de envoltórios psíquicos em estado de não diferenciação si e não si? Uma vez reconhecido o objeto, o aspecto líquido atópico e refrator do narcisismo primário se coagula em narcisismo secundário a refletir "o outro do objeto".

A dependência primitiva entre os pacientes toxicômanos (abuso de substância) deve assim ser buscada, o mais das vezes, no registro

---

366 Geberovich, F. *No Satisfaction: Psychanalyse du Toxicomane*. Paris, Albin Michel, 2003, p. 52.

367 O espelho seria um teste de realidade (psíquica): *só é real o que tem seu reverso*. Essa realidade psíquica se torna, posteriormente, para o sujeito "inscrito" no mundo da linguagem e do diálogo, sinônimo de uma *"dialética"* com o outro. Aqui podemos lembrar que a dialética *(dialégesthai)* remete ao *dialégeinda divisão* (P. Rodrigo, 1995: *Aristote, l'Éidétique et la Phénoménologie*. Paris, ed. Milon, 36-37). No entanto, a "nostalgia" da fusão se mantém incestuosamente em todos nós: *"Confiance de cristal / Entre deux miroirs / La nuit tes yeux se perdent"*, escreve P. Eluard em *"Une longue réflexion amoureuse"* (1927). Paris, Seghers. *"Miroir frais sans buée à l'amour réflechi"*, escreve P. Jean Jouve (Sueurs de sans (1964), Paris, Mercure de France). *"Miroir jamais encore savamment l'on a dit / Ce qu'en votre essence vous êtes / Comblés de trous, tels des tamis"*, R. M. Rilke, Poésie, ed. Emile-Paul, 1942.

368 Balier, C. *Psychanalyse des Comportements Sexuels Violents*. Paris, PUF, "Le fil rouge", 1996.

maternal. Desse modo, M. Laufer e E. Laufer avaliam que as sensações prodigalizadas pela droga possibilitam sentir sem necessidade o que permite uma defesa contra o desejo de fusão (com seu risco "psicotizante") com a mãe.[369] *A droga teria assim uma função de tela, de terceiro protetor em face do liame incestuoso maternal.*

Après-coup, como se poderia dizer, uma vez que os traumatismos precoces e invisíveis, que no *holding* podem provocar um desamparo de ordem narcísica - e corporal - no que diz respeito às defesas de autoconservação do psiquismo: a "morte psíquica" faz-se então temida pela falta de "azougue", de um olhar refletor do desconhecido em si. Ora, esse olhar é o de uma fisionomia da qual E. Levinas[370] ressaltou a dimensão ética e da qual a significação repousa em sua ausência, em seu para além, em sua expressão e sua abertura para o outro, em sua "insularidade".

Após esse período de maternagem, uma vez que a criança deve abordar a realidade da castração e a diferença sexual (*"sexion"* e diálogo), o mau estabelecimento do "si mesmo" (espelho do *self*) assim como as atividades fantasmáticas e autoeróticas poderão fazer retornar as pulsões pré-genitais sobre traços perceptivos, bases de "simbolização primária". O si é assim o primeiro "espelho interior" das relações (redes) com os outros, refletor antecipado do que a subjetividade refletora assumirá simbolicamente na sequência: o outro, mesmo e diferente de si (mesmo) e, a partir daí, a capacidade de *insight*, de "olhar interior".

O que precede não passa de especulação teórica: permite da mesma forma compreender os vínculos por vezes obscuros e paradoxais a envolver adicções e somatizações. Sabe-se que os grandes esportistas com muita frequência estão sujeitos a patologias somáticas passíveis de se agravar ou de se decompor por ocasião de diminuição ou paralisação de prática esportiva

---

369 Laufer, M., *Adolescence et Rupture du Développement, Une Perspective Psychanalytique.* Paris, PUF, 1989.
370 Levinas, E. (1979), *Le Temps et l'Autre.* Paris, PUF, col. Quadrige, 1983; (1982), *Humanisme de l'Autre Homme.* Paris, ed. Fata-Morgana.

(asma, dermatose etc.). Em 1997, em *Les Passion du Corps*, pude observar patologias autoimunes surgidas após a cessação brutal de comportamentos adictivos - que no entanto eram deletérias à saúde dos sujeitos.

FALTA DE *HOLDING,* ALEXITIMIA E AUTOINFLUÊNCIA

INSUFICIÊNCIA DE *HOLDING* NOS ADICTOS

O dependente alcoólico, ressentido como todo-poderoso, na maioria dos casos se considera tão somente provedor de suas necessidades (tal como a mãe): os desejos e anseios do sujeito--companheiro ou pura e simplesmente não existem pura ou então já não existem. Com relação a isso, Balint[371] observou como os adictos são sujeitos excessivamente dependentes da mãe percebida como destacada deles próprios: teria havido com eles uma ausência de angústia do oitavo mês, como entre as crianças alérgicas?

Isso fez com que Brisset[372] dissesse ser adequado postular, para a compreensão do comportamento adicto, a noção de *déficit narcísico*, o que Jeammet e Corcos amplamente ressaltaram como estando presente nos sujeitos que apresentam problemas alimentares compulsivos como a anorexia-bulimia "autoavaliando--se" sempre com relação a um ego-ideal infantil desmesurado (dimensão de ferida narcísica que se traduz por essa busca do olhar dos outros e das atitudes em espelho podendo se inverter brutalmente) - que representam os personagens dos jogos de videogame. As insuficiências de *holding* maternal mescladas a uma dimensão de influência, esta que evocamos com o "vazio de espelho", mostra a ressurgência de uma problemática maternal definindo-se em termos de clivagem corpo-psique na origem de uma insuficiência na

---

[371] Balint, M. (1963), *Le Défault Fundamental.* Paris, Payot, 1971, p. 36.
[372] Brisset, Ch. "Une structure de déficit narcissique observée chez les alcooliques graves", *Revue Alcoologie,* 24 (3). 1978, pp. 159-164.

edificação de si, com o ego a se manter separado da origem carnal das emoções (Corcos, 2005). Essa insuficiência de investimento do *si* somático encontrada nos TCA encontra-se também, e com frequência, entre muitos pacientes somatizantes e adictos (alcoólicos), que, para Brisset, sofrem menos de angústia "catastrófica" de tipo esquizofrênico que de angústia de perda de objeto anaclítico, de apoio.[373]

A ALEXITIMIA:
UMA CARACTERÍSTICA FREQUENTE NA ADICÇÃO

Ora, lembremos que, do ponto de vista de P. Marty, as fixações que resultam, por regressão, em somatizações dependem também dessa *falta de apoio* nos primórdios da vida: uma das traduções disso será o pensamento operatório ou aletiximia (dificuldade para verbalizar as emoções), o componente compulsivo e adictivo aparecendo então como defesa, pelo comportamento e pelo estado maníaco que ela engendra, contra o sofrimento adictivo.[374]

O conceito de alexitimia merece que nele nos detenhamos. Conceito cunhado por Sifneos em 1967,[375] após muitos anos de pesquisa sobre a busca de modos específicos de funcionamento psicológico entre pacientes somatizantes, a alexitimia designa, literalmente, "a ausência de palavra para exprimir suas emoções" (*alexis-thymie*). Esse aspecto se caracteriza por uma real incapacidade

---

[373] Descombey, J. P. "Alcoolisme: dépression ou addiction", *Information Psychiatrique*, 68, (4). 1992, pp. 338-345; Haviland, M. G.; McMurray, J. P.; Cummings, M. A. "Validation of the Toronto Alexithymia Scale with Substance abuser", *Psychoter, Psychosoma*, 50. 1988, pp. 81-87.

[374] McDougall, J. (1982, p. 191) e (1989, p. 106) e Haviland *et al.* fazem observar que a possibilidade de uma alexitimia secundária que apareça no desmame seria uma *defesa contra o sofrimento afetivo habitualmente mascarado pelas adicções*.

[375] Sifneos, P. E. "The prevalence of 'alexithymie' characteristics in psychosomatic patients", *Psychotherapy Psychosomatic*, 1973, 22: pp. 225-262.

de identificar e comunicar seus sentimentos e de diferenciá-los de sensações corporais.

De início, a alexitimia foi descrita como um déficit do funcionamento afetivo de natureza psicológica, mas subentendido por um modelo neurobiológico.

A alexitimia, facilmente mensurável com a ajuda de escalas, compreende quatro traços:

- A incapacidade de expressar verbalmente emoções ou sentimentos;
- A limitação da vida imaginária (ausência de sonhos, fantasmas, devaneios);
- Tendência a recorrer à ação para evitar ou resolver os conflitos;
- A descrição detalhada dos fatos, dos acontecimentos, dos sintomas físicos.

As dificuldades em reconhecer as emoções e em expressá-las verbalmente não implicam a incapacidade em reconhecê-las quando são expressas por outra pessoa, assim como não implica uma limitação do estoque lexical que serve para qualificar a vida afetiva, nem uma incompreensão das palavras que traduzem as emoções. O problema reside muito mais no reconhecimento, pelo sujeito, de suas próprias emoções, reside em uma atitude para distinguir sensações corporais e emoções, na dificuldade em vivenciar emoções por ocasião de situações que supostamente as solicitam, enfim, na aptidão para relacionar emoções sentidas com pensamentos em vez de sê-lo com acontecimentos exteriores.[376]

Em um quadro neurobiológico, a alexitimia remete à afasia emocional descrita por Damasio, que é uma "incapacidade de converter uma sequência em símbolos e organizações gramaticais formadoras da linguagem".[377] Némiah ressaltou, em 1977, que um

---

376 Pedinielli, J. L. *Psychosomatique et Alexithymie*. Paris, PUF, "Nodule", 1992.
377 Damasio, A. (2002), *Spinoza Avait Raison: le Cerveau de la Tristesse, de la*

déficit afetivo pareceria estar na base de numerosos problemas psicossomáticos.[378]

Sifneos aproxima a semelhança dessa síndrome com a descrita por Marty e M'Uzan sob o conceito de "pensamento operatório", sobretudo isso lhe permite descrever duas formas de alexitimia: primária e secundária. Ele descreve a frequência da alexitimia na população geral como variável segundo os estudos, mas ela seria estimada em cerca de 10%. Esse valor seria multiplicado por 4, 5 ou até 6 em certas afecções somáticas. Algumas dessas concepções antecipam uma possível etiologia neuropsicológica da alexitimia com referência às agenesias do corpo caloso ou às comissurotomias (seção do corpo caloso e da comissura anterior).[379]

A *alexitimia primária* surge como um déficit de sentimentos e não de emoções: ela não poderia ser confundida com a alexitimia secundária, de ordem psicopatológica, ou com aquela inspirada pela psicologia da saúde (variável disposicional e/ou *coping* incidindo sobre a emoção). O sistema límbico e o neocórtex encontram-se, na alexitimia primária, mal conectados: um estímulo provindo dos núcleos na amígdala suscitará emoções como o medo e a cólera que, na ausência de toda contribuição da imaginação e de pensamentos provindos do neocórtex, serão expressos sob formas de reação de combate-fuga. A observação de epilepsias refratárias entre pacientes que passaram por uma comissurectomia ou por uma hemisferectomia corroborou a tese da etiologia neurológica da alexitimia primária. Essa alexitimia primária provém do fato de que as emoções provenientes da amígdala não podem atigingir o neocórtex para criar imagens, imaginações, pensamentos que utilizariam a linguagem para se expressar.

Joie et des Émotions. Paris, O. Jacob, 2003.
378 Nemiah, J. C. "Alexithmia, theorical considerations". *Psychotherapy Psychosomatic*, 1977, 28, pp. 199-206.
379 James, D. A., Parker, Ph., Michelle, L. *et al.* "Interhemispheric Transfer Deficit in Alexithymia: An Experimental Study", *Psychosomatic Medicine,* 1999, 61. pp. 464-468.

A *alexitimia secundária*, por sua vez, não parece advir de origem neurológica. Uma experiência traumática "devastadora e sofrida em uma idade pré-verbal" pode tornar uma criança incapaz de expressar emoções pelas vias da linguagem", indica Sifneos (1995, *op. cit.*, p. 31). Sifneos observa que os transtornos alexitímicos não se encontram só nas afecções psicossomáticas, "mas também entre pacientes vítimas de estresse pós-traumático (PTSD), de dependência de drogas, de alcoolismo crônico, de anorexia e de bulimia e nos sociopatas", ou seja, naqueles que a nosografia psiquiátrica atual chama de pacientes adictos e *borderlines*. J. L. Pedinielli (2005, *op. cit.*) *ressaltou as relações entre alexitimia, depressão e conduta adictiva e, recentemente, com sua equipe, as relações dessas mesmas alexitimia e depressão com as condutas de risco.*[380]

Acrescentemos que, para McDougall (1991),[381] a alexitimia é um mecanismo de defesa que permite ao sujeito se proteger, desde a primeira infância, contra angústias de perda objetal que não puderam ser mentalizadas em razão da ausência de um objeto maternal suficientemente bom. Segundo ela, a alexitimia seria um mecanismo de defesa constituído de processos de negação; de identificação projetiva e de clivagem, permitindo ao sujeito desvencilhar-se de sua conflitualidade psíquica e evitar um risco de regressão a posições esquizoparanoides - para recorrer aqui aos termos de Melanie Klein. Além disso, o sujeito alexitímico, tendo acesso apenas à uma gama limitada de afetos e de emoções, pode recorrer às condutas adictivas na tentativa de controlar essas experiências afetivas dolorosas.

Para McDougall, a descoberta adictiva faz-se, com isso, de natureza somatopsíquica (1989).[382] Ela consiste em reparar uma carência e uma dor psíquica com algo de corporal ou de substancial.

---

380 Bréjard, V., Bonnet A., Pedinielli, J. L., *op. cit.*, 2008.
381 McDougall, J. "Entretien sur la boulimie, avec Alain Fine", in La Boulimie. Paris, PUF, *Monographies de la Revue Française de Psychanalyse,* 1991, pp. 143-151.
382 McDougall, J. *Théâtre du Corps.* Paris, Gallimard, 1989.

Haveria já "uma desqualificação e uma ressomatização do afeto mediante o agir adictivo". Ela considera a adicção uma forma de histeria arcaica, uma defesa mais do que estrutural, contra fantasmas libidinais primitivos que se mantêm clivados, enquistados, muito mais que recaldados. Esses fantasmas primitivos, associados aos objetos internos arcaicos, mobilizam afetos e imagens intoleráveis para o ideal do ego do sujeito. Nós estaríamos aquém de uma psicopatologia neurótica, mas providos de uma dimensão simbólica em que o alcance corporal se aproximaria da conversa histérica. Ela se mantém no domínio de um investimento narcísico particular, e como problemáticas se mantêm a da diferença fundamental e a da alteridade, o que nós mesmos teríamos ressaltado em Les Passions du Corps, com essas sucessões de patologias autoimunes podendo aparecer por ocasião de desmames brutais de condutas adictivas (Pirlot, 1997). Ela apresenta como mecanismos de defesa essenciais a clivagem e a identificação projetiva, evitando laboriosamente mais ou menos três questões que problematizariam esse impasse, a saber, melancolia e paranoia ou construção delirante, para se concentrar no corpo em uma espécie de histeria de si para si, verdadeira conversão interna.

Para M. Corcos (1998), a alexitimia constituiria um mecanismo de defesa de não excitação de afetos e de representações sob o risco de pôr a perigo a organização de um ego precário. Ela encontraria a sua origem nas insuficiências de investimento pelo objeto materno do ego psíquico e somático da criança. Seguindo McDougall, Corcos (2000)[383] considera que a incapacidade desses pacientes em identificar certas experiências emocionais, ressaltando, em particular, a dificuldade em diferenciar sensações corporais, obrigaria os indivíduos alexitímicos a recorrer a estratégias alternativas ineficazes (caracterizadas pela pobreza de processos secundários), podendo levar a condutas de adicções.

Essas concepções fazem evocar a pertinência das condutas adictivas à classe das organizações limites e dos transtornos narcí-

---

383   Corcos, M. 2000, op. cit.

sicos. Esses pacientes, que apresentam uma organização neurótica precária, já não são capazes de enfrentar uma perda de objeto real ou imaginário recorrendo a mecanismos de defesas neuróticas; por isso, desenvolvem uma corporização, ou seja, uma ressomatização dos afetos (Corcos e Speranza, 2003).[384]

Enfim, segundo Hilde Bruch,[385] pediatra e psicanalista americana, se alguns sujeitos comem em vez de explodir de raiva ou de dar livre curso à sua mágoa, é porque se movem na incapacidade de distinguir entre as diferentes sensações corporais, entre as diferentes reações emocionais. H. Bruch parte da ideia de que o reconhecimento de nossas necessidades corporais, e em particular de nossa necessidade de comer, não são inatas, mas sim adquirido no curso de uma aprendizagem desde a nossa mais tenra infância e desde os primeiros meses de vida. "Para uma aprendizagem satisfatória, é necessário que a mãe saiba interpretar as demandas do filho e dar o seio ou a mamadeira fazendo uso do discernimento, isto é, quando o bebê sente fome e não quando sente alguma dor, e não quando queira brincar ou quando sua sede, na verdade, for de trocas e de contatos. Uma mãe que careça de empatia (Winnicott), que não chegue a entrar em sintonia com o bebê (D. Stern) e que recorra à amamentação para aplacar as necessidades e abafar toda expressão de afeto do bebê ou com relação a ele, ou então uma mãe que dá mostras de incoerência não permite ao filho a elaboração do reconhecimento psíquico da sensação de fome. Com isso estamos próximos do que M. Fain e D. chamam de "mãe calmante" e "toxicógena".

---

384 Corcos, M., Speranza, M. 2003, *op. cit.*
385 Bruch, H. *Les Yeux et le Ventre, L'Obèse, l'Anorexique.* Paris, Payot, 1988.

CASO CLÍNICO 4 - LEILA E
O OLHO DE CAIN: "ORGASMO" OU TABAGISMO[386]

Leila trouxe até mim sua queixa, para uma consulta psicossomática - ela tinha asma. Caçula de três irmãs, estava com 33 anos, veterinária, solteira e mãe de um filho de 6 anos.

Eu me aterei aqui aos elementos úteis à minha demonstração, elementos que apareceram sobretudo no início da terapia, que demonstraram a evolução psíquica de Leila no jogo na neurose de transferência, tendo revelado, em seguida, um desenvolvimento considerável de uma neurose histérica infantil. Para o que nos interessa aqui, podemos dizer que as crises de asma se complicavam por uma adicção ao tabaco, a qual tinha por objetivo substituir essas crises quando acontecia de elas faltarem(!). A asma de Leila era intermitente. Havia períodos, mesmo longos, de muitos meses, que ela passava sem apresentar nenhuma crise. No entanto, ela vivia permanentemente com seu aerosol, sobretudo à noite, sempre com receio de que alguma insuficiência respiratória lhe acometesse de repente. Durante a psicoterapia, mostrou-se notável a forma particular de seu discurso e da altura melódica de sua voz, que podia ser bastante baixa, quase inaudível, por vezes quase chegando - pelo menos para mim - às raias do monólogo.

A sintaxe, nesses momentos de "baixa de tônus" da voz, poderia, aliás, ser particularmente desconjuntada.

Observei também que bastava uma observação de minha parte para que uma palavra fosse objeto de uma interpretação pessoal e singular, desprovida de contexto e pertencendo apenas a seu registro intimamente privado e fechado a todo e qualquer intercâmbio de pensamento comigo. Nesses momentos eu tinha dificuldade em compreender. E ela, ao mesmo tempo, pensava que eu estivesse seguindo perfeitamente o seu discurso e o fio de seu pensamento.

De minha parte havia, nesses casos, como que uma estranha sensação de mal-estar, de exclusão, diante do que me aparecia como um

---

[386] Pirlot, G. 1997, pp. 244-250.

"microdelírio" em torno de uma palavra e de um "corte" entre nossas duas subjetividades. Era o caso de, em seguida, pedir a ela que repetisse o que acabara de dizer, de repeti-lo então mais forte, com o intuito de desenvolver um sentido que me parecia por demais hermético.

Na maioria das vezes, ela se mostrava surpresa com isso: estava persuadida de que o monólogo tivesse sido um diálogo, o que não era o caso.

Além da alexitimia, havia essa atitude, que surgia na sequência como defesa contra toda atividade "masturbatória" do intelecto, contra a irrupção do "desconhecido", de algo sobre o qual ela não tinha controle. Certa vez ela associou com o interdito de masturbação por parte da mãe, enquanto o pai "era mais tolerante, o que era de admirar em se tratando de um argelino, e de um argelino de origem cabila... Ele não disse nada no dia em que me viu um pouco se agitando na cama, eu devia ter talvez uns 6 ou 7 anos... Foi minha mãe que me disse pra parar, visivelmente desgostosa". Difícil saber se o interdito ou a culpabilidade por "manipular" o material de seu interior onírico e psíquico teria sido a consequência de um interdito da mãe, francesa, que "via sempre de antemão o vício, nos outros", ou se isso vinha de cumplicidade de um pai quanto aos fantasmas sexuais e incestuosos da filha. Qualquer que fosse a culpabilidade ante o ato masturbatório, ela se fazia sentir na atividade intelectual de associar, aumentando a alexitimia.

Mas, voltemos à sua biografia: até os 3 anos, ela tinha sido criada com uma de suas três irmãs pela avó materna, e depois, de maneira intermitente (como sua asma), pela mãe, que a retomou definitivamente, assim como a suas irmãs, quando ela estava com 4 anos. Leila tinha um lugar particular entre as irmãs: vinha depois de um irmãozinho, que morrera algumas semanas após nascer. Na terapia, a asma lhe parecera contemporânea ao abandono materno - que suscitava ainda violentas reações afetivas, do luto não realizado dessa mãe pelo filho e enfim a descoberta, aos 4 anos, do aspecto possessivo e frio dessa mãe.

Ela também relatou que os pais não se entendiam. Já dissemos que a mãe era francesa, e o pai, cabila. As primeiras lembranças evocadas, ligadas à vida da família, foram sobretudo as de conflitos violentos, de disputas ou de tensões ocultas e "mortíferas". O ponto culminante foi uma "cena-tela", muitas vezes rememorada, na qual facas eram brandidas pelo pai, contra a mãe, que Leila, em um movimento desesperado, defendia protegendo-a do corpo do pai - ela tinha uns 7 ou 8 anos. Essa cena, *analogon* da cena primitiva em que ela "se expõe" à violência do pai, detinha ainda, de maneira visível, valor de defesa contra as emoções edipianas em relação ao pai, e agressivas para com a mãe: todos esses fantasmas em relação aos homens assumiam então a seguinte coloração violenta: o homem era sempre, e isso mesmo em alguns sonhos que ela tinha, suspeito de querer agredi-la com uma faca ou por estrangulamento, suspeito, pois, numa palavra, de atentar mais contra a sua vida do que contra a sua intimidade sexual.

Morando num pequeno apartamento nos arredores de uma cidade da Bélgica, Leila, até os 14 anos - idade de suas primeiras menstruações - dormia no quarto dos pais, separada deles por uma cortina suspensa "à moda árabe". No dia em que a mãe percebeu que ela estava menstruada (sexuada), ela a fez dormir em outro quarto, que não o dos pais. A sexualidade a cortou, separou-a, pois, brutalmente da infância. A ressexualização dos complexos edipianos que impunha o sobrevir da menstruação ligou definitivamente culpabilidade (edipiana) e angústia de abandono e rejeição. Foi nessa idade que a asma voltou, asma que estivera ausente desde que Leila tinha 5 anos - foi quando entrou na escola.

A asma se apresentava então sob a forma de crises noturnas muitas vezes por semana. Desapareceu quando Leila, já formada no secundário e cursando a faculdade de veterinária, ela conheceu seu primeiro namorado, Ahmed, estudante como ela (foi seu primeiro amor, de quem ela sempre se mostrava saudosa). Essa ligação amorosa se deu de maneira concomitante à sua iniciação ao tabagismo, no que imitou Ahmed. Aliás, ela constatou, sem pensar muito a respeito, que durante o dia fumar fazia desaparecer nela todo espasmo brônquico. Depois veio o rompimento com Ahmed. A asma voltou, durante um período que foi, também, o de uma sexualidade adictiva até conhecer um "belo homem", de origem árabe. A beleza deste atuou decisivamente no desejo de ter um filho dele: "não fazer um filho com ele, mas ter um filho *como ele*... Em mim...", observou. Ocorre que durante sua gravidez, esse homem teve uma relação com aquela que era sua melhor amiga à época, fazendo com que Leila terminasse com ele: "porque no fundo eu jamais o desejara como marido, nem como pai de meu filho".

A asma desapareceu completamente quando ela se viu grávida, vindo a reaparecer apenas quando a filha, Hélène, começou a andar (foi durante uma sessão que ela relacionou os dois fatos). Depois disso, passou a viver sob a apreensão de crises essencialmente noturnas e plurissemanais.

Com isso eu me dei conta de que ela preferia "sempre deixar os homens a ser deixada por eles... É tudo ou nada". Aliás, ela não queria os homens. Não sabia por quê. "Posso me virar muito bem sem eles... Viajei sozinha... na Europa e no Magreb, o que não é pouco para uma semiárabe..." Depois ela teve sua relação homossexual com Geneviève, garota de origem portuguesa. "Em nossa vida como casal, era Geneviève que decidia... Mesmo com a filha, Hélène, era ela que fazia às vezes de mãe... Eu, um pai ausente", ela acrescentou, a meia voz. Observamos aqui que a sintaxe da última frase é "fluida e passível de conduzir, como às vezes acontecia com ela, a diversas interpretações. De fato era difícil reconhecer na frase quem é o sujeito e o que é atributo: Geneviève era o pai ao mesmo tempo em que uma mãe adotiva no casal? Ou, ainda, seria Leila o marido (de Geneviève) e para Hélène - a filha - o equivalente de um pai ao mesmo tempo que sua mãe biológica?

Se a construção sintática dava margem ao paradoxo e à perplexidade, uma vez que sujeito e atributo se mostravam confundidos e indistintos, podemos observar que os fantasmas sexuais subjacentes da mesma forma recebiam a impressão "de inversão" nos papéis identificatórios. Essa desconstrução sintática ficava no lugar daquela, pulsional, da psique; ela permite compreender como se produzem as catástrofes de espaço pela falta de elaboração da linha subjetiva do si. Observe-se que, no plano fantasmático, essa estrutura sintáxica é a da reduplicação projetiva que tem sua existência ressaltada por Marty entre os alérgicos (*L'Ordre Psychosomatique*, 1980, p. 65).

Para não interpretar demais, observemos que tanto as intenções quanto as atitudes sexuais - aí compreendida a sexualidade - revelavam, entre outras coisas, um luto não realizado da diferença dos sexos, uma reivindicação fálica não disfarçada concretizando-se em "atos" e comportamentos, compreendidos no exercício da parentalidade: fusão com os parceiros masculinos e identificação com eles, combinadas com uma recusa de todo e qualquer vínculo, com todo envolvimento afetivo (o que lhe permitira se manter, como Antígona, a filha repatriadora de um pai argelino ferido pelo destino). Esse luto não seria o resultado da percepção precoce de um luto não feito pela mãe: o luto pelo menino que ela perdera? Nesse sentido, sem dúvida que Leila ocupava o lugar mais difícil: não era ela a garotinha nascida após o menino? Sua reivindicação fálica aparecia então como um modo de esposar aquela outra demanda, não saciada, da mãe: um modo de não deixar o corpo maternal e de repará-lo.

Essa reivindicação fálica só poderia se resolver no édipo, a menos que se desvencilhasse de outra reivindicação em relação à mãe: o abandono. Eram fatores dizendo respeito às angústias de separação, de abandono, mesmo de desamparo, alimentando, pois, amplamente as emoções edipianas.

Quanto a isso, ao retornar às sessões, duas metáforas apareceram: "sabe, a palavra 'asma', é uma palavra de que eu gosto muito, me faz pensar em "âme",[387] como nós temos em francês, minha língua materna... Basta suprimir as consoantes de "asthme"... s, t, h,... ou pode se pensar que teriam sido acrescentadas para "mascarar" o termo "alma" que teria por trás de si ou de asma".

---

[387] Outra paciente, professora e escritora, de estrutura neurótica, mas tendo sofrido de asma na primeira infância, em sessão declarou ter escrito, em um de seus textos, a palavra *"orgasmo"*. *"Isso me veio mesmo assim, do nada e como uma evidência... o órgão, os brônquios, exercendo-se à minha revelia quando eu era criança..."*.

Mais tarde, ela dirá de sua asma e de seu tabagismo: "Para mim é parecido, eu chamo a minha mãe, grito mas sem gritar... Gritar exigiria demais de meus brônquios... É algo de dentro e de fora ao mesmo tempo... O espasmo é o ego estrangulado ou então minha mãe, que se estrangula em mim... Ou ainda... O ego que a estrangula, ela que me abandonou".

E depois, valendo-se de um parêntese ensejado por outra frase, ela traria ainda outra metáfora:

L. (Leila) – ... *O inconsciente... Para mim... Se eu o representasse... Seria um olho...*
G. P. (Gérard Pirlot) – *Olho de quem?*
L. (hesitação) Um olho como de... Cain...
G.P. – O de Cain?
L. – Sim, é... Acho que... Não conheço essa história, está tanto no Corão quanto na Bíblia, mas eu creio que o olho de Cain que nos observa...
G.P. – É de uma história de assassinato que você fala, não é? Então me diga, quem foi que matou nessa história?
Leila procura então reconstruir a história tomando uma base lógica que segue a primeira declaração: "Se é Cain que olha... do céu, no inconsciente, foi ele que foi morto por... Como é mesmo o nome... Acho que Abel... Sim, é isso... Foi Abel que o matou, e o outro, morto, a olhar...".

Assim, constatamos que a inversão não dizia respeito só à esfera sexual: tratava-se também da relação "dual", a que chegava à eliminação física de um ou outro sujeito, ou atributo/complemento. A angústia de castração fez um circunlóquio para evitar toda e qualquer castração simbólica, até mesmo uma castração narcísica e corporal envolvendo o corpo, e mesmo a vida.

A homossexualidade servia então, sem dúvida, a fins de auto--conservação: a vítima (não unicamente da sedução) é vítima de um assassinato do qual ela se defende sendo ela própria assassina: a que mata torna-se morta.

Mas o matador (Cain) nem por isso deixa de manter um olhar (inconsciente) de matador de Abel, o assassino. O inconsciente parecia dominado pela imago de pais combinados implacáveis, um pai pré-histórico e uma mãe todo-poderosa e abandonante: a confusão de papéis (próxima de identificação projetiva, aqui com o agressor, e de identificação mimética-narcísica) vem aqui se associar ao "colapso" de gerações entre a mãe e a filha.

O OBJETO PERDIDO: EGO

Com os comportamentos adictivos nós nos situamos em uma clínica dos limites com o inacabamento do processo de separação, zonas de confusão e infração recíprocas. O sujeito adicto, como tantas vezes no caso do adolescente, e mais geralmente o sujeito alexitímico, *tentará substituir as sensações pelas emoções sempre suscetíveis de surpreender seu ego pondo-o em situação de passividade diante dos afetos e do objeto que os suscitou.*[388] Como observa R. Roussillon, "as sensações permitem que se sinta existir ao cortar os laços libidinosos que a dependência estabelece com o objeto. Nesse sentido, as sensações são um meio de luta contra a depressão; ocorre que na continuidade o seu efeito anti-introjetivo torna vulnerável o sujeito. Na escalada mortífera em que ele se encontra aprisionado, vê-se condicionado a aumentar as sensações para poder continuar a se sentir existir, cumulando seu sentimento de vida interna".[389] Aqui a dificuldade de separação não é elaborada, mas sim contornada, e substituída por uma relação de dependência toxicomaníaca em um consumo do objeto da

---

388 Jeammet, P., Corcos, M. *Evolution des Problématiques Adolescents. La Dépendance et ses Aménagements, 1999.* Paris, Doin; Jeammet, P., "Vers une clinique de la dépendance. Approche psychanalytique", *Dépendance et Conduites de Consommation.* R. Padieu *et al.,* Questions en santé publique, Intercommissions INSERM, Éditions de l'INSERM, 1997, pp. 33-56.
389 Pirlot, G., *Les Déserts Intérieurs.* Eres, 2009.

necessidade que pode se conceber sem fim - enquanto é evitada toda confrontação faltante.

As condutas de dependência encontram-se assim subentendidas pela ilusão de reencontros provocados com o objeto (incestuoso) perdido (nostalgia, acima). A dimensão "perversa" dessas condutas está em atrelar a essa busca sensações que prevaleçam sobre qualquer outro modo de fruição, como veremos mais adiante.

Na verdade, o adicto se apresenta como amoroso apaixonado(a) para quem o outro é um modo, para o ego, de se reapropriar dessa parte perdida dele próprio. Preencher a depressão anaclítica, o luto tendo amputado a vida psíquica (falta de sangue e de reflexão de vampiro), eis o que preenche "o objeto" adictivo ou amoroso. Não esqueçamos de que Tristão foi assim batizado por sua mãe porque ela estava triste pela perda do marido. É nesse sentido que se pode compreender J. Cocteau, que, ao contar, em seu livro *Opium*, as angústias dessas curas de desmame, escreve: "Moralizar o opiômano é dizer a Tristão: "Mateis Isolda. Estareis bem melhor depois disso" (*Opium*, 1930).

Essa falha na organização psíquica narcísica do ego é particular. O equívoco nem tanto é o de uma culpabilidade devida ao conflito edipiano (faltar ao que se deve), mas devida a uma falência (em francês o *faillir* [falhar] e o *falloir* [ser preciso, necessário] têm a mesma raiz segundo o lexicógrafo Littré) na construção narcísica da imagem de si ou de si mesmo a partir do momento em que se instaura uma subjetividade reflexiva elaborando-se na aceitação da diferenciação em relação ao outro e da perda deste. A evidenciar essa etapa se tem a negação, o "não" (segundo organizador psíquico, segundo R. Spitz), que assinala o estabelecimento de uma consciência de si e do outro (ou do não si). Esse "não" simbolizado na linguagem, assim como o gesto, representa a aceitação de uma alteridade interna e a existência de um espaço de recalcamento.

Além disso, tudo o que não foi organizado pelos recalcamentos primário e secundário dependeria de uma insuficiência, de uma falta, o que foi ressaltado, em outra esfera, por Heidegger (1927)[390] com sua fórmula "quem não tem cão...", que ilustra o "estar em falta do Dasein" em um sentido diferente de culpabilidade: trata-se de uma falta ser preenchida; de uma carência de ser - falha narcísica, uma "anemia de sentidos" - que obriga a ter.

Ora, ser e ter tornam-se a primeira propriedade do objeto, a do ser constituído pelo desejo ou pela identificação (esta sendo a autorre-presentação subjetiva do objeto do desejo). "As crianças, diz Freud, gostam de expressar uma relação de objeto por identificação: eu sou o objeto. O ter é a relação ulterior e recai no ser após a perda do objeto. Exemplo: o seio. "O seio é um pedaço de ego, eu sou o seio". Mais tarde somente: "Já que não o sou, eu o tenho".[391]

OUTROS MODELOS METAPSICOLÓGICOS DA ADICÇÃO

MODELO DA PSICOSE LIQUEFEITA DO ALCOOLISMO

Esses "suplementos de alma" - e da mesma forma o amor ou a escrita - que são os *spiritueux*, verdadeiras próteses psíquicas *líquidas* que os alcoólicos incorporam, não seriam eles mais do que *analogon* das primeiras formas de envoltórios psíquicos - narcisismo primário - mantidos à margem de toda consolidação pelo recalcamento e que foram tão bem descritos pelos místicos?[392] Sabe-se que a mediação de água permite que crianças autistas sejam supridas quanto à ausência

---

390 Heidegger, M. Être et Temps. Gallimard, 1986, trad. Vezin, 1927.
391 Freud, S. 12, VII, in *Résultats, Idées, Problèmes* II. op. cit., 1939, p. 287.
392 "Ignorante e desprovida de espírito como sou, não encontro nada mais conveniente do que a água para dar a ideia de certas coisas espirituais, escreve Santa Teresa d'Ávila, em *Le Château intérieur* (*Oeuvres Completes*, t. II p. 571, Paris, 1963). Essa relação entre a água e o desejo é encontrada também em Paul Claudel: "Tudo o que o coração deseja pode se reduzir à figura da água" (*Oeuvre Complete*, La Pleiade, Paris, Gallimard, cap. XV, p. 198).

de envoltórios psíquicos; essa ausência traduz a não introjeção de um primeiro "continente-pele" sobre o qual voltaremos aqui.

Ao sentimento de vazio corresponderia, entre os alcoólicos, uma angústia de escoamento devido a essa falha de constituição de uma pele psíquica sólida que se tece nas relações precoces mãe/bebê.[393] Esse tipo de angústia foi descrito[394] como específico do bebê em processo de adormecimento: angústia de aplicação, de queda, de perturbação de relações de apoio ou de manutenção e de "afinação afetiva" por parte da mãe (afinação afetiva que confere à criança uma unidade perceptual, uma identificação afetiva - contexto - e a dimensão de sua duração).

Perturbado ainda se faz o domínio das experiências "de individuação-separação" (sexto-oitavo mês) descritas por M. Mahler, que é aqui perturbado. Nos casos mais graves, a falta de introjeção de objetos internos se manifestaria no psiquismo pela presença de "campânulas", de "buracos negros autísticos",[395] tornando-se igualmente polos atratores - "atratores estranhos" - da libido narcísica onde se mostra falho o apoio das pulsões sexuais.

Nessa situação, o objeto adictivo como o da paixão amorosa desempenham o papel de uma prótese narcísica a aglomerar (amalgamar) essa libido precisamente onde os investimentos narcísicos (líquidos) do início do *self*, o si, ecoaram para se objetalizar em ego.

Esses objetos autísticos, si-objetos, equivalentes de si, impediriam a queda do si no vazio como nas formas de psicose infantil ou de autismo esquizofrênico: sobre isso Racamier descreveu essa "máquina de fazer o vazio" que é o ego do esquizofrênico, tendo por colorário a persistência em uma negação do luto do objeto originário em um mundo incestuoso.[396]

---

393 Observe-se o número considerável de doenças de pele (eczemas, dermatoses diversas, psoríase) encontradas nos alcoólicos em cura de abstinência.
394 Perez-Sanchez, M. *L'Observation des Bébés*. Paris, ed. Clancier--Guenaud, 1981.
395 Tustin, F. (1972), *Autisme et Psychose de l'Enfant*. Paris, Seuil, 1977.
396 Racamier, P. C. *Les Schizophrènes*. Paris, P. B. Payot, 1980.

Em alguns instintos, a colagem do sentimento de si com a coisa percebida se faz pela identificação adesiva: a pele, a sensorialidade (e suas sinestesias) da criança se mantêm em uma contiguidade bidimensional (2 D) e dependente do incestual, sem poder definir um espaço interno *tridimensional* (3 D).[397] Com a capacidade de simbolização, de suspensão e diferença (no sentido de diferir)[398] da satisfação, será o espaço subjetivo *quadridimensional a incluir do tempo que, progressivamente, aparecerá.*

Entretanto, em algumas crianças autistas, como entre os sujeitos pacientes de mal de Alzheimer, o "desmantelamento do ego--sujeito" significará a incapacidade de unificar a experiência sensorial e emocional, sob o primado de uma organização psíquica subjetiva (falta de ego-pele e falta de contextualização simbólica da subjetividade do ego).

Ora, na experiência da perda parcial ou total de consciência (embriaguez, "trip"), ao que tudo indica tanto o alcoólico quanto o toxicômano procuram repetir, no plano subjetivo, para melhor controlá-las, essas mesmas experiências de desmantelamento da experiência sensorial. Pelo excesso de sensação, as formas de *psicose fria* seriam assim vedadas pela conduta adictiva ou dos processos de somatização. "Os alcoólicos seriam capazes de 'gerar' sua psicose sem dela mudar os dados: a confusão original do si--não-si é utilizada para atenuar o terror da diferença".[399]

---

397 Marcelli, D. *Positions Autistiques et Naissance de la Psyché*. Paris, PUF, 1986, p. 13.

398 No sentido de diferir, esperar, essa espera sendo criadora de categorias de diferenciação, dando forma ao interesse de frustração, espera, na elaboração da capacidade de simbolização, ela própria fruto da capacidade de separar/diferenciar. Cf. Derrida, J. "La différence", *Tel Quel*. Paris, Seuil, 1968, pp. 43-68.

399 Monjauze, M. *La Problématique Alcoolique*. Paris, Dunod, 1992, p. 157.

MODELO DE PESADELO E DA FALÊNCIA DO SONHO

Nas terapias de sujeitos alcoólicos, adictos do haxixe ou toxicômanos, ficamos impressionados com a frequência de pesadelos, que são muito comuns pelo menos no início. Ainda que estes sejam, não raro, confundidos por seus pacientes com sonhos de angústia, não é menos verdade que a vida psíquica, singularmente em período de desmame, é fornida de pesadelos. É preciso tentar compreender as relações entre pesadelos, função do sonho e atividade adictiva.

Lembremos que o sonho é, para Freud, um *compromisso* entre o desejo de dormir, com regressão ao narcisismo primitivo permitido pelo sono, e o desejo de fazer agir um movimento (intencional). O sonho, acompanhado de uma paralisia (atonia muscular) devida ao fechamento da via motriz, faz com que o adormecido possa prosseguir em seu sono.[400]

Da famosa sentença "o sonho é guardião do sono", tantas vezes mal compreendida pelos neurofisiologistas, que com muita frequência confundem o sono paradoxal[401] e os sonhos (cf. M.

---

400 Freud, S. (1917), "Complément métapsychologique à la théorie du rêve", Métapsychologie. Gallimard, 1968, pp. 125-146, *Oeuvres Complètes*, XIII. PUF, 1988, p. 243.

401 O sono paradoxal teria suas raízes filogenéticas na necessidade de uma vigília periódica ao modo de uma "torre de vigia" útil à sobrevivência da espécie. Seria, da mesma forma, uma necessária satisfação desestressante e uma "reprogramação" e "estabilização seletiva" (Changeux) das experiências sensório-motrizes e perceptivas do dia que se ligariam às experiências passadas memorizadas. Para "o onirólogo" Jouvet (1986), *"o papel do sono paradoxal seria assim o de manter as diferenças psicológicas entre indivíduos, garantindo, ao menos no homem, certa liberdade com relação ao ambiente sociocultural"*; ele serviria de programação genética iterativa no curso do desenvolvimento da ontogênese.

Jouvet,[402] J. P. Changeux[403] ou J. A. Hobson - anexo V). Os sonhos sobreviriam com mais frequência *no decurso da perturbação excitante* para o SNC que é a fase de SP com suas ondas de vigília.

Os campos dos dois fenômenos em causa (sono paradoxal e sonho) são *muito mais levemente adiados no tempo:* de um lado, um campo neurofisiológico recebendo as modificações devidas à fase "de vigília" do sono paradoxal (noção de "pace-maker" ou oscilador automático); de outro, um campo psíquico que, pela alucinação onírica, põe em imagens e em representações as sensações e traços mnésicos do sujeito.

O sonho integraria e "faria bricolagem" dos sinais recebidos para, uma vez retomada a via de vigília e de consciência, fazer dela um relato - *narrativo* - o mais coerente possível. Considerando "bricolagem" segundo as leis descobertas por Freud, o trabalho do sonho ilustra um modo de pensamento *ligante* em funcionamento primário como o mito, ele próprio "bricolé" (Lévi-Strauss)[404] ou a

---

402   Jouvet, M. "Neurobiologie du rêve", *L'Unité de l'Homme,* t. 2: *Le Cerveau Humain.* Paris, Seuil, 1974, pp. 102-126; para M. Jouvet esse sono paradoxal teria suas raízes filogenéticas na necessidade, em primeiro lugar, de uma necessária satisfação desestressante e de uma "reprogramação" e "estabilização seletiva" (Changeux) das experiências sensório-motrizes e perceptivas do dia que se ligariam às experiências passadas memorizadas. As contribuições de M. Jouvet relativamente ao sono paradoxal foram devidamente complementadas pelas descobertas de Bruhlen (1982) sobre o papel do sono paradoxal no processo de memorização, pelas de Bloch (1979) versando sobre os vínculos entre S. P. e aprendizagem no animal e, ainda, pelas de Squire e Alvirez (1995), que formularam a hipótese de que durante o sonho em ondas lentas se operaria uma reativação dos traços mnésicos estocados pelo córtex cerebral e pelo hipocampo, a fim de torná-los lembranças duráveis.
403   Changeux, J. P. "L'inné et l'acquis dans la structure du cerveau", *La Rechercehe en Neurobiologie.* Paris, Seuil, 1977, pp. 325-346; *L'Homme Neuronal.* Paris, Fayard, 1983.
404   Lévi-Strauss, C. *La Pensée Sauvage.* Paris, Plon, Agora, p. 30. "Ora, algo próprio, inerente ao pensamento mítico, como ao bricolagem no plano prático, é elaborar conjuntos estruturados, não diretamente com outros

evolução da vida (François Jacob): ele constitui uma realidade interna de estrutura *metanarrativa* permanente a comprovar a perenidade de um bom objeto interno. Assim, entre o trabalho do sonho e a dopaminergia do sono paradoxal há todo um abismo entre uma "energia" química e uma energia psíquica (*"Psychons"* de A. Green).

O trabalho de sonho exerce uma função de ligação entre o sistema inconsciente e o pré-consciente-consciente, entre traço perceptivo alucinatório (representação de coisa) e representação pulsional em um movimento autoerótico que funda a um só tempo o sujeito e o objeto. Do ponto de vista clínico, são conhecidos hoje em dia os problemas do sono dos autistas e psicóticos, e os psicossomáticos revelaram as carências de atividade onírica entre os sujeitos de pensamento "operatório" (sonhos "crus" ou ligados à atividade profissional), entre os psicóticos ou nos portadores incipientes do mal de Alzheimer. Tudo isso levou Bourguignon[405] a dizer que, entre as grandes funções desenvolvidas no sonho (estímulo, descarga, substituição), à função de integração-hierarquização do desenvolvimento e da manutenção dinâmica do sistema nervoso central acrescenta-se a da manutenção dinâmica do aparelho psíquico com relação a seu inconsciente sexual infantil recalcado, foco ativo (e incestuoso) das forças recalcadas desejantes.

Todavia, sempre para A. Bourguignon, essa função não é exclusivamente intrapsíquica, mas igualmente realizaria uma ligação somatopsíquica periódica (e acrescentaríamos aqui, como a mãe para o bebê: cf. a "função do devaneio" da mãe segundo W. R. Bion).[406] Para alguns afetos, portanto para a angústia, o sonho tem

---

conjuntos estruturados, utilizando, porém, resíduos e escombros de acontecimentos", ibid., 1992, pp. 35-36.

405 Bourguignon, A. "Fonction du rêve", *Nouvelle Revue de Psychanalyse*, 5, 1972, pp. 181-195; "Fondements neurobiologiques pour une théorie de la psychopathologique", *Psychiatrie de l'Enfant,* 1981, 24, 2, pp. 445-540. "Articulation de la complexité du SNC et de la complexité de l'organisation psychique", *Information Psychiatrique,* 62 (6), 1986, pp. 748-758.

406 Bion, W. R. (1962); *Aux Sources de l'Éxperience.* PUF, 1973; (1962), "A

um papel de dessomatização e de assunção de responsabilidade pelo plano psíquico: ele representa a emoção e as sensações (observemos que no colóquio "Somatização: Psicanálise e ciência do vivente", onde o diálogo entre os participantes foi algumas vezes difícil, com ninguém tendo evocado o papel integrador que tinham o sono paradoxal e o sonho).

Assim, pela dessomatização ou, ainda, pela psiquisação, o sonho permite figurar os representantes-representações pulsionais: pulsões e aparelho psíquico conascem por/nesse processo meta que é o processo onírico.

De um ponto de vista psicossomático, deve-se observar que, para M. Malher, o estado de sono corresponde, no rescém-nascido em fase autística normal, a uma *distribuição libidinal arcaica (atópica) que tem por objetivo a homeostase psicossomática.* Desde antes do nascimento, as ereções periódicas do menino estão associadas às fases de sono paradoxal (que correspondem a mais de 50% do sono) e aos sonhos; na criança e no adulto, tal ereção ilustra essa redistribuição periódica da libido arcaica (coexcitação libidinal) nos sistemas neurovegetativos e reflexos (esplâncnico) datando da fase autística normal.

O termo "dessomatização" enunciado acima estaria aqui a se opor ao processo de ressomatização de um afeto até então "gelado", este conduzindo, para J. McDougall, a patologias somáticas[407] e a condutas adictivas (acima). Assim, a dessomatização no seio da matriz primária do psicossoma "pode aparecer como o ponto de apoio de ressomatizações regressivas e sobretudo do bom funcionamento mental, caro a P. Marty, que encontrará aí, especialmente no sonho, um modo particularmente "satisfatório" de funcionar.[408]

Theory of Thinking", *Intern. J. of Psycho-Analysis*, 43; "Théorie de la pensée", *Revue Française de Psychanalyse*, 1, 1964, pp. 75-84.
407 McDougall, J. 1989, *op. cit.*
408 Marty, P., M'Uzan, M. de, David, C. (1963), *L'Investigation Psychosomatique, Sept Observations Cliniques.* Paris, PUF, reed. Col. Quadrige, 2003.

Todos esses fenômenos se condensam no que A. Green propõe chamar "psiquização". No entanto, uma descarga motriz substituirá, eventualmente, a descarga polissensorial do sonho: é o que se produzirá durante a fase de sonambulismo que sobrevém nos estágios 3 e 4 do sono lento (Freud, 1900).

Freud, Kreisler, Fain e Soulé,[409] assim como Bourguignon, perceberam a existência de uma relação inversa entre manifestações motrizes e processos alucinatórios do sonho, o que vem ao encontro das observações clínicas de pacientes "hiperativos" ou que apresentam um pensamento operatório, uma alexitimia e um comportamento adictivo. Ora, se sonho e motricidade estão em relação inversa (cf. Capítulo VI, *Interprétation des Rêves*), não se trata, como ressaltou Baldacci,[410] da linguagem e da motricidade; existe mesmo uma continuidade entre um e outro (ver o "jogo da bobina"; Freud, 1923).

Portanto, nessas condições, o pesadelo, malsucedido na função onírica, pode ser considerado uma forma de passagem ao ato[411] devido ao adiamento de certos "limiares de intensidade afetiva", na regressão narcísica "desobjetalizante" que é o sono. O pesadelo sinaliza uma organização psíquica que é a de neurose traumática, de onde sua frequência nos sujeitos *borderlines*. A insuficiência das experiências de gratificação tendo entravado a constituição de boas imagens internas (falta de espelho maternal e familiar, *ver abaixo*)

---

409 Kreisler, L., Fain, M., e Soulé, M. *L'Enfant et Son Corps*. Paris, PUF, 1974.
410 Baldacci, J. L. "Passage à l'acte et fonction onirique", *Information Psychiatrique*, n. 10, 1984, pp. 1232-1241.
411 Balier, C. (1996), *op. cit.* pp. 178-179, mostrou de que modo, entre outros signos clínicos, o pesadelo e seu terror pânico invadem o sono antes ou após a passagem ao ato dos criminosos que ele encontrou. Observa também, entre os pacientes, a frequência, na infância, de uma mãe morta ou que tenha perdido a consciência, a razão. As passagens aos atos criminais e/ou sexuais violentas representam, para esses sujeitos, uma "solução encontrada que consiste em utilizar as pulsões destruidoras no sentido de uma *desobjetalização do si, abolindo, ao mesmo tempo, seu estatuto de sujeito*".

favoreceriam o pesadelo que evidenciaria, então, uma brecha na textura da tela do sonho (Lewin), do *self* e de uma incapacidade de figurar a pulsão e seu rebento, que é o afeto.

O contrainvestimento dessas fixações traumáticas por objetos externos, drogas, álcool seria utilizado como "solução" de apoio, de continente, ou seja, fetichista.[412] Observe-se que a amnésia parcial que sucede ao pesadelo é diferente da que se sucede ao sonho: a maior parte do conteúdo é o mais das vezes irredutível à análise e pareceria traduzir a *ausência de ligação efetivada entre a representação verbal e a representação alucinada;* o que se tem aqui é esse desmoronamento do sistema de representação do qual havíamos falado nos *borderlines*.

Essa ausência de ligação é a causa e consequência de um mecanismo ativo de negação que exerce um forte poder de atração sobre as representações verbais. "Assim, a clivagem sendo correlativa de negação, os restos noturnos do pesadelo separam-se dos pensamentos latentes e se enquistam como corpos estranhos no pré-consciente", segundo Baldacci, quando não o fazem na "somatosfera" (com o acionamento das defesas imunitárias). Diferentemente do *acting*, a passagem ao ato (adictiva) vem a ser, pois, o que marca a falência do recalcamento e a impossibilidade de reorganizar pensamentos latentes com movimentos conflituais. Ela evidencia também a falência do alucinatório psíquico e da função da alucinação negativa, o que passaremos a examinar.

---

412 O recalcamento originário (conceito-limite da metapsicologia) tendo sido designado por Freud em O inconsciente (1915) como um contrainvestimento (*Méthapsychologie*, p. 89), é possível que uma força de excitação e de fratura da não excitação (*Reizschutz*) leve a uma insuficiência desse processo originário. Essa "falta de estrutura" a ocasionar recalcamentos primários e secundários (chamados posteriores) *economicamente* fracos acionariam mais voluntariamente forças de contrainvestimento de ordem *tóxico-química* (hormonal e neuro-hormonal) ou corporal, mais do que psíquica.

PERCEPÇÃO-SENSAÇÃO DA ADICÇÃO PARA FUGIR À ALUCINAÇÃO

As relações entre delírio e somatização tem sido abordadas por trabalhos psiquiátricos em que a questão de um equilíbrio entre eles é enfatizada por alguns clínicos: Andréoli,[413] Thurin,[414] Blanquier[415] e Veyrat.[416] Da mesma maneira, conhece-se já de há muito tempo os *delirium tremens* que seguem-se ao desmame alcoólico ou os delírios paranoicos que seguem-se à adicção cocaínica. Não haveria, sendo assim, pelo recurso à sensação-percepção adictiva, algo de alucinatório, encontrado nos pesadelos e não passível de simbolização, já que por demais precoce, com o sujeito adicto e a criança hiperativa buscando dele fugir pelo comportamento?

A compreensão desses fenômenos passa, de início, por uma advertência quanto ao estatuto do alucinatório em Freud. Em Esboço de Freud, "o alucinatório representa um modo de satisfação *imediata* (sem latência, sem *diferença* no sentido de Derrida) que investe diretamente o sistema perceptivo. "O alucinatório" então empresta as modalidades dos processos primários que buscam uma "identidade de percepção", como no sonho reificante (substantificante) o objeto de uma

---

413 Andréoli, A. "À la decouverte d'une clinique du corps au travers de la relaxation", in Pasini, W. e Andréoli, A.: *Le Corps en Psychothérapie*. Payot, 1993.
414 Thurin, J. M. "Psychosomatique; le réel en question", *Somatisation, Psychanalyse et Science du Vivant*. Paris, EsHel, 1994, pp. 261-299.
415 Blanquier, A. e Veyrat, J. G. (1995), "Le corps malade du psychotique", *Annales Médico-Psychologiques*, 153, (1), pp. 1-18; além disso, ao que tudo indica *a somatização sobrevém quando a constituição de um delírio não é mais ou simplesmente não é possível* por motivo de defesas psíquicas específicas. Esses fatos são confirmados pelas relações de exclusão entre somatização e delírio, cf. Freud (1920), *Au-delá du Principe de Plaisir;* C. Dejours (1987), "Économie de la perception et processus de somatisation", *Psychanalyse à l'Université*, 12, (47), pp. 417-435; (1988), "Les psychoses par somatisation", *Psychiatrie Française,* maio, pp. 569-579.
416 Le Guen, C. (1992), *Le Refoulement*. PUF, col. QSJ? p. 59.

perda. A boa qualidade do recalcamento originário permitirá, em seguida, condensar as atividades alucinatórias, projetivas, fantasmáticas, assim como a boa configuração dos recalcamentos primários.

Em razão de falhas nos recalcamentos primários (ou mesmo do recalcamento original), e portanto das possibilidades de transcrição *meta* das excitações pulsionais, a alucinação poderia também ser compreendida como aparecendo no campo psíquico sensorial e sendo assim uma espécie "de epilepsia" do centro sensorial proveniente de uma forma *anterógrada* do processo projetivo.

No capítulo VII da *Interpretação dos sonhos*, o alucinatório originário aparece como mecanismo que está na base da existência mesma do psiquismo (o "fundo" psíquico) que todo sujeito deve (re)criar, transcrever, substituir fora dele, num mundo representado. É necessário precisar os vínculos particulares entre esse "alucinatório", a alucinação, o pensamento e o "psiquessoma". Não será inútil lembrar que:

> 1. Nas primeiras fases da vida, a necessidade ativa a pulsão; o representante psíquico dessa pulsão, e então, nesse caso, o psiquismo de responder em termos de figuração-alucinação (primeira forma de representante-representação da pulsão).
>
> 2. Se esse fenômeno "natural" encontra-se como patologia no psicótico, é porque nele a alucinação (que é percepção sem objeto a perceber, H. Ey)[417] nada é sem o delírio ou sem a interpretação delirante. No psicótico, é o delírio, a atividade delirante do pensamento, que transtorna a percepção, compreendida aí a percepção alucinatória. Portanto, não é a presença do objeto que torna uma percepção alucinatória, mas, como descreveu M. Merleau-Ponty (1945),

---

417 Em *Hallucination et Délire: les Formes Hallucinatoires de l'Automatisme Verbal*, H. Ey considera que "a alucinação é sempre amassada pela pata da personalidade do sujeito e feita de sua própria atividade", 1934, p. 173.

é da estrutura do espaço subjetivo que dependerá o aspecto delirante da personalidade: "O que garante o homem curado contra o delírio e a alucinação não é a sua crítica, e sim a *estrutura de seu espaço*. O que faz tanto a alucinação como o mito é o encolhimento do espaço vivido, o enraizamento das coisas em nosso corpo, a vertiginosa proximidade do objeto, a solidariedade entre homem e mundo, ainda que recalcados pela percepção de todos os dias...".

Portanto, é por ser o sujeito psicótico que a percepção-representação do objeto encolhe: no "colapso tópico" que é a psicose, a alucinação, enquanto objeto-coisa, é uma percepção "abortada" em seu emprego metafórico, psíquico e representacional.[418] A alucinação psicótica assinala o transbordamento da função perceptivo-representativa como o pesadelo na neurose traumática - que virá "preencher" e combater por contrainvestimento químico o comportamento adictivo para evitar todo e qualquer desmoronamento psicótico.

Certas teorias modernas sobre os alucinados audictivos apontam para essa compreensão de alucinação como proveniente de uma *desorganização da planificação e da intencionalidade do discurso (interior)*. Nesse caso, é o efeito de contexto (e sua imposição simbólica e semiótica) que já não se faz possível.[419]

---

418 Para H. Faure, o indivíduo quando presa da alucinação psicótica situa-se no mundo somente em referência a uma "existência" que não é a sua, que exerce sobre ele um misterioso "poder". *Hallucination et Réalité Perceptive*. PUF, 1969, p. 147. A "Coisa" aquém da linguagem, objeto de busca dos esquizofrênicos, dos poetas (Hölderlin, Rimbaud, Mallarmé, Rilke) ou dos místicos (João de la Cruz, Mestre Eckhart) é a mesma da *"epoché"* que Husserl isola de maneira filosófica. A busca que se realiza é a de uma materialidade "apresentativa" aquém de toda representação linguística denotativa do Logos. Busca sensual da experiência da linguagem fundamental (P. Aulagnier; "Sensation" de Rimbaud), da gravidez semiótica ligada aos cuidados maternais dispensados à criança e à introjeção dos fantasmas maternos portadores da identidade do gênero.

419 Para Rosenfeld (1989; *op. cit.*), os problemas mnésicos remeteriam a

Nessas condições, a alucinação (de origem psicótica, ou a alucinação que frequentes vezes se dá no *borderline*) parece ser uma *manifestação pré-simbólica anacrônica* a remeter à época pré--histórica na qual a língua era percebida, ao modo de um gozo, de maneira sensorial (ativação de áreas sensório-límbicas)[420] muito mais do que se tem com as operações *meta* da intelecção, e em seguida da escrita (o que implica a aceitação da castração simbólica): "o estranho familiar" da voz alucinada "ouvida" dependeria de uma impressão da percepção *intuitiva* do sentido das palavras, uma vez que o sujeito alucinado dela perdeu a intenção (a voz interior).[421]

---

uma falta de rememoração do contexto afetivo visando a criar novas categorias (de pensamentos) úteis à reminiscência. Esse contexto não lembra o *Mitsein*, parte constituinte do *Dasein* do ser e que Merleau-Ponty (1945, *Phénoménologie de la Perception*. Paris, Gallimard, col. Tel., p. 409) chama de *"intermundo"*, no qual algum outro ocupa o mesmo lugar que o meu, como se tem no bebê ou no delirante. Essa época impessoal é encontrada também na obra de escritores que passam progressivamente do "eu" ao "ele": M. Blanchot, *L'Éspace Littéraire*. Paris, Gallimard, 1955, p. 74.
420 Weinberger, D. R. "From neuropathology to neuro-developpment", *Lancet*, 346, 1995, pp. 552-557.
421 Essa hipótese seria a aplicação de um trabalho de Julian Jaynes, que defendeu que em um período pré-histórico ontogenético e filogenético as palavras da voz eram pouco subjetivas; a linguagem era holofrástica de prescrição: "Espere aí, sou eu o chefe, tem um perigo aí". Ele cita o exemplo da *Ilíada*, anterior à *Odisseia*, que, ao contrário desta, apresenta heróis que não são "sujeitos de sua ação", mas sim "obedecem" aos deuses e estão submetidos a eles. O "eu", a decisão de ato só vão aparecer na *Odisseia*. Com isso, a alucinação (de origem psicótica) parecerá uma manifestação pré-simbólica anacrônica, evidência da época pré-histórica, quando a língua era percebida ao modo de um gozo sensorial (ativação de áreas sensório-límbicas) ao invés de o ser com operações meta da intelecção, e posteriormente, como escrita, a implicar a aceitação da castração simbólica e a permitir as representações-significação, a consciência de alguma coisa (Husserl). Em um período pré-histórico, além de ontogenético e filogenético, as palavras da voz eram, efetivamente, pouco subjetivas; essa linguagem era holofrástica de pres-

Nesse sentido, entende-se que o bebê e, posteriormente, a criança encontram-se submetidos a mensagens verbais e afetivas paradoxais ("duplo-vínculo" da escola de Palo Alto), submetidos também a uma vontade materna de controle, de desvio ou de negação de seu pensamento (perversão narcísica), com o risco de alucinações psíquicas sensoriais se tornando bastante presente. *Para se defender dessas alucinações, a prática de descarga sensorial por hiperagitação assim como, já mais tarde, na adolescência, a adicção* pode se instalar.

OS ALUCINÓGENOS, O ALUCINATÓRIO E O PSIQUESSOMA

Iniciemos aqui com as relações entre as drogas alucinógenas e o funcionamento psíquico, em particular a sua base "alucinatória" que os alucinógenos tentam ativar e substituir quimicamente.

O LSD[422] (ácido lisérgico dietilamida, também chamado "ácido",

---

crição; Jaynes, J. (1976), *La Naissance de la Conscience dans l'Effondrement de l'Esprit.* Paris, PUF, 1994.

422 Sua síntese recorre a certo número de compostos tóxicos e explosivos, dentre os quais a hidrazina, que é o ácido trifluoroacético, e a dietilamina. O LSD em estado puro é um pó cristalino branco, inodoro e solúvel em água. Em razão das quantidades ínfimas necessárias, o LSD é misturado a outras substâncias, como o açúcar, e vendido em cápsulas, em pequenos comprimidos, em líquido ou aplicado em folhas de gelatina ou de papel secante. Sua detecção é difícil. O uso do LSD pode gerar acidentes psiquiátricos graves e duráveis, que persistem mesmo após a interrupção do consumo. O consumo de LSD pode provocar complicações psiquiátricas agudas, que podem durar 24 horas, reações de violência frequentes e déficits cerebrais. Também se tem registro de casos de espasmos vasculares centrais e danos neurológicos irreversíveis: *flashbacks* que podem durar muitos anos após a ingestão da última dose, além de espasmos constatados em 15% dos consumidores. A longo prazo o usuário de LSA pode ser tomado por um estado depressivo ou ansioso, de problemas psíquicos e de personalidade, o que acontece

substância semissintética e sintetizada a partir do ácido lisérgico, alcaloide) provoca manifestações alucinatórias e simpatomiméticas de origem central dominantes em fraca dose: náuseas, vômitos, hipersudorese, taquicardia, hipotensão e midríase. A mescalina, o alcaloide do peiote, a psilocibina (ver H. Michaux e A. Huxley) resultam nos mesmos sintomas do LSD ou de alguns medicamentos: corticoides, anticolinérgicos, digoxina, digitálicos etc.

Os problemas neurovegetativos serão observados no início da "viagem" (*trip*) que se caracteriza por alucinações polissensoriais feitas de uma distorção do campo sensorial e do tempo. O perigo dessas substâncias alucinógenas é, pois, o de se entrar na psicose, mas também o de se manter *"scotché"*, "aderido", ou seja, ter alucinações crônicas, como acontece com sujeitos de personalidade introvertida e angustiada.[423] Esses *flashbacks* de "revivescência" de alucinação ou de problemas perceptivos,[424] que acontecem semanas ou mesmo meses após contato com a substância, geram angústias de despersonalização. Por isso, essas substâncias estão longe de ser inofensivas para as estruturas de personalidade mais "frágeis".

No plano neurofisiológico, esses alucinógenos são inibidores dos sistemas serotoninérgicos e facilitadores das vias catecolaminérgicas (dopa e noradrenérgicas). No plano neuroanatômico, o LSD afixa-se nas áreas sensoriais e nas áreas límbicas: hipotálamo e hipocampo. Do ponto de vista neurobiológico, a hipersensorialidade alucinatória devida aos alucinógenos estaria compreendida no

---

sobretudo nas personalidades "frágeis" (*borderlines versus* esquizoides), acidentes neurológicos. Não há dados sobre o número de mortes em relação direta com o consumo de LSD, mas constatamos suicídios ou acidentes consecutivos à sua absorção.

423 Fliege, F. "Les scotches: enjeux topiques de l'expérience hallucinogène", *Synapse*. outubro n. 1988, 2003, pp. 17-24.

424 Sadison, R. A., Spencer, A. M. "The therapeutic value of lysergic and dethylamide in mental illness, *Journal of Mental Science*", 100, 1954, pp. 491-507; Eisner, B., Cohen, S. "Psychotherapy with lysergic and acid diethylamide", J. of Nervous and Mental Disease, 127, 1958, pp. 528-539.

aumento da relação sinal/ruído na transmissão noradrenérgica (pelo *locus coeruleus*) e na implicação dos sistemas serotoninérgicos; resta saber se essa hipersensorialidade alucinatória devida aos alucinógenos também está presente nos psicóticos alucinados. Com esses produtos, a entrada das percepções (atividade das áreas sensoriais) é diminuída, enquanto, ao contrário, o sistema límbico é ativado.

Os alucinógenos exercem dois efeitos: pela intermediação dos sistemas monoaminérgicos, aumentam a relação sinal/ruído e modificam as entradas das percepções e, portanto, o funcionamento íntimo do sistema nervoso central. Ora, como observa o neurofisiólogo J. P. Tassin,[425] a diminuição das entradas de percepções (da atividade sensorial) e *o aumento de atividade das áreas límbicas lembrando um funcionamento natural e periódico do* sistema nervoso central: *o sono*; as atividades noradrenérgicas e serotoninérgicas diminuem durante o sono, sendo interrompidas durante o sono paradoxal. No período do sono paradoxal, as entradas sensoriais diminuem, enquanto o limiar de percepção aumenta. Se emitir um flash luminoso a uma pessoa dormindo, ela é despertada e diz que sonhava em ligar a luz.

Desse modo, o sonho e também os alucinógenos mostram a capacidade do sistema nervoso central de funcionar num sentido "regressivo" pelo qual o sistema sensorial límbico é substituído no sentido límbico. Essa "regressão" anatomofisiológica do sistema nervoso central se superpõe à regressão funcional e tópica do aparelho psíquico proposta por Freud em *A interpretação dos sonhos*: de um ponto de vista neurofisiológico, o modo analógico de funcionamento do sistema nervoso central dos primeiros anos de desenvolvimento pode reaparecer nas modalidades regressivas do funcionamento.

Ora, além de atividade orgânica, esse funcionamento regressivo do sistema nervoso central existe em outras situações, em particular

---

425 Tassin, J. P. "Hypothèses neurobiologiques des hallucinations", *Psychiat. Biol.* (22/23), 1992, pp. 79-87.

na criança de 0 a 2 anos, *antes* da aquisição da linguagem. O bebê, que não tem ou tem poucos sistemas noradrenérgicos e serotoninérgicos maduros e poucos neurônios intracorticais desenvolvidos, apresenta de fato poucas possibilidades associativas: *a não presença (muito mais do que a ausência) de representação "puxa" então para uma pulsionalização simbolizante do pensamento: é preciso o representável, aí compreendido o alucinatório, muito mais do que o vazio...*

Enfim, a criança pequena já não tem estoque límbico. Ela recebe informações (os sistemas sensoriais são funcionais), mas a informação será pouco codificada qualitativamente (psiquicamente); ela o será apenas *quantitativamente* (hipnose infantil). A informação será escassamente tratada pelos sistemas noradrenérgicos e serotoninérgicos, para sê-lo muito mais por um modo analógico, límbico sensorial, e isso que tem repercussões vegetativas.

Esse modo de estocagem analógica e límbico-sensorial das informações cria, para a vida psicoafetiva, uma verdadeira *"bacia de atração", a mesma que realiza por seu quadro e por seu transferido, a cura analítica e sua regressão tópica.* Assim, diante de toda resistência ao transferido, essa bacia de atração encontrará as vias neurossensoriais ou neurovegetativas antigas de escoamento.

É graças a esse modelo que J. P. Tassin[426] *procura compreender a somatização e abre vias de compreensão do comportamento adictivo:* se o tratamento cognitivo de um afeto (angústia não específica, por exemplo) não pode ser realizado no seio do psiquismo, ele se faz segundo modos antigos, analógicos, formados precocemente, memorizados e, em proximidade à esfera somática, vão, pois, contrainvestir as adicções.

A somatização, da mesma maneira que o comportamento hiperativo ou adictivo, poderia então ser vista como um *erro de categorização mnésica,* ou *mesmo perceptiva, de um afeto,* este sendo acompanhado de um "limiar de coerência" anterior ao de seu tratamento cognitivo-psíquico (holófrase) e perceptivo-alucinatório.

---

426 Tassin, J. P. 1992, *op. cit.*

O modo de funcionamento em que se encontra um indivíduo em hipnose poderia também favorecer essa dissociação entre os funcionamentos analógicos e digitais/cognitivos.

A ALUCINAÇÃO NEGATIVA E A DOR

Essas constatações patológicas que, nos sujeitos adictos e/ou *borderlines*, revelam-se de difícil representação reflexiva e subjetiva de afetos violentos e dilacerando a "não excitação", a ponto de pôr "a vivo" o alucinatório, podem ser compreendidas em termos de falta de alucinação negativa no sentido de A. Green.

Em "O complexo da mãe morta", Green observa que uma ferida narcísica da mãe ocasionava o fim do período feliz entre ela e o bebê: a perda de amor equivale então à perda de sentido. O desinvestimento da mãe deprimida tem então por consequência a *constituição de um buraco na relação de objeto* e de problemas da personalidade.

> *Existe um enquistamento do objeto e a extinção de seu traço pelo desinvestimento, existe uma identificação primária positiva com a mãe morte e a transformação da identificação positiva em identificação negativa, isto é, identificação com um buraco deixado pelo desinvestimento e pelo não ao objeto.*[427]

De modo mais geral, em Green, o "complexo da mãe morta" ilustra uma função do negativo reveladora de uma estrutura constitutiva do funcionamento psíquico, indispensável a todo processo de subjetivação. A função da alucinação negativa passa a se tornar protagonista do aparelho psíquico; ela vai constituir um *fundo alucinatório negativo a dar acesso à figurabilidade das percepções/*

---

[427] Green, A., (1973), p. 235 o que remete à identificação endocríptica cujo papel nas somatizações foi ressaltado por N. Abraham e M. Torok *L'Écorce et le Noyau,* Flammarion, ed., 1978, pp. 295-317 e 318-321.

pulsões pela representação psíquica da pulsão, sendo esta, em Green, "a matriz de atividade psíquica".

Elaborada no contato da mãe e evidenciada na introjeção do objeto maternal, a alucinação negativa constrói continentes (psíquicos) para as figurações e representações, o que nos permite ter uma resposta ao que nós já havíamos apresentado como falhos entre os adictos. A alucinação negativa constitui uma tela interface de não excitação e uma barreira de contato, sede produtiva da operação meta de simbolização imaginante (é, ainda uma vez, essa falha que tenta "mimetizar" o objeto ou o comportamento adictivo). Portanto, ela exerce uma função protetora e antitraumática: no plano econômico, ela é tão custosa quanto o procedimento autocalmante, ela põe em branco uma tela de vazio figurativo onde o ego poderia ser confrontado com o polo perceptivo/afetivo do que é insuportável ao polo representativo.[428] A alucinação negativa "é, assim, o reverso do qual a realização alucinatória do desejo é o avesso".[429]

Em outras palavras, esse processo de alucinação negativa, à medida que o objeto maternal se esvanece como objeto primário de fusão, cede lugar aos investimentos próprios do ego, fundador do narcisismo pessoal, isto é, do sim psíquico *(self) subjetivável. Refletido na língua e simbólico, esse sim poderia, posteriormente, objetivar-se subjetivamente,* em um movimento *autoerótico* de ir e vir, conferindo ao ego-sujeito reconhecente a alteridade do outro e tornado "ego observador" de si próprio,[430] aceitando as reprovações do superego, este que, após um longo tempo de terapia, poderá levar um sujeito à sair da compulsão masoquista de repetição.

---

428 Lavallé, G. 1994, *op. cit.*, p. 88.
429 Green, A. 1973, *op. cit.*, p. 302.
430 Notemos que esse ego observador encontra-se ausente na subjetividade dos *borderlines,* que diluem esse ego observador no excesso afetivo e utilizam as reações emocionais com a finalidade de resistências; cf. Kernberg, O. (1975), *Les Troubles Limites de la Personnalité.* Toulouse, Privat, 1979, pp. 114-115.

A alucinação negativa é, assim, a pré-condição a toda teoria de representação:[431] *capacidade de representar a ausência da coisa* não é um problema patológico, diferentemente das psicoses brancas, em que "o objeto, não sendo jamais ausente, não pode ser pensado".[432] E se o afeto, nesse quadro teórico, desvela-se em sua manifestação subjetiva como tendo lugar na representação, *seu efeito mais marcante é a alucinação negativa.*[433]

Pode-se então postular que se, como nas problemáticas *borderlines*, o pano de fundo enquadrante maternal - o contexto, o consentimento, a consensualidade (W. Bion), seu devaneio e seu acordo afetivo têm sido por demais frágeis ou por demais intrusivos (terror), não podendo ser retransmitidos por investimentos de objetos, de "buracos" no investimento narcísico e perceptivo do *si* que deixa o ego "a vivo", sem projeção de superfície. Nessas condições aparece então um funcionamento psíquico incapaz de *(se)* representar a ausência (falta de alucinação negativa a proporcionar uma falha de fundo representacional).

São esses casos que posicionam o problema da tópica da percepção, esta não podendo adquirir a "qualidade" alucinatória negativa indispensável à construção de uma linhagem subjetiva do ego que se utilize da representação de palavra.

Uma das ilustrações possíveis dos gatos da negatividade alucinatória poderá ser, também, a dor. A dor do abstinente, a do "tóxico" em falta, ou do somatósico, a dor dos "ados" (adolescentes) desolados permite de fato criar um ponto de fixação, um continente, uma "pseudopulsão"[434] para uma psique mal amarrada (*"Le Bateau*

---

431 Green, A., *op. cit.*, 1967, p. 652.
432 Green, A., *op. cit.*, 1973, p. 235.
433 Green, A., *op. cit.*, 1973, p. 302.
434 Em "O recalque" (1915), Freud escreve sobre a dor: "Pode acontecer que uma excitação externa, por exemplo, a da corrosão ou destruição de um órgão, venha a se tornar interna, e que nasça daí uma nova fonte de excitação constante e um aumento de tensão [...] sentida como dor. Mas essa pseudopulsão tem como único objetivo fazer cessar a alteração do órgão e o

Ivre" de A. Rimbaud)[435] e presa de vacilos identitários e de uma incapacidade de representar os afetos.

Com isso, a dor poderia ser o guardião do traço de um objeto perdido, já não podendo ser, porém, representada alucinatoriamente.[436] A um só tempo como "pseudopulsão" e percepção, ela *seria, na ordem narcísica, o que a pulsão é na ordem objetal.*

Assim, as falhas de constituição do masoquismo primário capaz de "diferir" (portanto pulsionalizar) o excesso de excitação encontrariam na dor controlada pela dominação uma possibilidade de importunar a expressão da pulsão de morte, a economia do aparelho psíquico encontrando-se, bem entendido, modificada: "A dor já não mais seria simples reação mecânica diante a fratura, mas sim engendraria uma nova organização do aparelho psíquico, já não respondendo ao processo de recalcamento, mas solicitando, por exemplo, uma supressão tóxica (pelas drogas ou analgésicos)".[437]

Nessas condições, a percepção, aí compreendida a cor, desempenha, e o faz bastante bem para o ego, o papel que retorna à pulsão no id.[438] Nas adicções, essa percepção "encarnada" se fará com o amparo de uma pulsão muito particular: a dominação que será o veículo da dominação da conduta adictiva sobre o ego do adicto.

COMPREENSÃO DA INFLUÊNCIA E PERCEPÇÃO CLIVADA DO EGO

As adicções põem em cena sensações cinestésicas, sensoriais e musculares. Seria o caso de lembrar que, para Freud, o aparelho muscular é o instrumento sobre o qual se exerce a pulsão

---

desprazer que a acompanha".
435 Pirlot, G. *Poésie et Cancer Chez A. Rimbaud.* Paris, EDK, 2007.
436 Freud, S. *Inhibition, Symptôme et Angoisse, op. cit.,* 1926, p. 100.
437 Ferbos, *op. cit.,* p. 77.
438 Freud, S. *Le Moi et le Ça, op. cit.,* 1923, p. 237.

de influência. Esta é uma pulsão não sexual que se une de maneira apenas secundária à sexualidade. Assim, "o aparelho de dominação" *(Bemächtigung-apparät)* descrito por Freud *(Três ensaios)*, é um meio de dominação cuja atividade é o fato de uma pulsão (arcaica) de apropriação que é intermediária *(Bemeigung)* entre o sexual e o não sexual. "A dominação seria, então, independente da sexualidade"; "suas fontes seriam independentes em relação às zonas erógenas" e, na ordem da ontogênese, ela seria *anterior* à libido sexual,[439] isto que, deve-se observar, fará dela uma candidata a servir ao narcisismo, às pulsões de autoconservação do organismo e à pulsão "epistemofílica".

No estágio oral, essa pulsão é, antes de mais nada, dirigida ao objeto de amor exterior que será aniquilado, e Freud, em *O ego e o id,* deixa claro que a musculatura permite desviar para o mundo exterior moções destruidoras. Aliás, essa pulsão de dominação constitui o único elemento presente na crueldade originária da criança, de seu "ódio" ao objeto.

Mas com a posição sádica da primariedade genital, essa pulsão assegurará a função de controladora do ato sexual, como do ato de conhecimento epistemofílico. De fato, o termo *Bemächtigungstrieb* significa tanto "pulsão de dominação" quanto "instinto de possessão", e traduz a ideia de um "ter a conservar" (na ordem das psicoses, Racamier [1980] ressaltou o modo como a mãe do esquizofrênico alimenta essa *dominação sobre a psique* do filho; na ordem somática, a vasoconstrição será a forma dessimbolizada dessa pulsão). Seria então o caso dessa pulsão de um tipo particular poder ser "desperta" por ocasião de difíceis e violentos conflitos que teriam certos sujeitos *borderlines* diante tudo o que diz respeito à separação, o luto, a castração e a presença da alteridade do outro.

Esse termo, *Bemächtigung* (dominação) é bastante próximo de outro termo encontrado em Freud: *Bewaltigung*, que Laplanche e J. B. Pontalis *(Vocabulário)* propõem traduzir por "domínio" *(maîtrise)*

---

439 Freud, S. *Trois Essais,* ed. 1962, 1905, p. 64.

a designar, em Freud, o fato de "assumir o controle da excitação", seja ela pulsional, seja ela externa *(Reizwältigung)*.

Há assim, de maneira manifesta, um ponto de passagem entre "dominação sobre objeto" e "dominação de excitações", ou mesmo "dominação por/na excitação".

Freud, aliás, interpretará a repetição e sua compulsão (na brincadeira infantil ou na neurose traumática) como um fato cuja tendência "não pode ser atribuída à tendência para a pulsão de dominação", cf. a criança com o carretel (a repetição e sua compulsão se tornaram adictivas descrita por Winnicott). Em sua relação com a dominação, P. Denis[440] propõe que: *dominação se constitui em um componente ou em vetor, que, necessário à pulsão, nela garante a manutenção e a constância da vida pulsional no eixo fonte pulsionado-meta.*

A dominação sobre o objeto seguirá de mãos dadas com a ligação pela repetição da lembrança traumática (e da energia que investiu essa lembrança) como na adicção ou no procedimento autocalmante. *Despulsionalizando e desmetaforizando a compulsão, a dominação poderia, a partir de uma coincidência perceptiva e aquém dos processos primários, seguir na direção dos automatismos de repetição que comportam o gesto e o comportamento adictivo.*

---

440 Denis, P. "Emprise et théorie des pulsions", *Revue Française de Psychanalyse,* 61, (6), 1992, pp. 1297-1421.

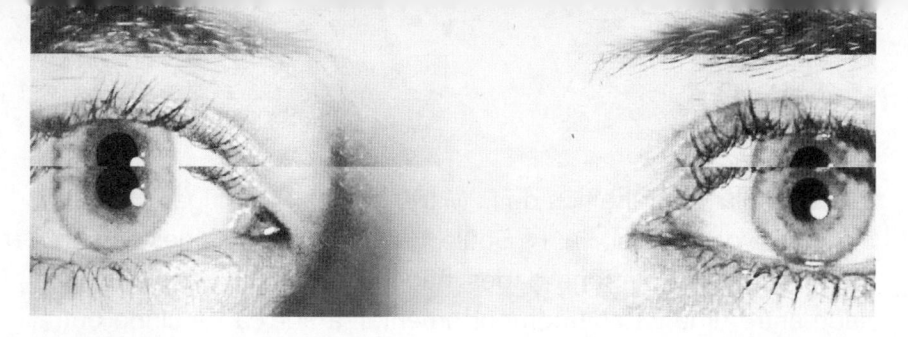

CAPÍTULO 3

A CONTRIBUIÇÃO DA PSICOSSOMÁTICA PSICANALÍTICA

Os capítulos precedentes fazem com que nos interroguemos sobre as relações entre certos funcionamentos psíquicos, facilmente voltados para o "perceptivo" e para o *soma* do corpo. É fato: as condutas adictivas envolvem o corpo nesse sentido, ou seja, o de que só se pode ter uma representação justa - entenda-se também metapsicológica e psicopatológica - dessas condutas, quando se introduz o fator corporal e somático. Portanto, neste capítulo teremos a questão dos equilíbrios entre somatização e adicção, das relações entre adicção e procedimentos autocalmantes e, enfim, da pertinência das relações entre abordagem psicossomática psicanalítica das adicções, permitindo que hoje se tenha uma representação metapsicológica dos diferentes tipos de clivagem do ego, com a intenção sendo em formular de maneira diferente a questão dos vínculos entre adicção, perversão e superinvestimento do virtual.

A RELAÇÃO PSIQUE/*SOMA* NAS ADICÇÕES

PARADOXOS NAS ADICÇÕES/SOMATIZAÇÕES

A relação adicção/somatização parece complexa, e isso nos leva a considerar que a abordagem psicanalítica das adicções só poderia se dar mediante a contribuição indispensável da psicossomática, em particular os trabalhos de P. Marty e de J. McDougall. Em 1997, a exemplo de Kreisler, Fain e Soulé,[441] introduzimos a questão sobre se em algumas personalidades não haveria uma certa contiguidade entre uma defesa comportamental, a adicção e ainda outra, a resultar em uma patologia orgânica.[442] Na época eu pensava de acordo com P. Marty,[443] que se perguntava se "investimentos toxicomaníacos modificam a economia de certos sujeitos por vias casuais e se podem pôr fim às depressões essenciais", não conseguindo evitar, a curto prazo, desorganizações somáticas. Essa questão se põe, da mesma forma: 1) diante do aparente paradoxo que é a ausência de sensibilidade particular às infecções de pacientes anoréxicas em fase aguda de desnutrição e do retorno de uma vulnerabilidade normal por ocasião das fases de restauração ponderal;[444] 2) os estudos de U. Otto mostram que adolescentes suicidas desenvolvem à distância mais doenças orgânicas que os outros adolescentes; isso nos leva a pensar que, ainda uma vez, não é possível se abster de uma teoria psicanalítica psicossomática que verse sobre esses fenômenos, não obstante a necessidade de se levar em conta as diferenças entre as adicções.[445]

"Um gênero de toxicomania é descoberto por algumas crianças pequenas: o espasmo do soluço. Esse corresponde a uma verdadeira manipulação química pelo bloqueio da respiração, para com isso obter um estado de inconsciência", segundo M. Fain (1981).

---

441 Kreisler, L., Fain, M., e Soulé, M. *L'Enfant du Désordre Psychosomatique*. Toulouse, Privat, 1981.
442 Fain, M. "L'approche métapsychologique du toxicomane", *Le Psychanalyste à l'Écoute du Toxicomane*. Paris, Dunod, 1981, pp. 27-36.
443 Marty, P. Nota 1, 1990, p. 55.
444 Levy-Soussan, P. Corcos, M., Barbouch, R., Avraméas, S., Poirier, M. F., Bourdel, M. C., Jeammet, P."Anorexie mentale et vulnérabilité aux infections: rôle des auto-anticorps naturels", *Neuropsychiatrie de l'Enfant et l'Adolescent*, 41, 5/6, 1993, pp. 309-315.
445 Otto, U. "Suicidal acts by children and adolescents: a follow-up study", *Acta Psychiatric, Scandinavia*, 1972, supl. 233.

O gosto mórbido pelo autocontrole da aflição pode ser encontrado ainda no uso de solventes (éter, tricloretileno, acetona, colas...) que têm por objetivo, além da alteração da consciência, um desvio erotizado da função respiratória. Ora, esse desvio não se realiza sem que se evoque uma patologia psicossomática, o espasmo do soluço, sobre o qual se debruçaram Kreisler, Soulé e Fain.[446]

O *sniffing*, como o espasmo de glote, se assemelha a passagens ao ato realizando fantasmas de satisfação ligados aos traços mnésicos deixados por satisfações reais (como a da mama, até prender a respiração e fechar a passagem pela asfixia fisiológica quando da primeira inspiração, no nascimento). Existe assim, na toxicomania, uma transgressão de leis biológicas como modalidade de direito ao gozo, ou seja, uma espécie de *perversão da subversão libidinal* que põe em risco as leis de autoconservação e, entenda-se aqui, as leis de operação em que repousa a sexualidade psíquica. Esse atentado dos instintos de autoconservação, que cobrem, em psicanálise, as funções fisiológicas, revela-se, por exemplo, na observação, por M. Fain, de uma mulher de 25 anos, que na infância apresentou crises de espasmos de soluço e estava na sétima tentativa de suicídio por ingestão de barbitúricos: "Durante a psicoterapia ficou evidente que essas tentativas de suicídio apresentavam-se sob a forma de acessos agudos equivalentes a uma verdadeira toxicomania".

Charles-Nicolas relata o caso de uma jovem, Elise, heroinômana, que na infância era deixada com a babá pela mãe, que só vinha pegá-la aos finais de semana. Elise dizia: "Eu vomitava o tempo todo, estava sempre doente, eczemas pelo rosto e psoríase nas pernas [...]; com a heroína tudo desapareceu".[447] Pode-se ainda acrescentar a hipótese de M. Monjauze,[448] para quem o pintor F. Bacon via sua asma desaparecer quando se punha a pintar e a

---

446 Kreisler, L., Fain, M. e Soulé, M. *L'Enfant du Désordre Psychosomastique.* Toulouse, Privat, 1981.
447 Charles-Nicolas; Valleur, M. "Les conduits du toxicomane", *La Vie du Toxicomane.* Paris, PUF, col., 1987. Nodule.
448 Monjauze, M. *La Problématique Alcoolique.* Paris, Dunod, 1992.

beber, ou ainda para B. Brusset,[449] que relatou casos de bulimia convertidos em farmacomanias, em toxicomanias e em práticas alcoólicas ou delinquentes.

Diante desses exemplos, ao que tudo indica uma adicção poderia se seguir ou seria o caso de formular de outra maneira uma patologia somática da infância e que uma patologia somática pode desaparecer com uma adicção.[450] Em nossa obra *Les Passions du Corps,* descrevemos seis pacientes, de um total de vinte, que foram tratados, porém não descritos, e apresentaram somatizações severas na sequência do estancamento de condutas adictivas, todos eles apresentando funcionamento psíquico operatório e/ou alexitímico e considere-se que muitas vezes, como se não bastasse, muitos deles pela adicção de maneira súbita, sem preparação, e por diversas razões (ordem médica, por alguma aposta etc.).

A. Green, em seu estudo sobre o afeto, não chegou a aproximar a patologia psicossomática e o *acting-out*? "Essas observações (sobre os pacientes psicossomáticos) nos fizeram pensar que a crise somática dos psicossomáticos (ou de alguns dentre eles) representa um autêntico *acting out*. Trata-se de um agir de fora, mas orientado para dentro, pois, assim como no *acting-out,* o objetivo essencial é a expulsão do intruso (do afeto) para fora da realidade psíquica. É o que nos incita a aproximar a estrutura psicossomática e as estruturas psicopáticas. O doente psicossomático seria um psicopata corporal, que trata seu corpo como os psicopatas tratam a realidade social, com uma desenvoltura extrema, e na qual o sadomasoquismo é, de qualquer maneira, não apenas inconsciente, mas foracluído" (p. 181).[451] Como já dissemos, é toda uma construção do "corpo erótico", da sexualidade psíquica, do

---

449 Brusset, B. "Anorexie et boulimie dans leurs rapports à la toxicomanie", *Anorexie Mentale Aujourd-hui, La Pensée Sauvage.* 1985, pp. 285-314.
450 Scharbach, H., e Viard, A. "Approche psychopathologique de l'asthme infantile", *Annales Médico-psychologiques,* 147, (2), 1989, pp. 200-204.
451 Green, A., *op. cit.*

"masoquismo de vida"[452] que nos pacientes se encontra insuficientemente estabelecida, falta esta, suprida pelo sadismo anobjetal que é a conduta adictiva.

CASO CLÍNICO 5 -
JULIE: O "SUICÍDIO ANTERIOR"
ASMA, PSORÍASE, ÚLCERA NO ESTÔMAGO
AO ABANDONAR A TOXICOMANIA COM HEROÍNA

Conheci Julie, 35 anos, toxicômana já havia muitos anos, hospitalizada em um centro médico em razão de uma úlcera estomacal, quando realizava meu trabalho de pesquisa sobre as somatizações após desmame adictivo. Seu caso foi publicado em *Les Passions du Corps* (pp. 238-242). Relato aqui a nossa primeira entrevista:

J. (Julie) - Durante seis anos eu estive limpa... Nasceu minha filha, hoje com 5 anos. Fui agente hospitalar no hospital C... em Lille... Na verdade eu era secretária, e nesse período a droga, a heroína, eram meus amigos de trabalho, todos lá com seus 21, 22 anos...
Mas na verdade tudo começou quando eu tinha 15 anos, com os "pegas"... E não era muito ruim... E depois, com alguns caras que tinham morado na Índia, no Paquistão, tivemos acesso à heroína... Para alguns de nós era uma experiência única... Havia enfermeiros, até médicos... E eu continuei... Quando tava sem heroína... Eu era capaz de injetar uísque nas veias... Isso foi até os 30 anos... Cinco anos atrás... Mas a minha dependência, eu tinha sob controle... Quando eu aloprava demais, parava um momento... Sabia o limite... Mas o caso é que eu convivia com uns tipos que já não tinham esse limite... No início eu ficava com um cara que era dependente, e eu, doce ilusão, acabei me envolvendo mais com ele, dizendo que eu

---

452 Rosenberg, B. (1991), *Masochisme Mortifère, Masochisme Gardien de la Vie*. Paris, PUF, Monographie de la SPP, 1973.

conseguiria fazer com que ele saísse fora... E no final, sabe como é, eu acabava me afundando mais do que ele...

E aconteceu que, agora há mais de 5 anos, eu me vi grávida da minha filha... Eu decidi sem pensar muito, não fiquei questionando isso e aquilo... Do subúrbio em que eu vivia, saí fora e fui a Auvergne, levar "uma vida saudável"... Lá eu trabalhei... Fiquei muito deprimida nos dois primeiros meses de gravidez... Daí passei a usar heroína, no terceiro e quarto meses de gravidez... Depois eu parei... Só que a menina nasceu com eczemas pelo corpo todo. Devia ser a droga...

Fiquei deprimida depois que ela nasceu, e também por vê-la daquele jeito, daí que eu me picava de vez em quando... Era muito difícil, sem ver minha família, meu pai, meu irmão... Fazia dez anos... Mas depois de um tempo na região, no sul, depois de um ano eu parei com tudo, tudo mesmo... Bom, agora eu tô com o seguro-gravidez, com perspectivas de um emprego... Ah, claro, eu continuo a fumar mesmo assim, às vezes até rola um haxixe... Isso ninguém vai me impedir (ela me disse em tom de desafio), mas lance mais assim pesado, tipo heroína, essas coisas, isso não tem mais...

G. P. - *(Gérard Pirlot)* - *E as doenças que você está tratando... Quanto tempo faz que apareceram?*

J. - *Bem, a psoríase, já faz quase 9 meses, foi em novembro... (1990; o momento da entrevista em agosto de 1991) ... a asma, há dois meses... Veio depois de um acidente, fraturei uma costela, ela apareceu dois dias depois... Eu tava fazendo nebulização e tratando com uns comprimidos... E agora veio essa úlcera no estômago...*

G. P. - *Alguém do seu convívio tem ou teve essa doença?*

J. - *A psoríase? Deixe-me ver... Não, ninguém que eu conheça... Mas meu irmão tinha asma quando jovem...*

G. P. - *Antes disso você teve outros acidentes, você ou pessoas de sua família?*

J. - *Minha mãe faleceu em 1983, eu tinha 26 anos, foi no mês de agosto... Antes disso, em 1982, eu tive um grave acidente... Meu avô tinha morrido fazia pouco tempo... Não, depois, deixe eu pensar... (ela hesita, faz um cálculo de cabeça)... Sofri o acidente em julho, e meu avô morreu foi... em outubro de 1982. Foi um baque... Meu avô, eu me*

dava bem com ele... Tínhamos muito em comum, o jeito de ser, aliás, como meu pai... Meu irmão era mais, tipo assim, mais mole... Puxava mais pra minha mãe...
G. P. - Ela morreu de quê?
J. - Foi câncer... Foi uma coisa brutal... Eu me dava bem com ela, mas melhor ainda com meu pai... Ele gostava muito de consertar as coisas, como eu... Ele ficava na oficina mecânica, com óleo e graxa até o pescoço... Eu também... Era gentil, mas quando dava aqueles cinco minutos, era capaz de fazer loucuras... Só que eu, eu não chorava... Meu irmão chorava, chorava por qualquer coisa... E meu pai, para me impressionar, punia-o olhando para mim... Sabe como é, com os meus pais os papéis eram invertidos...
Minha mãe trabalhava num hospital durante a noite, ou mesmo nos fins de semana... As férias dela não coincidiam com as de meu pai... À noite, muitas vezes era ele que cuidava de nós, e nas férias viajávamos, sem a minha mãe... É, os papéis eram invertidos... Vivíamos os quatro numa casa de dois cômodos... Eu e meu irmão, a gente tinha um buraco na porta do banheiro... Isso foi em Lille...
G. P. - Você sonha?
J. - Sim... Para dizer a verdade, tenho mais pesadelos... A morte, a morte por toda a parte... Minha mãe vindo me acordar... Ou então, desde que foi para o hospital, sonho com sexo, com sexualidade, mas no momento de realizar, de concretizar... Daí para... Ou melhor, tem algo que me impede, no último momento... Daí eu acordo.
G. P. - Poderia falar mais sobre isso?
J. - Bem... Não... Não sei quem vai me querer a esse ponto... Quem sabe a minha mãe, no final das contas? (Silêncio) Na verdade, sabe, sempre tive a impressão de ser um incômodo pra ela... Quando se viu grávida ela era solteira... Ela me disse mais tarde... Pensou em abortar... Tomou comprimidos, fez umas coisas, eu acho... Ela queria é que eu me explodisse, antes mesmo de eu nascer... Pode ser que eu tenha sentido isso, quando estava na barriga...
Pode ser que, mesmo na barriga, eu já tinha vontade de me suicidar, será? Uma espécie de suicídio anterior, para tudo o que me esperava. Prova disso é que ela jamais me amamentou, isso ela me disse de

repente, na cara dura, e tipo jogando as palavras com ironia, pra me chocar...

Durante alguns segundos, ela me pareceu um pouco "atônita" porque acrescentou, antes de mudar de assunto:

"Tenho um projeto de montar um centro para pessoas que saem da prisão, tive essa ideia depois de ter conhecido um... 'deliquente' [...]. Mas para isso seria necessário que eu retomasse os estudos... Psicologia... Só que eu não gosto de psicologia... Então... Não sei...".

Nossa entrevista termina aí, e Julie S. foi chamada para se submeter a uma gastroscopia.

Diversos aspectos apareceram no relato anterior:

- a relação com o pai configura uma identificação poderosa de sadomasoquismo. A relação incestuosa entre pai e filha, como observamos, assumiu o aspecto de uma "cena primitiva sádica", de um ato de violência infligido a um terceiro, o irmão menor. O fantasma "Bate-se numa criança" (Freud, 1919) duplicava-se com um olhar "cúmplice" entre o carrasco e o espectador passivo, Julie. Identificar-se a seu irmão (já que a punição era para ela) passava a ser um ato sádico do pai superpondo-se a uma atitude de sedução. E para ela, na sequência, toda sedução assumia um aspecto profundamente autossádico: lembremos, seu primeiro envolvimento amoroso foi de fato contemporâneo de sua própria encenação destrutiva, por "transitivismo", identificação amorosa com o outro;

- a inversão dos papéis entre os pais, observada por ela, durante a sua infância, indubitavelmente alimentou uma posição num édipo negativo, o que lhe permitiu, por um lado, proteger maternalmente (analmente) seu pai e, por outro, manter-se submetida à dominação mortífera da mãe.

Essa "dominação", como já se viu, estava mais ligada a uma dívida (de vida) insolúvel já que por demais ligada à pulsão de morte. A fórmula "luminosa" de "suicídio anterior" remete àquilo que em seu psiquismo nascente pode ter sido traumático: ela não era desejada, nem mesmo era "de algum modo odiada": sua relação com a mãe, sua relação com seu corpo fez-se infiltrada por esses afetos primitivos violentos que ela deve ter introjetado e que, a nosso ver, poderiam ser "psicotizantes" somente para poder se dissolver no *soma* e, na adolescência, em razão da ressexualização das representações, nos comportamentos que "atacavam" o *soma* e a imagem corporal.

CASO CLÍNICO 6 -
LUC, O HOMEM DA BIRMÂNIA: RETOCOLITE HEMORRÁGICA E SUSPENSÃO DO TABAGISMO

Eu apresento o caso de M. Luc graças à amabilidade de M. Aisenstein, que foi o tema de uma de suas publicações (1987)[453] de interrupção do uso do tabaco, retocolite hemorrágica. Com efeito, em sua abordagem clínica e teórica, M. Aisenstein pensou a somatização como uma *solução* somática para um estado psíquico próximo da psicose e do impossível trabalho de luto. No entanto, por ocasião de uma conversa que tivemos, ele se mostrou favorável à hipótese segundo a qual parar (de maneira brusca) com o tabagismo deve ter tido um papel complementar a outros fatores na eclosão da patologia somática desse paciente.

M. Luc era um cientista de alto nível, sempre voltado para as novas tecnologias, descrevia-se como ansioso e o mais velho de dois irmãos - a irmã sofria de pancreatite crônica. Era casado, sem filhos. Ele e a mulher estavam sempre muito absorvidos por suas respectivas profissões.

---

453 Aisenstein, M., "Solution somatique issue somatique? Notes cliniques: L'homme de Birmanie", *Cahiers du Centre de Psychanalyse et de Psychotérapie du XII,* n. 14. Paris, 1987, pp. 73-98.

Segue o histórico de sua doença. A enfermidade o incomodava bastante, observa M. Aisenstein. Ele relata o aparecimento dos primeiros sintomas, "foi como um 'relâmpago' no céu sereno". O único fato que lhe vem à memória é uma consulta antitabaco, seguida de algumas sessões de acupuntura que lhe tinham feito abandonar, de uma hora para outra e totalmente, seus dois maços de cigarro por dia. Essa decisão não tinha sido objeto de uma reflexão nem de um desejo, mas eram efeito de uma aposta feita *en passant* com alguns amigos. Mas a ideia partiu mesmo dele. Isso antecedeu em alguns meses (quatro meses) a aparição da retocolite hemorrágica, em razão da qual ele tinha sido hospitalizado.

Pode-se ver aqui a construção de uma lembrança-quadro, que faria uma tentativa de negação da castração: ele não quer saber em que consiste uma colectomia - o não fumar é o resultado de uma aposta.

M. Aisenstein observa o pouco hábito de falar do paciente - ele não suportava os silêncios. A literatura lhe parecia fútil e tudo o que dissesse respeito ao psiquismo, "maluquice". Ele e a mulher saíam pouco e não tinham amigos. Por um desvio tomado pela terapia, relatado pela psicanalista, e após um lapso de Luc, fico sabendo que este havia casado com uma primeira mulher, que desapareceu e foi assassinada na Birmânia após a separação. O apego afetivo e o não luto pela primeira mulher no terreno psíquico revelam uma extrema fragilidade do aparelho mental; uma não conflitualidade correlativa às carências do sistema pré-consciente, uma impossibilidade de toda espécie de regressão foram observados pela terapeuta, assim como suas dificuldades contratransferenciais com esse paciente, que não parece suportar o tipo de vínculo que a relação terapêutica desencadeia. Foi após dois sonhos sucessivos e isolados que ele passou a associar o apego nascido, e ainda vivo, pela primeira mulher, e a culpabilidade, não reconhecida, de tê-la deixado, ligando esse fato à partida dela para a Birmânia, e na sequência a morte dela nesse país. Revelar-se-á, na verdade, que a crise de retocolite era concomitante à gravidez da segunda mulher, que posicionou M. Luc diante de remanejamentos psíquicos importantes: mutação da segunda mulher em mulher-mãe, paternidade vivida com ansiedade, sobretudo em se tratando de um menino, dificuldade de abandonar o vínculo afetivo "oculto" com a primeira mulher, vindo a acarretar um "trabalho de luto impossível". Foi também nesse período que um incidente com o novo PDG desencadeou o episódio delirante, de tipo paranoico, que não vamos relatar aqui, apenas lembrar que rendia um "contraponto" à solução somática a seus conflitos psíquicos atuais.

Evidentemente, o fato de se tratar aqui de uma observação relatada por uma terceira pessoa, e segundo ótica diferente da minha, dificulta toda e qualquer interpretação dos fatos clínicos. No entanto, como fiz atentar, após minha entrevista com M. Aisenstein pareceu-me que a interrupção repentina do tabagismo poderia ser considerada um dos fatores desencadeadores da patologia somática.

Esse fator veio se somar à configuração psíquica particular, e aliás bastante característica, de um "pensamento operatório", e aos elementos circunstanciais novos, como a paternidade, os lutos a elaborar, a perda do antigo PDG, tudo isso num contexto de não possibilidade de expressão da agressividade e de retorno a uma posição masoquista regressiva.

Sem dúvida que o tabagismo proporcionava possibilidades nem um pouco desprezíveis de estabelecer um vínculo com a primeira mulher, que era fumante, "reificando", pelo prazer e pelo sofrimento adictivo, sua presença em um momento de retorno da agressividade. Seu corpo era "atacado" em razão da manutenção de um vínculo "adúltero" com uma morta (cripta). A parada intempestiva, sob a cobertura de uma aposta, talvez recobrisse, pela mesma dinâmica, uma tentativa negada de fazer o luto dessa primeira mulher, estando grávida a segunda.

Nessa personalidade via-se, assim, o desdobramento de duas "estratégias" a problematizar o *soma,* uma vez que os acontecimentos levaram a que se fizesse um trabalho psíquico sobre o luto e sobre a culpabilidade havendo, cada uma das vezes, uma identificação narcísica, mimética, e um retorno sobre si do ataque agressivo direcionado ao objeto de apego: o tabagismo da primeira mulher tinha desencadeado o tabagismo de M. Luc, e a gravidez da segunda mulher resultara em sua retocolite hemorrágica.

CASO CLÍNICO 7 -
A "CONTRAVIDA" DE CLAUDE. CÂNCER,
TOXICOMANIA, ALCOOLISMO, HIPERTIREOIDISMO[454]

Claude estava com 38 anos e trabalhava com educação. Há dois anos estava sob os cuidados de nossa equipe do hospital de dia. Tinha uma filha de 11 anos, que naquele momento vivia com uma família de acolhimento, pois Claude encontrava-se em uma toxicomania alcoólica fazia quatro meses, depois de uma abstinência de mais de dez anos, devendo-se ressaltar que uma série de recaídas graves a fazia temer o pior para a sua saúde física. Naquele momento, porém, e pela primeira vez em muito tempo, ela se encontrava realmente "limpa". O mérito por se manter assim era da equipe que realizava seu atendimento e também do convívio marital, fazia já seis meses, com um homem não alcoólico.

No espaço de dois meses, pudemos observar como Claude emagrecia de maneira acentuada. Isso nos levou a pedir um *check--up* geral, que acusou hipertireoidismo grave (TRH normal mais aumento de TSH e T3, T4). Após tê-la encaminhado para uma consulta endocrinológica, procuramos rastrear, com Claude, as condições psicológicas do desenvolvimento dessa hipertireoide. Em dado momento, percebemos que não se tratava do primeiro "acidente" somático em um período de abstinência. Passo a apresentar aqui o resultado do contato que tivemos naquele período, numa ordem que se pretende cronológica: "Vocês sabiam que eu tinha dependência química antes de ser alcoólica... Na verdade, tudo começou antes mesmo da ligação com drogas: minha mãe queria um menino, daí veio eu, menina... Sou a segunda após uma menina... Acho que, por ser menina, eu a decepcionei... Além do mais, eu me parecia muito com meu pai - fisicamente e na personalidade. Quando eu estava com 11 anos, eles se separaram...".

Na época, minha mãe achou que o melhor a fazer era me mandar para a casa da minha avó paterna, e usou das seguintes palavras:

---

454 Pirlot, G., *op. cit.*, 1997, pp. 150-152.

"Vai ser bom, você é mesmo uma L..." (sobrenome da família do pai). E lá, morando com minha vó, eu via minha mãe aos sábados, uma vez por semana. Comecei a beber às escondidas, lá pelos 14 anos... Passado o ensino fundamental, quando eu tinha de 15 a 17, veio o LSD e depois, para coroar, a heroína... Eu me piquei durante cinco anos. Como não bastasse tudo isso, meu pai começou a sair com minha melhor amiga... Ela se tornou sua mulher, com quem ele vive até hoje na Espanha, faz oito anos. Eu me internei na *Association du Patriarche*... Fiquei lá dois anos; consegui largar a heroína completamente, sem nenhum vestígio nem recaída. Totalmente abstinente, continuei a fumar haxixe. Passados dois anos, voltei a morar em A... (cidade em que ela mora). Eu já estava lá fazia dois meses quando descobri um câncer no útero (colo do útero). Depois da operação comecei a beber de novo... Foi então que... Sabe... Quando eu cheguei aqui, (após cinco ou seis hospitalizações), fazia oito anos que eu estava assim, limpa de tudo. Foi daí que, acabou... Estou contente, ontem fez três meses. Eu espero ano que vem poder ficar com minha filhinha em casa o tempo todo, tenho uma audiência no juizado na semana que vem" (Segue relato de problemas atuais referentes à guarda da filha).

Sintetizando essa observação, acrescentemos que Claude apresentava uma sensibilidade agressiva "à flor da pele", uma dificuldade em verbalizar suas emoções e uma vida pontuada por visitas de marginais ou toxicômanos. Quatro meses depois, abstinente e reinserida socialmente, nós nos vimos apenas duas vezes no período que se seguiu, e isso fez aumentar as angústias devidas à inquietação por não poder sair durante o trabalho, e também em razão de seu próximo e novo papel como mãe de uma pré-adolescente.

Foi nesse contexto, de perda de contato com o álcool, que a doença de Basedow apareceu, assim como apareceu o câncer do colo do útero alguns meses depois do desmame da heroína.

Da anamnese dos problemas, nós retivemos:

- no nascimento, o luto da mãe por não ter sido um menino (a escolha do nome, que foneticamente não permite saber se é do sexo feminino ou masculino). É preciso ver aqui o primeiro traumatismo à medida

que - e a sucessão dos acontecimentos o confirma - *Claude não foi "investida" pelo narcisismo materno;*
- a separação dos pais e a rejeição de Claude pela mãe; rejeição duplicada por uma interdição de se identificar com a mãe, já que ela se parecia com o pai. Nessa idade pré-púbere, Claude dificilmente tinha acesso à "coisa" feminina, daí o retornar a uma posição fantasmática bastante "andrógena" (esta que fisicamente ela assumia: cabelos curtos, sempre de calça jeans). A sexualidade psíquica poderia apenas regressar a uma forma de sexualidade "totipotente" anterior à genitalidade?
- toda essa problemática tem sido de certo modo acentuada, uma vez que há 17 anos ela via o pai ter por amante sua melhor amiga. Na culpabilidade, os movimentos edipianos demandaram um contrainvestimento intensivo: a toxicomania;
- o luto que foi a abstinência da heroína tendo seguido a experiência da maternidade por Claude, não pode ser feito de maneira visível: e eis que naquele momento aparecia um câncer, concomitante ao retorno para sua cidade natal, onde morava sua mãe.

OS PROCEDIMENTOS AUTOCALMANTES NAS ADICÇÕES

A busca de sensações de excitação foi devidamente evidenciada por Zuckerman, a fim de que, ele pensava para os sujeitos adictos, que pudesse se manter um nível elevado de ativação cerebral,[455] o que permitia lutar contra a depressão essencial. Recorrendo-se a uma economia de percepção desses sujeitos "escravos da quantidade",[456] eles lutam contra o vazio psíquico ou contra uma depressão "branca".

---

455 Zuckerman, M. "Dimension of sensation-senking", *J. C. Clin Psychol,* 36, (1). 1971, pp. 45-52.
456 M'Uzan, M. de "Les esclaves de la quantité", *Nouvelle Revue de Psychanalyse.* Gallimard, 1984, 30: pp. 129-138.

As adicções aparecem para permitir uma forma de ressomatização dos afetos, e isso significa, de ressensorialização pela excitação. Tratar-se-ia de um domínio traumatológico autocalmante periódico sobre a parte excitacional-sensorial da pulsão relativa à periodicidade da vida instintual, periodicidade esta suscetível de surpreender o narcisismo do sujeito a qualquer momento que seja. É bom lembrar que o "procedimento autocalmante", que tantas vezes empregamos, merece aqui ser definido. Isolado pelos psicanalistas do IPSO, a saber, M. Fain,[457] G. Szec[458] e C. Smadja,[459] é um procedimento de alcance geral, presente em todo indivíduo. Uma pessoa vivencia a necessidade de escrever um texto, de "desembuchar"; outra, durante uma discussão, começa a fumar, ou um adolescente, como bem relata G. Szwec, pode ter a necessidade de bater com muita força em uma bateria para repetir um trauma de traços sonoros inconscientes ainda vivos.

Nos exemplos citados, a patologia sobrevém quando o procedimento autocalmante *(self-soothing)* assume um lugar exorbitante no funcionamento mental do indivíduo, assinalando um *domínio do quantitativo sobre o qualitativo*. Alguns esportes, como os "remadores voluntários das galés", dos quais G. Szwec relatou os sofrimentos/gozos particulares,[460] parecem, assim, procedimentos autocalmantes e verdadeiras drogas, como chegam a declarar certos esportistas: em 1997 observamos, o que veio a ser confirmado por outros autores, que muitos toxicômanos frequentes vezes, antes

---

457 Braunschweig, D., e Fain, M. (1975), *La Nuit, le Jour, Essai Psychanalytique sur le Fonctionnement Mental.* Paris, PUF, 1975; Fain, M. (1992), "Vie opératoire et potentialités de névroses traumatiques", *Revue Française de Psychosomatique,* PUF, 4.
458 Szwec, G. "Les procédés autocalmants", *Revue Française de Psychosomatique* PUF, 1993, pp. 27-51.
459 Smadja, C., "Les procédés autocalmants ou le destin inachevé du sadomasochisme", *Revue française de Psychosomatique.* Paris, PUF, n. 8, 1995, pp. 57-89.
460 Szwec, G. *Les Galériens Volontaires.* Paris, PUF, 1998.

da toxicomania, tinham sido adeptos de uma atividade esportiva de destaque.

No procedimento autocalmante e na adicção, a excitação-sensação visa, assim, investir contra toda representação fantasmática (representante) da pulsão. Pode-se compreender o porquê de certos psicomáticos, segundo M. Fain, fazerem referência, com essas práticas autocalmantes, aos movimentos repetidos do balanço materno para adormecer um bebê insone, balanço este que visa o mais baixo nível de excitação e substitui a função do sonho.[461]

A mãe calmante, designada "mera droga" por essa atividade sensório-motriz incessante, não permite à criança "encontrar/criar" esse ar transicional e de jogo que são o sonho e a atividade fantasmática. Esse comportamento autocalmante aparece em oposição ao que faz uma mãe discreta, e aparece cobrindo silenciosamente o autoerotismo do filho. Satisfeita, ela projeta seu narcisismo ao dar suficiente amor à criança, sem esquecer seu papel de amante, organizando a "censura do amante", matriz fantasmática a permitir uma ligação das excitações pelos fantasmas e pela posse de um "bom objeto interno".[462]

---

[461] Esse pode ser também o dom de um seio para fazer parar o choro, diferentes formas de carícias ou de canções apaziguadoras, mesmo um produto para fazer dormir (o famoso *"Théralène"*, bem conhecido dos clínicos gerais na França). Esses gestos, que normalmente vêm ao amparo do contrainvestimento do recalcamento primário diante da excitação erótica, poderiam suscitar a sexualidade dos adultos (que M. Fain chama de "a censura da amante"). Tais gestos podem ser automáticos, operatórios, da ordem da negação, tão logo se oponham a um estado de excitação traumática que a própria mãe contribui para estabelecer, não suportando psiquicamente o choro que ela interpreta como um desamparo insuportável para ela e para sua história. Isso faz com que a mãe induza na criança neonecessidades próximas de uma atitude toxicômana de uma negação fetichista ou de um comportamento operatório: a um problema psíquico (adormecimento da criança), ela responde com uma ação química (o medicamento) ou com um comportamento cujo traço será inscrito no "psicossoma" da criança.

[462] Braunschweig, D., e Fain, M., *op. cit.*, 1975, pp. 285-296.

G. Szwec indica outra via possível para a compreensão desses procedimentos autocalmantes, qual seja seu valor pré-simbólico: segundo as proposições de M. Fain sobre as neonecessidades, o balançar mecânico de uma mãe que busca, por esse ato repetitivo, acalmar o filho, esses comportamentos configurariam, de um modo ou de outro, a interiorização dos traços mnésicos do ninar maternal com a marca pessoal da mãe nesse ninar. "É a qualidade do ninar que foi interiorizada, e é ela que confere aos procedimentos autocalmantes uma relação pessoal ao ninar trazendo a marca da mãe." Em um nível patológico, esse ninar autocalmante não libidinalizado vai siderar a vida mental e pode se fazer gerador, de um lado, de um "enclave" maternal na psique da criança (falso *self*) e, de outro, de um tipo de pensamento bastante pobre no plano fantasmático: o pensamento operatório gerador de somatização (ou a sideração mental próxima do "vazio de pensamento", buscado pela bulímica, Brusset, 1992),[463] vivenciado pelo *borderline* e que intimida o obsessivo).

Deve-se atentar também para o fato de que esse ninar incessante e autoagressivo *(banging)* se encontra nas crianças afetivamente carentes, ou mesmo na criança hiperativa com problemas de comportamento, onde se tem a percepção da dor cobrindo aqui as falhas narcísicas e as da constituição do masoquismo primário.

Para C. Smadja, os comportamentos autocalmantes são "procedimentos antitraumáticos" que utilizam os efeitos da pulsão de morte para proteger o ego de um estado de desamparo interno"; eles apelam à motricidade e à percepção, mas trata-se de uma percepção da realidade bruta, factual e sem valor simbólico. Eles se opõem completamente a todo autoerotismo porque não tem nenhum valor, nem significante nem libidinal, assim como não dão lugar à constituição de representações psíquicas. Com isso, Smadja defende que para as "neuroses de comportamento", os sujeitos funcionam em "pensamento operatório" ou com "desorganizações progressivas". Esses procedimentos autocalmantes podem ter, em

---

463 Brusset, B. "Psychopathologie et métapsychologie de la boulimie", *La boulimie*, Monographie de la SPP. Paris, PUF, 1922, pp. 105-132.

certos casos, um valor de proteção do ego e ser um meio de fazer frente à excitação (a interna pulsional, assim como a externa) traumática; nisso favorecem a retomada de um trabalho mental. Smadja se inspira nos primeiros trabalhos de P. Marty sobre "a motricidade na relação de objeto", onde este assinalava o valor da motricidade na constituição da vida mental e fantasmática.

O contrainvestimento das representações fantasmáticas, proporcionado por esses procedimentos autocalmantes, é um investimento ao contrário. Para J. Cournut,[464] esse contrainvestimento é um pilar contra a desintricação pulsional: nos sujeitos adictos, de que falamos, tal contrainvestimento é químico, neuromuscular, sensorial. Sendo assim, *os procedimentos autocalmantes agem bloqueando os efeitos do acontecimento traumático: são, pois, paradoxalmente traumatológicos.* Os sujeitos adictos, desérticos, parecem tentar preencher, com uma atividade que depende de um sadismo anobjetal consecutivo a um traumatismo prematuro para o ego, uma tensão de excitação que é impossível de psiquizar.[465] Duparc *(op. cit.)* ressalta que as contribuições de G. Szwec e C. Smadja convergem quanto à concepção da alucinação negativa de A. Green e com a negação. "É fato que nos encontramos bastante próximos da ideia de alucinação negativa como alucinação branca, amparada por uma descarga motriz ou química: movimento de fuga motriz, de investimento lateral e de apetência toxicomaníaca".

---

464 Cournut, J., "Le contre-investissement, butée contre la désintrication", Conférence SPP, *Propositions Théoriques,* site da SPP na internet.
465 Freud, S. (1920), "Au-delà du príncipe de plaisir" (1920), trad. J. Laplance e J. B. Pontalis, *Essais de Psychanalyse.* Payot, 1981.

EXEMPLO DOS TRANSTORNOS COMPULSIVOS ALIMENTARES (TCA)

PERTINÊNCIA DOS TCA AO CAMPO DAS ADICÇÕES

Lembremos que existem dois tipos de anorexia:

De tipo restritivo *(Restricting type)*: durante o episódio atual da anorexia mental, o sujeito não apresenta, de maneira regular, crises de bulimia nem provoca vômitos nem toma purgantes (laxativos, diuréticos, lavagens);

Tipo com crises de bulimia/vômitos ou ingestão de purgantes *(Binge,*[466] *eating, purgint type)*: durante o episódio atual a anoréxica, de modo regular, apresenta crises de bulimia e/ou recorre a vômitos provocados ou ingere purgantes.

Outrora os diferentes sintomas da anorexia (amenorreia, perda de peso, restrição alimentar) eram remetidos à histeria,[467] e depois à depressão melancólica, enquanto hoje se pode relacionar os TCA

---

466 Binge popularmente significa "excesso", "festim". No entanto, esse termo ganhou ares de nobreza científica com a descrição, em 1959, por Stunkard, do *Binge-Eating* nos sujeitos obesos: ingestão episódica de quantidades intensas de alimento, em geral sob o efeito de um estresse emocional: como na bulimia "simples", a perda de controle é inconscientemente buscada - sentimento de culpa, remorso, desprezo de si.

467 Gull e Laségue, e depois Charcot e Déjerine, mas também Janet e o próprio Freud, que em seus primeiros trabalhos evoca uma forma de conversão pelo recalcamento do erotismo oral, tese esta que será retomada por Couvreur e Valabrega J. P. (1988) e configura um sintoma de conversão suscetível de ser encontrado em estruturas diferentes. Lasègue C., "L'anorexia hystérique", *Archives Générales de Médécine.* 1873, pp. 316-385; Gull, W. W., "Anorexia nervosa (assepsia hystérica, anorexia hystérica)". *Transactions of the clinical Society of London,* 1874, 7, pp. 22-28; Valabréga, J P. "L'hystérie aujourd'hui", Couvreur, C. (1991) "Sources historiques et perspectives contemporaines", *La Boulimie.* Paris, PUF (Monographie de la Rev. Franç. Psychnal.), 1988, pp. 13-45.

a formas de doenças psicossomáticas (Corcos, 2005). Algumas características desses pacientes, a saber, as dificuldades associativas, a pobreza ou a ausência de elaboração dos fantasmas, a tendência à reduplicação projetiva, o entrave às capacidades projetivas prisioneiras das formações de caráter e da aderência à realidade objetiva, evocam, efetivamente, dificuldades de ligação entre processos primário e secundário, uma carência do papel do pré-consciente, este que se encontra no pensamento operatório (P. O.) das doenças descritas por Marty (1976) ou nos sujeitos somatizantes ou adictos.

Os TCA dependem dos transtornos adictivos por diversas razões: a estrutura psicopatológica subjacente a esses problemas, vizinha que é da estrutura das outras adicções, a evolução para as outras adicções tóxicas (drogas, álcool, psicotrópicos) faz-se aqui notável: devemos citar a compulsividade com obsessões ideativas que digam respeito ao objeto e à conduta adictiva, o sentimento de falta ou de vazio e a impulsividade a preceder o recurso ao objeto adictivo, a substituição de uma dependência ao objeto humano por uma dependência de um objeto inanimado, disponível e manipulável, o vazio de despersonalização, espécie de estado segundo hipnótico dotado de vergonha e culpabilidade mescladas por ocasião das crises, a depressividade e a luta antidepressiva nos intervalos de crises, as manifestações somáticas no desmame e, enfim, a manutenção masoquista da conduta, apesar dos efeitos da falta e das consequências deletérias psicológicas, biológicas e sociais.

No mesmo sentido, B. Brusset descreveu a crise bulímica como "o acionamento de um patamar de reorganização em relação a uma regressão mortífera, ou de uma desorganização suscetível de provocar depressão essencial e somatização".[468] No que diz respeito à anorexia, segundo C. Combe[469] a paciência pode estar continuamente sob a dominação da fome, mas, de um lado, ela luta contra

---

468 Brusset, B. "Psychopathologie et métapsychologie de la boulimie", *La Boulimie,* Monographie de la SPP. Paris, PUF, 1992, pp. 105-132.
469 Combe, C. *Compreendre et Soigner l'Anorexie,* 2002. Paris, Dunod; Combe, C. *Comprendre et Soigner la Boulimie.* Paris, Dunod, 2004.

a tentação de ceder a ela, extraindo satisfação desse controle; de outro, ela tem uma sensação por demais precoce de saciedade ao começar a comer, e isso a leva a parar após algumas bocadas. Ela come menos ainda quando está em público, sobretudo na mesa com a família. A visão das pessoas comendo lhe corta o apetite. Sozinha ela se alimenta com mais facilidade, mas de preferência com pequenas quantidades por vez, as ingestões de alimento sendo espaçadas umas das outras e separadas por outra atividade: muitas vezes ela perambula e faz alguma outra coisa enquanto come. Se somos levados a crer que a anoréxica tem horror à nutrição, na verdade não é nada disso. Ela vivencia um interesse profundo pelo ato de comer, que se expressa de variadas maneiras, da aquisição de conhecimentos sobre a dietética ao roubo de alimentos aparentemente esquecidos, ou que se crê esquecidos, por alguém em um ponto qualquer de uma sala. Por outro lado, tanto em sua casa, como no hospital, em seus armários, gavetas, por vezes em verdadeiros esconderijos, são encontrados alimentos; não raro, debaixo da cama; a questão dos furtos pode acabar direcionada a outros objetos, que não os alimentares, no que assume o caráter de cleptomania.[470]

Para além das diferenças próprias a cada paciente, e para além de sua história, o que costuma aparecer na clínica referente às anoréxicas são as falhas narcísicas por falta de introjeção da função continente da mãe, o que desencadeia um domínio precoce das angústias de desmoronamento, de desamparo, de vazio (que é também encontrado no alcoólico)[471] e de colapso devidos a essa falha de função de contenção. Seu envoltório corporal parece "informe" a testemunhar um "ego-pele", peneira, poroso, e aos limites indefinidos que a anorexia combate em favor de uma conduta ascética, de uma "servidão voluntária" do corpo e das práticas esportivas de caráter intensivo que buscam encerrar um corpo andrógeno

---

470 Brusset, B., e Jeammet, P. "Le périodes boulimiques dans l'évaluation der l'anorexie mentale de l'adolescente", *Revue Neuropsychiatrie de l'Enfant*. 19, 1971, pp. 661-690.
471 Monjauze, M. 1991, *op.cit*.

em uma "segunda pele" muscular rígida. O imaginário desses pacientes faz-, assim, assombrado, como faz lembrar V. Marinov *(op. cit.)*, de corpos monstruosos, de ogros, de gigantes, de vampiros, que fazem lembrar dos pesadelos de infância e remetem a um modo "oral" e de dependência a uma mãe "arcaica" nas quais vivem esses pacientes.

Uma das feridas narcísicas da anoréxica é muitas vezes a de sentir-se irremediavelmente ferida nas primeiras menstruações, de ser "apenas" uma garota, com um sentimento de vergonha *après-coup* do olhar que pode ter sido dirigido a ela desde seu nascimento pela razão mesma de ser do sexo feminino. Inscrita em uma dimensão fálica, essa queixa é, para ela, uma hemorragia narcísica interrompida, que lhe dá a sensação de ser alguém insignificante, interiormente vazio - daí perceber-se "transparente" em relação aos outros. Inversamente, será a "modelagem" e o "objetivo" dos equipamentos fotográficos que a tranquilizarão quanto a essa identidade feminina flutuante e quanto a essa reivindicação afetiva não saciada, deixada para que se tenha apenas uma identidade e "um narcisismo de empréstimo" (A. Green) impresso pelos outros (a anoréxica sendo muitas vezes dependente do investimento do olhar do outro). Assim, essas feridas narcísicas precoces desencadeiam um narcisismo extremado: ela se quererá "fascinante", e isso significa: fálica,[472] visualmente (modelo), intelectualmente, artisticamente, nos esportes... e ela se desejará "de encher os olhos", isso também por sua magreza por vezes assustadora. A modelo Kate Moss, 44kg em 1,70m, representa hoje esse tipo de mulher anoréxica, "bulímica" de atividades, e disso um exemplo foi, em 1998, seu afastamento momentâneo da profissão para se submeter a uma cura de desintoxicação.[473]

---

472 Não esqueçamos de que o termo fascinação vem do latim *fascinum,* numa tradução do termo grego *Phallos,* o membro sexual masculino em ereção.
473 Tonnac, J. Ph. (de), "Kate Moss", in *Le Nouvel Observateur,* especial *Mythologies d'Aujourd'hui,* julho-agosto, 2004, pp. 66-67.

TCA E ADICÇÕES: ASPECTOS CLÍNICOS COMUNS

Para M. Corcos,[474] os dados clínicos traduzem nos TCA a mesma problemática narcísica que se tem com as patologias adictivas, como já ressaltara B. Brusset, em 1985, ao aproximar a anorexia e as toxicomanias,[475] e depois em 1990, com a ideia de uma adicção desfocada e móvel (*déambulation addictive*).[476] "Se a escolha do tipo de conduta e dos efeitos do objeto de adicção são diferentes, a gênese e a perenização da conduta apresentam pontos comuns: falhas narcísicas, estruturação psíquica precária, atos com uma função defensiva perante afetos depressivos mal estruturados (*anti-éprouvés*) e antipensados, mecanismos neurobiológicos de dependência semelhantes". A "fobia do relacional"[477] pode se pôr aqui em relação com a "posição fóbica central" de A. Green (acima), esta que se pode atrelar à "posição fóbica central" de A. Green, que por sua vez pode ser relacionada a uma angústia mais regressiva diante da alteridade. "Ela objetiva um modo de vida operatório organizado desde bastante cedo. Evitar o pensamento, mas também experimentá-lo estabelecido pelo sujeito em suas relações ulteriores tem por função essencial a de não pôr em perigo uma organização de ser no mundo confortadora".

Assim, Corcos concebe o lugar, o papel e a função do sintoma adictivo nessas condutas, ao modo de uma *defesa contra afetos depressivos não estruturados,* pressentidos como perigosos e ao modo de um elemento que permite aceder a um *gozo solitário* mais

---

474 Corcos, M. "Approche psychosomatique des conduites addictive alimentaires", 2005 b.
475 Brusset, B. "Anorexie et boulime dans leurs rapports à la toxicomanie", 1985.
476 Brusset, B. "Les vicissitudes d'une déambulation addictive", (Essai Métapsychologique), *Revue Française de Psychanalyse,* 54, 1990, pp. 671-687.
477 Jeammet, P. "Desrégulations narcissiques et objectales dans la boulimie", *La Boulimie. Monographie de la Revue Française de Psychanalyse.* Paris, PUF, 1991, pp. 81-104.

ou menos mascarado ou que permite um *autoestímulo diante um sentimento de vida desorganizador*. Este último é amplamente contemporâneo a uma puberdade cuja pulsionalidade sexual se torna trauma narcísico e exacerba a homossexualidade infantil (Gutton, 1989)[478] - foi o que apresentamos acima. A atitude "rígida" da anoréxica "estaiada" *(arc-bouté)* sobre preocupações alimentares busca domar toda excitação (fantasmática, pulsional, imaginária), vivida inconscientemente, como sempre traumática.

> *Ainda que não possa se valer da amplitude e da rapidez do impacto de uma droga propriamente dita, um comportamento patológico alimentar mostra-se, quanto a isso, suscetível de ter alguns dos efeitos psicotrópicos, seja pelo apaziguamento que ele pode buscar ou sendo fonte de excitações estimulantes para o psiquismo, tendo como consequência a aparição de um certo grau de dependência (com a dificuldade de separar dependência física e psíquica), mas igualmente de hábito. Essas repercussões podem ser o fato de fenômenos puramente psíquicos, em relação com o sentido e com a função desse comportamento no equilíbrio mental dos pacientes; ou podem resultar dos efeitos psíquicos próprios das sensações a que se busca pelo comportamento (Brusset, 1990); ou ainda, podem resultar dos efeitos das modificações biológicas, em particular as dos neuromediadores, secundárias à prática desse comportamento. Assim, os mecanismos neurobiológicos da dependência em relação um objeto tóxico encontram-se nas adicções comportamentais tal como os transtornos de condutas alimentares.*
>
> Tassin, J. P. (nov. 1998), Les Mécanismes Neurobiologiques des Dépendances. Communication, les Dépendances. Semaines de la prévention, Ap-Hp, pp. 16-19.

Pelo envolvimento do corpo, os transtornos somáticos que são aí encontrados em razão do funcionamento psíquico particular

---

[478] Gutton, Ph. "Transactions homosexuelles d'adolescence", 1989, p. 7-17.

aproximam os pacientes com TCA (anorexia/bulimia) da situação que se tem nos pacientes somatizantes. Com isso, M. Corcos[479] legitima toda abordagem psicossomática psicanalítica desses pacientes com TCA. Também diz respeito a traços de caráter e de comportamento comuns a outras condutas adictivas, com as modalidades habituais de relação desses pacientes sendo dominadas por uma dimensão narcísica que traduz a busca do olhar dos outros, a frequência das atitudes que intentam espelhar as dos outros ou sua brusca inversão em seu contrário - o que remete à "falha narcísica e de espelho" que descrevemos acima.

O comportamento anoréxico-bulímico serve aqui para controlar a distância relacional, permitindo ao sujeito manter relações aparentemente satisfatórias e uma vida social relativamente diversificada, porém isso se inscreve ao preço de um "falso *self*", fruto de uma verdadeira clivagem do ego.

Na verdade, preponderante aqui se faz a rejeição de todo vínculo afetivo com o próprio comportamento tornando-se cada vez mais mecânico, "operatório": *o desaparecimento de toda atividade fantasmática e de todo autoerotismo é compensado pela necessidade de sensações violentas para se sentir existir, e não para ter prazer.* "O quadro familiar nessas patologias (que muito se parece ao quadro familiar dos pacientes psicossomáticos) parece-me marcado, escreve M. Corcos (2005b), por uma falta de possibilidades identificatórias ou por um excesso de condicionamentos que impõem identificações inaceitáveis. O sistema familiar concederá ao exterior um lugar predominante, favorecendo a idealização de estereótipos socioculturais a "curto-circuitar" os conflitos identificatórios necessários para a construção do sujeito." Mas essas construções socioculturais, por não ser encarnadas e, portanto, fontes de criatividade, meramente fornecem uma galvanização pseudoidentitária. Em outros termos, mantidos os atos-sintomas dos adolescentes, assim como o eco conformista de construções culturais

---

479 Corcos, M. (2005 a), *Le Corps Insoumis; (2005 b), Approche Psychosomatique des Conduites Addictives Alimentaires.*

e sociais, apesar de seu anticonformismo de fachada, o filtro e a impregnação familiar (no sentido de uma genealogia, de um sentimento de filiação) aparecem deficientes, e isso é o que se tem na clínica que realizamos no hospital, e também no consultório, com esses pacientes.

A equipe do IMM[480] ressaltou que a maioria das condutas adictivas situa-se menos em um registro neurótico estruturado ou em um mundo psicótico, e mais nos *registros narcísicos ou limites* (psicoses passionais frias, toxicomania de objeto), ou ainda em registros neuróticos precários (neurose de despersonalização), *isto é, em um quadro de estruturação vascular ou de astruturação com risco psicossomático.*[481]

Em uma abordagem dimensional, as pesquisas de M. Corcos e a maioria de casos de adicção apresenta uma dimensão alexitímica (TCA: 50% a 80% dos casos; alcoolismo e toxicomania 50% dos casos), com risco psicossomático.

Essa clínica remete a patologias maiores do narcisismo, ao papel do escoramento ambiental na organização identificatória e aos impasses desenvolvimentais que estão na origem dessas estruturações (Winnicott, 1974) da construção identitária que é feita ao se olhar para o espelho constituinte do semblante da mãe. Com isso, M. Corcos evoca certa instabilidade da identidade materna (mãe de personalidade intermitente, incerta, fluida) para fazer referência a uma dimensão transgeracional que gera uma descontinuidade de presença psíquica e física. Nesse momento de desordem, de impotência ou de luto profundo, a mãe fica impedida de atuar como garantia de vitalidade, mesmo da realidade da vida, e isso remete ao

---

480 Corcos, M., Atger, F.; Flament, M., Jeammet, Ph. (1995), "Boulimie et dépression", *Revue de Neuropsychiatrie de l'Enfant et de l'Adolescence.* pp. 391-400; *Corcos,* M.; Atger, F.; Flament, M.; Jeammet, 2002. *Les Conduites de Dépendance;* Corcos, M., e Speranza, M., (2003) *op. cit.;* Corcos (2004), "Conduites de dependance à l'adolescence, Le circulaire ou les métamorphoses secrètes de l'absence", pp. 469-493.
481 Corcos, M. 2000, *op. cit.*

que ressaltamos acima, a saber, o papel da "introjeção" precoce de pulsões de morte, desvinculantes (incorporação encriptamento melancoliforme), no que não se permite construir uma "negatividade" psíquica suficiente, deixando grande parte do aparelho psíquico em "falso *self*" (imitação emoldurante-aderência psicossomática).

"Uma transmissão *corpo a corpo* (sob forma de superposições corporais), de uma psicopatologia materna [...] tem por consequência (para a criança) um desenvolvimento e uma gestão *sem continente* e sem auxiliar físico e psíquico organizador e que faça ligar experiências corporais, além do desenvolvimento de autoerotismos não nutridos física e psiquicamente do objeto",[482] fundindo ali ainda o que acima descrevemos como sendo problemáticas adictivas. O que foi transmitido de corpo a corpo é aqui o que não foi exercido (fobia de tocar) ou o que se tem revelado intrusivo (cuidados corporais) por um corpo extinto ou esfacelado. Um corpo de bebê, para a mãe, que mais não é do que um simples organismo sem desejo, sem fantasma, hipersensível até a dor; um corpo triste ou "sem qualidade", um corpo não maternado.

No decorrer do tempo, ele se torna um corpo "deserotizado", não ligado a uma psique a beirar o vazio e a despersonalização, que só se mantém à custa de uma clivagem do ego em "falso *self*" e pseudoconformismo, como o que escreve no romance *Mars* o escritor F. Zorn, vitimado por uma leucemia que o levou à morte.

O acontecimento de vida significativo, para toda conduta adictiva, é a puberdade, indutora de uma impossibilidade de fazer frente à bissexualidade psíquica, ao abandono de uma toda potência fálica bissexual infantil, assim como à *separação efetiva de corpos mãe-filho* (em um fantasma de "corpos para dois", como descreveu J. McDougall para o caso de somatizações), patologia da "não separação" que encontraremos, assim, no limiar de uma série de somatizações e de condutas adictivas.

---

[482] Corcos, M. 2005, *op. cit.*

TRANSTORNOS PSICOSSOMÁTICOS E ALEXITIMIA NOS TCA

Lembremos, antes de mais nada, que no plano neurofisiológico, dois sistemas são responsáveis pela regulação da nutrição:
- o sistema dos hormônios gastrointestinais;
- o sistema regido pelo hipotálamo e pelo diencéfalo.

Sabe-se hoje que os pacientes que apresentam TCA graves sofrem também de perturbações biológicas:
- Desregulação da reposição gástrica: alteração no volume do estômago, ou seja, diminuição de seu volume (e seu aumento, nos casos de bulimia);
- Perturbação do ciclo menstrual e da função hormonal feminina;
- Ausência de alternância fome/saciedade desregulando a cronobiologia do ritmo das refeições;
- Perturbação da necessidade de se alimentar, suprimindo-se a alternância tensão/distensão das refeições;
- Perturbação do ritmo noite/dia e alterações na sensação de fadiga. A luta contra o adormecimento é grande e não raro há o recurso à hipoglicemia, seja para mergulhar em um sono profundo, seja para desmaiar. A duração do sono faz-se então reduzida;
- Cronobiologia perturbada por refeições insuficientes ou inexistentes e pelo constante "beliscar" entre as refeições, aparentemente para se punir pelos excessos, mas também para desregular com mais certeza as percepções de fome e da saciedade;
- Oscilações glicêmicas e de insulina (risco de doença hipoglicêmica, com suores, tremores, vertigens, irritabilidade, náuseas).

Nesse quadro biossomático, a depressão e a alexitimia parecem ser centrais. Algumas especificidades da depressão que são observadas nos TCA constituem elementos preditivos de risco evolutivo no sentido de um funcionamento alexitímico, associado ou não a doenças pssicossomáticas.[483] Já há alguns anos os trabalhos de M. Corcos e seus colaboradores têm mostrado a existência de toda uma dimensão alexitímica primária nas condutas adictivas, sobretudo as alimentares, como sugerem os dados epidemiológicos. *Primário* significa para eles fixação estrutural de um tipo de relação de objeto e não genética. Ela não exclui a instalação de um déficit para a interrupção do desenvolvimento.

Essa fixação estrutural corresponderia não a um mecanismo neurótico como a inibição, onde a energia pulsional é barrada pelo pré-consciente, mas sim a um mecanismo interno (entre consciente e inconsciente "primário", *cf. Marty e Dejours*), servindo de não excitação de afetos e de representações específicas, com o risco de pôr em perigo a organização narcísica do ego. Se o sujeito não é capaz de transcender essa modalidade de funcionamento psíquico clivado, o caso é que os primeiros vínculos estabelecidos na infância se nutriram, ao menos em parte, por certas interações afetivas de carência e de ausência.

"A falha materna de ligação de tensões e de desenvolvimento da capacidade de devaneio e da satisfação alucinatória engendra a alexitimia" (Corcos, 2005b), e a recusa, ou melhor, a impossibilidade do feminino nessas condutas releva, pelo viés da alexitimia, uma defesa contra a ameaça do outro (a alteridade). Nesse sentido, essa patologia adictiva, ao modo das outras condutas adictivas, reconstitui o modo como, em 1977, nós a aventamos como hipótese das "patologias da alteridade".

Por ocasião dos acontecimentos siderantes (sobre o modelo da neurose traumática) ou de conflitos psíquicos excessivamente atrelados à sexualidade, o sujeito se instalaria, assim, em uma forma de pensamento cego a toda descompensação corporal, como a toda relação afetiva, isso para que fosse evitado um risco de desorganização. "A evolução, observa M. Corcos, de uma conduta adictiva para uma patologia psicossomática se faria após um quase

---

483 Corcos, M. "Les conduites de dépendance", *Encyclopédie médico-chirurgicale,* Psychiatrie; 37-216-G-30, 2000, p. 6.

esgotamento do funcionamento psicológico (do fato da ausência de solução delirante ou de questão categorial ou de potencialidades perversas) em direção a um desmoronamento da libido, tanto narcísica quanto objetal (depressão essencial). [...] O corpo, lugar de descarga pulsional desorganizada, torna-se a última proteção" *(idem)*.

Essas passagens de sintomatologias adictivas às somatizações revelam que alguma coisa no funcionamento e na estruturação psíquica encontra-se *profundamente clivada*. Essa constatação nos remete à questão sobre as *tópicas* da clivagem frequentemente em questão nos sujeitos adictos.

UMA TÓPICA DA CLIVAGEM NOS ADICTOS

A TÓPICA DA CLIVAGEM DE C. DEJOURS

C. Dejours[484] propôs uma terceira tópica, dita "tópica da clivagem", a fim de compreender a organização psíquica e psicossomática dos pacientes caracterósicos (neuroses de caráter ou de comportamento), isto é, de sujeitos próximos do que se costuma referir por *borderlines*. Algum tempo depois, em 1997, detivemo-nos na importância dessa "tópica da clivagem" para com ela demonstrar outras especificidades relacionadas à autoclivagem narcísica descrita por S. Ferenczi. A ideia da clivagem do ego nos adictos, aliás, foi recentemente defendida nos trabalhos de O. Lesourne (2007).

Lembremos que esse conceito de clivagem do ego *(Ichspaltung)*[485] foi proposto por Freud no período final de sua obra, para com isso dar conta das perversões como construções psíquicas

---

484 Dejours, C. *Le Corps entre Biologie et Psychanalyse*. Paris, Payot; (2001) *Le Corps d'Abord. Corps Biologique, Corps Érotique et Sens Moral*, P. B. Payot, 1986.

485 Freud, S. (1938), "Le clivage du moi dans les processus de défense". In *Résultats, Idées, Problèmes II*. Paris, PUF, 1985, pp. 283-286, (p. 285)

situando-se entre neuroses e psicoses, onde se tem a *negação* da realidade dando-se sobre uma parte da realidade sexual: o sexo da mãe/mulher.

A dimensão perversa das condutas adictivas, como veremos no capítulo a seguir, está em ligar a essa busca sensações que se evidenciem sobre outro modo de gozo, e isso ao preço de uma clivagem de um ego que, por um lado, "sabe" que se põe a perder e, por outro, que disso não o pode impedir. Com esse mecanismo, trata-se de manter dois elementos contraditórios (reconhecer a realidade e a nada se proibir) "ao preço de uma dilaceração do ego, dilaceração que não se curará jamais e só fará aumentar com o tempo. As duas reações em conflito, reações opostas, mantêm-se como cerne de uma clivagem do ego".[486]

Feita essa consideração, lembremos que a elaboração da "terceira tópica" em C. Dejours é realizada partindo-se essencialmente da primeira tópica freudiana (inconsciente, pré-consciente, consciente), que o autor ampliou fazendo oscilar as linhas de clivagem horizontal à vertical. Como propôs Freud,[487] e depois P. Marty, forçoso tem sido admitir a existência de um *terceiro inconsciente, este não recalcado,* violento e próximo da defesa de autoconservação do indivíduo, relacionado a "movimentos instintuais" que Marty qualificou como "de vida e de morte". Trata-se dos fracassos que Dejours, retomando os trabalhos de J. Laplanche,[488] chama de "subversão libidinal" das funções biológicas próprias ao desenvolvimento da psicossexualidade (desenvolvimento do "corpo erógeno"), que, nesse

---

486 Freud, S. 1938, *op. cit.*, p. 285.

487 Quanto ao texto de Freud de 1938, sobre as perversões, que traz precisões no que diz respeito à manutenção da clivagem do ego levando à criação do fetiche ou a uma adicção por clivagem operada sobre uma percepção corporal (Ferenczi), seria o caso aqui de dar preferência ao final do capítulo do texto *O ego e o id*, onde se faz alusão a um "inconsciente de outra natureza", conforme exortação de Freud (1923, p. 229).

488 Laplanche, J. (1970), *op. cit;* (1987), *Nouveaux Fondements pour la Psychanalyse,* PUF.

quadro teórico, poderia tornar mudas as zonas e as funções desse corpo erógeno – pela formação de zonas não sexuais do corpo.

Para que se compreenda a clínica das somatizações, mas também a de *borderlines* (figura 3), falso *self*, personalidades narcísicas, psicopatas e psicóticos, Dejours apresenta uma clivagem vertical e separa, de um lado, uma zona que compreende, no alto, o pré-consciente (pré-consciente) e embaixo o inconsciente recalcado (secundário; inconsciente II); de outro lado, uma zona onde o conceito encontra-se diante do inconsciente primitivo (instintual/ relativo à debilidade "mental"; inconsciente I).

Assim, segundo essa tópica, o único dique posto diante do inconsciente primário parece ser o pensamento consciente, operatório, separado do inconsciente secundário e recalcado e, portanto, do pré-consciente, lugar de miscigenação das excitações em pulsões.

Acresce-se a esse esquema a hipótese, por P. Marty e M. Fain, de uma "zona de sensibilidade do inconsciente", onde este é separado da realidade exterior (o real) por uma menor espessura do pré-consciente e do consciente, e onde o inconsciente é estimulado diretamente da realidade pela via de percepção (sensação) e não por uma representação. Essa terceira tópica tem o grande mérito de proporcionar uma via de conjunto coerente sobre as diferenças entre personalidade "operatória" e de característica ("neuróticas de caráter" e "neurose de comportamento" de P. Marty).

A partir dessa terceira tópica (figura 3), pode-se compreender como, ao somatizar, no paciente dotado de caracteropatia o falso *self* salva sua economia – e sua tópica – psíquica evitando todo sentimento de se tornar louco ou então pela não aceitação de sua "loucura privada" (Green). A caracteropatia ataca o seu *soma* (seu ego somático) para salvar seu ego psíquico da intensidade violenta e destruidora de seus afetos (a raiva narcísica, aí compreendida nos sentimentos de perda, de abandono frequentemente encontrado na anamnese das somatizações).

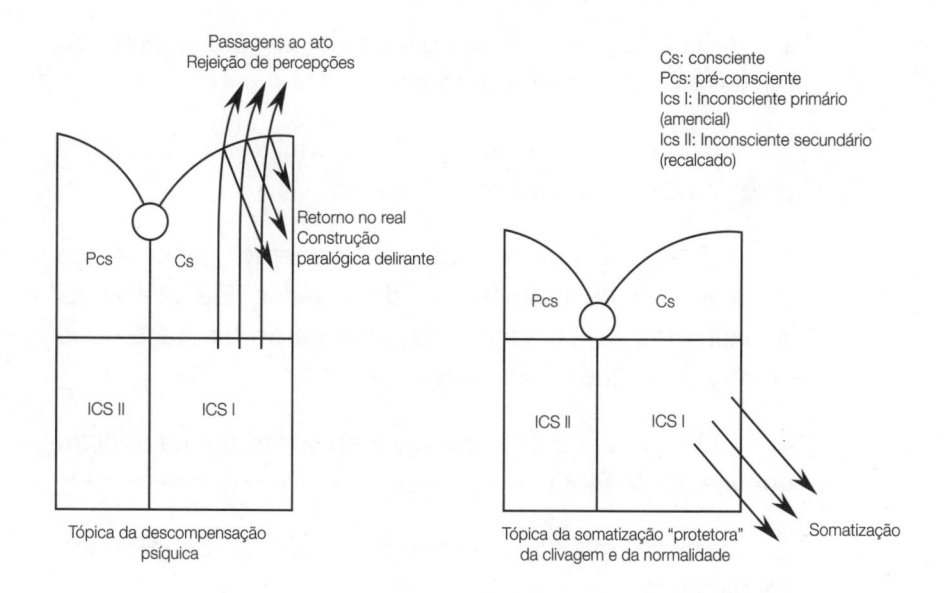

Figura 3

Nessa terceira tópica, a clivagem que separa inconsciente recalcado e inconsciente primitivo implica uma ausência de comunicação entre eles. Eros e Tánatos parecem aí separados, um dependendo do inconsciente recalcado, o outro do inconsciente primário/ "amencial", uma vez estando eles ligados e enredados. Poder-se-ia, no entanto, "complexificar" essa terceira tópica e incluir aí a segunda, a do ego, o que Freud fez ao final do artigo "A personalidade psíquica",[489] em um esquema no qual ele reagrupa as duas primeiras tópicas, permitindo levar em conta o papel das instâncias e "aglomerados" psíquicos (*pela via* da emoção e da libido narcísica) no desencadeamento e manutenção das somatizações.

Não será supérfluo aqui lembrar o que vem a ser o ego na metapsicologia freudiana:

---

489 Freud, S. (1933), "La décomposition de la personnalité psychique", *Nouvelles Conférences d'Introduction à la Psychanalyse*. Paris, Gallimard, 1984, p. 108.

1. O ego é formado pela diferenciação de uma parte do psiquismo, a partir do corporal;

2. O ego é a sede do "juízo", a permitir uma fratura do psiquismo do interior para o exterior;

3. O ego é advindo do recalcamento que protege o psiquismo de uma fratura do exterior. Ele desvia as quantidades de excitações de uma via de facilitação que conduz a um "neurônio-chave" (parte 1);

4. O ego é dotado de atenção (próximo da função continente de Bion);

5. Enfim, em 1921, o ego será, para Freud, considerado "projeção de superfície".

Se houver, pois, uma forma de continuidade entre *soma* e psique, é tanto pelo *id* quanto pelo ego que ela passa, mas trata-se de um ego colado a seu funcionamento somático, portanto não descolado de seus alicerces "de si mesmo" *("soïques")*. A adicção mostra que o ego só pode surgir de maneira satisfatória na condição de "projeção de superfície" (Laplanche;[490] Freud;[491] Anzieu[492]), restando um ego indistinto do *id,* pelo menos em certas zonas que são conservadas: essa *indistinção atópica* entre "ego-*id*" e "ego-psíquico", "ego-objeto" encontra-se em seu máximo no excesso afetivo que se propagou como um gás nos invólucros e falhas narcísicas desse ego, desorganizando-a.

---

[490] Laplanche, J. *Vie et Mort en Psychanalyse.* Paris, Flammarion, 1970, p. 108.
[491] Freud, S. "Le Moi et le Ça", *op. cit.*, 1923, p. 238.
[492] Anzieu, D. *Le Moi-Peau.* Paris, Dunod, 1985, p. 82.

A TÓPICA DAS CLIVAGENS AUTONARCÍSICAS

A noção de "marcador somático", introduzida por Damásio (1995), assim como a de "confusão de bacias de atração", introduzida por J. P. Tassin (1994), – as bacias em questão se formam nos primeiros meses de vida pela associação de zonas somáticas e angústia que escapam ao tratamento cognitivo ulterior da emoção – podem aqui mostrar-se valiosas para que se compreenda a existência do sintoma como recurso à adicção. No contexto neonatal de prematuridade e de não maturidade psíquica do nascimento à puberdade, poderá haver erros no tratamento de certas categorizações de afetos em particular, a ponto de o primeiro modo de categorização, que é o modo analógico (entre percepções sensoriais e percepções alucinatórias), poder retornar para um modo de tratamento biológico desse afeto: por exemplo, uma diarreia no lugar de uma angústia não específica, o que Tassin chama de "confusão de bacia".

Essa "solução biológica do traumatismo"[493] pode indubitavelmente depender de um *holding* maternal e parental (cf. as mães calmantes, de M. Fain) que teria queimado as etapas de diferenciação do somatopsíquico, o bebê tendo ele próprio influenciado a qualidade dos cuidados que lhe são dispensados:[494] com isso, algumas somatizações deixariam transparecer essas falhas de diferenciações devidas às forças econômicas que transbordam o aparelho psíquico por ocasião de tal ou qual acontecimento psíquico a ponto de gerar clivagens atípicas do ego.

As clivagens de que se fala aqui podem ser entendidas no sentido dado por G. Bayle,[495] isto é, na condição de faltas, falhas

---

493 Roussillon, R. "Perception, hallucination, et solution 'bio-logique du traumatisme", *Revue Française de Psychosomatique,* n. 8, 1995, pp. 107-118.
494 Winnicott, D. W. "L'angoisse associée à l'insécurité", *De la Pédiatrie à la Psychanalyse,* 1952, pp. 126-130.
495 Bayle, G. Relatório do 56º Congresso dos psicanalistas de línguas romanas: "Les clivages", *Revue Française de Psychanalyse,* 60, n. especial

nas capacidades de síntese do ego ou de tal ou qual sistema/ organização. Ao lado das *clivagens funcionais* evidenciadas para defender o investimento do ego e dos objetos contra um remanejamento ameaçador, as clivagens aqui evocadas são muito mais *clivagens estruturais* que devem suprir uma falta constitucional de simbolização e de apropriação subjetiva, deixando particularmente o *soma* ou a passagem ao ato em primeira linha para que se trate o sofrimento passional negado.

O psicanalista que pode nos ajudar a apreender a importância dos vínculos entre apego passional ("transferência passional") ao objeto adictivo, clivagens e agonias primitivas foi, antes de R. Roussillon,[496] S. Ferenczi. Numerosos conceitos teóricos nas patologias "limites" são herança direta das proposições de Ferenczi, por exemplo: a introjeção; as fontes do trauma ligadas à economia, o demasiado ou o escasso, o excesso ou a carência; a identificação ao agressor secundário, a um fantasma traumático de sedução; as transferências passionais como efeitos da clivagem narcísica (psicótica), ela própria consequência do traumatismo primário, o que proporciona a criação de zonas do ego clivadas e mortas; a clivagem do pensamento e do corpo (do somatopsíquico); a desqualificação do afeto; personalidades *como se, as if,* o falso *self;* a noção de desmoronamento psíquico e de depressão anaclítica, mesmo anobjetal; a importância do amor ou do ódio primário; a importância das impressões psíquicas maternas e da psique da mãe (a linguagem da ternura e da paixão materna); não devemos esquecer o papel da contratransferência como instrumento precioso para o analista e para a cura - em vez de um obstáculo.

Assim, no que diz respeito à compreensão do recurso à busca passional de sensação-percepção adictivas, evidencia-se o papel de *diversos tipos de clivagens:*

Congrès, 1996, pp. 1303-1547.
496 Roussillon, R. "Clivage du Moi et transfert passionnel", *Paradoxes et Situations Limites en Psychanalyse e Paris.* PUF, 1991, pp. 218-238.

- *clivagem no aparelho psíquico*: levando a uma ruptura do componente narcísico do ego e da continuidade nos processos psíquicos, havendo, nesse caso, um pensamento operatório de um lado, e entenda-se aqui uma diminuição de espessura e de fluidez no pré-consciente, e, de outro lado, a escapatória na/pela percepção ou a passagem ao ato (terceira tópica de Dejours);
- *clivagem do ego e transferência passional* (fim de cura brutal, passagem ao ato, "curto-circuito psíquico"...);
- *clivagem associada à noção de trauma:* ferida narcísica com uma "clivagem autonarcísica" (na economia narcísica);[497]
- *clivagem entre ego corporal e ego psíquico* ou entre subjetividade/mentalização e atividade sensório-motriz (organização cenestésica do ego rudimentar de Spitz, 1946), onde prevalecem os processos primários de descarga energética;
- *clivagens multiformes* na estrutura mental do sujeito;
- clivagens em uma economia narcísica sobre um fundo anterior ao ego: o si;[498]
- *clivagem autonarcísica ou "autoclivagem narcísica"* (Ferenczi *op. cit.*), "fractal" cingindo sobre eles próprios e retratando *outputs* perceptivos que, na sequência, podem lançar o sujeito em uma economia de percepção da qual a onda de choque pode chegar a perturbar certas funções biológicas, organizações funcionais e sistêmicas (aparelho imunitário, por exemplo) e osciladores rítmicos fisiológicos (funções e aparelhos que dependam da autoconservação);
- clivagens instáveis e "oscilantes".[499]

---

497 Ferenczi, S. "La naissance de l'intellect", *Oeuvres Complètes,* tome IV. Paris, Payot, pp. 285-288.
498 Bayle, G. "La carence narcissique", *Revue Française de Psychanalyse,* (3), 1992, pp. 704-705.
499 Press, J. "Traumatismes et mécanismes de défense", *Traumatismes, Actualité Psychosomatique,* Chêne Bourg, GeorG, ed. n. 3, 2000, pp. 17-30.

A CLIVAGEM FRACTAL DO SI ANCORADO NO NARCISISMO DO EGO

Ora, as relações psique/*soma* obrigam a reconsiderar e ampliar consideravelmente as funções, as características e as "tópicas" de clivagens. Estas, como já dissemos, formam "dobras", "fraturas" e "torsões" intrassistêmicas no aparelho psíquico, mas também "transistêmicas", que atravessam tanto regiões psíquicas quanto sistemas somáticos: as pulsões de autoconservação e o narcisismo do ego podem, com relação a isso, ser compreendidos como organizações funcionais que "mergulham" suas raízes no "vivente" do biológico e, assim, podem perturbá-lo a ponto de impedir uma subversão libidinal das funções somáticas de boa qualidade: somatização de um lado, adicção do outro.

É possível temer que a intensidade quantitativa – excesso ou falta – de afetos dependentes de traumas *pré-psíquicos e pré-subjetivos* mantenham esses tipos de clivagens no si originário somatopsíquico (portador da cripta) e na "estrutura enquadrante narcísica do ego" (A. Green). Transistêmicas, somatopsíquicas, essas clivagens teriam essa singular particularidade de ser autossimilares, fractais e atópicas, típicas dos sistemas em fase de ordem-desordem, como as gotas de dois líquidos quando chegam ao ponto de ebulição (este que se pode comparar ao limiar de intensidade afetiva, cf. figura 4) mesclando psique e corpo/*soma* no gesto/prazer/sofrimento adictivo ou na somatização.

De natureza fractal, essas clivagens conservariam a fraqueza do ego nos contrainvestimentos menores que o recalcamento (e essencialmente químicos, tóxicos ou comportamentais), permitindo, assim, que perdurem formas indiferenciadas (cripta/crono) onde o si psíquico (o narcisismo do ego) mantém-se "dependente" das diferentes funções biológicas ou corporais do *si* imunitário.

Figura 4
As gotas de dois líquidos a uma temperatura próxima da separação têm uma estrutura autossemelhante (esses problemas físicos foram resolvidos matematicamente com os fractais, objetos matemáticos descobertos por B. Mandelbrot) (segundo Brezin, E., 1982)[500]

Por ocasião do ultrapassamento dos limiares de intensidade afetiva e do transbordamento das defesas mentais, excitações pulsionais em quantidade excessivamente grande para permitir o estabelecimento de um bom "trabalho do negativo" se revelariam passíveis de ser de modo "autossimilar" próprio aos fenômenos de transição de "fase ordem-desordem" (figura 4), ou seja, tratar-se-iam de excitações pulsionais oscilantes, trazidas pela via das linhas de clivagem acima citadas, em direção a suas pré-formas orgânicas pulsionais: vibratórias, pulsáteis, excitacionais, hormonais, que Freud, como vimos, evocara por ocasião da epilepsia. Nesse contexto, os relógios internos, os osciladores biológicos e os ritmos internos podem se encontrar perturbados.

---

500 Brezin, E. "La transition ordre-désordre", *Pour la Science,* 1982, 174: pp. 6-8.

A CLIVAGEM FRACTAL DO TRAUMA PSÍQUICO "PRÉ-PSÍQUICO"

O caso de somatizações após uma parada brutal com a adicção deixariam transparecer uma forma de memória de afetos (traumatismos) em excesso, marcados corporalmente e surgidos antes "da aparelhagem" pela linguagem dos movimentos perceptivos/pulsionais, ou seja, antes dos 2 anos (violência, mamadeira excessivamente quente, luto e depressão da mãe, rinofaringites sucessivas, asma, bronquites etc.?)[501] As sequelas econômicas de cada *acting* acrescentando-se umas às outras (traumatismo cumulativo) provocariam alterações biológicas, por exemplo, uma deficiência ou uma perda de tolerância do sistema imunitário?

Essas questões evocam as últimas reflexões de Freud (*Construções em análise* – 1937 -, *Moisés e o monoteísmo* - 1939), sobre a elaboração dos traumas precoces. Esses traumas escafederam-se para as camadas mais profundas da psique; assim como outros elementos, eles mantiveram-se, porém soterrados, inacessíveis ao indivíduo. O objeto-trauma seria um objeto psíquico cuja pré-história o analista quer rastrear e resgatar, objeto este, parafraseando Freud, que guarda em si ainda mais mistérios. Esse texto mostra que é preciso fazer o luto de uma emergência total, a fim de reconstituir uma história completa que afirmaria a verdade dos traumas infantis, sobretudo os advindos de fase anterior à da aquisição de linguagem, que fazem parte de uma "memória amnésica" (Green).[502]

---

501 O "descolamento" das sensações somáticas em relação às representações psíquicas poderia passar pelas "protorrepresentações" caracterizadas pela indistinção si/objeto (Pinol-Douriez, 1984, parte II, p. 113). Essas protorrepresentações, concreções de objetos dos sentidos, somáticos e motores, foram descritas como contemporâneas de uma época em que o si e o não si ainda não eram claramente distintos. Elas seriam uma "matriz viva", um "apoio" sobre o qual se implantam (após a operação da alucinação negativa) as representações figuradas e verbais "objetalizadas".
502 Pode-se evocar uma "memória amnésica" na categoria dos objetos

Assim, esses traumas precoces ocorridos antes da aquisição da linguagem fariam parte dessa "memória amnésica" (A. Green), essa mesma memória que, sintomaticamente, exprime-se pela compulsão de repetição, pelos estados de despersonalização, pelos comportamentos adictivos, de somatizações e de delírio. Essa memória diferente dos outros objetos mnésicos, das lembranças, pela intensidade de atualização em que ela aparece: lembranças conotadas de uma qualidade alucinatória, repetidas pela gestualidade e pelo comportamento ou pela somatização.

A *intensidade quantitativa dos afetos* ("*flash*" tóxico, relâmpago ou acontecimento real traumático de morte de pessoa próxima, de um abandono) própria aos traumas precoces pré-psíquicos e pré-subjetivos manteriam essas clivagens no *si* originário somatopsíquico (portador da cripta) *a ponto de aumentar as* "transferências de afetos" sobre sistemas e subsistemas psíquicos, ou biológicos pela via das redes (contextos) do *self*. Tais clivagens teriam essa natureza singular de ser autossimilares, fractais, *atópicas, somatopsíquicas* próprias aos sistemas em fase de ordem-desordem como as gotas de dois líquidos quando chegam ao ponto de ebulição.

É possível inspirar-se no esquema do físico E. Brezin (figura 4), que mostra como "as gotas de dois líquidos", a uma temperatura próxima da separação, apresentam uma estrutura autossimilar". Temos aí o aspecto fractal, por razões econômicas, da tela branca (o espelho de dois lados) estabelecida por uma alucinação negativa que jamais se deu de maneira total e irrestrita.

Essas formas, que poderia aproximar-se da noção de "mosaico do inconsciente", defendida por P. Marty, teriam, pois, uma vez que os afetos (especialmente os agressivos nos *borderlines*) atingem

---

mnésicos representados pela compulsão à repetição, pelos estados de despersonalização, de somatização... que diferem dos outros objetos mnésicos, sobretudo as lembranças, pela intensidade da atualização, pela referência situando esses fenômenos menos do lado das lembranças do que como equivalentes deste, conotados por uma qualidade alucinatória. Green, A. 1995, *op. cit.*

temperaturas excessivamente altas, uma qualidade particular, a de uma estrutura autossimilar própria aos fenômenos de transição de "fase-ordem-desordem" (cf. figura 4).

O que chamamos "traumatismo psíquico pré-psíquico" poderia ter, como modelo teórico, o trauma sexual pré-sexual (Freud, 1895): "A histeria resulta de um terror sexual pré-sexual, a neurose obsessiva de uma volúpia sexual pré-sexual posteriormente transformada em sentimento de culpa (carta a Fliess de 15 de outubro de 1895). Todavia, se o trauma sexual pré-sexual (real ou fantasmático) se dá sobre a criação de um "corpo estranho" psíquico – o recalcado do sexual infantil, o trauma psíquico pré-psíquico, por sua vez, dá-se no estabelecimento da tópica psíquica.

Em outros termos, esse trauma pré-psíquico, e o *après-coup* pré-subjetivo virão perturbar o estabelecimento do recalcamento originário, contrainvestimento a permitir que o pensamento nascente seja aliviado do excesso de excitações. Sendo, no aspecto quantitativo, de extrema importância, e agravado pelos traumas pré-subjetivos, esse trauma psíquico pré-psíquico deixará indiferenciado pensamentos, a pulsão e pré-forma orgânica desta.

Nessas condições, e *a posteriori*, todo afeto sexual de despersonalização (orgasmo) ou todo afeto de abandono ou de perda de limites poderia encontrar, sobre uma percepção clivada do ego (S. Ferenczi, 1924), os traços desse trauma precoce. Entretanto, em uma gestão exclusivamente econômica dos desejos, as excitações seguirão as clivagens autonarcísicas e de estrutura fractal, autossimilar e tocando a corporeidade como nas adicções ou nas funções biológicas que se tem nas somatizações.

O psiquismo original – excitacional – pode assim manter-se *imperfeitamente* integrado na psicossexualidade, como poderia, pela via das libidos narcísica e pré-genital, mas também pelo ultrapassamento dos limiares afetivos, infiltrar-se pela via das clivagens autossimilares e autonarcísicas, nos sistemas e subsistemas biológicos (diencefálico, límbico) até a descarga no comportamento adictivo ou na somatização. A regressão funcional, compreendida aqui nos sujeitos neuróticos bem mentalizados, poderia assim, por ocasião de acontecimentos reais traumáticos, tornar a empregar, além da via da percepção-alucinação ou da via motriz de descarga (adicção), a via de uma "memória corporal", afetiva e quinestésica, além da via dos dinamismos e das vias paralelas, tal como descreveu P. Marty.

JOGO E PERVERSÃO NA ADICÇÃO[503]

OS FANTASMAS INCONSCIENTES DOS TOXICÔMANOS E DAS ANORÉXICAS

Essa tópica das clivagens nos conduz à clínica das perversões e à dos fantasmas perversos. Os trabalhos psicanalíticos de Earl Hopper[504] sobre os toxicômanos ressaltaram a importância do tema das fantasias inconscientes de homossexualidade e de compulsão de masturbação em um pertencimento mais profundo a um contexto de um processo traumático precoce. A toxicomania aparece aí como uma forma de perversão dos fantasmas homossexuais a agir de maneira regressiva em uma busca de excitação. A fim de contornar todo gozo perverso do tóxico, o preço a pagar será, inconscientemente, a própria vida (ordálio).

Em sua experiência com toxicômanos, Hooper propõe que antes de ser adictos a uma substância, esses sujeitos de algum modo foram *adictos de fantasmas e de numerosos cenários perversos* que, *après-coup*, foram vividos com um excesso de *vergonha* e de *culpabilidade*. Lembremos aqui que A. Rigaud[505] estudou o

---

503 Pirlot, G. 2006, *op. cit.*
504 Hopper, E. "Encapsulation as a defence against fear of annihilation", *Intern. J. of Psycho-Analysis,* 72, 1991, pp. 607-624; "A psychoanalytic theory of drug addiction: unconscious fantasies of homosexuality, compulsions and masturbation within the context of traumatic process", *Intern. J. of Psycho--Analysis,* 1995, 76, pp. 1121-1141.
505 Rigaud, A. "Réflexion sur la problématique alcoolique à partir d'une contre--attitude soignante; Die Verpönung-L'opprobre", *Information Psychiatrique,* 63,

desgosto *(Verpönung)* e a vergonha nos alcoólicos, e J. Goldberg,[506] na sequência, relacionou essa vergonha a uma libido que assume as vias de uma "ressexualização" anal em uma espécie de perda parcial e gozosa de identidade; a vergonha "aphanisis", da subjetividade e anversa do êxtase mostra aqui os vínculos obscuros, porém reais, entre transgressão *adictiva, gozo e relação com o superego passivo e carregado de vergonha.*

Assim, os toxicômanos de heroína ou de cocaína, dos quais Hopper pôde se encarregar para empreender uma cura clássica ou pela psicoterapia, mostraram-se de início, e durante um longo tempo, por demais inibidos para associar o material psíquico sobre a homossexualidade e masturbação ao fato de uma grande culpa matizada de inveja e de vergonha (e de ódio para com o objeto interno). A maior parte desses fantasmas estaria, assim, baseada no desejo reprimido *(dreaded wish)* de temas relativos à homossexualidade a ocasionar uma grande ansiedade e vindo reanimar a questão da perda de identidade. De fato, sob esses temas relativos à homossexualidade e passividade existem, nesses sujeitos, angústias de despedaçamento de fragmentações importantes. Nesse contexto, o traficante representa a encarnação do pai sedutor (diabo, Pan), totêmico, carregado da todo-poderosa imago materna arcaica, pai fora da lei ao qual homossexualmente ou incestuosamente se submete o adolescente toxicômano.

A contribuição de Hopper deu-se no sentido de diferenciar tipos de fantasmáticas diferentes segundo a droga. O cocainômano se vê invadido por cenas fantasmáticas violentas, de perda de controle, enquanto o heroinômano é levado por seu desejo de fusão ao oceano – a mãe (mar) primitivo – num retorno ao estado fetal, o que vem se fundir ao fantasma de autoengendramento. Nas curas de terapias por ele propostas, E. Hopper ressalta também o fato de numerosos heroinômanos tornarem-se conscientes de seus fantasmas e poder falar deles.

1, 1987, pp. 33-41.
506 Goldberg, J. "Culpabilité et volupté de la honte", PUF, *Psychanalyse à l'Université,* 3, (9), 1977, pp. 167-183.

Durante as fases de regressões profundas, a cocaína tendia, por vezes, a substituir a heroína e permitia viver ainda esses fantasmas de ser uma "merda", um *"shit-baby"*, eventualmente parasita, para renascer analmente de suas cinzas após a prova ordálica em que o corpo e a vida fariam-se envolvidos.

Segundo Hopper, a toxicomania inaugura assim, para essa concepção de uma *doença do interior e do exterior* de uma "pele psíquica", hermafrodita, vivida como um reto vazio cujo produto supostamente isola, preenche *(full)*; sob a lei *(enactment)* da ritualização toxicomaníaca, e de angústias paranóides, psicóticas e de vazio que trata-se nesses sujeitos. A fratura – compreendida aqui a da agulha para o "tóxico" – parece então um meio de ser a mãe, o pai, a mãe-criança, o pai-criança; de se autoengendrar pondo em risco a própria vida. Na anamnese dos toxicômanos, Hopper ressalta muitas vezes ter constatado a existência de um risco fatal no nascimento, para eles próprios ou para a mãe. Assim, quando na primeira infância a vida por pouco não roça a morte, seria de admirar que na adolescência, momento em que se envolve a subjetividade na vida (social), a atração da morte seja, da mesma forma, intensa?

Essa vida fantasmática reprimida e desviada tem sido descrita também nas anoréxicas.

Se C. Combe e outros autores têm insistido, com relação a essas garotas, na presença de fantasmas inconscientes e reprimidos de felação, C. Chabert, por sua vez, ainda sobre as jovens anoréxicas, introduz a hipótese do lugar e da função do sacrifício no bojo dessas organizações fantasmáticas singulares, que parecem inverter a construção histérica da sedução e fazê-la alternar em uma deriva melancólica pela participação crescente dos movimentos de autoacusação quase delirantes que a animam.

Com isso, ela lembra as particularidades da construção histérica dos fantasmas de sedução, nos quais prevalece o entrejogo ativo da sedução suscitada no outro, a fim de pôr à luz o seu desejo: "Não sou eu que o seduz, é o outro que me deseja"; o outro encontra-se, assim, claramente destinado como agente sedutor no seio de uma cena excitante que preserva o ato de produzir-se o fantasma, em sua inocência e na ignorância – aparente – de seus próprios movimentos de desejos. Isso é o que a "desculpa" também com relação a um superego tão presente já que excessivamente sexualizado.

> Os desejos são sentidos como forças malignas, impuras e, portanto, submetidas a uma retorsão drástica, traduzida sobretudo pela amplidão da desqualificação e do desamor de si que impõem condutas sacrificiais visando justamente o corpo em sua capacidade de seduzir e de experimentar prazer. É o outro lado da sedução que assume o passo, não mais o desejo de agradar e de encantar, e sim muito mais a tendência a corromper, reforçando ainda o peso do abandono: é esse destino que corre o risco de se fundir na mortificação de uma sexualidade expiatória. Assim, ao inverso do que se passa na histeria, essas jovens buscam avidamente o estado de abandono, de desamparo psíquico, sem, no entanto, mostrar-se capazes de reconhecer e de mostrar sua espera, sua necessidade de ajuda: elas se esforçam ativamente, não para fazer nascer o desejo do outro ou mesmo o de provocar uma resposta, mas, ao contrário, de rejeitá-lo a ponto de não se pensar como seu objeto. Com isso elas situam-se aquém de defesas narcísicas que se esforçariam em negar a fonte interna da pulsão para lutar contra a dependência implicada por todo movimento de desejo suscetível de ser satisfeito pelo outro.
>
> Chabert, C. Dépendance et Sexualité: Singularité des Fantames de Séduction chez le Femmes Présentant des Troubles des Conduites Alimentaires, in Actes et Dépendances. Paris, Dunod, 2006, pp. 64-72 (pp. 67-69).

Aqui a violência destruidora faz retornar de maneira intensa contra um ego ameaçado de desintegração, e nessas condições o triunfo sacrificial se dá meramente por benefícios transitórios e precários, porque serve-se de condutas sintomáticas que automatizam-se progressivamente e embalam-se nos atos iterativos despersonalizantes. "As satisfações autoeróticas iniciais, fortemente comprometidas pelo fantasma masoquista inaugural, extinguem-se progressivamente pela usura repetitiva e pelo empobrecimento da atividade imaginária", o que vem confirmar os pontos de vista defendidos acima, de carência narcísica e de autoerotismo, e este, psicossomático, sobre o pensamento operatório desses sujeitos. Toda forma de investimento libidinal é abolida, e, ao mesmo tempo, o corpo é privado de todos os seus prazeres, o pensamento não tendo o direito de se desdobrar, ou seja, de se exercer. Subsistirão tão somente a dor e o apego que ligam-se aos objetos de amor originários que são, igualmente, de contrainvestimento, a serviço da clivagem do ego, dos movimentos pulsionais.

NEGAÇÕES E CLIVAGENS NA PERVERSÃO E NA ADCIÇÃO

A evocação desses fantasmas sexuais inconscientes nas anoréxicas e nos toxicômanos, como a tópica da clivagem, leva-nos naturalmente à questão das perversões e das relações entre as adicções, com Freud tendo isolado um mecanismo de defesa, a clivagem, associada ao mecanismo de negação sobre uma percepção, como estando na base das perversões.[507]

A extensão do conceito de perversão para além das práticas sexuais e sua legitimidade demandam que se faça lembrar aqui sua etimologia. O termo vem do latim, *pervertere,* significando retornar, inverter, tendo como ponto de partida uma construção que se estende, com uma mesma conotação pejorativa, aos próprios costumes: *perversitas* designa a extravagância, o absurdo, a corrupção, o desregramento, a depravação. Dessas definições originais se deverá reter aqui a ideia de *sair da medida,* de inverter, desviar. Enfim, em 1875 o *Le Littré* definiu a perversão aplicando-a também à fisiologia: "Perversão: alteração de bem em mal...". É perverso o que se desvia de uma regra, de uma lei, de um funcionamento, de um processo, por um *excedente de prazer, de gozo,* algumas vezes sem

---

507 Pirlot, G., e Pedinieli, J. L. *Les Perversions.* Paris, A. Colin, 2005.

que o próprio sujeito o saiba. A *arrogância*, a desmedida, o gozo são os pontos comuns entre adicções e perversões.

Em Freud, em 1905, a perversão é concebida como resultante de uma interrupção no desenvolvimento da pulsão sexual, eventualmente relacionada a acontecimentos em sua história real (e não fantasmática, como é o caso na neurose): sedução pelo adulto ocasionando uma fixação e um modo de satisfação prevalecente. A perversão é então percebida como uma sexualidade de caráter infantil, com Freud, considerando a sexualidade da criança como *"perversa polimorfa"*. A concepção *da neurose como negativo da perversão* está ligada à hipótese de componentes excessivos passando pelo recalque, desviados de sua meta e direcionados "a outras vias, até o momento em que se exteriorizam sob a forma de sintomas mórbidos" na neurose. Entretanto, sua fórmula não significa que a perversão seja o positivo da neurose! A neurose recalca o que o perverso transforma em ato. Ela revelaria então uma sexualidade inculturada, já que não marcada pelo recalcamento, não neurotizada pela educação e pela cultura. Com isso, o ato perverso é um ato parcial pelo qual o *objeto* é *rebaixado à classe de objeto parcial* sobre o qual se exerce uma pulsão de dominação, pulsão não sexual, arcaica, próxima da necessidade de apoio, e que une-se à sexualidade de maneira apenas secundária.

Em 1914, com *Introdução ao narcisismo*, as perversões remetem a uma patologia mais pesada. Com a aparição da problemática narcísica de todas as perversões, o perverso aparece como aquele que só ama a si mesmo. A noções de negação da realidade perceptiva *(Verleugnung)*, isolada no fetichismo (1927),[508] e a da *clivagem do ego (Ichspaltung)* abrem a possibilidade de apreciar as perversões como as das construções psíquicas que situam-se entre neuroses e psicoses, à medida que se tem uma *negação* da realidade nas perversões, simplesmente sobre uma parte da realidade sexual: o sexo da mãe/mulher. Mas elas correspondem sempre ao esquema:

---

508 Freud, S. (1927), "Le fétichisme", *La Vie Sexuelle*. Paris, PUF, 1969, pp. 133-138; *Oeuvres Complètes*, XIII. Paris, PUF, 1994.

angústia de castração, negação, clivagem, regressão a uma fixação a um componente parcial da sexualidade infantil. A importância do pré-genital será estudada pelos pós-freudianos (não acesso ao genital, lugar central aos riscos inerentes à fase de separação-individuação ou de relação com uma mãe vivenciada como ameaçadora e invasiva).

Lembremos que Binet sugerirá, em 1887, que o fetichismo resulta de uma experiência infantil na qual a excitação sexual foi despertada em circunstâncias particulares que lhe mantêm associadas de modo permanente. Freud no início confirmou essa posição, para em seguida observar que a experiência inicial de excitação exige, também ela, uma explicação. Na realidade, a subjazer a essa primeira lembrança de aparição do fetiche, existe uma fase de desenvolvimento sexual mais primitivo, porém esquecido. Além disso, Binet faz atentar para a relação simbólica que, por vezes, explica o sentido do fetiche, como no caso do pé, do sapato ou dos pelos, todos esses símbolos bem conhecidos dos órgãos sexuais masculinos e femininos.

Quando, em 1927, Freud escreveu o artigo sobre o fetichismo – após ter observado, em nota de 1910 aos *"Três ensaios"*, o vínculo entre a pulsão olfativa recalcada e o odor, ou, ainda a pulsão de ver no fetichismo do pé feminino –, ele chegou à conclusão de que na etiologia do fetichismo há um fator essencial: a angústia de castração e a incapacidade de tolerar a ideia dos seres humanos desprovidos de pênis e considerados castrados pelo menino. Assim, a crença no falo feminino implica a *negação de uma percepção real.* Com isso a criança conserva, ao mesmo tempo, duas ideias contraditórias, ou, indo além, seu ego resolve esse dilema ao criar um compromisso, o fetiche, coisa concreta e real, que pode ser vista e tocada (diferentemente do falo feminino) e representa também esse falo feminino, confirmando assim sua existência e apaziguando a angústia de castração.

A impossibilidade de aceitar os órgãos genitais femininos é contornada:

No psiquismo desse sujeito, a mulher certamente possui um pênis, mas esse pênis já não é o que foi antes. Alguma outra coisa assumiu o seu lugar e foi, por assim dizer, destinada como substituto. Ela tornou-se herdeira do interesse que lhe fora inculcado antes. Mas esse interesse faz-se ainda extraordinariamente aumentado, uma vez que o horror da castração se erige como monumento ao criar esse substituto. Esse estupor diante dos órgãos genitais reais da mulher, que não fazem falta para nenhum fetichista, mantém-se assim um estigma indelével do recalcamento que ali se deu. Vê-se agora o que o fetiche realiza e o que o mantém. Ele continua a ser o signo de um triunfo sobre a ameaça de castração e uma proteção contra essa ameaça; também evita que o fetichista torne-se homossexual, emprestando à mulher esse caráter pelo qual ela torna-se suportável na condição de objeto sexual.

O fetiche representa o pênis que falta à mulher:

O processo era, pois, o seguinte: a criança recusava-se a tomar conhecimento da realidade de sua percepção: a mulher não possuía pênis. Ora, tal não pode ser verdade, pois, se a mulher é castrada, uma ameaça pesa sobre a sua (a dele) própria posse de pênis, e é contra isso que se eriça esse pedaço de narcisismo, e de narcisismo para o qual a Natureza, providencial, justamente concedeu esse órgão.

Freud, S., 1927. "Le fétichisme", La Vie Sexuelle.
Paris, PUF, 1969, pp. 133-138;
Oeuvres Complètes, XVIII. Paris, PUF, 1994.

A *negação da percepção*, que está na base desse mecanicismo, evoca a negação da realidade do psicótico, mas no fetichista, somente *uma parte da vida mental orienta-se dessa maneira*. Não será, de algum mundo, essa negação que versa, nas condutas adictivas, não sobre a percepção de ordem sexual, mas sobre outra percepção, facilitada pela alexitimia e pelo pensamento operatório, a saber, a negação de uma percepção de um afeto: vergonha, desejo, angústia, terror (vazio) ou, ainda, abandono?

ARRANJOS PERVERSOS E UMA PERVERSÃO TRANSITÓRIA NA ADICÇÃO?

O relato de Catherine Millet, *La Vie Sexuelle de Catherine M.* (2001) ilustra bem o aspecto quantitativo e excessivo do adicto por sexo profundamente "vazio" afetivamente. Ela diz que tem necessidade de homens em quantidade para sentir e viver um grito de vida, e isso a partir do órgão sexual deles em estado de ereção. De nada importam seus rostos, pois, na verdade, tais homens são vistos como portadores desse vetor de vida do qual se pode dizer "fálico". Seria preciso uma multidão de homens, já que cada qual tomado individualmente não poderia estar o tempo inteiro com uma ereção, o que desvela seu estatuto de "objeto-homem" total e não "parcial", "erétil", se é que posso dizer assim.

O adicto em sexo, assim como o adicto por outras substâncias ou por uma conduta, parece então dobrar o desejo à *necessidade* por uma "via breve", como a que descreveu J. Chasseguet-Smirgel nas perversões.[509] Existe, de fato, uma real proximidade dos aspectos compulsionais, passionais e gozosos dos comportamentos adictivos com os aspectos relacionados às perversões sexuais, quer seja entre "domínio sobre o objeto" e rota e controle de excitações (aí compreendidas as sexuais). Esta é, como vimos, a proposição de P. Denis (1992) de uma dominação a constituir um componente do vetor que, necessário à pulsão, garante, a essa mesma pulsão, a duração e a constância da vida pulsional no eixo "fonte-pulsionado--meta". Compreende-se, com isso, que no interior da pulsão sexual, sobretudo a parcial (escópica, sádica...), própria à sexualidade perversa ou infantil, acomoda-se essa pulsão de dominação que pode surgir tanto mais quanto o narcisismo se fizer profundamente ferido (trauma) ou ameaçado, encontrando via de reparação no gesto e no comportamento adictivo.[510]

---

509 Chasseguet-Smirgel, J. Éthique et Esthétique de la Perversion. Paris, Champ-Vallon, 1984.
510 Pirlot, G. 2006, *op. cit.*

O arranjo perverso buscado pelo ato adictivo – e aqui compreende-se o que se tem na anoréxica ou na relação com os pais como algo nítido e perversamente manipulado – salvaguarda a relação objetal reduzindo-a a uma relação de contato, em superfície, que evita os perigos da interiorização assim como evita os da perda, proporcionando, pela dominação que ele autoriza, um contrapeso eficaz à destrutividade. A contrapartida está em a fonte de excitação manter-se ela própria externa, devendo ser incessantemente renovada. A ancoragem dessa excitação sobre uma atividade fisiológica ou a contribuição de uma substância exógena autoriza o seu controle em sua aparente independência em relação aos objetos investidos. O objetivo das sensações faz-se aqui bem entendido como sendo o de contrainvestir o mundo interno das emoções com relação aos objetos que estas veiculam.

No que diz respeito à adolescência, é interessante evocar aqui o termo "perversão transitória", pois ele permite elaborar um primeiro vínculo entre condutas adictivas que iniciam-se voluntariamente na adolescência e práticas que pode-se qualificar como perversas, que aparecem durante esse mesmo período, por ocasião de reorganizações ou de momentos patológicos: após fases delirantes ou dissociativas, momentos de errâncias e de passagens, ou mesmo de uma terapia... A adolescência e a pulsionalidade sexual, esta que vem acompanhada de uma busca objetal, representam um real perigo antinarcísico. Por isso, a "perversão transitória" pode representar uma regressão sobre pontos de fixação, permitindo que encontre-se uma onipotência (negação de castração),[511] e isso é bem o que procura fazer toda uma série de adicções.

Do fato de um narcisismo que parece ter sido precoce e repetitivamente ferido, a posição perversa pode, assim, ser considerada a um só tempo contradepressiva, anticonflitual e anobjetal – como o comportamento adictivo que desempenha exatamente os mesmos papéis. A atração do objeto (o outro) sendo vivenciada como

---

511 Ladame, F. "Adolescence et solution perverse", *Revue Française de Psychanalyse,* 61, 1992, pp. 1679-1684.

perigosa, o perverso narcísico – como o adicto, e de maneira singular o sexo adicto – faz desse outro um "objeto não objeto", coisificado, sobre o qual as feridas narcísicas, negadas, serão amplamente projetadas (cf. Catherine Millet). "Os sujeitos adictos, desérticos, parecem buscar preencher, por uma atividade que dependa de um sadismo anobjetal consecutivo a um traumatismo prematuro para o ego, uma tensão de excitação impossível de se psiquizar", foi o que escrevemos em Les Passions du Corps,[512] mesmo sendo o caso de observar que esse sadismo ou essa perversidade anobjetal, e as pulsões de dominação subjacentes, tomam, clinicamente, caminhos diferentes conforme o que está situado no campo da perversão narcísica ou no das adicções: objeto "coisificado" e "fecalizar" na perversão narcísica, objeto – negado e "coisificado" (droga) nas adicções. Trata-se de um objeto cuja alteridade é, em ambos os casos, ativamente negada.[513]

PERVERSÃO AFETIVA E ADICÇÃO

Em La perversion affective, C. David[514] descrevia, em certos analisandos, a busca "perversa" do afeto por ele próprio, o que poderia ser considerado consubstancial ao processo de psiquização induzido pela cura, mas sem dúvida, e infelizmente, faz chegar a uma adicção ao transferido analítico e a análises intermináveis. Esse processo substitui o prazer genital, de descarga pulsional, por um prazer que dependa da "autoafeição" do fantasma, do virtual e do "orgasmo mental". É encontrada nesses pacientes, como estado amoroso, uma maneira de "perverter o afeto", este dependendo de uma idealização da pulsão sexual e de uma inibição quanto à sua

---

512 Pirlot, G. 1997, op. cit.
513 Cf. número da Revue Française de Psychanalyse, n. 3, julho de 2003, tomo 67, "La perversion narcissique". Paris, PUF.
514 David, C. "La perversion affective", La Sexualité Perverse. Paris, Payot, 1972.

meta de deslocamento do desejo sexual, da mentalização extrema da libido e da desvalorização da genitalidade.

C. David observava que a situação analítica em si mesma, por uma introversão forçada, revelava-se favorável a esta perversão afetiva: o desejo sexual reencontra aí a frustração, da mesma forma que sua corrente antagonista antissexual, que o neutraliza e o condiciona à metamorfose, o que não se dá sem que haja um aumento das resistências às mudanças. Ele evocava o aspecto "hiperalexitímico" *dessa perversão afetiva como podendo provir de uma crispação defensiva nascida de um desequilíbrio entre os investimentos objetais e narcísicos.* A perversão afetiva dependeria de patologias narcísicas que procurariam *evitar os afetos desagradáveis (angústias de castração e de separação) por ocasião do encontro com o objeto:* nesse sentido ela pode levar ao comportamento adictivo, aliás, tanto quanto pode mantê-lo. É no âmbito dessas patologias que podem situar-se, pelo menos em parte, as adicções como as que se têm aos videogames e jogos de computador, sobretudo os que são jogados em rede, na internet, ou também no caso do cybersexo.

É bem isso, com efeito, que busca o sujeito que se enreda pelas vias do comportamento adictivo: encontrar um "objeto-coisa", um "objeto de necessidade" que "o inunde" de afetos e lhe permita "sustentar" sua necessidade de dependência sem que isso redunde em um comprometimento na vida (angústia de castração-separação) e na relação de objeto com o que ela supõe de alteridade radical.

ADICÇÃO À IMAGEM:
VIDEOGAME, MMORPG, TELEVISÃO

CASO CLÍNICO –
KEVIN OU OS ENCONTROS VIRTUAIS PELO JOGO

Kevin chega ao consultório acompanhado dos pais, e o que o traz ali são problemas de comportamento, incivilidade tanto na sala de aula quanto em casa e desinvestimento escolar. É um garoto de 14 anos, boné virado ao contrário, e, num primeiro momento, ele reluta em encarar-me. O pai tem 56 anos e é pesquisador em matemática; a mãe, arquiteta, tem 40. Já desde a primeira entrevista fico sabendo que Kevin foi adotado com 1 ano de idade, vindo da Colômbia, após o casal ter realizado várias tentativas frustradas de conceber um filho, mesmo com métodos de reprodução médica assistida. E ali, nas sessões, Kevin revelou-se uma criança bastante inteligente, a terapia estendendo-se por três anos com reais momentos de felicidade, de descoberta, mesmo de cumplicidade. Relato aqui os primeiros passos dessa terapia, fazendo uma síntese.

As relações entre pais e filho eram, verbalmente, violentas. O pai reprovava a adicção de seu filho à internet. Kevin, em geral calado, em algumas sessões (quando eu "prestava contas", uma vez por mês, aos pais) era bastante incisivo com o pai, chegando a ser ofensivo com a mãe. Esta tinha problemas para dormir e encontrava-se extremamente ansiosa e depressiva: tomava psicotrópicos e passava temporadas "programadas" em uma clínica nos arredores da cidade, para "curas de repouso". O pai estava sempre muito ocupado com seu trabalho de pesquisador. Para ele, a vida era simples a partir do momento em que respeitava uma certa "lógica" – logo, certamente ele não entendia nem a mulher nem Kevin.

Kevin se entretinha com jogos como *War of Warcraft* (WoW), (ele iniciava o número 3 durante a terapia, concomitantemente a outro jogo em linha, o *Counterstrike*). O WoW era para ele um jogo solitário; ainda que ele dissesse ser um dos melhores jogadores, admitia que faltavam-lhe "carisma e força" para se impor. Quando veio até mim pela primeira vez, passava quase 6 horas por dia com aquele jogo. O que ele mais gostava em jogos daquele tipo era "criar relações virtuais com pessoas do mundo inteiro", pessoas que ele não conhecia, mas que podiam ser seus companheiros". É claro, eu pensava haurir daí belas metáforas para falar de seus pais biológicos da América do Sul.

Assim, no decorrer da terapia, ele começou a tomar consciência de que preferia se fechar naqueles jogos e naquelas pessoas que não conhecia em vez de se relacionar com seus "pais verdadeiros", os que o haviam adotado. Mas como reclamar daquelas pessoas, gerar "ambivalência afetiva" para com os pais adotivos, que o tinham salvo de uma situação de miséria líquida e certa, ainda que eles fossem tão pouco dotados, tão pouco hábeis numa relação afetiva?

Essa era a forma assumida por um dos principais conflitos de Kevin, pelo menos no início da terapia. No consultório ao menos ele podia falar, pôr pra fora. Um pouco mais tarde veio a aparecer outro fantasma que "realizava", em parte, a adicção aos jogos. Na verdade, os pais lhe disseram que ele tinha um irmão, alguns anos mais velho, ao qual não puderam adotar pela simples razão de que ele já o tinha sido por uma família americana. Com isso, o outro fantasma seria o de encontrar, algum dia, pela via dos jogos em linha, o irmão mais velho... perdido.

O ESPELHO MATERNO (RE)ENCONTRADO: O VIDEOGAME

Lançamento que se revelou um verdadeiro *boom* em todo o mundo, o jogo em linha ou MMORPG *(MultiMassive Online Role Playing Game)* é bastante comum nos Estados Unidos, na Europa, no Japão e nos países emergentes da Ásia. A novidade dessa atividade, a rapidez de sua propagação (mais de 20 milhões de jogadores em todo o mundo, dos quais 2 milhões estão na Europa), mas também o surgimento de práticas excessivas reforçaram um certo abismo intergeracional e revelam a sua face perigosa.[515]

---

515 Ainda que seja chamado "jogo", o MMORPG não comporta o conceito de "fim da partida". *World of Warcraft* funciona por pacote. O usuário paga por um pacote mensal (de 5 a 15 euros por mês); o preço não depende do tempo que ele passa jogando: o tempo potencial de jogo é referido, e com toda a naturalidade, como "ilimitado", até por estar ligado a um provedor na Internet. O interesse financeiro para o fornecedor de serviço (espécie de *dealer* multinacional) está em prolongar o tempo de assinatura por no máximo um mês. Por aí começa a se configurar o cenário de jogo programado para adiar, e adiar o máximo possível, o tempo do momento da baixa tensão psíquica, e da

O espectro agitado por essas mídias é o temível fenômeno dos *hikimori*, termo japonês para designar adolescentes ou adultos jovens que já não saem de casa, nem mesmo do quarto, e suas atividades resumem-se à internet (em particular os jogos em linha).

Assim, o MMORPG e o termo "adicção" que por vezes lhe é associado apresentam-se como uma nova esfera de preocupação para os pais de adolescentes e profissionais da área da saúde, que deparam com cada vez mais jovens socialmente isolados, fechados afetivamente e desinvestidos com relação aos assuntos escolares – a paixão pelos estudos é reivindicada justamente pelos jogos em rede. É interessante observar que no próprio termo *hikikomori*[516]

---

satisfação ligada a esse momento. Assim como não há vitória, também não há derrota no *World of Warcraft*. O jogo não contabiliza o número de vezes em que um personagem morre; há sempre um retorno a um ponto anterior da aventura e sob a forma de fantasma, quando então o personagem encontra seus restos mortais e reencarna: ele guarda os objetos que pode recuperar antes de perder seus "pontos de vida". Pode-se dizer que o WoW comporta o mínimo possível de marcadores de luto e de separação. A única e verdadeira "morte" no *World of Warcraft* consistiria em um não pagamento da assinatura ou em uma infração das regras de uso, caso em que há um banimento por parte dos servidores. Esse é o único operador de castração, mas está fora do jogo, dizendo respeito a suas regras e seus limites estritamente no mundo real. Em matéria de tempo, o MMOPRG é de todo incontinente; no WoW não há nenhuma alusão à cronicidade real - não há noite, nem dia, nem tarde ou manhã. Assim, o momento do corte, da cessação da atividade não pode ser introduzido por esse viés. Num fato que é insuportável para os jogadores mais investidos, o jogo continua sem eles, durante todo o tempo em que estão dormindo, no tempo demandado para fazer as refeições, higiene pessoal... Isso significa que os momentos emblemáticos de retirada da libido para o ego são vividos como privados de ações, ou seja: como castradores. O efeito anestésico dos videogames de que falam Valler e Matysiak por si só faz o sujeito perder a noção do tempo que se passa na frente da tela. Valleur, M. e Matysiak, J. C. *Les Nouvelles Formes d'Addiction*. Paris, Flammarion, 2003.

516 Termo japonês que designa uma patologia psicossocial e familiar que diz respeito essencialmente aos adolescentes ou adultos jovens que vivem

está contida uma dimensão patológica de isolamento e de isenção da pressão social, o que revela uma etiologia mais rica do que uma simples "paixão mal canalizada". Com isso, pode-se perguntar em que medida o virtual constitui-se em suporte aderente aos diversos problemas de uma época. O surgimento de uma prática excessiva de atividades na internet pode ser o marcador de uma psicopatologia pré-existente.

Como observa M. Jouitteau,[517] um de nossos alunos, é interessante notar as semelhanças de funcionamento psíquico dos sujeitos com adesão aos MMORPG com o modo de pensamento operatório e com os conceitos psicossomáticos em geral, sobretudo em termos da espécie reservada ao fantasma e do grau de proximidade com a Mãe. Além disso, os MMORPG propõem um desinvestimento do corpo real e uma concentração do corpo virtual (o da personagem que representa "o ado" – abreviação de "adolescente") que segue de mãos dadas com a problemática adolescente já citada, qual seja, o investimento do polo narcísico e o desinvestimento do polo objetal, situação semelhante à que se tem nas anorexias. A paixão pelo videogame situa-se entre catarse (descarga) e os procedimentos autocalmantes.

Pode-se aqui perguntar se essa paixão pelo MMORPG, meio de neutralizar os conflitos intrapsíquicos, não corre o risco de conduzir a um empobrecimento da vida fantasmática, assim como é possível se perguntar em que medida o quadro do jogo em linha pode ser posto em paralelo com o fenômeno de pensamento operatório. Com o exemplo de Kevin, citado acima, podemos propor que esse pensamento operatório é de ordem mais "funcional" que "estrutural"; por menor que seja o tratamento e a aliança terapêutica, a mudança de funcionamento psíquico se observará. É fato que Kevin tornou-se progressivamente menos "adicto" e, sobretudo, pôde reinvestir seu trabalho escolar e obter êxitos reais, agarrando-se

---

com seus pais, recusando o máximo possível falar e se comunicar com eles.
517 Jouitteau, M. *La Passion du Jeu Vidéo en Ligne et les Pistes Psychosomatiques,* mémoire de Master 1. Université Paris, X, 2008.

a uma oportunidade, numa atitude que está longe de ser a regra entre crianças e jovens adictos dos jogos e linha.

A manipulação de um personagem à distância, como em *World of Warcraft*, permite enviar, em situações perigosas virtuais, esse corpo imaginário, sem o temor de padecer em seu corpo real. Não se teria aí uma "revanche" de pré-adolescentes e adolescentes contra o todo-poder maternal e sua capacidade de se fazer "intruso" no psiquismo do filho, sobretudo nos casos de família dispersa e de garotos que vivem preferencialmente com a mãe?

Diferentemente das adicções às drogas ilícitas, a interação com jogos em rede é feita na casa dos pais, perto da mãe. A tolerância da família, sobretudo e frequentemente a da mãe, é em muitos casos uma coisa espantosa. Uma mãe disse certa vez a M. Joitteau: "prefiro muito mais ele aqui do que na rua, aprontando", e com isso manifestava uma atitude de cunho notadamente isolante com relação ao exterior, na qual são trazidos à baila benefícios secundários para o adolescente apaixonado pelos MMORPG, mas também para seu ambiente familiar, para se manter uma proximidade qualificável como fusional. Essa proximidade com a "atmosfera maternal" vem fazer coro com as descrições de P. Marty ou de Sami-Ali sobre os vínculos entre a mãe e o filho alérgico, asmático, assim como no caso da anoréxica.

A fobia mais ou menos inconsciente do exterior assinala bem que o pai, em sua função, não é mais "portador" simbólico do que se passa ali. Além disso, a depressividade frequente de suas mães e a persistência inconsciente de um desejo de relação erótica pré--genital com elas (tal como a descrita por Joyce McDougall na economia psíquica da adicção) podem tornar compreensível essa "tolerância" familiar e materna a essas adicções.

O próprio computador, máquina sempre presente, "à disposição", ronronante, quente, excitante, transbordante de cordões umbilicais, como escreve M. Joitteau, não seria o análogo, para esses pré-adolescentes e adolescentes, da "boa mãe"? O uso abusivo do MMORPG seria assim uma espécie de encencação da relação de dependência para com a mãe e de seu fracasso, de autoadministração do traumatismo, ou traumatofilia, uma vez que o *espelho materno enfim (re)encontrado está à disposição, suprindo assim todas as angústias ligadas ao que muito particularmente ressaltamos acima, a saber, a falta de um espelho materno de duas faces suficientemente reflexivo.*

Valleur e Matysiak *(op. cit.)* evocam assim a *dependência anestésica* dos vídeos de ação, ou seja, de seu potencial para absorver totalmente o seu utilizador e de fazê-lo esquecer um tempo de sofrimento. Como observa M. Joitteau:

> *O caráter embrutecedor e, pura e simplesmente, anestesiante da prática do jogo durante muitas horas seguidas, com suas atividades de ataques repetidos e violentos, escolhidas e autoadministradas pelo sujeito, poderia ser aproximada de certa traumatofilia, em particular no que diz respeito à prática bastante comum do "binge playing", no qual as sensações de torpor, de quase hipnose e de automatismo das ações parecem por vezes conscientemente buscadas pelos sujeitos.*
>
> Ao explorar esses fantasmas de todo-poder e os desejos de grandeza infantis e adolescentes, o MMORPG é uma alegoria das mudanças e provas das quais a adolescência se suplementa. Uma expressiva maioria dos adolescentes apaixonados pelo MMORPG apresenta dificuldades escolares. Esse confronto com o fracasso pode ser doloroso em um momento no qual o narcisismo é bastante frágil e no qual a questão identitária incessantemente se põe.

ADICÇÃO AO FASCÍNIO PELA/DA IMAGEM, MUNDO SENSORIALIZADO DA MÃE

Alguns autores propuseram que certas situações em que o contexto do jogo informático, pela novidade de seu quadro, permite uma suspensão de certas inibições escolares e uma melhora significativa no desempenho.[518] De nossa parte, pensamos que o

---

518 Arnaud, M., Serdidi, M. "Conditions favorables à la construction des

que se tem aí é uma população totalmente limitada. Muito mais se tem, por esses jogos ou pela "adicção à TV" um "ancoramento" *no polo sensorial (visual) em detrimento da abstração que demanda um mínimo de aceitação de recuo sensorial e de "capacidade de estar sozinho", que é o que está em questão aqui*. Daí os riscos que trazem esses jogos para o desenvolvimento intelectual, para a capacidade de atenção e de estar só consigo mesmo.

Essa identificação compulsiva com um personagem superpoderoso que não morre de verdade e que não sente nenhuma emoção responde ao desejo de todo poder do "ego-ideal" infantil: eternamente jovem, de pensamento ágil, valorizando a ação e a força em detrimento da passividade e da reflexão, sem conhecer o fracasso, – ao contrário do que se vivencia nas atividades escolares – tudo isso harmoniza-se com os ideais alardeados pela mídia, mesmo por símbolos publicitários, o mundo simbólico que é (ainda por pouco tempo) o mundo político.

Ora, em nossa sociedade de "jovialidade" permanente é preciso ser jovem, vigoroso, "florescente" e, em especial, *pensar rápido e pensar simples:* tudo deve ser dito rapidamente, e mesmo, como em algumas emissões radiofônicas e televisivas, com provocação e cinismo, ou seja: os modos de nossos dias já não passam pelo esforço, pela medida e pelo tato.[519]

Esse "modo de pensamento" – ou, muito mais, de não pensamento – inicia-se na mais tenra idade pela fixação regressiva do pensamento na sensorialidade da imagem, seja ela a da televisão, a do computador, do Xbox, do Game Cube etc. *Ora, para desenvolver-se, o pensamento reflexivo deve deixar o fascínio cativo e hipnótico da imagem visual* – lembremos que a palavra fascinação vem do latim *fascinum*, em tradução do termo grego *"Phallos"*, o

---

connaissances avec les jeux de rôles sur Internet", *Le Virtuel, la Présence de l'Absent* (dir. Missonnier, S., e Lisandre, H.). Paris, EDK, 2003, pp. 201-211.

519 Excelentes paródias de comunicações científicas em inglês foram escritas por Georges Perec, *Cantatrix Sopranica et Autres Écrits Scientifiques.* Paris, Seuil, 1991.

membro sexual masculino em ereção. *Esse destacamento supõe o ultrapassamento, na criança, das angústias de perda e de separação (da mãe-ambiente), a fim de que o pensamento possa adquirir os símbolos alfabéticos da escrita.*

Para ganhar, é preciso saber perder: perder o universo sensorial da mãe sem ser transbordado por desamparos e agonias primitivas, por angústias demais importantes, o que só pode se realizar se houver um "terceiro" nas proximidades, que é, o mais das vezes, o pai. Ora, o apego, a dependência da sensorialidade das imagens (BD, televisão, videogames etc.) *contribuem para deixar fixar o pensamento das crianças e adolescentes nessa primeira forma de pensamento que é o pensamento alucinatório próximo das reações sensoriais e somáticas do corpo materno.* Uma vez que o bebê descobre as imagens, ele o faz sob a forma de alucinações. Nos momentos em que ele sente fome ou sede, ele "alucina" o seio da mãe, e isso o acalma.

É então, progressivamente, à força do ritmo e de respostas tranquilizadoras por parte da mãe e da capacidade desta em ela própria apoiar-se sobre um terceiro entre ela e o filho, que *este faz a diferença entre imagens percebidas que pertencem ao real e imagens percebidas alucinatoriamente (essas últimas sendo encontradas, por exemplo, nos sonhos).*

É preciso compreender que as primeiras imagens, alucinatórias e capazes de proporcionar emoções e sensações corporais fortes, são vividas como "envolventes" para o bebê. Na sequência, as imagens de uma rede de televisão terão a mesma função: tranquilizar, garantir, envolver e conter. As imagens desfilam, as palavras com elas, e isso basta para "revestir" e envolver o psiquismo da criança, com o ruído e a imagem da televisão proporcionando, desde a criança pequena até o adulto, e mesmo no caso de um idoso em um asilo, essa ilusão da presença (maternal) contínua.

Resulta daí que a dificuldade em se desatrelar desse mundo sensorializado das imagens revela uma não separação do universo altamente sensorializado da mãe. É o pai e sua função simbólica (ou o todo-representante deste) que introduz a cisão, o "corte", entre esse mundo sensorial da mãe e o da criança, e isso com o intuito de "abrir" este último, sobre o fundo de uma presença asseguradora da mãe, ao Simbólico ele próprio, (leitura, escrita, gramática, cálculo etc.) pela via do ultrapassamento das angústias de separação e de castração.

Essa função do pai é, como Freud a demonstrou em seu *Moisés*,[520] a de instalar uma dinâmica intelectual e espiritual: de "dar a pensar". Esse pensamento é, antes de qualquer outra coisa, o de uma dúvida, o da incerteza de ser o filho/a filha desse pai, já que sem a *"Matrem certíssima"*. Isso demonstra que essa função paternal, pelo vínculo simbólico coberto por ela, abre-se ao processo de socialização-subjetivação da criança. O pai, ao reconhecer simbolicamente o filho, instala-o no grupo, no *socius*, na filiação.

A partir daí, estar cada vez mais imerso em um mundo de imagens no qual o "simbólico" e suas funções (de transmissão de saberes, autoridade, ordem de pagamento, regras familiares, sociais etc.) encontram-se progressivamente desvalorizados não é algo isento de consequências, a longo prazo, para o desenvolvimento do espírito e das funções psíquicas e cognitivas da criança. Um recente estudo americano demonstrou o efeito nefasto da televisão para os resultados escolares: os pesquisadores demonstraram o seguinte:[521]

1. Que uma criança/adolescente de 14 anos que passa mais de uma hora por dia diante da televisão corre um risco maior de baixo rendimento escolar em comparação aos que assistem menos à televisão;

2. Que na verdade é o consumo televisual que provoca

---

520 Freud, S. (1939), *L'Homme Moïse et le Monothéisme*. Gallimard, 1981.
521 Archives of Pediatrics & Adolescent Medecine, maio de 2007. O artigo do *Le Monde* de 13 de junho de 2007 (p.34), que traz o resultado dessa pesquisa, observa que na França a permanência diante do televisor por crianças de 4 a 14 anos aumentou em comparação com o início daquele ano (o aumento foi de 8 minutos ao dia). Acabou por se estabelecer em 2h20 diários.

o déficit de atenção, e não o contrário.

É possível situar aqui o papel deletério da publicidade ou da "toda imagem" sobre o vínculo entre atividade psíquica e atividade intelectual. Lembremos, sobretudo, que, ao final dos anos 1950, se a duração dos *spots* publicitários projetados em salas de cinema era de um a três minutos, o seu tempo total de difusão era de seis minutos. Já hoje, na televisão, a duração dos *spots* vai de oito a trinta segundos,[522] mas a duração total por dia é de duas horas em cada canal comercial!

O projeto ambicioso dos publicitários, qual seja, o de "fabricar as mentes",[523] encontra-se em vias de realização total: a evolução da onipresença dos *spots* publicitários demonstra que o objetivo, que é o de ser "breve e claro", é atingido de maneira ampla no âmbito social – o que se dá, atualmente, com o auxílio de estudos em neurociências cognitivas. Um artigo do *Le Monde* de 28 de março de 2007 revela que "os publicitários se interessam por nosso cérebro", e fazem uso das ciências cognitivas para otimizar técnicas de "neuromarketing" (anexo VI).

A indústria publicitária não demonstra nem sombra de hesitação ao empregar a escrita "jovem" do SMS como forma de "apelo" ao olhar dos adolescentes e jovens adultos: foi o que demonstrou a recente campanha de uma cadeia de lojas de departamentos, cujo slogan era, "pour Noël 2005, Kdos" - "pobre Noel, Kdos" (acrônimo para *Key-Display Operated System*)" – para comunicar aos consumidores de "presentes" sobre os descontos oferecidos aos que viessem às suas lojas. Algo da mesma ordem se tem no nome grafado "Hypnôse" para um perfume, na tentativa de se destacar

---

522 Ramonet, I. *Propagandes Silencieuses: Masse, Télévision, Cinéma.* Paris, ed. Galilée, 2000, p. 52.
523 "É nisso que trabalhamos: trabalhamos para fabricação de mentes", declarou Ernst Dichter, um dos maiores teóricos da publicidade, *La Stratégie du Désir.* Paris, Fayard, 1961.

pela divulgação pública de um abuso ou mau uso da ortografia da palavra hipnose – em francês *"hypnose"*.

Diante desses maus usos autorizados da língua francesa, é inútil esperar por um enésimo plano escolar que intente salvar a aprendizagem de nossa língua. Segundo dados da agência Éducation Nationale, 15% dos jovens chegam à 6ª série com dificuldades de leitura ou de escrita.[524] O combate a esse verdadeiro colapso aponta, com sobeja evidência, para uma reforma no ensino e de caráter pedagógico: uma mudança nos costumes sociais, midiáticos e, como vimos, também publicitários. Infelizmente, pode-se constatar nessas esferas um incremento da "formatação" dos espíritos em direção à facilidade.

É verdade que a excitação hipnótica e adictiva pela pequena ou pela grande tela, pelos videogames, pelas emissões radiofônicas comerciais ou pelo consumo exacerbado de medicamentos (antidepressivos, anabolizantes...) conferem ao Narciso pós-moderno a ilusão de viver intensamente. Mas essa intensidade esconde mal o vazio de pensamento, e mesmo o desamparo afetivo, ainda que tais identidades encontrem-se suplementadas por "reagrupamentos" identitários que tornem a lhe conferir um "tónus de base" (identitário) (cf. M. de M'Uzan, *op. cit*.):

> 1. Nos jogos de videogame da Internet (MMORPG), pelo sentimento de um pertencimento a uma comunidade virtual, chamada Guilda,[525] com sua linguagem própria, extremamente hermética, ou na net com o desenvolvimento de sites como o Facebook etc.
>
> 2. No alcoolismo pela assídua frequência de "barzinhos";

---

524 <www.Libres.org>, Carta de 12 de agosto de 2002.
525 A Guilda é uma comunidade virtual que tem por objetivo reagrupar os jogadores e pode servir para ajudar os mais fracos (papel de sustentação), fazer comércio e troca (solidariedade e negação deste "conversor universal simbólico" que é o dinheiro), fazer amigos (vínculos de refúgio identitário).

3. Na toxicomania, pelo pertencimento identitário a um grupo fechado, que é o dos "tóxicos".

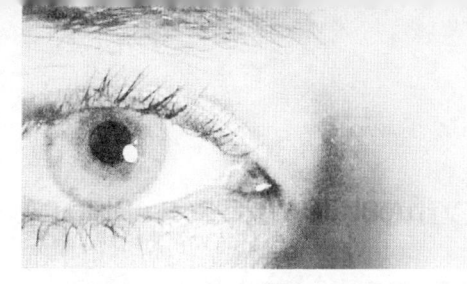

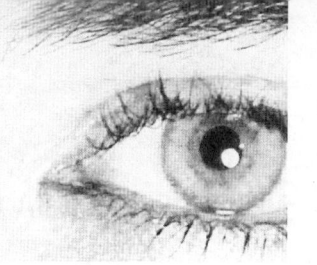

CAPÍTULO 4

DOS CONCEITOS NEUROBIOLÓGICOS À PAIXÃO ADICTIVA

Este último capítulo inicia-se com uma abordagem da comunidade de destino passional das pulsões, tanto nas adicções quanto em certas somatizações ou atitudes psíquicas como a do amor ou do estado místico. Deve-se precisar, antes de mais nada, que essa comunidade faz-se hoje verificada pelo imaginário médico e neurocientífico. Assim, começaremos evocando a geografia do prazer e a da evitação, tal como a descreve a neurobiologia. Circuitos anatomofisiológicos mostram os possíveis vínculos com o que a metapsicologia põe em primeiro plano nas condutas adictivas: os aspectos econômicos, tópicos e dinâmicos do funcionamento psíquico, que volta-se contra a perda e para o desejo regressivo de fusão passional. Esses vínculos, ademais, servirão para que se tangencie a questão da instabilidade motriz e a dos transtornos de atenção na criança instável, cuja relação com a questão das condutas adictivas revela-se tanto mais pertinente à medida que hoje dão ensejo a uma grande apetência medicamentosa iatrogênica que representa um real perigo de saúde pública.

NEUROBIOLOGIA DA ADICÇÃO

GEOGRAFIA DO PRAZER: DO CÉREBRO À PSIQUE

A concepção da biologia por Freud, ciência com a qual ele tinha ligação bastante forte *(Sulloway)*[526] e que, desde o início muniu a psicanálise de suas contribuições científicas, levou-o a afirmar que a biologia viria a dar, mais tarde, respostas sobre mecanismos somáticos com base na vida pulsional. Em 1908, em correspondência a K. Abraham, o pai da psicanálise elaborou a hipótese da existência de substâncias químicas idênticas na base do "filtro de amor" e da embriaguez: "o filtro do *soma* certamente contém a intuição mais importante, qual seja, a de que todas as nossas beberagens inebriantes e nossos alcalóides excitantes mais não são do que os substitutos da toxina única, que está para ser encontrada, da libido, que a embriaguez do amor produz".[527] Freud foi preciso e estava certo! Exceção feita ao fato de não se ter uma multiplicidade de substâncias qualificadas hoje como "neuroquímicas" na base dos mecanismos biológicos que produzem tanto a paixão amorosa quanto a paixão adictiva (aos tóxicos, às drogas, ao álcool etc.) ou a "paixão de apego" da mãe a seu bebê: endorfinas, testosterona, luliberina, ocitocina, dopamina hoje constituem-se em, a um só tempo, neuro-hormônios e neuromediadores que dependem de uma "geografia cerebral do prazer" (e do desprazer) do centro de cadeias neuroatômicas diversas ocasionando comportamentos e atitudes psíquicas que dependem da paixão.

A "geografia do prazer", que resulta das explorações e cartografias neuroanatômicas do prazer e do desprazer proporciona atualmente a "visualização" do que certos psicanalistas descreveram, a saber, as relações entre conduta adictiva e relação passional. Da mesma forma, os circuitos prazer/expulsão (sofrimento) só existem à medida que evocam o princípio do prazer/desprazer

---

526 Sulloway, F. J. (1979), *Freud, Biologiste de l'Esprit*. Paris, Fayard, 1981.
527 Freud, S. (1908), Lettre du 07/06/1908, *Freud-K. Abraham Correspondence*. (1906-1926) Paris, Gallimard, 1967, p. 47.

de Freud, e mesmo a dualidade pulsional freudiana. Essas descobertas, que certamente chamariam o interesse do próprio Freud,[528] não podem não suscitar o interesse do psicanalista quanto ao conhecimento das bases neurológicas que prevalecem nas condutas adictivas e desempenham um papel importante nas particularidades inerentes à representação e verbalização dos afetos nos sujeitos adictos.

Devemos aqui deixar claro que não pretendemos demonstrar a existência de uma correlação direta entre o funcionamento cerebral e processos psíquicos que sejam complexos como as descritas pela psicanálise,[529] mas, como ressalta Widlöcher (1996),[530] pretende-se mostrar a importância neurobiológica em certas subestruturas de representações inconscientes, que resultam em passagens ao ato (comportamentos), somatização ou sintomas psíquicos como os delírios.

Em nossos dias, do ponto de vista biológico, como declara J. D. Vincent (1996, p. 30): "O prazer, [...] longe de ser uma recaída acessória do ato reprodutor, é talvez, nos vertebrados superiores (pássaros e mamíferos) a causa próxima que faz o sucesso e o triunfo evolutivo das espécies". Fruto da evolução, existe no encéfalo uma "química do prazer". Os neurônios *dopaminérgicos* (situados no

---

528 "Fico muito feliz em constatar, à leitura de sua carta, que você não faz parte dos que opõem a análise à endocrinologia, como se os processos psíquicos pudessem se explicar diretamente por efeitos glandulares ou como se a inteligência dos mecanismos psíquicos pudesse substituir o conhecimento do quimismo subjacente". Freud. S. Lettre au Pr. Lipschuetz du 12 août 1931 (*Correspondance*, 1873-1939. Paris, Gallimard, p. 444).

529 De um modo ou de outro, isso vem ao encontro da teoria biológica dos modos de pensamento secundário e primário que J. P. Tassin (1989) tentou identificar implicitamente às noções freudianas de processos primário e secundário dependendo, ambos, do modo de pensamento associativo; Tassin J. P. "Peut-on trouver um lien entre l'inconscient psychanalytique et les connaissances actuelles em neurobiologie", Neuropsy, 4, 1989.

530 Widlöcher, D. *Les Nouvelles Cartes de la Psychanalyse.* Paris, Odile Jacob, 1996.

diencéfalo: o hipotálamo lateral) servem, como veremos mais adiante, para a obtenção do prazer, enquanto os *serotoninérgicos* (situados no mesencéfalo e nas regiões medianas do hipotálamo) são ligados à aversão e ao desprazer. Um terceiro sistema, dito *noradrenérgico*, é implicado na *modulação* dos dois sistemas precedentes.

Esse conjunto, mesencéfalo e diencéfalo (hipotálamo) forma uma estrutura mediana, *intermediária* entre o córtex e a estrutura profunda que são o rinencéfalo e o sistema límbico (cíngulo, septo, hipocampo, amígdala); representações e ações são associadas ao nível superior no que J. D. Vincent chama de *representações,* – do neologismo *représentactions*, em francês – neologismo que poderia se aplicar às pulsões/fantasmas.

Para o que se refere às experiências de reações aos traumatismos, citemos os *processos opostos* evocados por J. D. Vincent, a partir de experiências feitas com cães. Estes, suspendidos por arreios, têm as patas submetidas a choques elétricos. De pronto se estabelece uma situação de "estresse" (Seyle), com a aceleração dos batimentos cardíacos; quando param os choques, assiste-se a uma reação *aprés-coup*, acompanhada de uma queda brutal na frequência cardíaca, que, no entanto, progressivamente volta a seu ritmo de base; o aumento da intensidade dos choques se traduz em uma resposta cardíaca mais marcada e por uma *reação aprés-coup* mais contrastada; "supõe-se que a frequência do coração seja um reflexo do estado afetivo do cão e que sua elevação traduza o mal--estar do animal que recebe choques dolorosos" (Vincent, p. 120).

Reproduzir a experiência alguns dias depois, produz-se um hábito afetivo, traduzido pela impassibilidade dos cães às novas descargas elétricas. O cão *tornou-se tolerante às excitações!* Ora, a *reação* aprés-coup não apenas desaparece, mas aumenta com a parada dos estímulos: a frequência cardíaca se reduz, para só mais lentamente recobrar seu valor de base. "O hábito então produz um enfraquecimento progressivo da reação afetiva e um aumento da reação *aprés-coup*".

O cérebro que rege esse processo opõe-se a toda ativação emocional; no nível humano, poder-se-ia dizer que, por ocasião de traumas, há uma sideração da vida psíquica e, de modo mais crônico, o risco de instalação de uma *alexitimia ou de um pensamento operatório*, defensivamente apartado dos afetos e fantasmas traumáticos. Para A. Green:

> *Esse modelo traz, a despeito de seus limites, dados interessantes sobre as correspondências biológicas das relações entre prazer e desprazer; ele mostra de fato que a habituação aparente aos estados de desprazer causados por traumas produz um prolongamento do período compensatório no qual busca-se o prazer. Os psicanalistas sabem que em um grande número de estados vividos pelos sujeitos de baixa tolerância à frustração, aparentemente nenhuma reação psíquica observável se produz na relação. Em compensação, assiste-se a uma recaída quase imediata. Tal é o caso das estruturas que reagem por meio de um curto-circuito da elaboração psíquica na passagem ao ato: alcoólicos, ou outros toxicômanos, perversos compulsivos etc. Com isso, pode-se perguntar se um mecanismo comparável não estaria se instalando nos psicossomáticos, com o* acting *(ou a descarga) se produzindo no soma de maneira diferente.*[531]

Quanto aos processos em oposição evocados acima, deve-se especificar que a hipótese de seu vínculo com as subestruturas biológicas do sadomasoquismo, e mesmo da ambivalência. Segundo o princípio dos processos em oposição, o prazer sucede à dor e, em seus experimentos, Solomon R. L.[532] demonstrou que a suspensão do cão pelos arreios lhe fazia fabricar endorfinas para defender-se da dor. Tirados os arreios, o alívio produz uma hipersecreção de endorfinas – é o cão manifestando o seu prazer! Isso corrobora o que cotidianamente constata-se na clínica, a saber, em certos sujeitos cuja infância foi pontuada por acontecimentos traumáticos, como é o caso em certos toxicômanos, a *busca de sensações dolorosas*

---

531 Green, A. "Biosexualité", *Les Chaînes d'Eros*. Paris, Odile Jacob, 1997, p. 236.
532 Solomon, R. L. *American Psychologist,* 1980, 35: pp. 691-712.

como a única capaz de acalmar e apaziguar os sofrimentos psíquicos (e um superego totêmico e maternal sádico e vingador): isso explica, pelo menos em parte, os casos de automutilação na adolescência[533] (dor que é também o preço a pagar ao superego pelo gozo ou prazer "interdito").

A aparição dos processos em oposição, isto é, de nossos mecanismos internos de apaziguamento do sofrimento, ocorre para nos ajudar a suportar a vida.[534] Acontece que, como bem observa M. Renaud,[535] ela nos ajuda também a suportar a vida insuportável!

Como observa esse autor, "se, além do mais, a dor infligida é da ordem da falta, o prazer que lhe sucede será, ainda, multiplicado pelo fato de que a antecipação de um prazer em si já basta para aumentar os fluxos de dopamina, antes de supermultiplicar o próprio prazer. Com isso, o imaginário médico permite visualizar, nos sujeitos alcoólicos, a iluminação de zonas do cérebro que o circuito de recompensa atravessa quando eles são postos diante de garrafas de bebida alcoólica".[536] Da mesma forma visualizou-se a deduplicação do efeito, da ingestão de cocaína em sujeitos dependentes quando eram condicionados por antecedência, prometendo-lhes a droga.[537]

---

533 Pirlot, G., Perard Cupa, D. "La douleur peut-êlle être perçue et cherchée plus 'vivement' dans une culture postmoderne en perte de sens?", *L'Évolution Psychiatrique*, vol. 71, n. 14, 2006, pp. 729-743.
534 Tapert, S. (2004), Jama, I, 291, 2004, pp. 1053-1057.
535 Reynaud, M. *L'Amour est une Drogue Douce... en Général*. Paris, Robert Laffont, 2005a.
536 Reynaud, M., *ibid.*, 2005a, p. 239.
537 Volkow, N. D., Fowler, J. S., Wang, G. J. e Goldstein, R. Z. "Role of dopamine, the frontal cortex and memory circuits in drug addiction: insight from imaging studies", *Neurobiol. Learn. Mem.*, 78b (3), 2002, pp. 610-624.

A NEUROQUÍMICA DAS ADICÇÕES

As teorias neuroquímicas enfatizaram primeiramente a dopamina, em grande parte em razão da ação das anfetaminas sobre essa via para neurotransmissão; a cocaína é um inibidor quase específico do transportador pré-sináptico da dopamina. Apesar de tudo, os trabalhos consideráveis dedicados ao LSD vieram a propor a teoria serotoninérgica, com a maior parte dos alucinógenos bloqueando os receptores 5HT, (serotonina) sobretudo no nível do rafe mediano.

É provável que a noradrenalina e a acetilcolina intervenham indiretamente na 5HT. Os subtipos de receptores 5HT mais incriminados na indução das alucinações estão sendo estudados. Mais recentemente, a descoberta de ligantes endógenos em certos tipos de receptores do cérebro reintroduziu a teoria biológica das alucinações em favor de um desequilíbrio ou de uma superprodução nesses ligantes específicos, suspeitos de há muito (DMT, OMB); um exemplo recente é o da descoberta da anandamida,[538] substância endógena que liga-se especificamente aos mesmos receptores que a maconha.[539]

Quanto a isso, citemos aqui os principais alucinógenos[540] de origem natural ou sintética.[541] Essas substâncias distorcem a percepção e podem ampliar os horizontes da experiência e das sensações (psicodélicas). Cada uma delas induz certo tipo de experiência alucinatória. Citaremos apenas:

1. As substâncias psicodélicas: LSD; mescalina; maconha; psilocibina; harmina; dimetriltriptamina;

---

538 Richard, D,, Senon J. L, *Le Cannabis,* Que Sais-Je? PUF, 1996.
539 Di Marzo, V, Fontana, A., Cadas, H., et coll (1994), "Formation and inactivation of endogenous cannabinoid anandamide in central neurons", *Nature,* 372: pp. 686-690.
540 Smythies, Jr, Ireland, CB, "Hallucinogenic drugs", *Abnormal States of Brain and Mind.* Birkäuser, Boston (USA), 1989, pp. 58-59.
541 Schultes, R. E., Hofman, A. *Les Plantes des Dieux.* Paris, Berger-Levrault, 1981.

2. a penciclidina;

3. a maconha;

4. a cocaína;

5. as anfetaminas;

6. os opiáceos;

7. a metaqualona;

8. os solventes voláteis.

DEPENDÊNCIA ADICTIVA:
CIRCUITO DO PRAZER E REFORÇO POSITIVO

O estudo dos mecanismos da dependência adictiva sugere a questão de saber por que somente alguns sujeitos que em dado momento encontram uma substância adictiva passam a consumi-la sem poder ignorar os riscos? Por que somente alguns entre seus consumidores desenvolvem uma dependência psíquica em relação a ela? A dependência não será mais do que o resultado dos processos de tolerância e fazer com que os efeitos do produto reduzam-se, em amplidão como em duração, por ocasião de seu consumo prolongado? Abstração feita da facilidade de se encontrar a substância, e também do seu custo, por que elege-se especificamente uma substância tóxica, e não outra? Os efeitos neurobiológicos dos produtos adictivos são variados e, essencialmente por razões conjunturais, alguns deles são mais estudados do que outros. Por outro lado, diferentes processos revelam-se intrincados no fenômeno da dependência: reforço positivo (efeitos hedônicos), reforço negativo (aversão, sedação de um desprazer, de uma dor moral ou física), tolerância (fenômenos adaptativos opondo-se aos efeitos do produto).

Enfim, a dependência não é o fruto exclusivamente dos efeitos farmacológicos dos produtos adictivos, mas de *sua interação com sua história própria, com seu funcionamento psíquico,* com o equipamento neurobiológico dos indivíduos, geneticamente determinado, além de submetido às influências do ambiente. Vê-se aí os limites da modelização animal, prévia e, no entanto, indispensável a todo e qualquer estudo neurobiológico dos comportamentos.[542]

Nora Volkow (figura 5) esquematizou as interações entre:

- a área tegmental ventral e o núcleo *accumbens,* via arcaica do prazer e das sensações;

- em inter-relação com o cérebro límbico, local de percepção e de análise das emoções;

- o tálamo, local de análise das percepções externas e internas, em relação com o eixo adrenocorticotrófico da gestão do estresse;

- a amígdala e o hipocampo que ligam as emoções à análise dessas emoções e à sua entrada na memória (lembremos aqui a utilidade dessa arquitetura vital para a percepção e memorização das situações);

- enfim, o circuito dopaminérgico mesocortical (que inclui o córtex pré-frontal, o córtex orbitofrontal e o cíngulo anterior) é, por sua vez, muito amplamente implicado, sobretudo na percepção da experiência emocional ou de intoxicação pelas drogas: ele analisa a saliência percebida, (o valor dado a essa percepção, em particular em relação aos outros desejos, necessidades e percepções) a espera da emoção da droga, e programa a resposta a ser trazida a essa percepção da necessidade.

Lembremos, antes de mais nada, que durante a década de 1950, os trabalhos de Olds e Milner[543] permitiram identificar um conjunto de estruturas cerebrais, reagrupadas sob o nome de *sistema de*

---

542 Ollat, H., site da internet:
<www.formation.tabacologie.globalink.org/ollat2000/cours.htm>.
543 Olds, I., Milner, PM., "Positive reinforecement produced by electrical stimulation of septal area and other regions or rat brain", J. *Comp. Physiol. Psychol.*, 1954, 47, pp. 419-427.

recompensa, a partir das quais pode-se induzir um condicionamento de autoestimulação: uma vez que um eletrodo é implantado em uma dessas estruturas, e sendo ela ligada a um estimulador que pode ser ativado ao se apoiar em uma alavanca, o animal se automutila, e muitas vezes o faz às expensas da satisfação de necessidades vitais como a fome e a sede.

Três estruturas parecem determinantes:

- a área *tegmental ventral,* situada no mesencéfaro, contendo os neurônios dopaminérgicos (área A10) que inervam o sistema límbico e o córtex pré-frontal;
- *o núcleo accumbens ou estriado ventral,* situado na região septal, inervado pela área A10 cujas conexões têm uma interface entre o sistema límbico e o sistema motor;
- *o córtex pré-frontal,* cujo papel nos processos atencionais, motivacionais e direcionais é bem demonstrado.

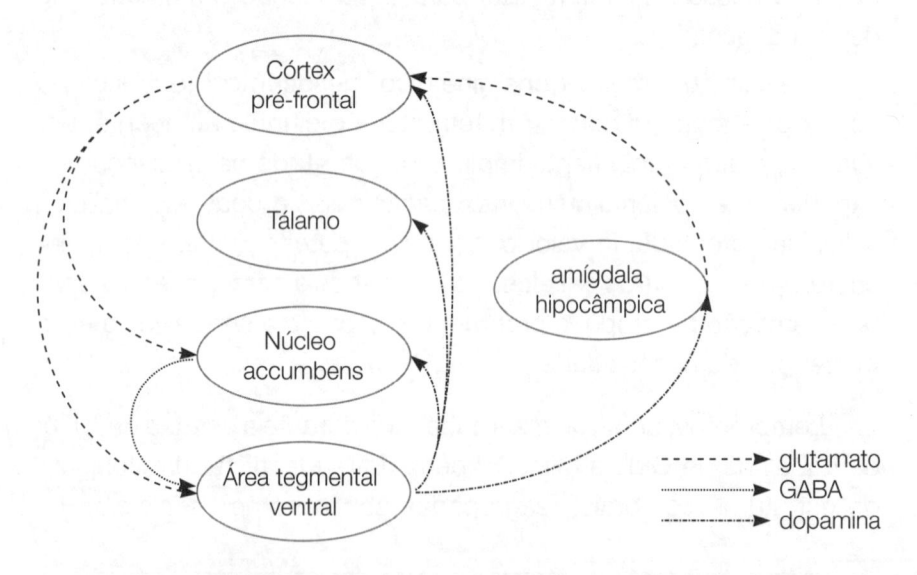

Figura 5. Interações entre os circuitos mesocortical e mesolímbico na adicção à droga (segundo N. Volkow, citado por M. Reynaud, 2005a, p. 24)

Os estudos neurobioquímicos posteriores fizeram do sistema de recompensa um substrato importante da dependência psíquica.

Demonstrou-se que a maior parte dos produtos adictivos pode ativar o sistema de recompensa.[544] Por exemplo, a anfetamina e a cocaína são potentes agonistas dopaminérgicas, a primeira porque estimula a liberação de dopamina, e a segunda porque inibe a recaptura desta.

Os opiáceos e os agonistas GABAérgicos (etanol, benzodiazepínicos, barbitúricos...) deprimem a atividade dos interneurônios inibidores da área tegmental ventral e do núcleo accumbens, e portanto desinibem os neurônios dopaminérgicos "meso-limbo--corticais". Enfim, existe sobre os corpos celulares e sobre as terminações axonais dos neurônios dopaminérgicos mesencefálicos receptores nicotínicos, cuja ativação (respectivamente) estimula a atividade celular e aumenta a liberação pré-sináptica de dopamina (Figura 7).

Por sua ação compulsiva, repetitiva e excitante, o comportamento adictivo – como o "procedimento autocalmante" (PAC) – acionará, com isso, o circuito dopaminérgico mesolímbico, os neurônios A10 situados no tronco cerebral no nível da área tegmental ventral (ATV) que se projeta, pela via do feixe mediano, de um lado para as estruturas do sistema límbico como o núcleo accumbens, amígdala e hipocampo, mas também, de outro, projeta-se para o córtex pré-frontal (Figura 6).

Os modelos de autoadministração intravenosa de diferentes drogas no animal (lembremos que toxicômano, *suchtig,* vem de *suchen,* buscar), como também outros trabalhos, puderam evidenciar o papel da dopamina como neurotransmissor chave no reforço do comportamento adictivo, mas também o papel do glutamato, dos receptores GABA A e GABA B, do sistema opioide, dos

---

544 Koob, GF. "Drugs of abuse: anatomy, pharmacology and function of reward pathway". TIFS, 13, 1992, pp. 177-185; Cesaro, P., Keravel, Y., Ollat, H., Peschnaski, M., Sindou, M. "Système limbique", *Neuroanatomie Fonctionnelle,* vol. 2, 1994, pp. 241-298; Besson, M. J. "Nicotine et Systèmes de récompense du cerveau", La Semaine des Hôpitaux de Paris, 68, 1992, pp. 1270-1276.

endocanabinoides, da noradrenalina e da acetilcolina. A plasticidade sináptica também encontra-se implicada (Karila et al).[545]

O CIRCUITO DO PRAZER E DO SOFRIMENTO, DA APROXIMAÇÃO OU DA EVITAÇÃO

Voltemos ao que as neurociências biológicas chamam de "sistema de recompensa". Como escreve M. Reynaud,[546] as fontes do prazer são as recompensas naturais: alimentação, bebida, sexo, afeição. Segundo o princípio dos processos opostos, proposto por Solomon em 1980,[547] o prazer não pode ser separado de seu contrário, que é a aversão ou a dor. No animal, a dupla prazer/aversão pode ser modelizada por sistemas fisiológicos de recompensa e de punição que no plano neuroanatômico são próximas.

O sistema de recompensa/punição (aproximação/evitação, prazer/sofrimento) é um circuito anatômico correspondente ao sistema mesocorticolímbico (Figura 8).[548]

Como vimos, o circuito mesolímbico implica um conjunto de neurônios dopaminérgicos (chamados neurônios A10, situado, no tronco cerebral, no nível da área tegmental ventral (ATV), que pela via do feixe mediano projetam-se em direção às estruturas do sistema límbico, tais como o núcleo accumbens, a amígdala e o hipocampo.[549]

---

545 Karila, L. et al. "Mécanismes neurobiologiques des addictions", Synapse, 2004, 206, pp. 13-19.
546 Reynaud, M. 2005 a, op. cit., p. 22.
547 Solomon, R. L. "The opponent-process of acquired motivation: the coast of pleasure and the benefits of pain", American Psychologist, 35, 1980, pp. 691-712.
548 Kobo, G. F., Nestlery, E. J. "The neurobiology of drug-addiction", J. Neuropsychiatry Clan., Neurosciences, 9 (3), 1997, pp. 482-497.
549 Wise, R. A. "Neurobiology of addiction", Curr. Opin. Neurobiol., 1996, 1996, 6 (2). pp. 243-251; Koob, G. F. (1999), "The role of striatopallidal and extended amygdala systems in drug addiction", Ann. N. Y. Academy of Science,

Esse circuito encontra-se implicado nos efeitos de reforço, na memória e nas respostas condicionadas ligadas às consequências motivacionais e emocionais da falta e da necessidade de afeção e de relação... e também das drogas.

O circuito mesocortical inclui projeções do ATV em direção ao córtex pré-frontal, orbitofrontal e cingular anterior. E ele seria, por sua vez, implicado nas consequências cognitivas da impregnação emocional e, no que diz respeito ao contato com a droga, na busca compulsiva da droga em questão,[550] em detrimento de outros interesses e desejos.

Como propõe M. Reynaud, "existem relações funcionais entre córtex cingular anterior (local de análise das emoções), núcleo accumbens (zona mais arcaica do prazer), lembranças memorizadas no hipocampo e análise cortical efetuando-se no nível pré-frontal" (2005a). Com efeito, os circuitos dopaminérgicos mesolímbico e mesocortical funcionam em paralelo e interagem a um só tempo entre si próprios e também com outras áreas, através de projeções neuronais GABAérgicas do núcleo accumbens em direção ao ATV e ao córtex pré-frontal de uma parte e através de projeções neuronais glutamatérgicas do córtex pré-frontal em direção ao núcleo accumbens e ao ATV.[551]

Sendo assim, a dopamina é o neurotransmissor chave do sistema de recompensa. As recompensas naturais – alimentos, bebidas, atividade sexual – e a maior parte das drogas adictivas

---

877, pp. 445-460; Goldstein, R. Z., Volkow, N. D., Wang, G. J., et alii, "Addiction changes orbifrontal gyrus function: involvement in response inhibition", *Neuroreport,* 2001, 12 (11) 2, pp. 595-599.
550 Maldonado, R., "The neurobiology of addiction", J. Neural. Transm., 2003; supl. (66): pp. 1-14.
551 Qureshi, NA., al-Ghamdy, Y. S. & al-Habeeb, TA, "Drug addiction: a general review of new concept and futur challenge", *East Mediterr. Health J.,* 2000, 6 (4) pp. 723-733; Hyman, S. E. & Malenka, R. R. C. "Addiction and the brain: the neurobiology of compulsion and its persistence", *Nat. rev. Neurosciences,* 2001, 2 (10), pp. 695-703.

modificam a transmissão dopaminérgica.[552] É fato que elas estimulam a liberação da dopamina pelos neurônios da ATV (Área Tegmental Ventral) no núcleo accumbens.[553] As regiões medianas do mesencéfalo, do hipotálamo e das vias do estresse sustentam os fenômenos de aversão e de punição. Com isso, existe *um equilíbrio permanente entre o sistema de recompensa/prazer e o sistema aversão/punição.*

Dados mais recentes definem a adicção como um problema caracterizado por um processo recorrente, a compreender a intoxicação repetida e em seguida a instalação progressiva de uma dependência que se faz acompanhar de uma tolerância (que se traduz por signos de desmame) e de uma necessidade compulsiva de consumir.[554] É a repetição, o lembrete, que faz aumentar o risco de adicção ou de resposta inapropriada, a superestimulação de zonas ou de terrenos já sensibilizados. O corpo guarda a memória de suas impressões precoces.

A marcação precoce, desde a vida intrauterina até a saída da infância, imprime um primeiro caminho "desejo-prazer-falta", enquanto a adolescência reprograma, ao sexualizá-los *après-coup*, esses "traços" e marcações somatopsíquicas precoces.

Assim são descritos os mecanismos de instalação das adicções: o contato crônico e repetido com as drogas possibilita uma ativação anormal e repetida do sistema dopaminérgico mesocorticolímbico. Para compensar essa superestimulação repetida, sistemas de compensação são ativados: são os

---

552 Nestler, E. L. "Molecular neurobiology of addiction", *Am. J. Addict.;* 2001, 10 (3). pp. 201-217; Gardner, E. L. "Addictive potential of canabinoids: the underlying neurobiology", *Chem. Phys. Lipids.* 2002, 121 (1-2), pp. 267-290.
553 Hurd, Y. L., Svensson, P., and Pontem, M. "The role of dopamine, dynorphin, and CART systems in the ventral striatum and amygdale in cocaine abuse", *Ann. NY Acad. Sci.,* 877, 1999, pp. 499-506.
554 Volkow, N. D., Fowler J. S., Wang, G. J. & Goldstein, R. Z. "Role of dopamine, the frontal cortex and memory circuits in drug addiction: insight from imaging studies", *Neurobiol. Learn.* Mem., 2002, 78 (3). pp. 610-624.

chamados, como vimos, mecanismos oponentes. Essas anomalias do sistema dopaminérgico mesocorticolímbico fazem-se então claramente identificáveis por neuroimages, o mesmo se aplicando aos mecanismos de adaptação delas resultantes; com isso, pode-se claramente imaginar os circuitos alterados pela ingestão crônica de drogas.

AS DROGAS DESREGULAM O SISTEMA DOPAMINÉRGICO DE RECOMPENSA

O aumento das taxas de dopamina secretada no núcleo accumbens é um elemento crucial na mediação dos efeitos de recompensa ou do reforço positivo devidos à droga:[555] esse aumento da secreção de dopamina foi devidamente evidenciado no núcleo accumbens por Di Chiara e Imperato em 1988.[556] Posteriormente foi constatado nas outras estruturas do sistema mesocorticolímbico. *Todas as substâncias psicoativas suscetíveis de engendrar uma dependência, sobretudo da heroína, do tetraidrocanabinol, da cocaína e da nicotina aumentam a secreção de dopamina no núcleo accumbens.*

---

555 Koob, G. F. & Le Moal, M. 1997, *op. cit.;* Kalivas, P. W. & Nakamura, M. "Neural system of behavioral activation and reward", *Curr. Opin. Neurobiology,* 1999, 9 (2). pp. 223-227.
556 Di Chiara, G., Imperato, A. "Drug abused by humans preferentially increase synaptic dopamine concentrations in the mesolimbic system of freely moving rats", *USA Proc. Nat. Acad. Science,* 1988, 85 (14). pp. 5274-5278.

lóbulo frontal

área tegmental ventral

corte sagital mediano
encéfalo humano

sistema límbico

projeção dopaminérgica

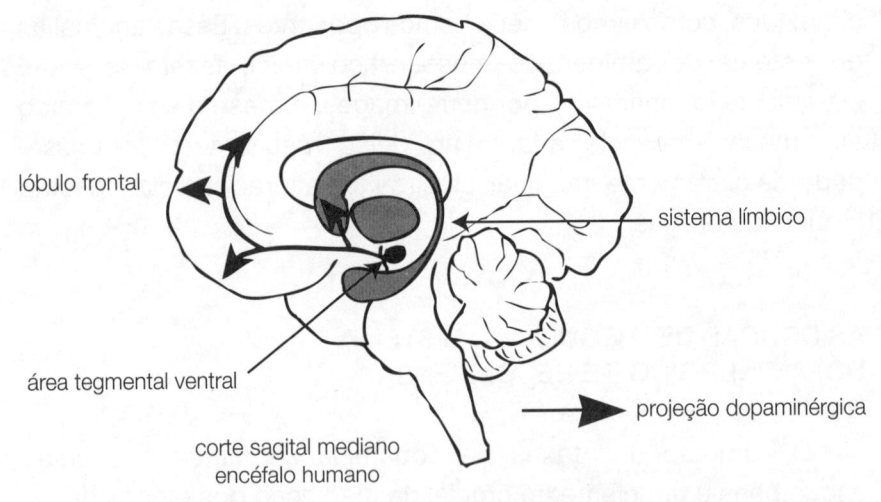

Figura 6: As projeções encefálicas dopaminérgicas

É interessante observar que esse pico de aumento de extrema importância sobrevém alguns minutos após a ingestão da droga e dura entre 40 e 60 minutos.

Na figura 7 pode-se ver que todas as substâncias psicoativas que possam vir a desencadear uma dependência conduziram a uma hiperdopaminergia, diretamente, como no caso da cocaína, do ecstasy ou das anfetaminas (por inibição da recaptura), ou de modo indireto, por uma ação sobre os interneurôninos e sobre os receptores GABA e opioides que vêm modular esse funcionamento do neurônio dopaminérgico. De maneira fisiológica, a secreção dopaminérgica é modulada pelo sistema opioide sobre o qual agem os opiáceos, pelos interneurônios GABA sobre os quais age, sobretudo o álcool através dos receptores GABA e NMDA, pelos receptores de acetilcolina sobre os quais age a nicotina e, enfim, pelos receptores CB1 situados sobre esses interneurônios GABA e sobre o sistema opioide.

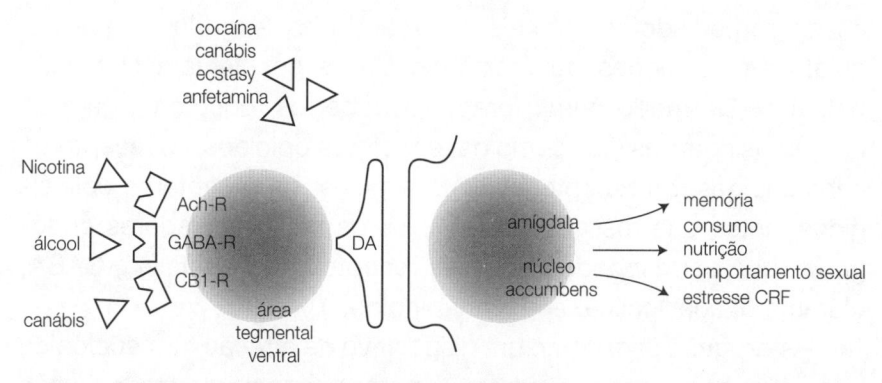

Figura 7. Modalidades e locais de ativação dopaminérgicos das principais substâncias psicoativas
Segundo Reynaud (2005a), p. 22

O sistema dopaminérgico mesocorticolímbico é, pois, assim modulado de maneira permanente pelos neuromediadores endógenos que agem sobre receptores específicos. Essa neuromodulação permite adaptar finamente a secreção dopaminérgica às diferentes situações suscetíveis de estimular o circuito de recompensa. Assim, por exemplo, esse circuito da recompensa é posto em rota quando sente-se fome ou sede, quando se tem um desejo sexual, mas também nos casos de adaptação ao estresse e quando se faz necessário responder a situações emocionais. As respostas naturais moduladas por nossos neuromediadores naturais têm uma amplitude e uma duração limitada da ordem de alguns milésimos de segundos.

Essa neuromodulação natural, com as "drogas" endógenas, é muito mais fina e muito mais flexível do que a ação maciça, brutal e prolongada causada pelas substâncias psicoativas. Além disso, a resposta ao contato com as drogas não é influenciada por um fenômeno de habituação oposto às recompensas naturais. Cada nova ingestão da substância produzirá uma liberação dopaminérgica.

É essa superestimulação anormal e repetida que produzirá os processos de adaptação e iniciação dos chamados sistemas oponentes, a fim de se tentar reduzir os efeitos dessa superestimulação. Mas é bem pelo fato de que as drogas agem mimetizando os neuromediadores naturais e forçando as fechaduras que mo dulam as secreções dopaminérgicas que se efetuará sua ação deletéria. De modo geral, foram descobertos receptores para as drogas psicoativas (tais como os receptores opioides, os receptores canabinoides, os receptores GABAérgicos, os receptores colinérgicos) antes que fossem descobertos os neuromediadores endógenos que correspondem a esses receptores (enquefalina, GABA, glutamato, acetilcolina, endocanabinoide...).

As drogas agem como um dispositivo de atração farmacológica e, se elas agem assim tão bem, é porque tocam nos mecanismos fundamentais de gestão do prazer e do sofrimento, de aproximação e de evitação. E não espanta que a intuição clínica, que consistia em dizer que, na adicção, as sensações substituem as emoções, encontra-se assim confirmada: o efeito brutal da substância com isso vem substituir a modulação sutil das emoções.

DESREGULAÇÃO DO SISTEMA DE SOFRIMENTO-EVITAÇÃO

Os estudos com o auxílio de modelos animais permitiram não só evidenciar fenômenos de desregulações neurobiológicas específicas (dopamina, glutamato, peptídeos opioides, GABA) a implicar o circuito de recompensa, mas também demonstrariam que *as vias do estresse implicam o eixo corticotrópico hipotálamo-hipofisário, e em ligá-lo com o sistema de evitação, desempenhando assim um papel importante, sobretudo na instalação do estado motivacional negativo encontrado nos processos adictivos* (Koob, G. F., 1998-2003).

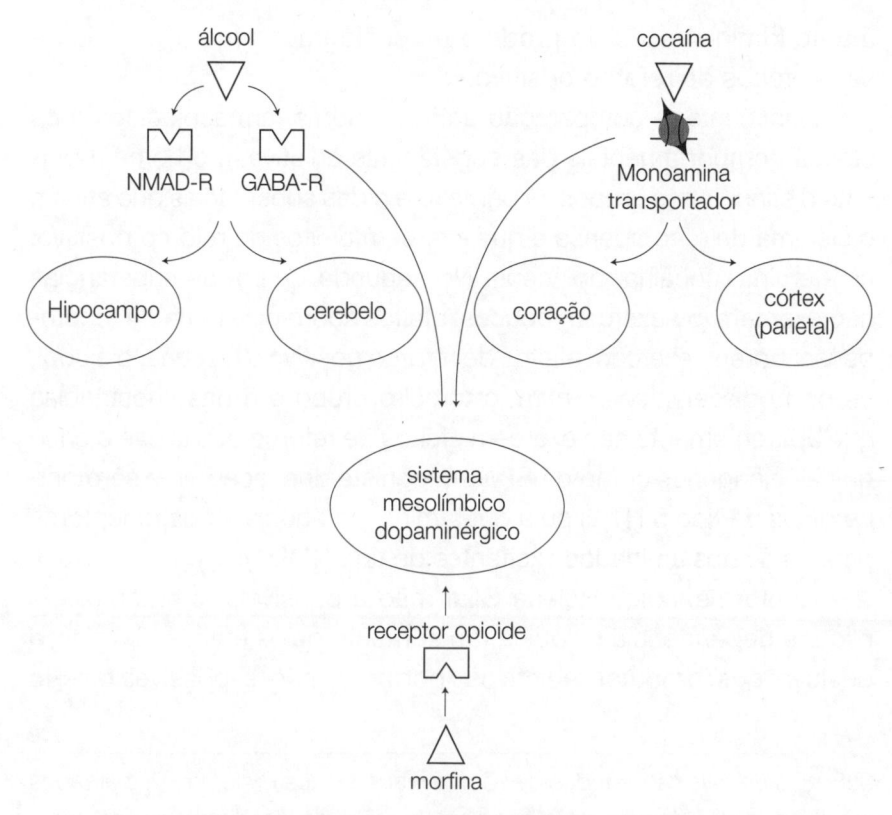

Figura 8. Os circuitos da adicção
A ação principal encontra-se no sistema mesolímbico dopaminérgico, que contém a dopamina dos neurônios no setor ventral e suas projeções axonais nos campos terminais no núcleo accumbens e no córtex pré-frontal.

Enfim, dois tipos de estudos comportamentais foram utilizados a fim de se especificarem os efeitos das substâncias adictivas sobre o sistema de recompensa.[557] No primeiro tipo, tem-se os estudos de *autoadministração* em que o animal, roedor ou primata, tem a possibilidade de, apoiando-se em uma alavanca, autoinjetar-se o produto por um cateter intravenoso ou então implantado em uma estrutura cerebral do sistema de recompensa:

---

557 Stolerman, I. P. "Drugs of abuse: behavioural principles, methods and terms". *TIFS*, 1992, 13, pp. 170-177.

a autoadministração do produto é considerada uma evidência de seus efeitos de reforço positivo.[558]

Finalmente, a comparação entre os perfis farmacológicos e os efeitos comportamentais das substâncias adictivas no homem permite distinguir três grupos. O primeiro é o das substâncias que ativam o sistema de recompensa e que exercem efeitos de reforço positivo: anfetamina, cocaína, opiáceos. No segundo grupo, as substâncias não exercem (ou exercem poucos) efeitos sobre o sistema de recompensa; porém, exercem efeitos de reforço positivo a nicotina, o álcool, os benzodiazepínicos. Enfim, o terceiro grupo é o das substâncias que aparentemente não exercem efeitos de reforço positivo: é o caso dos alucinógenos como o LSD (antagonista dos receptores serotoninérgicos de tipo 5 HT 2) ou a quetamina (antagonista dos receptores para os ácidos aminados excitantes de tipo NMDA).

Conforme indica Hélène Ollat, não é possível, no entanto, explicar a dependência psíquica tão somente pelos efeitos de reforço positivo dos produtos adictivos (portanto, não é possível fazê-lo

---

[558] Os demais são estudos de "Conditionned Place Preference", realizados em duas fases. Num primeiro momento, que é do condicionamento, o roedor é posto repetidas vezes em um dos dois compartimentos de uma gaiola que ele pode reconhecer facilmente (marcas na parede etc.); em um desses compartimentos, ele recebe sistematicamente um veículo placebo; no outro ele recebe a substância estudada. No decorrer da segunda fase, deixa-se o animal escolher livremente o compartimento. Se ele escolhe aquele em que recebeu a substância ativa, pode-se pensar que isso tem efeitos de reforço positivo. Se, ao contrário, escolhe aquele em que recebeu o placebo, conclui-se que a substância teve efeitos aversivos. Enfim, se o animal penetra ao acaso em um ou outro compartimento, deduz-se daí que a substância era neutra, não exercendo nem efeitos prazerosos nem aversivos. Os estudos de autoadministração, como o "Conditionned Place Preference", não raro proporcionaram resultados contraditórios, devidos em grande parte a problemas metodológicos (condições do experimento, espécies e estirpes utilizadas, doses administradas etc.), mas de maneira global demonstram que, tanto no animal como no homem, os produtos adictivos não necessariamente produzem efeitos prazerosos, alguns deles chegando a exercer efeitos aversivos.

pela ativação do sistema de recompensa). Os limites dessa modelização são claramente marcados por dados clínicos e experimentais. O homem faz uso de muitas substâncias adictivas que, a exemplo da nicotina, não exercem efeitos hedônicos, euforizantes; alguns deles, como os alucinógenos, chegam a induzir estados disfóricos. Aliás, os efeitos agradáveis dos tóxicos rapidamente se esvanecem ante o peso das consequências nefastas de seu consumo prolongado (problemas socioprofissionais e familiares, dependência física...), valendo notar que o discurso do toxicômano traduz bem o sofrimento de ter perdido seu livre-arbítrio. Sabe-se também que a apetência pelo tóxico perdura após longos períodos de abstinência, enquanto extinguem-se os traços de seu consumo nas redes neuronais do reforço positivo.

NEUROBIOLOGIA DO *CRAVING*

Em nossa primeira parte, evocamos este comportamento particular cada vez mais frequente entre os adolescentes, que é o *craving*. Vejamos aqui as subestruturas neurológicas desse tipo de conduta. Existem três tipos de *craving* identificados em função dos sistemas neurobiológicos subjacentes induzidos pelas diferentes drogas.

O *CRAVING* DE RECOMPENSA *(REWARD CRAVING)*

Ele tem por função estimular as áreas do prazer. A cocaína ou o crack são, assim sendo, drogas que induzem um forte *craving* de recompensa ligado ao sistema dopaminérgico, e de maneira singular a uma estrutura subcortical, ao núcleo accumbens do qual se conhece a implicação na neurobiologia das dependências tóxicas (anfetamina, cocaína, morfina, heroína, maconha, tabaco etc.). Pode-se imaginar que, durante o *craving* à cocaína, as regiões límbicas, região de percepção da emoção, estariam ativadas. Da mesma forma, vê-se que durante esse *craving* iluminam-se o córtex orbitofrontal e o córtex pré-frontal, região de análise e de planificação das respostas à emoção, o que traduz essa hiperativação. Essas experiências têm sido reproduzidas com todas as outras drogas suscetíveis de provocar dependência.[559]

Esse tipo de *craving* diz respeito também ao alcoolismo de tipo 2 descrito por Cloninger. Seu início é mais precoce, e a evolução, pejorativa. Ele dependeria do sistema *dopaminérgico/opioidérgico*. Esse *craving* seria sensível aos estímulos apetitivos e serviria para compensar um déficit hedônico e de vigília. Os tratamentos neurolépticos poderiam ter uma eficácia quanto ao aspecto impulsivo dos comportamentos de alcoolização ou de ingestão de drogas repetidas (craque, cocaína). Nos estados de embriaguez aguda por repetição, como se tem no *binge playing,* e mesmo no *binge eating disorder,* existe ainda um *craving* de tipo recompensa.

O CRAVING DE ALIVIAÇÃO *(RELIEF CRAVING)*

Constitui-se sobretudo em uma necessidade de redução do estresse e de alívio de uma tensão. Trata-se de um transtorno de ansiedade generalizado, no qual a droga vem aliviar o sujeito (numa espécie de automedicação). *Esse sistema estaria sob a dependência dos neurônicos GABAérgicos e glutamérgicos* que inibem a tomada de decisão de parar com a intoxicação. Esses fenômenos de *craving* também podem ser encontrados na intoxicação crônica por maconha (uso superior a cinco vezes ao dia), casos em que a droga vem mascarar angústias identitárias frequentes na adolescência. Encontramos aqui o alcoolismo de tipo 1 de Cloninger. A síndrome amotivacional nos grandes fumantes de maconha mostra a evitação de uma realidade angustiante com uma retirada para um mundo imaginário não raras vezes mágico.

---

559 Reynaud, M. 2005 b, *op. cit.*, p. 24.

O *CRAVING* OBSEDANTE (*OBSESSIVE CRAVING*)

Representa um tipo de pensamentos obsessivos que invadem a mente do sujeito que necessita fazer passá-los ao ato para obter alívio. A ingestão da droga vem acalmar essas obsessões. Para os neurobiólogos, esse *craving* resultaria de uma *disfunção serotoninérgica* próxima da que se observa no TOC (com suspensão da inibição, déficit do controle emocional e atencional; impossibilidade de conter impulsos perante estímulos apetitivos ou aversivos). Aqui são encontradas condutas adictivas como as da adicção a internet e aos videogames, a bulimia, assim como se pode ter também uma sexualidade adictiva. Existe, de fato, uma perda do controle, como o que resulta em um alcoolismo compulsivo. Esse *craving* estaria sensível aos antidepressores inibidores serotoninérgicos (IRS).

RUMO À PAIXÃO ADICTIVA

ADICÇÃO E AMOR PASSIONAL

Para o psicanalista, é intelectualmente estimulante perceber que a ciência moderna descobre, pelo imaginário médico, verdades que ele já elaborara laboriosamente a partir de sua clínica. Assim, no primeiro capítulo do *Passions du corps,* e na sequência de conceitos ligados aos trabalhos de Freud, propus a ideia de uma real proximidade entre a "paixão pelo tóxico" e o amor passional místico ou amoroso (ou seja, materno). Ora, essa aproximação, a tecnologia médica e mais particularmente o imaginário médico encontram-se hoje confirmados. Na época, eu observei que, se em nossa contratransferência vivenciamos, com certos pacientes adictos e/ou toxicômanos, a secção de uma subjetividade ainda siderada por acontecimentos traumáticos e repetidos, com esses pacientes nos veríamos, algumas vezes, próximos da "unio mystica" a que referiu-se Fenichel.

Para caracterizar um desses momentos contratransferenciais com uma toxicômana, bem cabem as afirmações de G. A.

Goldschmidt[560] sobre a língua de Freud, e de maneira bastante singular as metáforas do mar, de seus fluxos e refluxos, como imagem liquidiana da libido, como também as metáforas de Santa Teresa D'Ávila sobre as relações entre o espírito, o desejo e a água: "a água é a coisa desejada". É então que um pensamento me toma de assalto: o quadro analítico, aí entendido em uma psicoterapia cara a cara, não seria capaz de efetivamente auxiliar a pôr em palavras esses gozos toxicomaníacos, adictivos e despossessivos de si mesmo, como o "da mulher" que vivencia "misticamente" o "maravilhamento" de um gozo sexual indizível? Desejo amoroso, desejo do Um (androginia primitiva), desejo de uma relação originária possessiva do outro, gozozamente encontrada e encarnada na adicção... e a transferência passional – eis o que me revela essa clínica. Um campo de amor passional, místico compassional, é o que se desdobra nas adicções, todavia situado no terreno da busca sensorial, aquém dos autoerotismos secundários, por colagem no objeto-sensação (boca-seio), aquém de toda elaboração da posição depressiva segundo M. Klein.

"Eu a tenho sob a minha pele", diz o apaixonado – como o heroinômano que pica-se. O objeto idealizado confundido com a força do afeto pode aqui esmagar a pulsão e, com ela, o sujeito. Na paixão amorosa, a oposição pulsão/objeto já não existe, e a atividade pulsional encontra o "fundo" *(self)* passivo passional dos primórdios da vida psíquica marcados pelo desamparo, uma vez que o outro (si mesmo) encontra-se ausente, e também pela indistinção (atopia) das instâncias psíquicas, uma vez que ele está lá. O amor louco estigmatiza-se, encarna-se então nessa tópica atópica em que nenhuma representação da ausência e da falta pode advir. Basta uma coincidência, um encontro "casual", como aquele entre A. Breton e Nadja,[561] para que manchas de desejo espalhem-se na psique.

---

560 Goldschmidt, G. A. *Quand Freud voit la Mer, Freud et la Langue Allemande*. Paris, Buchet-Chasttel,. 1988, p. 83.
561 Breton, A., *Nadja*. Paris, Gallimard, col. Poche, 1928.

A busca da alma, a partir da origem do "mundo psíquico", encontra-se aí saciada... O psiquismo humano se constrói, aliás, nessa busca, alienando-se nela – os entorpecentes não foram chamados "suplementos de alma", seguindo a mesma linha de pensamento que o francês comum exprime com o termo *"spiritueux"* para referir-se a vinhos fortes?

O amor do excesso e da paixão (excesso de amor), no entanto, impregna aquele que sente-se "mal habitado" narcisicamente e/ou pelo pai edipiano e totêmico que com isso se encontra deprimido, exangue, estabelecido sem referências. A paixão amorosa manifestará nele a recusa de toda separação-individuação-castração em relação a objetos de atrelamento primários, indo até a dissolução do espírito em um interdito fusional incestuoso.

Conforme declara a mística Hadewijch d'Anvers:[562] "Embriagado precisamente daquele que ela nunca bebeu e não beberá jamais, [...] o vinho puro do tampão supremo" (substituição, aqui teológica, do desejo de esperma "transmutado" em leite e vinho, como no Cântico dos Cânticos).

Da mesma forma, as descrições dos gozos bucais de Angèle de Foligno, do aleitamento no seio materno por São João da Cruz *(De mi amado bebi... Am me dio pecho)*, da Transverberação de Santa Teresa d'Ávila, o dicionário de língua desconhecida de Hildegard von Bingen (1132) mostram-nos que as palavras empregadas são sempre insuficientes para dar conta da carga sensual, carnal do verbo atópico desses místicos[563] cuja pulsão se enraíza no eco do reino das mães de Fausto. Isso nos indica também o quanto a subjetividade se resolve mal na *sexion* do simbólico/sexual, porque no fundo, Eros, "o amor": transborda o sexual genital! O Pharmakon, e a embriaguez que ele procura, são fálicos somente à medida que vividos corporalmente para suturar o "buraco" imposto pela entrada

---

562 Hadewijch d'Anvers, Écrits Mystiques des Béguines. Paris, Seuil, col. Sagesse, 1995, p. 133.
563 Bastide R. (1931) *Les Problèmes de la Vie Mystique,* Paris, reed. PUF, col. Quadrige, 1995.

na sexuação e no mundo simbólico da linguagem. Há um provérbio Dogon que diz: "o homem descobriu a morte no mesmo momento em que descobriu a linguagem". É a esse "aquém das palavras" que nos remetem numerosos adictos.

SEMELHANÇAS NEUROFISIOLÓGICAS ENTRE O AMOR PASSIONAL, O AMOR MATERNO E O AMOR DO TÓXICO

Atualmente, como bem lembra M. Reynaud,[564] é algo de muito fascinante observar que existem provas neuroanatômicas das semelhanças entre a paixão amorosa e a adicção. Os trabalhos pioneiros de A. Bartles e S. Zekki[565] efetivamente demonstraram que no amor certas zonas cerebrais "se iluminam": a ínsula (zona de percepção e de análise sensório-motriz: que informa-se sobre o estado do corpo); o cíngulo anterior; o núcleo caudado e o putâmen (elemento do cérebro límbico); o hipotálamo (refletindo o acionamento das secreções hormonais, sobretudo as sexuais); já no tronco cerebral, paralelamente ilumina-se a área tegmental ventral, ponto de partida das vias dopaminérgicas, mesocortical e mesolímbicas que ativam-se também por ocasião de atividade adictiva ou de ingestão de substância tóxica.

O imaginário do amor materno mostra a ativação da cíngula, do cíngulo anterior e do estriato (núcleo caudado e putâmen). Mas, se não houve atividade particular no hipocampo e no hipotálamo, as zonas ricas em neurônios receptores da ocitocina e da vasopressina – o hormônio do apego – (substância periaqueducal cinzenta, parte do tronco cerebral como ponto de partida e córtex orbitofrontal como ponto de chegada, e que são vias dopaminérgicas do desejo), ao contrário, encontram-se ativadas.

---

564 Reynaud M., *Synapse,* 2005 a, *op. cit.;* Reynaud, M., *L'Amour est Une Drogue Douce... en General.* Paris, Robert Laffont, 2005(c).
565 Bartels, A, Zeki, S., "The neural correlates of maternel and romantic love", *Neuroimage,* 2004; 21, pp. 1155-1166.

Ao mesmo tempo, e em ambas as situações (paixão amorosa e amor materno), observa-se a inativação do córtex pré-frontal direito (que na depressão é, ao contrário, hiperativo), do cíngulo posterior (emoções negativas) e da amígdala (medo), da parte anterior dos lobos temporais e do sulco temporal superior (ativados nas tarefas analíticas complexas): de fato, "o amor é cego", como diz o ditado.

Em oposição a isso, as zonas das emoções positivas, em particular o cíngulo anterior, são sobremaneira ativadas, e tanto mais no amor paixão que no amor materno. Como observa M. Reynaud, "essas aproximações permitem melhor compreender alguns dos mecanismos da adicção que vêm desregular os mecanismos vitais para a espécie, ou imiscuir-se neles: os do prazer, da sexualidade, das emoções e dos sentimentos. Compreende-se também por que a falta de substância é vivida com tamanho sofrimento, como uma falta vital de algo de absolutamente necessário" (2005a, p. 29).

Essa "geografia do prazer" que se desprende das explorações e cartografias neuroanatômicas do prazer e do desprazer proporciona a "visualização" do que foi descrito por alguns psicanalistas, a saber, a aproximação entre o comportamento adicto e o ato "passional", podendo mesmo se pensar no ato perverso (ou na adicção como forma "perversa" de sexualidade – para além dos adictos sexuais). A oralidade constitucional, de sua parte, pode explicar os vínculos entre adicções e perversão oral, o mesmo aplicando-se ao não reconhecimento do objeto, à presença de reais angústias de castração, de fantasmas perversos clivados (Hooper) ou de um componente homossexual evidenciado no alcoólico (K. Abraham; Ferenczi). A esse respeito, Mijolla e Shentoub ressaltaram uma problemática identitária (de *self*, de alteridade) anterior à da diferença sexual do que veio a ser posteriormente desenvolvido por M. de M'Uzan em "o tônus identitário de base" no toxicômano.

Conforme relatou J. McDougall, "o objeto adictivo permite uma *ilusão bissexual e hermafrodita construída sobre a muralha de diferença dos sexos* que encontra sua subestrutura na relação primordial, no desejo sempre atual de anular essa separação em relação ao Outro, de negar essa impossível alteridade"[566] em que o édipo nos faz desaguar. Da identidade sexual (angústia de castração) à identidade subjetiva "de ser si" (angústia de separação) até a identidade adesiva (angústia de aniquilação, de não ser), o desejo do adicto, em sua "embriaguez", é o de fazer voltar o caminho até o momento mítico do nascimento psíquico, tempo pré-histórico de sua in-dividuação – *in - divis* (G. Groddeck),[567] indivisível, inssecionável, clone narcísico não sexuado (e aqui deve-se lembrar que a palavra sexo vem do latim *secare:* cortar).

ADICÇÃO MEDICAMENTOSA, INSTABILIDADE MOTRIZ E FRACASSO ESCOLAR DA CRIANÇA

O EXEMPLO DE STEVE

Steve, 11 anos, é o segundo de dois filhos. Deu entrada no ITEP (da sigla para Institut Thérapeutique Éducatif et Pédagogique - Instituto Terapêutico Educativo e Pedagógico) por problemas de comportamento e "de relacionamento": falava pouco e muito frequentemente parecia "alheado", sem que os testes psicológicos projetivos ou as entrevistas tivessem detectado uma psicose constituída. Steve nasceu após um aborto espontâneo sofrido pela mãe, que por isso, na sequência, mostrou-se sempre temerosa de que "acidentes" pudessem ameaçá-lo. O fantasma de morte que o habitava evidencia-se, por vezes, nos desenhos que fazia. A exemplo de um sem número de crianças e adolescentes encaminhados ao ITEP ou a serviços de pedopsiquiatria, Steve chegou tendo em mãos uma receita de derivado de anfetamina hoje em dia ampla e excessivamente utilizado para "crianças inquietas": a Ritalina® (metilfenidato; em outros podendo ser o Concerta®), medicamento do

---

[566] McDougall, J., *Plaidoyer pour une Certain Anormalité*. Paris, Gallimard, 1978, p. 64.
[567] Groddeck, G., Ça et Moit. Paris, Gallimard.

qual já começa a se fazer uso também no serviço de neuropsiquiatria do Centro Hospitalar Univesitário (sendo mais comumente prescrito em consultórios de neuropediatria). Em trajetória similar a de outras crianças, Steve foi encaminhado para seus especialistas por uma médica escolar que mostrara-se sensibilizada com o caso, ela própria tendo recebido Steve pelas instrutoras transbordadas por aquela criança (esquema que se revela clássico nos dias de hoje).

A Ritalina®, que entrou no mercado francês em 1995, e seu produto derivado de efeito retardado, obtiveram sucesso sem precedentes no outro lado do Atlântico. É um estimulante do sistema nervoso central que age inibindo a recaptura da dopamina, aumentando a sua concentração no cérebro. A maior parte dos produtos à base de metilfenidato contém um misto racêmico de dextrometilfenidato, considerado como de efeito mais satisfatório.

O pai de Steve, aposentado por invalidez, ainda excessivamente apegado ao seu próprio pai, que por sua vez morava perto do casal, isto é, dos pais de Steve, era homem tão ansioso e deprimido quanto a esposa. Nas entrevistas, ele não dizia nada e ficava roendo as unhas. Depois de três anos com o caso, eu e a equipe saímos de férias, – eram as férias de verão – fomos visitar familiares e diminuímos de maneira significativa o tratamento anfetamínico. As tentativas anteriores tinham resultado numa recrudescência dos problemas que o afligiam e por uma agitação tamanha que os pais de novo passaram a lhe ministrar "a sua dose" após três ou quatro dias: nenhuma possibilidade de desmame. Ao optar pela diminuição, nós nos fiamos na boa "transferência" realizada com os pais e com Steve pela equipe encarregada, que era suficiente para concorrer com a "transferência" que o paciente desenvolvera com o neuropediatra prescritor, sobretudo quisemos satisfazer o desejo de Steve, de querer ser "como os outros" durante as férias, ainda que receássemos sua separação da família – seria a primeira vez que ele se distanciaria dela. Em setembro, Steve chega ao instituto, e ficamos sabendo pelos pais que, após ter parado com o tratamento, ao partir para uma colônia de férias, ficou internado no hospital por dez dias após uma síncope, cujo diagnóstico foi: diabetes insulino-dependente.

Seria apropriado, num contexto de "pensamento operatório" envolvendo os pais e a criança, de fantasmas de morte constantemente projetados nele, proceder a um vínculo de causa e efeito entre a parada com o tratamento anfetamínico, a separação dos pais e desencadeamento do diabetes magro. Contudo, pode-se notar que esses medicamentos suscitam múltiplos problemas de ordem médica (efeitos colaterais, adicção consecutiva), psíquica (conservação do pensamento operatório) como também institucional: como gerar essas adesões ao tratamento, qual o "sentido" da incumbência institucional, sobretudo quanto à ação psicoterápica, como fazer com que deixasse de usá-los?

Ora, a instabilidade motriz com déficit de atenção, que prevalece nesses medicamentos provém também, e principalmente, não de causas neuroquímicas, mas de causas múltiplas – psíquicas, sociais, familiares, escolares, desenvolvimentais e excitacionais da criança. Isso configura um debate de envergadura, por ser toda a "filosofia", todo o "modelo" psicodinâmico que é trazido à baila por esses medicamentos – tanto que com muita frequência, em uma "transferência idealizante", pais demandam à "ciência médica" e farmacológica uma prescrição medicamentosa para que sejam "aliviados"; a consequência é um "curto-circuito" (perverso) de todo trabalho psíquico e institucional, tanto das crianças quanto de suas famílias.

A INSTABILIDADE MOTRIZ E O FRACASSO ESCOLAR DA CRIANÇA:

PONTO DE VISTA PSICANALÍTICO

Essa instabilidade motriz na criança foi descrita de fato já há algumas décadas pela psiquiatria francesa (ainda que se tratasse de um quadro raro à época),[568] mas que os psiquiatras americanos

---

568 Wallon, H. (1995), *L'Enfant Turbulent*. Paris, Alcan, reed. PUF, col. Quadrige; Dopchie, N. (1968), "Le syndrome hyperkinétique", *La Psychiatrie de l'Enfant*, II, 2, pp. 589-619; Joly, F. (1996), "Figures contemporaines et formes limites

e franceses descobrem sob a designação ADHD (transtorno deficitário de atenção com hiperquinesia).

Ela tem acometido cada vez mais crianças ocidentais em idade escolar, com mais frequência os meninos (8 meninos a cada 2 meninas). Nos Estados Unidos o problema do tratamento "se resolveu" graças ao uso extensivo de um medicamento derivado anfetamínico: o metilfenidato (Ritalina®), consumido por quase três milhões de crianças.[569] Por detrás do clássico fracasso escolar que identifica essas crianças, o quadro composto de agressividade, mesmo de violência, complica-se com o fator distração[570] e com uma *hiperatividade psíquica* à qual é inerente uma dificuldade de atenção e de diversas realizações, tanto práticas quanto cognitivas.

No plano psicológico, pode-se falar de *"zapping* psíquico" – tamanha é a dificuldade de concentrar a atenção nessas crianças. Foi o que encontramos ao evocar as "quedas de atenção" que precedem o ato violento em algumas crianças. Ora, o que é apresentado como um grande avanço da medicina psiquiátrica, a saber, o tratamento dessas crianças pelo medicamento acima citado, por

---

des instabilités chez l'enfant", *Les Formes Contemporaines du Malaise dans la Civilisation*. Toulouse, Presses Univesitaires du Mirail, pp. 73-101; Diatkine, G. (1997), "Syndrome hyperkinnétique de l'enfant et positions dépressives", in *Le Mal-être (angoisse et violence)*. Monographie da la SPP, pp. 115-119.

569 Cf. *Le Monde* de 29 de fevereiro de 2000 (p. 1), que relaciona o resultado de um estudo publicado pelo *Journal of American Medical Association* (Coyle T. Joseph), "Psychotropic Drug Use in Very Young Children), *JAMA*, 283, 8, p. 1059), a revelar que, de 1991 a 1995, as prescrições de Ritalina, de neurolépticos e de antidepressivos para as crianças americanas, sobretudo para os menores de 4 anos, triplicaram!

570 *"Dis-tração"* que se pode considerar como, e a etimologia a tal nos convida, a existência de uma fuga motriz, de uma dispersão, de um movimento lateral *(dis-)* da pulsão normalmente "rebocada" pela intencionalidade. Trata-se de uma defesa maníaca correspondente à mobilização de descargas sensório-motrizes pela falta de capacidade de mentalização, isto é, pela *falta de se negativar psiquicamente as cargas afetivas* para que elas sejam subjetiváveis e intercambiáveis pelo diálogo intersubjetivo.

mais eficaz que seja, mostra-se particularmente perigoso por desencadear uma dependência (adicção) ao tratamento, sob pena de reaparição dos sintomas. O que os psiquiatras insistem em ignorar é o seguinte:

- por um lado, que esse *zapping* psíquico, isto é, a incapacidade de fixar a atenção e de fazer escolhas seletivas (angústia de castração), representa uma forma atenuada de um sintoma encontrado no autismo:[571] o desmantelamento,[572] defesa passiva contra angústias de vida, de abandono e de "depressão branca" pelos quais a criança autista se mantém como que suspensa a uma miríade de sensações (sensoriais ou motrizes) que ele não chega a unificar, a intencionalizar subjetivamente e a transformar em representações;
- o recurso às sensações distais no autista, as adicções e, em um menor grau, os procedimentos autocalmantes, dá-se ao modo de não excitações em substituição aos autoerotismos objetais constitutivos da subjetividade;
- a autoinfluência e a auto-hipnose assim constituídas pelo *zapping* como para as adicções que visam recriar, por falta de um narcisismo de boa qualidade, a *unidade psíquica* em uma *ilusão de contenção: o continente pelas sensações* é obtido graças à pulsão de dominação, pelo acionamento da força muscular quando da *agressão violenta*;
- os médicos que prescrevem anfetaminas não observam com

---

571 Meltzer, D. (1985), *Le Monde de l'Autisme*. Paris, Seuil, 1982. As condutas adictivas ou as agitações psicomotrizes da criança seriam procedimentos autocalmantes a ilustrar a hipótese freudiana de um sadismo anobjetal (*Freud S., Ferenczi, S., Correspondance*. Calman-Lévy, T. 1, p. 6) correspondendo aos esforços da criança *para se tornar controladoras de seus próprios membros*, no que J. Gillibert chamara de uma *tendência ao remembramento* (em oposição ao desmantelamento), Gillibert, J., 1977.

572 O autista Temple Granding, em seu livro *Ma Vie d'Autiste* (1989, O. Jacob, 1994) demonstrou como ela fez uso dessa contenção para escapar a suas angústias de vazio e de fragmentação.

a devida atenção que a eficácia destas (que normalmente são medicamentos que aumentam a atividade dopaminérgica e, portanto, o tônus psíquico) repousa na existência de uma real depressão anaclítica devida a perdas de sustentação das figuras parentais (ausência psíquica ou física dos pais, divórcios, separações, desacordo ou falta de entendimento, abandono etc.) e quase sempre não no lugar simbólico do pai;

- na verdade, esses problemas de comportamento e de atenção dependem de uma verdadeira patologia "melancólica" na criança, conforme defendeu recentemente, em tese brilhante, Louis Ruiz.[573] O *coup de force* clínico e teórico de L. Ruiz foi o de introduzir e demonstrar, de maneira pertinente, o campo ou, mais do que isso, o "movimento melancólico" no âmbito da psiquiatria infantil, em particular a dita dos "problemas de comportamento" e da hiperatividade. O refinamento da demonstração pode ser identificado no ressituar das questões psíquicas e ambientais (no sentido da "mãe-ambiente") que sobrevêm à criança, reagrupando signos como os de autodestruição, de agitação, da violência, da pejorativação de si, das condutas masoquistas, do afeto de tristeza. Esses sintomas interrogam as diferenças funcionais e estruturais que podem existir entre a expressão depressiva e um estado melancólico na criança, cuja expressão, para não recair nas agonias primitivas, é a da agitação.

Assim, seu trabalho está relacionado à condição de "mostrar que a melancolia, ou muito mais o trabalho de melancolia, não pertence apenas ao registro da semiologia do adulto, mas também ao domínio da clínica da criança: esse 'trabalho de melancolia', que descreve um "movimento melancólico" próprio à construção subjetiva de cada um faz-se progressiva e continuamente especificado. A intuição clínica de L. Ruiz esteve, pois, em considerar que "a doença da melancolia é a culminação infeliz e fixada de um processo psíquico muito mais amplo [...], o movimento melancólico".

---

573 Ruiz, L. "Le travail de mélancolie chez l'enfant; l'enfant méchant, l'enfant mauvais", sous la direction du Pr. D. Brun, Université Paris, VII, 2008.

Este último, que "transcende todas as organizações psíquicas da personalidade, [...] visa a experiência arcaica da perda do amor do objeto primário".

A "revolta" da criança "má"/turbulenta pode surgir aqui como tentativa de resistência ao "sufocamento na fusão narcísica" (p. 153) na qual o abandono do objeto amado, sua hiperexcitação e transbordamento pulsional a aprisionam: "a melancolia seria uma espécie de doença da ambivalência incompleta".

Observar-se-á, enfim, que esse tipo de síndrome clínica ilustra de maneira analógica certos mecanismos de desenvolvimento da violência ou adictivos do adolescente. No âmbito desses, tendo-se acesso à passagem ao ato agressivo hiperquinético (ADHD), descobre-se uma *capacidade de simbolização e de representação contrariada*.

RISCO ADICTIVO DE MEDICAMENTOS DERIVADOS ANFETAMÍNICOS NA CRIANÇA

Recentemente, um comitê de segurança sanitária da *Food and Drug Administration* (FDA), nos Estados Unidos, determinou que a Ritalina® e outros produtos da mesma família, destinados ao tratamento de crianças ditas "hiperativas" passassem a trazer na embalagem uma "tarja preta" de alerta contra seus efeitos colaterais. Um segundo grupo de especialistas assumiu posição menos forte, propondo apenas recomendações de uso, em linguagem clara, na bula. A FDA acabou por seguir esse último parecer.

Quase 10% das crianças americanas de 10 anos são tratadas com esse medicamento para hiperatividade, conceito que caracteriza as crianças mais agitadas, que têm grandes dificuldades de concentração e mau desempenho escolar. Segundo o levantamento, cerca de 1 milhão de outros americanos utilizariam essa molécula para outros efeitos estimulantes. Do outro lado do Atlântico, muitos psiquiatras mostram-se preocupados com a medicalização crescente e injustificada dos jovens americanos. Na França, onde 9 mil crianças tomam a Ritalina®, as prescrições são rigorosamente supervisionadas, e seu uso sendo restrito ao meio hospitalar.

Em um artigo publicado no site do *New England Journal of Medicine*, Steven E. Nissen, professor de cardiologia em Cleveland e membro do comitê da FDA, tendo recomendado o "tarja preta", deu longa explicação sobre seu ponto de vista. Esses medicamentos, argumenta, derivam das anfetaminas, classe farmacológica conhecida por seus efeitos simpatomiméticos sobre o coração, o que significa dizer que eles aumentam a frequência cardíaca e a pressão arterial. Há outros efeitos colaterais: nos primeiros dias, uma baixa de apetite importante, sobretudo ao meio-dia, hora em que a atividade do medicamento encontra-se em seu ponto mais alto (isso varia de acordo com o horário de tomada do medicamento). Além disso, provoca insônia em pacientes crianças. Esse sintoma muitas vezes só será atenuado na adolescência. Os estirões de crescimento na criança serão sentidos muito mais tarde, e um retardo será alcançado na adolescência, porém *depois das outras crianças*.

"Em nossa posição, apresentada na FDA, vinte e cinco dos casos de crianças e adultos vítimas de morte súbita tendo tomado estimulantes dessa família têm sido analisados, escreve ele no *NEJM*. Alguns deles sofriam de uma doença congênita cardíaca não diagnosticada preexistente, que cria uma vulnerabilidade para os efeitos secundários dos medicamentos simpatomiméticos." Nem todos os casos estão claramente documentados. E o vínculo de causa e efeito não se estabelece necessariamente. "Ainda que venhamos a reconhecer importantes benefícios potenciais a essas substâncias, recomendamos que seu uso seja seletivo e moderado". Outro comitê da FDA, dessa vez composto de pediatras, debruçou-se sobre os efeitos mentais das alucinações, que são reversíveis quando para-se com o tratamento. Recomendaram, porém, simples notas de advertências na bula, explicando de maneira clara os efeitos secundários. Os americanos estão em uma situação bastante diferente da nossa, ressalta Anne Castot (*Agence Française de Sécurité Sanitaire des Produits de Santé*).

Até o presente momento, as rotinas de farmacovigilância na França não deram sinais que possam suscitar preocupação. Um projeto de estudos está em curso visando acompanhar as crianças tratadas, para avaliar seu desenvolvimento.

Os psiquiatras de crianças e adolescentes, "terapeutas", de equipes de apoio institucionais e psicoterápicas, poderão eles continuar a afiançar um sistema de saúde que advoga, para esse tipo de problema, a tomada de medicamentos, com todo o risco de adicção que lhe é implicado? A "eficácia química", tanto no discurso do psiquiatra quanto no da medicina, estaria, a esse respeito, suplantada pela "eficácia simbólica" (C. Lévi-Strauss)[574] dos tratamentos institucionais e psicoterápicos psicanalíticos? A questão está posta.

---

[574] Os trabalhos fundadores de Marcel Mauss e Claude Lévi-Strauss introduziram essa noção de eficácia simbólica a partir da observação das sociedades mágico-religiosas. Em 1949, em dois artigos tornados célebres, "Le sorcier et sa magie" e "L'efficacité symbolique", Claude Lévi-Strauss elaborava uma noção que se tornaria um marco, proporcionando à etnomedicina, à antropologia médica e à etnopsiquiatria a fórmula canônica de "eficácia simbólica". A definição estrutural que ele confere à eficácia de certas práticas terapêuticas ainda hoje representa uma inovação de porte, mesmo suscitando questões teóricas tão essenciais quanto a do biologismo *naïf*, mas também o caráter necessário de uma relação estreita entre o pensamento coletivo e a psicologia individual. Cf. Lévi-Strauss C. (1949), "Le sorcier et sa magie", *Anthropologie Structurale*. Paris, Plon, 1974, pp. 183-203; "L'efficacité symbolique", *Anthropologie Structural, op. cit.*, pp. 205-206; cf. também Rechtman, R. "De l'efficacité thérapeutique et 'symbolique' de la structure", *L'Évolution Psychiatrique*, 65, 2000, pp. 511-530.

CONCLUSÃO

Um dos interesses deste estudo foi mostrar como, nas problemáticas intrínsecas ao tratamento psicoterápico dos adictos, as abordagens psicanalítica e psicossomática, tanto em sua teorização quanto no quadro terapêutico por elas sugerido, são importantes, até mesmo incontornáveis. A fragilidade (na maior parte do tempo, mas nem sempre) do funcionamento psíquico de seus pacientes adictos posiciona a questão de escolha desse quadro psicoterápico.

Não é questão aqui de pôr em causa os avanços das coberturas institucionais. A existência de serviços e de consultas ditas "de adictologia" caminham na direção certa, que inclui evitar que esses pacientes sejam assolados por outros problemas psíquicos muito mais graves. Além disso, no que tange tanto aos adictos em geral como às particularidades de cada adicção, a especificidade, ou melhor, "as" especificidades de atendimento revelaram a necessidade de formação e de modos de abordagem direcionados e adaptados a essa patologia e à tipologia que ela comporta.

É evidente que os toxicômanos, a exemplo de muitas personalidades *borderlines* com comportamento adictivo, são difíceis de acolher no plano psicoterápico: o *"descomprometimento subjetal do ego"*,[575] no qual o paciente adota uma atitude de retirada ante um trabalho psíquico que demanda o *insight*, mostra frequentemente os limites. É precisamente aí que o que aprendemos no que diz respeito ao atendimento cara a cara com pacientes somatizantes, revela-se útil.

Seja como for, a difícil "psiquização" de toda uma série de atos, excitações, emoções, sentimentos e pensamentos que se desvelam por detrás das "reações terapêuticas negativas" e de recidivas e recaídas, – o mesmo se podendo dizer do muro narcísico

---

575 Green, A. *Idées Directrices pour une Psychanalyse Contemporaine.* Paris, PUF, 2003, p. 287.

e temível de resistência, por trás do qual se revelam entrincheirados esses tipos de pacientes – mostra como as clivagens, as "paixões", (o recurso a toda "percepção interna" [consciência do estado corporal], Freud), a fragilidade narcísica e de identidade, a importância da função desobjetalizante própria à pulsão de morte, a perpétua reivindicação afetiva e de reconhecimento infiltrado "de enamoração" (Lacan) sem que seja reconhecido o sentimento de amor passionado que reside por trás das recriminações, em suma, o que A. Green chamou de "trabalho do negativo" ou J. McDougall de "antianalisantes",[576] são figuras habituais encontradas no atendimento psicoterápico de pacientes adictos. É sem dúvida em razão dessas dificuldades de abordagem que, ao que me parece, os modelos neurobiológicos, com seus dados anatomobioquímicos, ou então os comportamental-cognitivos com seus dados essencialmente epidemiológicos, querem aspirar e suplantar as abordagens psicoterápica e psicanalítica que, é evidente, continuam tão difíceis quanto as diferentes teorizações delas advindas.

Uma das dificuldades das abordagens psicoterapêuticas desses sujeitos está no confronto com as "obrigações de cuidado" ou com o "posicionamento por terceiros", com um não consentimento do paciente em relação aos cuidados propostos. Na prática bem apercebe-se que, frequentes vezes, os pacientes inconscientemente reclamam do fato de serem postos limites à sua destrutividade, isso quando não se tem a sua destruição pura e simples. Após algum tempo de atendimento hospitalar vê-se com muita frequência as "transferências" em relação à equipe modificadas em um sentido positivo.

Todavia, esse nem sempre é o caso e, ademais, esses pacientes, de maneira dura e capciosa, põem à prova as equipes no que diz respeito à contratransferência e contra-atitude. O gosto pela transgressão, pela "recaída", pela recidiva evidentemente é a

---

[576] McDougall, J. "Le psyche-soma et le psychanalyste", *Nouvelle Revue de Psychanalyste,* 10, 1974, pp. 131-142.

regra, e o paciente é coagido pela compulsão de repetição. A "falta" de conduta ou do objeto "droga" é muitas vezes grande demais diante do vazio interior no período de desmame, e para bem depois dele. Há todo um trabalho de "supervisão", de compreensão das equipes, tornado necessário para que se evitem atitudes por vezes "reativas" dos cuidadores. Se nosso trabalho pôde contribuir com alguns elementos para a compreensão dos fenômenos clínicos desses pacientes, é com esses fenômenos que são confrontados os cuidadores, permitindo que "ultrapassem" atitudes porque excessivamente "banhadas" ou dependentes de seus "protocolos" de cuidado – é bem por isso que atingimos nosso objetivo.

Evidentemente, pode-se perceber aqui a elevada tecnicidade e o programa de treinamento de alto nível que são demandados por todo e qualquer plano de ação no âmbito psicoterápico – e isso é algo que os poderes públicos, sobretudo hospitalares, estão longe de reconhecer: o alto nível e a excelência da referida tecnicidade e do programa muitas vezes não são considerados como dependentes da "formação" que autoriza-se e "recomenda" pelos "empreendedores hospitalares" e por suas decisões de recursos humanos; as formações TCC (comportamentalistas) advêm exclusivamente de um desejo de "reduzir" rapidamente o sintoma pela via desses procedimentos, que de modo algum dizem respeito ao funcionamento psíquico profundo.

Toda formação que se proponha a reconstituir o desafio de compreensão das modalidades psíquicas em jogo nesses tipos de conduta ou que se arvora a contemplar de maneira crítica e inovadora os diversos modos de ação institucional é, de antemão descartada, ou simplesmente não "programada". Devo dizer que conto vinte e quatro anos passados em hospitais, como psiquiatra; imersos nessa realidade hospitalar, eu e muitos colegas a todo momento constatamos a dificuldade para inovar, para fazer as coisas com tempo e no seu devido tempo, para produzir um diálogo e conquistar confiança, para amparar nos casos de recaídas de pacientes, de doenças e contra-atitudes negativas e coercitivas das equipes – tudo isso é preciso levar em conta ao se mensurar a dificuldade dos desafios de cuidar daqueles que são confiados às equipes que têm de prestar contas a uma administração hospitalar cada vez mais afeita a "resultados" e avaliações dessas mesmas equipes.

No que diz respeito ao trabalho psicoterápico, seja ele institucional, individual, artístico ou reeducativo, a resposta conduz inelutavelmente à necessária existência de terapeutas, que devem ser competentes, por certo, mas também devem estar em número suficiente. Ora, hoje em dia, e por razões orçamentárias, a orientação cada vez mais mostra-se inclinada a tratamentos químicos, amparados por "terapias breves" comportamentais precisamente onde o diálogo, a compreensão psicopatológica, a diversidade dos cuidados, o "processo de recuperação", a "cessação" por tratamento químico de substituição se impõe de maneira evidente.

Com relação a esses tratamentos, deve-se observar que aquele proposto para os pacientes somatizantes no instituto psicossomático de Paris parece nos proporcionar uma boa base de reflexão e de prática. Como bem lembra C. Smadja em *La Vie Opératoire* (2003),[577] em se tratando de pacientes que apresentam somatizações críticas benignas cujo funcionamento psíquico mostra-se próximo de um funcionamento neurótico, a escolha do divã pode ser indicada, enquanto, ao contrário, quando se trata de pacientes que apresentam uma afecção somática evolutiva, com um funcionamento psíquico dominado por um pensamento operatório, com uma deficiência de vida fantasmática e reais insuficiências e feridas narcísicas, a escolha da poltrona e do cara a cara é indicada, com a frequência das sessões podendo ser de uma a três vezes por semana.

O mesmo vale para os pacientes adictos. A vantagem do cara a cara, nesses casos, é a presença perceptiva e viva do psicanalista, que representa, então, um verdadeiro escoramento narcísico e perceptivo, de algum modo restabelecendo os "envoltórios psíquicos", os limites do psiquismo em seu escoramento no corpo. Nesse contexto,

---

577 Smadja, C. *La Vie Opératoire*. Paris, PUF, "Le fil rouge", 2003.

a atividade interpretativa do psicanalista, do psiquiatra ou do psicólogo deve ser prudente e adaptar-se aos diferentes níveis do funcionamento psíquico de seu paciente.

Com esse tipo de sujeito, existe, como no caso dos limítrofes e *borderlines*, uma necessária retenção de todo trabalho interpretativo sobre os "conteúdos" psíquicos, o que demanda, da parte do psicoterapeuta, uma real formação psicanalítica e psicossomática. O que certamente faz falta, não devemos nos esquecer, é que nesses tipos de pacientes – como nos *borderlines*, digamos ainda uma vez – são os "envoltórios psíquicos", os "continentes" psíquicos. Como vimos, as falhas de não excitação, as feridas narcísicas precoces em um momento em que se constituem os envoltórios psíquicos do ego fazem desses sujeitos verdadeiros "esfolados vivos psíquicos" que evitam descompensações psíquicas mais graves (melancoliformes, violentas etc.) só para poder recorrer a condutas e/ou objetos de escoramento que operem de maneira substitutiva em relação a seu narcisismo "furado".

Assim, faz-se necessário entender que, em razão de envoltórios psíquicos excessivamente frágeis e da estrutura por demais porosa, a menor interpretação sobre os "conteúdos" psíquicos, isto é, sobre os conflitos internos, sobre as lembranças e fantasmas conflituais não poderá mais que ocasionar uma tensão sobre esses "conteúdos" psíquicos, tensão rápida intolerável (conflito superego-ego, ego e ideal-ego; pulsão/interdito, pulsão/necessidade [do tóxico] etc.). Na sequência de interpretações ou intervenções centradas excessivamente no material edipiano ou no inconsciente neurótico (cenas de sedução, cena primitiva, castração etc.), o ego encontra-se assim submetido a conflitos "psiquicamente indigeríveis", irrepresentáveis, não simbolizáveis, e seu resultado é tão-somente o de aumentar a tensão interna do aparelho psíquico e agravar as clivagens inter e transtópicas e "fractais". Nesse caso, o risco estará em ver os envoltórios psíquicos implodirem, o que não deixará de provocar a passagem ao ato comportamental, como no *acting-in* somático, ou mesmo o recurso a uma atividade alucinatória ou delirante, por pouco que o recurso à necessidade da substância de adicção ou da conduta de adicção possa deflagrar-se.

 Enfim, na outra extremidade, nós pensamos que essas ações psicoterápicas muito ganhariam se não fossem unicamente centradas na "mudança (superficial) de comportamento" por programas de "reeducação" ou no "aliviamento" exclusivo à base de medicamentos psicotrópicos (outras "drogas"), – que só fazem tratar o sintoma, e não a causa ou as causas desse sintoma, com todos os riscos de recaída que isso comporta – mas fossem realizadas por profissionais "psi" (psiquiatras, psicólogos, enfermeiros) formados em psicanálise, e com ênfase na psicopatologia e na psicossomática, com o intuito de apreender todos os desafios psíquicos, mesmo corporais, que prevalecem nessas condutas como em sua recaída e nas dificuldades de desmame.

ANEXOS

ANEXO I

Conforme o relato do professor É. Zarifian sobre o superconsumo de soníferos e tranquilizantes na França, publicado no *Le Monde* de 30 de março de 1996, os franceses consomem um pouco menos de três vezes mais medicamentos psicotrópicos que os alemães e os britânicos. No relato mais recente, sobre a saúde mental na população em geral e na França, em particular (1998-2000), o professor Yves Lecubrier (INSERM U 302 – instituto de fomento à pesquisa) observa que perto de 30% das pessoas entrevistadas declararam já ter tomado medicamentos para os nervos (essencialmente os ansiolíticos), números que não superam os 5% a 10% em sites do Oceano Índico. Um artigo de Paul Benkimoun e Yves Mamou do *Le Monde* de 28 de fevereiro de 2008 revela que "um estado comparativo realizado em dezembro de 2007 pela Caisse Nationale d'Assurance Maladie (Fundo Nacional de Seguro contra Doença) demonstra que, em 2006, um francês consumia 29 comprimidos de antidepressivos por ano em média, contra 28 no Reino Unido, 21 na Espanha, 17 na Alemanha e 14 na Itália. Os franceses são também grandes consumidores de tranquilizantes. Em 2006, eles tomaram em média 40 comprimidos contra 36 na Espanha, 22 na Itália, 6 no Reino Unido e 5 na Alemanha. E é na França que os antidepressivos custam menos: 0,31 euros por comprimido contra 0,50 na Espanha e 0,39 na Itália. Um tranquilizante custa 5 centavos na França e na Espanha, contra 18 na Itália e 11 no Reino Unido. O estudo de Irving Kirsch, da Universidade de Hull (Grã-Bretanha) e colegas está longe de afirmar que os antidepressivos sejam isentos de efeito observável. Mesmo sob o placebo, é preciso que haja um benefício. O estudo constata que, salvo nos casos de depressão excessivamente severa, os antidepressivos proporcionam apenas um fraco benefício suplementar. E ainda, segundo os autores, "os benefícios mais importantes para os pacientes mais seriamente deprimidos pareceram passíveis de ser imputados a uma diminuição da resposta ao placebo, e não a um aumento da resposta ao medicamento". No plano do método, o estudo não abre flanco para a crítica. Ele evita o viés possível ao voltar seu interesse exclusivamente às moléculas da última geração para as quais as autoridades sanitárias americanas da *Food and Drug Administration* (FDA) dispunham de dados completos com referência ao conjunto de testes feitos pelos fabricantes para obter a posição e a evolução de seus produtos no mercado. Os quatro antidepressivos em questão foram: a fluoxetina (Prozac, laboratórios Eli Lilly); a venlafaxina (Effexor, Wieth); a nefazodônia (Serzone, Bristol-Myers Squibb) e a paroxetina (Deroxat, GlaxoSmithKline). O estudo britânico não traz nenhuma revelação brutal. Algumas análises anteriores, por sua vez, demonstram que os benefícios mais importantes desses medicamentos sobrevêm perante as depressões mais severas. Da mesma forma, o fato de que certos ensaios clínicos não demonstraram diferença em relação a um placebo era conhecido havia já muitos anos. O livro de Guy Hugnet, *Antidépresseurs, la Grande Intoxication,* que surgiu em 2004 lançado pelas edições *Le Cherche-midi,* assinala dois que figuram no dossiê submetido à FDA para o Prozac, carro-chefe desses novos antidepressivos. O principal mérito do trabalho de Irving Kirsch está em reunir de maneira sistemática – no que ele chama de meta-análise – os dados disponíveis, e não em escolher aqueles que tiverem esse ou aquele sentido. "Esse estudo é bem realizado e demonstra que quando as depressões não são severas, o efeito químico é quase inexistente", indica a professora Hélène Verdoux, psiquiatra e epidemiologista na universidade Bordeaux-II. Sua afirmação se mostra afinada com as recomendações francesas para as depressões moderadas, que propõem "em primeiro lugar uma psicoterapia, reservando os antidepressivos para os casos em que essa saída não funcionar".

ANEXO II

O tempo que passam assistindo à televisão contribui de maneira bastante específica, e direta, para o sedentarismo das crianças (Coon *et al.*, 2001). Os países em que os canais direcionados às crianças trazem mais comerciais de alimentos encontram-se também entre os que têm as maiores taxas de crianças obesas. Nos Estados Unidos, a publicidade de produtos alimentícios dirigidos às crianças, via televisão, passou de 22 mil comerciais, na década de 70, para 30 mil na de 80 e 40 mil nos anos 90, 80% eram de alimentos de baixo teor nutricional – a chamada *"junk food"*. Na França, a proporção de spots de alimentos para crianças é de 62% em média nas quartas-feiras (77% no canal mais apreciado e que veicula esse tipo de publicidade); 10% do material assistido pelas crianças de 4 a 10 anos é de caráter publicitário, contra 7% para os adultos, em cujo montante "apenas" 42% da publicidade é do ramo alimentício. Metade de toda a publicidade direcionada às crianças diz respeito a produtos açucarados e achocolatados, bombons e bebidas (não alcoólicas), sobretudo as açucaradas. O levantamento da universidade de Strathclyde para a *Food Standards Agency* (Grã-Bretanha) indica que a publicidade televisual provoca um aumento no consumo não só do produto da marca anunciada, mas do conjunto dos produtos da categoria (Hastings *et al.*, 2003). Antes da idade de 10 anos, a maioria das crianças não tem um olhar crítico sobre a publicidade, e menos ainda quando esta assume a forma de desenhos animados e atribui a ela, criança, papel valorizador – a criança parece autônoma e mestre de suas escolhas. Uma relação estabelecida pela *International Obesity Task Force*, da *International Association for the Study of Obesity*, que reagrupa todas as sociedades doutas nessa especialidade, confirma a escala planetária desse fenômeno. Publicado em maio de 2004, atualmente encontra-se submetido à Organização Mundial da Saúde.

Fontes

Coon, K. A., Goldberg, J., Rogers, B. L., Tucker, K. L. (2001), "Relationships Between use of Television During Meals and Children's Food Consumption Pattern". *Pediatrics*, p. 167.

Francis, L. A., Lee, Y., Birch, L. L. (2003), *Parental Weight Status and Girl's Television Viewing, Snacking and Body Mass Indexes. Ob. Res.*, 11, pp. 143-215.

Hastings, G., Stead, M., *and alii.*, (2003), *"Review of Research on the Effects of Food Promotion to Children"*. University of Strathclyde for the Food Standards Agency.

ANEXO III

O álcool, o cigarro, a droga podem ser considerados *Pharmaka*. O termo *Pharmakon* significa maquiagem, cor, mas é também o que se aplica às fórmulas e às drogas de feiticeiros e médicos. Está relacionado ao feitiço e ao efeito que tem uma representação pictórica ou escultural de capturar, cativar a forma do outro. Seu antídoto era, para Platão, a episteme, o saber, e da mesma forma, diante da *hubris*, do excesso, o antídoto seria "manter a medida": o *alexi-pharmakon* será de fato a "ciência da medida". Assim, ao mimetizar o outro o *Pharmakon* assume, para Platão, já, o lugar do *phantasmata*, da imagem mental, do fantasma-fantôme, cópia da cópia (*simulacra* em latim). A palavra do outro vindo a faltar, o *Pharmakon* preencherá a ausência... do dito *(dictus)* da palavra para quem se dirigir a mim *(ad-dicere)*. Lembremos que, segundo Jacques Derrida (1972), "La Pharmacie de Platon", *La Dissémination*. Paris, ed. de Minuit, (pp. 79-213) e *Le Poulichet (*1987, *Les Narcoses de Désir: Psychanalyse et Toxicomanie,* PUF) que, no *Timeu*, Platão evoca a posição de Sócrates – o falante – para quem a invenção e a função da escrita são processos idênticos ao do *Pharmakon,* isto é, processos remediadores do esquecimento (do recalcamento) e suprem igualmente o esvanecimento do presente: o Outro ou a coisa, ausentes, tornam-se com isso presentes. A palavra de Sócrates (a do psicanalista, do poeta do xamã) como a do *Pharmakon* – escrita ou remédio – parece então agir "de fora" no lugar de um "de dentro". A palavra viva, mas também a escrita e o *Pharmakon*, substituem o mal, pois a escrita não consolida o *mnémé*, somente o *hipomnésis:* "Ela revela-se nociva à memória e à palavra viva, pois a uma e outra faz adormecer e as infecta em sua vida, por mais que se manteria intacta sem ela" (Derrida J., 214). Ou seja, a escrita, como o *Pharmakon* a permitir o surgimento do afeto, mas fora de toda relação, dialoga com o objeto. As impressões *(tupoï)* da escrita não inscrevem-se da cera da alma, mas ajudam a abandonar os pensamentos de fora do espírito. Derrida então enuncia a questão: "Esses *tupoï* não seriam os representantes, os suplementos físicos do psíquico ausente? (Derrida, *op. cit.*, p. 130). Esses suplementos físicos ou químicos que constituem as impressões da escrita não estariam a inseri-la em uma relação de analogia com a droga, mas também com a imagem, *Kolossos,* ou com o sintoma do *soma-sêma*? A escrita ou o remédio (droga) – a escrita como remédio – não a estariam afirmando como suplementos, como próteses, metamorfoses de uma libido que perdeu seu objeto e foi apartada de toda expressão viva do discurso (A. Green)? Pode ser então, no *logos* da escrita que o sujeito venha a encontrar o outro, já que o *logos* é "relação" de ausência. Na falta desta ou da palavra aberta para o mito, a palavra "contraída" (retroação) e reprimida ainda assim imprimirá seus *feed-backs* de emoções e de fantasmas na *phusis* do corpo? Do ponto de vista químico podemos apenas evidenciar o modo como, em numerosos adictos e somatizantes, essa palavra, que transportava o sensível, a moção, a história era muitas vezes "banal" e pobre em sua sintaxe, e mesmo em seu pensamento operatório). Esses pacientes muito frequentemente parecem órfãos dessa palavra narrativa que serve para recontar os contos, os fantasmas, os mitos e também para se recontar o outro em si de tal forma afastado dos "complexos", situando-se estes entre o mito e a história. É um *mythos* contido no *logos* o que falta a esses pacientes, e isso a psicanálise reintroduz pela regra "de associações livres" que permite subverter o Cogito do sujeito no que J. Kristeva (1996) chama de "a cultura revolta" (Kristeva J., "De l'Association-Libre à la Culture Revolte" in *Psychanalyse, Neuroscience et Cognitivisme. Monographie de la* SPP, PUF, pp. 99-111).

ANEXO IV

O DSM III (DSM, da sigla em inglês para Manual Diagnóstico e Estatístico de Transtornos Mentais) data de 1980 (1984 na França), o DSM III-R de 1987 (1989 na França), o DSM IV de 1995 (1996 na França). Trata-se de um trabalho de equipes americanas sobre a classificação dos problemas mentais. Os conceitos de "neuroses", "histeria", "perversão" não são encontrados nele, o que configura uma vontade declarada de subtrair ao edifício da psiquiatria toda a subestrutura metapsicológica. A reivindicação de um "ateorismo" responde a esse desejo hegemônico "made in USA" de posicionar a psiquiatria no "campo das ciências", enquanto estas estabelecem-se precisamente no ultrapassamento das realidades sensíveis e no desenvolvimento de hipóteses teóricas, e mesmo de intuições teóricas, como bem lembra em uma série de passagens Henri Poincaré, sobretudo em seu *A ciência e a hipótese*. Ressaltemos, para terminar, a ausência de valor clínico do DSM IV, sua duvidosa validade "estatística" (p. 20) e, enfim, a ausência de neutralidade em razão dos interesses relacionados a laboratórios farmacêuticos dos principais autores desse "manual", como demonstrou B. Carey em minucioso levantamento jornalístico americano.

Fontes

Carey, B., "Study Find a Link of Drug Makers to Psychiatrists", *New York Times.* April, 20, 2006.

Poincaré, H. (1902), *La Science et l'Hypothèse*. Paris, Flammarion, col. Champ, 1968.

ANEXO V

Para Hobson (1996, "Le Rêveur Neuronal", *Science et Avenir* Hors-Série *Le Rêve* Dec. 96), a criação onírica ao longo do sono paradoxal sobrevém graças à supressão das inibições sobre uma série de circuitos cerebrais, em razão da cessação de atividade, induzida pelo sono, em um subconjunto dado de neurônios. Para eles, o "computador" é constituído pelos neurônios aminérgicos e colinérgicos do ponto do tronco cerebral. Se ainda não sabemos de maneira categórica qual dessas duas populações é a iniciadora do sono paradoxal, há razões para atribuir esse papel aos neurônios aminérgicos. Uma vez o sistema colinérgico *desinibido*, sua energia será capaz de fornecer a força necessária à ativação neuronal em todo o cérebro. Os neurônios aminérgicos – uma vez interrompido o sono paradoxal – são tidos como responsáveis por uma influência tão moduladora quando inibidora sobre o cérebro durante a vigília. Quando essa atividade neuronal moduladora cessa durante o sono paradoxal, outras células cerebrais ativam-se espontaneamente. Não apenas elas são mais ativas, mas o "modo" de sua atividade encontra-se modificado: elas operam sem ser impedidas pelos estímulos externos ou pela inibição interna. Hobson e McCaley veem nesse mecanismo a explicação segundo a qual "o espírito é ativado durante o sono, mas da mesma forma o são as propriedades operatórias inabituais que tornam os sonhos tão estranhos", sem que em nenhum momento elas possam referir essa atividade do espírito à do inconsciente psíquico ou, ainda, ver nas "propriedades operatórias inabituais que tornam os sonhos tão estranhos" o que Freud (carta de outubro de 1895) descreveu de início como processo primário neuronal (tendência à descarga – energia livre – enquanto o processo secundário oferece diversas vias de descarga em ação na atenção, na percepção, na inteligência), "e" portanto de pensamento (deslocamento, condensação, dramatização, identidade de percepção, ausência de contradição etc.) (1900). Esses estudos sobre a química do sono (e sobre a atividade onírica) tornaram-se próximos dos que dizem respeito ao delírio e a alucinação para tentar explicar o duplo funcionamento cerebral, e correlativamente psíquico, e isso sem jamais fazer referência ao que os psicanalistas conhecem desde Freud, a saber, precisamente as relações entre sonho, alucinação e atividade psíquica alucinatória.

Fontes

Guillaumin, J. (1988), *Le Revê et le Moi*. PUF.

Hobson, J. P. (1988), *Le Cerveau Rêvant*. Paris, Gallimard, 1992.

Lavallée, G. (1999), *L'Enveloppe Visuelle du Moi, Perception et Hallucinatoire*. Paris, Dunod.

ANEXO VI

"Brian Knutson, neurocientista da universidade americana de Stanford, demonstra [...] que é possível predizer o ato de aquisição de uma pessoa observando a ativação IRMF dos circuitos neuronais. Essa experiência marca um ponto de viragem. Passa-se do estágio de observação para o da predição. O neuromarketing inaugura uma nova fase", diz Oliver Oullier, pesquisador do CNRS em Marselha e também na *Florida Atlantic University*, nos Estados Unidos. "Outros trabalhos, realizados na Europa e apresentados em fevereiro último também demonstram que os pesquisadores estão avançando na exploração do cérebro e na detecção das intenções secretas de cada um. [...] Na maioria dos casos essas colaborações entre os serviços secretos de marketing e os laboratórios mantêm-se discretas, pelo receio de suscitar reações negativas da opinião pública. Mas, desejosas de se aproveitar desse interesse manifestado por seus clientes, as sociedades exibem seus especialistas em neuromarketing ou em ciências cognitivas. Foi assim que a *Omnicom,* líder mundial em publicidade, lançou na França a agência de consultoria midiática *PHD.* A rede *PHD,* nascida na Grã-Bretanha, elaborou sua proposta e apresentação de consultoria em torno de uma ferramenta de neuroplanejamento. Essa ferramenta logicial apoia-se em estudos IRMF realizados pela sociedade britânica *Neurosense.* A reação de dezesseis consumidores à difusão de peças publicitárias foi analisada em função do tipo de mídia utilizado. A *PHD* deduziu as zonas do cérebro a serem estimuladas, de acordo com os objetivos da marca. A sociedade *Impact Mémoire,* por sua vez, oferece seus serviços à *Lagardère Active Publicité* [...], o objetivo [...], com o laboratório dos mecanismos cognitivos da *Université de Lyon II,* (sendo o de) otimizar a memorização de uma campanha em função da repetição de mensagens e do acoplamento de diversas mídias para a sua difusão. A *Impact Mémoire* trabalha também para um grande número de marcas com foco no impacto da mensagem publicitária na memória do consumidor." Somos levados a pensar que essas pesquisas neurocognitivas realizadas por laboratórios de universidades públicas encontrarão, em sua "colaboração" com empresas de publicidade, o dinheiro que tanto falta à pesquisa universitária pública, que com isso se faz, em parte, relegada ao que seria o "melhor dos mundos" possível – o da "lavagem cerebral" publicitária!

Fontes

Girard, L., "Les Publicitaires s'Intéressent à Notre Cerveau", *Le Monde* de 28 de março de 2007, p. 18.

REFERÊNCIAS BIBLIOGRÁFICAS

ABRAHAM, N., TOROK, M. (1978), *L'Écorce et le Noyau*. Flammarion.

ADES, J., LEJOYEUX, M. (2001), *Encore Plus!* Paris, Odile Jacob.

AISENSTEIN, M. (1987), "Solution somatique issue somatique?, Notes cliniques: l'homme de birmanie", *Cahiers du Centre de Psychanalyse et de Psychothérapie du XIII*, n. 14. Paris, pp. 73-98.

ANGEL, P., RICHARD, D., VALLEUR, M. (2000), *Toxicomanies*. Paris, Masson.

BARTELS, A., ZEKI, S. (2004), "The neural correlates of maternel and romantic love", *Neuroimage*, 21, pp. 1155-1166.

ANGEL, S. e P. (1989), *Famille et Toxicomanies*. Paris, ed. Universitaires.

ANZIEU, D. (1985), *Le Moi-peau*. Paris, Dunod.

BAYLE, G. (1992), "La Carence Narcisique", *Revue Française de Psychanalyse* (3), pp. 704-705.

BAYLE, G. (1996), Rapport du 56º Congrès des Psychanalystes de Langues Romanes: "Les Clivages", *Revue Française de Psychanalyse*, 60, spécial congrès, pp. 1303-1547.

BERGERET, J. (dir.) (1981), *Le Psychanalyste à l'Écoute du Toxicomane*. Paris, Dunod.

BERGERET, J. (1984), *La Violence Fondamentale*. Paris, Dunod.

BESSON, M. J. (1992), "Nicotine et systèmes de récompense du cerveau", *La Semaine des Hôpitaux de Paris*. 68, pp. 1270-1276.

BICK, R. (1976), *De la Cocaïne*. Bruxelles, ed. Complexe.

BOURGUIGNON, A. (1972), "Fonction du rêve", *Nouvelle Revue de Psychanalyse* 5, pp. 181-195.

BOURGUIGNON, A. (1986), "Articulation de la complexité du SNC et de la complexité de l'organisation psychique", *Information Psychiatrique*, 62 (6), pp. 748-758.

BRAUNSCHWEIG, D., Fain, M. (1975), *La Nuit, le Jour. Essai Psychanalytique sur le Fonctionnement Mental.* Paris, PUF.

BRUCH, H. (1988), *Les Yeux et le Ventre, l'Obèse, Lanorexique.* Paris, Payot.

BRUSSET, B., JEAMMET, P. (1971), "Les périodes boulimiques dans l'évalutation de l'anorexie mentale de l'adolescente", *Revue Neuropsychiatrie de l'Enfant*, 19. pp. 661-690.

BRUSSET, B. (1985), "Anorexie et boulimie dans leurs rapports à la toxicomanie", *Anorexie Mentale Aujourd'hui. La Pensée Sauvage.* pp. 285-314.

BRUSSET, B. (1990), "Les vicissitudes d'une déambulation addictive (essai métapsychologique)", *Revue Française de Psychanalyse*, 54. pp. 671-687.

CHABERT, C., CIAVALDINI, A., JEAMMET, P., SCHENCKERY, S. (dir.) (2006), *Actes et Dépendances.* Paris, Dunod.

CHASSING, J. L. (coord.) (1998), Écrits *Psychanalytiques Classiques sur les Toxicomanies.* Paris, L'Harmattan.

CHASSAING, J. L. (coord.) (1998), Écrits *Psychanalytiques Classiques sur les Toxicomanies.* Paris, Éditions de l'Association Freudienne International.

COMBE, C. (2002), *Comprendre et Soigner l'Anorexie.* Paris, Dunod.

COMBE, C. (2004), *Comprendre et Soigner la Boulimie.* Paris, Dunod.

CORCOS, M. (2000), *Le Corps Absent, Approche Psychosomatique des TCA.* Paris, Dunod.

CORCOS, M. (2000), "Les conduits de dépendance", *Encyclopédie Médico-Chirurgicale,* Psychiatrie. 37, 216-g-30.

CORCOS, M. (2005), *Le Corps Insoumis.* Paris, Dunod.

COURNUT, J. (1991), *L'Ordinaire de la Passion.* PUF (reed. 2001).

DAMASIO, A. R. (1994), *L'Erreur de Descartes, La Raison des* Émotions. Paris, Odile Jacob, 1995.

DAVID, C. (1972), "La perversion affective", *La Sexualité Perverse.* Paris, Payot.

DEJOURS, C. (1986), *Le Corps entre Biologie et Psychanalyse.* Paris, Payot.

DEJOURS, C. (1987), "Économie de la perception et processus de somatisation", *Psychanalyse à l'Université.* 12 (47), pp. 417-435.

DEJOURS, C. (1988), "Les psychoses par somatisation", *Psychiatrie Française.* Maio, pp. 569-579.

DEJOURS, C. (2001), *Les Corps d'Abord. Corps Biologique, Corps Érotique et sens Moral.* P. B. Payot.

DEMANGE, J. P. (1989), "L'apport de Winnicott à une clinique de la toxicomanie", *Cahiers de l'Anrep,* 5, pp. 19-24.

DENIS, P. (1992), "Emprise et théorie des pulsions", Revue Française de Psychanalyse, 61 (6), pp. 1297-1421.

DESCOMBEY, J. P. (1992), "Alcoolisme: dépression ou addiction", *Information Psychiatrique,* 68 (4), pp. 338-345.

DIATKINE, G. (1997), "Syndrome hyperkinétique de l'enfant et position dépressive", *Le Mal-être (angoisse et violence),* Monographie de la SPP, pp. 115-119.

DUPARC, F. (1997), "Hallucination negative, forms motrices et comportements autocalmants", Cliniques Psychosomatiques, Monographie de la Revue Française de Psychanalyse, pp. 91-115.

DUPARC, F. (2005), "Traitement de noyaux fétichiques, autistiques, ou autocalmants?" Conférence d'Introduction à la Psychanalyse de l'Enfat et de l'Adolescent du 17 mars 2005, Cure Psychanalytique de l'Addiction.

DUPARC, F. & VASSEUR, C. (2006), *Les Conduits à Risque*. Paris, in Press.

EVANS, K., SULLIVAN, J. M. (1995), *Treating Addicted Survivors of Trauma*. New York, Guilford Press.

FAIN, M. (1981), "L'approche métapsychologique du toxicomane", *Le Psychanalyste à l'Écoute du Toxicomane*. Paris, Dunod, pp. 27-36.

FERBOS, C., MAGOUDI, A. (1993), *Approche Psychanalytique des Toxicomanies*. Paris, PUF, pp. 121-154.

FERENCZI, S. (1911), "L'alcool et les névrose", *Oeuvres Completes* I (1908-1912). Paris, Payot, pp. 189-193.

FINE, A. (1996), "Psychopathologie des addictions", *Psychanalyse*, Sous la Dir d'A. de Mijolla. Paris, PUF.

FREUD, S. (1894), "Les névropsychooses de defense", *Névroses, Psychoses et Perversions*. Paris, PUF, 1973, pp. 1-14.

FREUD, S. (2006), *Lettres à Willhelm Fliess* 1897-1904. Paris, PUF.

FREUD, S., BREUER, J. (1895), Études sur *l'Hystérie*. Paris, PUF, 1967.

FREUD, S. (1898), "La sexualité dans l'étiologie des névroses", *Résultats, Idées, Problèmes*, I. Paris, PUF, 1984, pp. 75-79.

FREUD S. (1900), *L'Interprétation des Rêves, Oeuvres Complètes*, IV. Paris, PUF, 2004.

FREUD, S. (1910), "Remarques psychanalytiques sur l'autobiographie d'un cas de paranoïa" *(dementia paranoides)* (le Président Schreber), *Cinq Psychanalyses*. PUF, 1954, pp. 263-324.

FREUD, S. (1915), Métapsychologie, 1968, Paris, Gallimard.

FREUD, S. (1923), *Essais de Psychanalyse*. Paris, P. B. Payot, 1981.

FREUD, S. (1924), "Le problèmes économique du masochisme" ("das ökonomische problem des masochismus"), G. W. XIII, SE, XIX, *Névrose, Psychose et Perversion*. Paris, PUF, 1973, pp. 287-297.

FREUD, S. (1926), "Inhibition, symptôme et angoisse", *Oeuvres Complètes*, XVII. Paris, PUF, 1992.

FREUD, S. (1933), *Nouvelles Conférences de Psychanalyse*. Paris, Gallimard, 1984.

GEBEROVICH, F. (2003), *No Satisfaction: Psychanalyse du Toxicomane*. Paris, Albin Michel.

GILLIBERT, J. (1977), "De l'auto-érotisme", *Revue Française de Psychanalyse*, PUF, 61, pp. 763-749.

GLOVER, E. (1932), "Sur l'étiologie de l'addiction à la drogue", in J. L. Chassaing (coord.), Écrits *Psychanalytiques Classiques sur le Toxicomanies*. Paris, Éditions de l'Association Freudienne Internationale, 1998.

GOODMAN, A. (1990), "Addiction: definition and implications", *Br. J. Addict.* 85 (ii), 1, pp. 403-408-423.

GREEN, A. (1974), *Le Discours Vivant*. Paris, PUF.

GREEN, A. (1983), *Narcissisme de Vie, Narcissisme de Mort*. Paris, ed. de Minuit.

GREEN, A. (1993), *Le Travail du Négatif*. Paris, ed. de Minuit.

GREEN, A. (1997), *Les Chaînes d'Éros: Actualité du Sexuel*. Paris, Odile Jacob.

GREEN, A. (2000), *La Pensée Clinique*. Paris, Odile Jacob.

GREEN, A. (2002), *Idées Directrices pour une Psychanalyse Contemporaine*. Paris, PUF.

GUILLAUMIN, J. (2001), *Adolescence et Désenchantement*, Le Bousquet, L'Esprit du Temps.

GUTTON, P. (1984), "Pratiques de l'incorporation", *Adolescence*. 2, 2, pp. 315-338.

HACHET, P. (1997), "La toxicomanie, une pseudo-introjection d'éxperiences traumatisantes, information", *Psychiatrique,* n. 2, pp. 151-157.

HAVILAND, M. G., MCMURRAY, J. P., CUMMINGS, M. A. (1988), "Validation of the Toronto alexithymia scale with substance abuser", *Psychoter, Psychosoma,* 50, pp. 81-87.

HOPPER, E. (1991), "Encapsulation as a defence against fear of annihilation", *Intern. J. of Psycho-Analysis,* 72, pp. 607-624.

HOPPER, E. (1995), "A psychoanalytic theory of drug addiction: unconscious fantasies of homosexuality, compulsions and masturbation within the context of traumatic process", *Intern. J. of Psycho-Analysis,* 76, pp. 1121-1141.

JEAMMET, P., CORCOS, M. (1999), Évolution des *Problématiques Adolescents. La Dependence et ses Aménagements.* Paris, Doin.

JEAMMET, P. (1991), "Dysrégulations narcissiques et objectales dans la boulimie", *La Boulimie,* Monographie de la Revue Française de Psychanalyse. Paris, PUF, pp. 81-104.

JEAMMET, P. (1997), "Vers une Clinique de la dependence. Approche psychanalytique", in *Dépendance et Conduits de Consummation,* R. Padieu et la., Questions en Santé Publique, Intercommissions Inserm, les Éditions de l'Inserm, 1997, pp. 33-56.

KARILA, L. *et al.* (2004), "Mécanismes neurobiologiques des addictions", *Synapse,* 206, pp. 13-19.

KESTEMBERG, J., KESTEMBERG, E., DECOBERT, S. (1972), *La Faim et le Corps.* Paris, PUF.

KOHUT, E. (1968), *Le Soi.* Paris, PUF, 1974.

KREISLER, L., FAIN, M. et SOULE, M. (1974), *L'Enfant et Son Corps.* Paris, PUF.

LADAME, F. (1992), "Adolescence et solution perverse", *Revue Française de Psychanalyse,* 61, pp. 1679-1684.

LAPLANCHE, J. (1970), *Vie et Mort en Psychanalyse.* Paris, Flammarion.

Laufer M., Laufer E. (1989), *Adolescence et Rupture du Développement, Une Perspective Psychanalytique.* Paris, PUF.

LEKEUCHE, Ph. (1987), "Trouage du moi et pare-excitation dans la toxicomanie", *Fortuna*, pp. 249-263.

LE POULICHET, S. (1987), *Les Narcoses de Désir: Psychanalyse et Toxicomanie.* Paris, PUF.

LESOURNE, O. (2007), *La Genèse des Addiction.* Paris, PUF.

LEVY-SOUSSAN, P., CORCOS, M., BARBOUCH, R., AVRAMEAS, S., POIRIER, M. F., BOURDEL, M. C., JEAMMET, P. (1993), "Anorexie mentale et vulnérabilité aux infections rôle des autoanticorps naturels", *Neuropsychiatrie de l'Enfant et l'Adolescent*, 41, 5/6, pp. 309-315.

MALDONADO, R. (2003), "The neurobiology of addiction", *J. Neural. Transm. Suppl.*, 66: pp. 1-14.

MARCELLI, D. (1986), *Positions Autistiques et Naissance de la Psyché.* Paris, PUF.

MARINOV, V. (dir.) (2002), *Anorexie, Addictions et Fragilités Narcissiques.* Paris, PUF.

MARTY, P. (1976), *Les Mouvements Individuals de Vie et de Mort.* Paris, Payot.

MARTY, P. (1980), *L'Ordre Psychosomatique.* Paris, Payot.

MARTY, P. (1990), *La Psychosomatique de l'Adulte.* Paris, PUF, Que sais-je?

MCDOUGALL, J. (1978), *Plaidoyer Pour Certaine Anormalité.* Paris, Gallimard.

MCDOUGALL, J. (1988), "De la sexualité addictive", *Psychiatrie Française.* Paris, PUF, 1988, 91, pp. 29-51.

MCDOUGALL, J. (1989), *Théatre du Corps.* Paris, Gallimard.

MCDOUGALL, J. (1991) "Entretien sur la boulimie avec Alain Fine", in *La Boulimie*. Paris, PUF, Monographies de la *Revue Française de Psychanalyse*, pp. 143-151.

MIJOLLA, A. (De), SHENTOUB, S. A. (1973), *Pour une Psychanalyse de l'Alcoolisme*. Paris, Payot.

MONJAUZE, M. (1992), *La Problématique Alcoolique*. Paris, Dunod.

MORHAIN, Y. (1994), "L'errance du toxicomane", Évolution Psychiatrique. 59, 3, pp. 469-478.

M'UZAN, M. (De) (1984), "Les esclaves de la quantité", *Nouvelle Revue de Psychanalyse*, Gallimard, 30, pp. 129-138.

M'UZAN, M. (De) (2005), *Aux Confins de l'Identité*. Paris, Gallimard.

OLDS, I, MILNER, P. M., "Positive reinforcement produced by electrical stimulation of septal area and other regions or rat brain", *J. Comp. Physiol. Psychol.*, 1954, 47, pp. 419-427.

ORFORD, J. (2001), *Excessive Appetites: a Psychological View of Addictions* (2ª ed.). Chichester, Wiley.

PEDINIELLI, J. L., ROUAN, G., BERTAGNE, P. (1997), *Psychopathologie des Addictions*. Paris, PUF, Coll. Nodule.

PEDINIELLI, J. L (1991), "Statut clinique et épistémologue du concept d'addiction", in *Les Nouvelles Addictions* (dir. Venisse J. L.). Paris, Masson.

PEDINIELLIL, J. L. (1992), *Psychosomatique et Alxithymie*. Paris PUF, Coll. Nodule.

PEELE, S. (1975), Love and Addiction. New York, Taplinger ed.

PERRON-BORELLI, M. & PERRON, R. (1993), *La Dynamique du Fantasme*. Paris, PUF.

PERRIER, F. (1981), *L'Alcool au Singulier*. Paris, InterÉditions.

PIBRAM, K. H., McGill, M. M. (1976), *Le "Projet de Psychologie Scientifique", de Freud: un Nouveau Regard*. Paris, PUF, 1986.

PIRLOT, G. (1997), *Les Passions du Corps; La Psyché dans les Addictions et le Pathologies Auto-immunes.* Paris, PUF.

PIRLOT, G., PERARD CUPA, D. (2006), "La douleur peut-elle être perçue et cherchée plus 'vivement' dans une culture postmoderne en perte de sens?" *L'Évolution Psychiatrique.* vol. 71, n. 4, pp. 729-743.

PRESS, J. (2000), "Traumatismes et mécanismes de defense", *Traumatismes, Actualités Psychosomatique.* Chêne bour, Georg ed., n. 3, pp. 17-30.

Revue Française de Psychanalyse (2004), "Dépendance & addiction", 68, 2. Paris, PUF.

REYNAUD, M. (2005) (dir.), *Addictions et Psychiatrie.* Paris, Masson.

REYNAUD, M. (2005), *L'Amour est une Drogue Douce... En Général.* Paris, Flammarion.

RICHARD, D., SENON, J. L. (1996), *Le Cannabis.* PUF, Que Sais-Je?

RIGAUD, A. (1987), "Réflexion sur la problématique alcoolique à partir d'une contre-attitude soignante; *die Verpönung-l'oprobre*", *Information Psychiatrique.* 63, 1, pp. 33-41.

ROSENBERG, B. (1991), *Masochisme Mortifère, Masochisme Gardien de la Vie.* Paris, PUF, Monographie de la SPP.

ROUSSILLON, R. (1991), *Paradoxes et Situations Limites en Psychanalyse.* Paris, PUF.

ROUSSUILLON, R. (1995), "Perception, hallucination, et solution 'biologique' du traumatisme", *Revue Française de Psychosomatique,* n. 8, pp. 107-118.

SCHMID-KITSIKIS, E., SANZANA, A. (1997), *Concepts Limites en Psychanalyse,* Lausanne, Delachaux & Niestlé.

SMADJA, C. (1995), "Les procédés autocalmants ou le destin inachevé du sadomasochisme", *Revue Française de Psychosomatique.* Paris, PUF, pp. 57-89.

SZWEG, G. (1993), "Les procédés autocalmants", *Revue Française* de Psychosomatique. Paris, PUF, pp. 27-51.

SZWEC, G. (1998), *Les Galériens Volontaires*. Paris, PUF.

TASSIN, J. P. (1992), "Hypothèses neurobiologiques des hallucinations", *Psychiat. Biol.* (22/23), p. 79-87.

TASSIN, J. P. (1988), "Les mécanismes neurobiologiques des dépendances, communication", Les Dépendances. *Semaines de la Prévention AP-HP,* pp. 16-19, nov.

VALLEUR, M., MATYSIAK, J. C. (2006), *Les Pathologies de l'Éxces*. Paris, J. C. Lattés.

VINCENT, J. D. (1986), *Biologie des Passions*. Paris, Odile Jacob.

VOLKOW, N. D., FOWLER, J. S., WANG, G. J. & GOLDSTEIN, R. Z. (2002), "Role of dopamine, the frontal cortex and memory circuits in drug addiction: insight from imaging studies", *Neuriobiol Learn Mem.*, 78 (3): pp. 610-624.

WILDLÖCHER, D. (1996), *Les Nouvelles Cartes de la Psychanalyse*. Paris, Odile Jacob.

WINNICOTT, D. W. (1951-1953), "Objets transitionnnels et phénomènes transitionnels", *De la pédiatrie à la psychanalyse*. 1969, Payot, pp. 109-134; *Jeu et Realité*. Paris, Gallimard, Folio essais, 2004, pp. 27-64.

WINNICOTT, D. W. (1967), "Le Role de Mirroir de la Mère et de la Famille dans le Développment de l'Enfant". in *Nouvelle Revue de Psychanalyse*, n. 10, *Aux Limites de l'Analysable,* 1974, pp. 79-86.

ZUCKERMAN, M. (1971), "Dimension of sensation-senking", *J. C. Clin. Psychol.*, 36 (1), pp. 45-52.

ÍNDICE ONOMÁSTICO

A

Abraham, K. – 30, 98, 278, 303
Abraham, S. N. – 119, 120, 121, 205
Ades, J. – 14, 36
Aisenstein, M. – 219, 220, 221
Alberti – 141
Alzheimer – 190, 193
Ameisen, J. C. – 48
Andréoli – 197
Angèle de Foligno – 301
Angel, S. – 121
Ansermet, F. – 48
Anzieu, D. – 94, 99, 106, 244
Arasse, D. – 141, 142
Arénes, J. – 25, 27
Arfouilloux, J. C. – 164
Aristote – 171
Arnaud, M. – 270
Atlan, H. – 18, 44, 48, 49
Austin, J. L. – 97

B

Bachelard, G. – 46
Bacon, F. – 213
Baldacci, J. L. – 195, 196
Balier, C. – 171, 195
Balint, M. – 143, 173
Barba Ruiva – 125
Bartels, A. – 302
Barth, R. J. – 15
Basedow – 68, 71, 223
Bastide, R. – 301
Bataille, G. – 75

Bauman, N. – 49
Bayle, F.J – 36
Bayle, G. – 245, 247
Beckett, S. – 168
Bellodi, M. – 148
Bergeret, J. – 16, 17, 30 150, 153
Bertagne, P. – 15, 36, 335
Besson, M. J. – 287
Bick, E. – 164
Bick, R. – 85
Binder, P. – 27, 28
Bion, W. R. – 150, 193, 207, 244
Blanchot, M. – 200
Blanquier, A. – 197
Bolzinger, A. – 90
Bonnet, A. – 20, 177
Botbol, M. – 38
Botella, C. – 37
Botella, C. e S. – 51, 52, 68
Bourguignon, A. – 41, 64, 193, 195
Bournova, K. – 127
Bowlby, J. – 125, 132
Braunschweig, D. – 54, 57, 89, 225, 226
Bréjard, V. – 20, 177
Breton, A. – 300
Breuer, J. – 70
Brezin, E. – 249, 251
Brisset, Ch. – 173, 174
Brook, J. S. – 27
Bruch, H. – 179
Brunelleschi – 141
Bruner, J. S. – 97
Brusset, B. - 14, 15, 59, 214, 227, 230, 231, 233, 234
Bucher, C. - 14, 35

C

Cahn, R. – 161
Cami, J. – 126
Carey, B. – 324
Carnes, P. – 15
Castaneda, C. – 67
Cesaro, P. – 287
Chabert, C. – 15, 16, 255, 256
Changeux, J. P. – 48, 191, 192
Charles-Nicolas - 213
Charlot, V. – 15
Chassaing, J. L. – 16, 18
Chasseguet-Smirgel, J. – 261
Chauvet, B. – 13, 53
Chertok, L. – 95, 96
Choquet, M. – 25
Ciavaldini, A. – 15, 17
Claudel, P. – 188
Cocteau, J. – 187
Combe, C. – 13, 14, 230, 255
Coon, K. A. – 321, 322
Corcos, M. – 13, 15, 55, 149, 168, 169,173, 174, 178, 179, 186, 212, 230, 233, 235, 236, 237, 239
Cordier, B. – 33
Cournut, J. – 37, 131, 228
Couvreur, C. – 229
Coyle, T. J. – 307
Cupa, D. – 59, 124, 282

D

Damasio, A. R. – 49, 50, 152, 175, 245
Danchin, A. – 44
Daniel, J. – 50
Dauchy, S. – 36
Daugé, V. – 93

David, C. – 31, 47, 102, 194, 263, 264
de Bonis, M. – 148
Deburge, A. – 165, 166
Decety, J. – 111
Dejours, C. – 197, 239, 240, 241, 242, 247
Delrieu, A. – 31
Demange, J. P. – 153
Denis, P. – 210, 261
Derrida, J. – 90, 190, 197, 322, 323
Descartes, R. – 38, 152
Descombey, J. P. – 174
Detienne, M. – 103
Diatkine, G. – 307
Di Chiara, G. – 291
Dichter, E. – 274
Dionysos – 103
Donnet, J. L. – 31, 150
Dopchie, N. – 306
Dora – 73, 98, 99
Dostoievski, F. – 63, 104
Dougall, J. Mc. – 15, 17, 18, 22, 30, 81, 90, 122, 133, 143, 174, 177, 178, 194, 212, 237, 269, 303, 304, 314
Dupain, P. – 88
Duparc, F. – 109, 112, 113, 114, 136, 137, 166, 228

E

Edelman, G. – 41, 42, 47
Ehrenberg, A. – 38
Ehrensweig, A. – 132
Eliade, M. – 24, 67
Emma – 90
Evans, K. – 34, 35

F

Fain, M. – 18, 54, 57, 89, 114, 123, 150, 163, 179, 195, 212, 213,

225, 226, 226, 242, 245
>   Falissard, B. – 41, 105
>   Farré, M. – 126
>   Faure, H. – 199
>   Faure-Pragier, S. – 43
>   Fenichel, O. – 17, 30, 33, 98, 299
>   Ferbos, C. – 16, 93, 208
>   Ferenczi, S. – 75, 95, 133, 165,169, 240, 241,246, 247, 252, 303, 308
>   Fine, A. – 63, 177
>   Flament, M. – 15, 236
>   Fliege, F. – 202
>   Fliess, W. – 60, 63, 68, 69, 72, 73, 85, 86, 87, 90, 94,97, 105, 109, 111, 116, 252
>   Flournoy, O. – 155
>   Fontaine, A. – 115
>   Fosha, D. – 50
>   Francis, L.A. – 322
>   Freud, S. – 5, 13, 15, 17, 39, 40, 41, 42, 47, 48, 52, 53, 60, 61, 62, 63, 64, 65, 66, 67, 68, 69, 70, 71, 72, 73, 74, 75, 76, 77, 79, 80, 81, 82, 83, 84, 85, 86, 87, 88, 90, 91, 92, 93, 94, 95, 97, 98, 99, 100, 103, 104, 105, 106, 107, 109, 110, 111, 112, 114, 116, 117, 118, 119, 124, 127, 128, 129, 130, 133, 137, 158, 160, 163, 164, 166, 167, 188, 191, 192, 195, 196, 197, 203, 207, 209, 210, 218, 228, 229, 240, 241, 243, 244, 249, 250, 252, 257, 258, 259, 260, 273, 278, 279, 299, 300, 308, 314, 325, 326

G

>   Gachelin, G. – 160
>   Gampel, Y. – 154
>   Gardner, E. L. – 290
>   Geberovich, F. – 170, 171
>   Gillibert, J. – 162, 308
>   Girard, L. – 327
>   Gleick, J. – 45

Glover, E. – 16, 30
Goethe, J. W. Von – 58
Goldberg, J. – 254, 322
Goldschmidt, G. A. – 117, 300
Goldstein, C. – 79
Goldstein, R. Z. – 282, 289, 290
Goodman, A. – 33, 34
Gori, Ri. – 48
Granjeon, A. – 60, 62
Green, A. – 13, 16, 31, 37, 41, 44, 46, 48, 50, 51, 55, 57, 80, 83, 110, 116, 122, 131, 132, 140, 142, 145, 146, 147, 150, 155, 158, 159, 167, 168, 193, 195, 205, 206, 297, 214, 228, 232, 233, 242, 248, 250, 251, 281, 313, 314, 323
Grezes, N. – 111
Groddeck, G. – 90, 95, 304
Guillaumin, J. – 30, 326
Gunderson, J. – 149,
Gutton, P. – 119, 120, 234

H

Haag, G. – 110, 164
Hachet, P. – 121, 145
Hasting, G. – 321, 322
Havelock, E. – 158
Haviland, M. G. – 174
Heidegger, M. – 55, 188
Helgeland, M. – 144
Hildegard von Bingen – 301
Hobson, J. A. – 192
Hobson, H.P. – 325, 326
Hochman, J. – 48
Hofer, J. – 90
Hoffmann, J. P. – 27
Hölderlin – 199
Hopper, E. – 36, 121, 253, 254, 255

Horesch, M. – 148
Houzel, D. – 165
Hugnet, G. – 320
Hurd, Y. L. – 290
Husserl, E. – 199, 200
Huxley, A. – 202
Hyman, S. E. – 289

I

Irma – 85, 86
Ito, M. – 42

J

Jackson, don D. – 97
Jackson, H. – 85
Jacquet, M. M. – 61
James, D. – 176
James, W. – 106
Jasmin, C. – 49, 145
Jaynes, J. – 129, 200, 201
Jeammet, P. – 15, 17, 23, 149, 173, 186, 212, 231, 233, 236
João de la Cruz, – 199
Jeannerod, M. – 48, 111
Jenkins, J. E. – 27
Jesus Cristo – 199
Joly, F. – 306
Jouitteau, M. – 268, 269
Jouvet, M. – 191, 192

K

Kaës, R. – 83
Kahn, M. – 154
Kalivas, P. W. – 291
Kandel, E. R. – 42, 47, 107
Karila, K. – 288

Kernberg, O. – 143, 151, 152, 206
Kestenberg, Js. – 154
Kirsch, I. – 319, 320
Klein, M. – 130, 177, 300
Knutson, B. – 326
Kobo, G. F. – 288
Kohut, E. – 143, 152, 153
Koob, G. F. – 33, 287, 288, 291, 294
Kreisler, L. – 150, 195, 212, 213
Kristeva, J. – 55, 423

L

Lacan – 55, 99, 314
Ladame, F. – 262
Laplanche, J. – 21, 61, 64, 77, 84, 89, 113, 209, 241, 244
Laufer, M. e E. – 172
Lavallé, S. G. – 206, 326
Le Breton, D. – 149
Lechevalier, B. e B. – 42, 47, 106
Lecubrier, Y. – 319
Le Gueun. C. – 197
Lejoyeux, M. – 36
Lekeuche, Ph. – 153
Le M. G. – 49
Le Moal, M. – 33, 291
Le Poulichet, S. – 13, 322
Lesourne, O. – 13, 165, 240
Levinas, W. – 172
Lévi-Strauss, C. – 44, 192, 312
Levy-Soussan, P. – 212, 308

M

Magestretti, P. – 48
Magritte, R. – 168
Mestre Eckart – 199

Maldonado – 289
Malenka – 289
Malher, M. – 194
Mallarmé, S. – 168, 199
Marcelli, D. – 25, 190
Marinov, V. – 30, 232
Marks, I. – 36
Marty. P. – 13, 18, 31, 49, 53, 56, 57, 70, 80, 81, 113, 114, 120, 122, 133, 143, 152, 163, 174, 176, 184, 194, 212, 228, 230, 239, 241, 242, 251, 253, 269
Masson, J. Moussaïeff – 67, 68, 69, 73
Matysiak, J. C. – 13, 14, 32, 35, 267
Maulpoix – 71
McDougall, S. J. – 15, 17, 18, 22, 30, 90, 122, 133, 143, 174, 177, 178, 194, 212, 237, 269, 303, 304, 314
McGill, M. – 42, 47, 81, 83, 84
Mc Lean – 106
Medusa – 169
Meltzer, D. – 308
Merleau-Ponty, M. – 99, 108, 170, 198, 200
Merlet, A. – 110
Michaux, H. – 132, 168, 169, 202
Miedzyrzecki, J. – 127
Mijolla, A. – 63, 99, 104, 145, 152, 163, 164, 165, 303
Millet, C. – 261, 263
Modestin, J. – 143
Monjauze, M. – 123, 151, 165, 190, 213, 231
Montagna – 141
Morhain, Y. – 153
Morin – 44, 51
Moss, K. – 232
M'Uzan, M. de – 31, 54, 133, 143, 176, 194, 224, 275, 303

N

Nemiah, J. C. – 175, 176

Nestler, E. L. – 288, 290
Newton, B. – 96

O

Ody, M. – 45
Olds, I. – 285
Olivenstein, C. – 14, 170
Ollat, H. – 285, 287, 296
Orford, J. – 33
Otto, U. – 212
Oullier, O. – 326

P

Palo Alto – 96, 201
Pasini, W. – 197
Pedinielli, J. L. – 15, 20, 36, 78, 120,175, 177
Peele, S. – 17
Perec, G. – 271
Perez-Sanchez, M. – 189
Perrier, F. – 95, 99
Perron-Borelli, M. – 114
Perron, R. – 46, 114
Perseu – 169
Pibram, K. – 42, 47, 81, 83, 84
Pinol-Douriez – 114, 250
Pirlot, G. – 18, 21, 37, 42, 45, 55, 59, 64, 78, 131, 142, 146, 166, 178, 180, 185, 186, 208, 216, 222, 253, 257, 261, 263, 282
Platão – 46,90, 322
Poincaré, H. – 324, 325
Pontalis, J. B. – 21, 209, 228
Pragier, G. – 43, 45, 46
Press, J. – 247
Prigogine, I. – 43
Proteu – 167

Q

Quignard, P. – 19, 78
Qureshi, N. A. – 289

R

Racamier, P. C. – 78, 189, 209
Rachel, Lev. – 154
Rado, S. – 18
Ramonet, I. – 274
Rechtman, R. – 312
Reinberg. A. – 116
Reynaud, M. – 14, 67,124, 125, 126, 282, 286, 288, 289, 293, 298, 302, 303
Richard, D. – 68, 283
Rigaud, A – 61, 253
Rilke, R.M. – 171, 199
Rimbaud, A. – 108, 199, 208
Rizzolatti, G. R. – 109
Rondepierre, C. – 36
Rosch, E. – 44, 83
Rose, M. C. – 60, 62
Rosenberg, B. – 80, 215
Rosolato, G. – 97
Rouan, G. – 15, 36
Roussillon, R. – 71, 119, 161, 162, 165, 186, 245, 246
Ruiz, L. – 309

S

Sadison, R. A. – 202
Santa Teresa D'Ávila – 188, 300, 301
São João de la Cruz – 301
Sami-Alli – 122, 269
Scharbach, H. – 214
Schneider, M. – 87
Schultes, R. E. – 283

Senon, J. L. – 283
Serdidi, M. – 270
Seulin, Ch. – 151
Shenckery, S.– 16
Shentoub, S. A. – 99, 104, 145, 152, 163, 164, 165, 303
Sifneos, P. E. – 31, 57, 174, 176, 177
Smadja, C. – 54, 113, 225, 227, 228, 316
Smythies, Jr. – 283
Solms, M. – 48
Soloff, P. – 143
Solomon, F. – 50
Solomon, R. L. – 281, 288
Soulé, M. – 114, 150, 163, 195, 212, 213
Spencer, A. M. – 202
Speranza, M. – 179, 236
Spitz, R. – 91, 99, 125, 133, 187, 247
Squire, L. – 42, 107, 192
Stengers, I. – 43
Stern, D. N. – 133, 144, 163, 179
Stolerman, I. P. – 295
Sullivan, J. M. – 34, 35
Sulloway, F. J. – 278
Szwec, G. – 54, 110, 113, 225, 227, 228

T

Tapert, S. – 282
Tassin, J. P. – 134, 203, 204, 234, 245, 279
Temple, G. – 308
Thompson, E. – 44, 83
Thuillier, P. – 142
Thurin, J. M. – 42, 49, 197
Tonnac, J. P. de – 232
Torok, M. – 119, 120, 121, 205
Tristão – 187
Tustin, F. – 189

Tymieniecka – 108, 170
Tyzsblat, J. – 121

V

Valabrega, J. P. – 229
Valleur, M. – 13, 14, 32, 35, 68, 213, 267, 270
Van der Hal-Van Raalte, E. – 154
Varela, F. – 44, 83
Varga, K. – 27,
Verdoux, H. – 320
Vernant, J. P. – 135, 136
Veyrat, J. G. – 197
Viard, A. – 214
Vincent, J. D. – 77, 81, 106, 115, 125, 279, 280
Volkow, N. D. – 282, 285, 286, 289, 290

W

Wallon – 306
Watzlawick – 96, 97
Weinberger, D. R. – 200
Westen, D. – 144
Widlöcher, D. – 279
Wiesel, R. – 154
Winnicott, D. W. – 65, 99, 119, 127, 130, 133, 134, 136, 137, 143, 153, 154, 161, 165, 168, 179, 210, 236, 245
Wise, R.A. – 288
Wulff, M. – 60, 62, 136

Y

Yehuda, R. – 154
Isolda – 187
Yun-Bo-Shi – 69

Z

Zanarini, M. – 144, 145
Zarifian, E. – 319
Zeki, S. – 302
Zorn, M. – 237
Zuckerman, M. – 22, 132, 224

Esta obra foi composta em CTcP
Capa: Supremo 250 g – Miolo: Pólen Soft 70 g
Impressão e acabamento
Gráfica e Editora Santuário